2023 공무원 시험 대비

진가영 영어

최단기간 점수 수직 상승!

최상으로 가는
영역별 출제 예상

400제

진가영 편저

동영상강의 www. pmg.co.kr
네이버 카페 cafe.naver.com/easyenglish7

PREFACE

이 책에 들어가기 전에

진심을 다하는 단기합격 길라잡이로서

안녕하세요, 공무원 영어를 가르치고 있는 진가영입니다.

시험 전에 많은 수험생들이 고민이 되는 부분은 자신이 배운 부분이 실제 문제 풀이 적용이 잘되지 않는다는 것입니다. 따라서 영역별로 빠르고 정확하게 문제를 풀 수 있도록 하여 문제를 푸는 데 자신감과 정확성을 키워 자신의 약점을 완벽하게 대비해서 점수 수직 상승할 수 있도록 도와주는 교재가 필요하다고 생각했습니다.

여러 시행착오와 다년간 이루어진 수험생분들과의 직접적인 소통을 통해 끊임없이 교재의 내용을 수정하며 알찬 교재를 만들고자 노력했습니다.

그리고 그 결과로 나온 교재가 바로 "최상으로 가는 영역별 출제 예상 400제"입니다.

시험에 나올 수 있는 필수적인 문제를 먼저 선택과 집중으로 풀어보면서 중요한 이론을 복습하고 출제 예상되는 내용을 실전 문제와 흡사한 문제로 적용해보면서 본인의 실력이 향상할 수 있는 교재로서 여러분들의 문제 풀이 능력을 향상하는 데 탁월한 교재가 될 것입니다.

특히 이 교재는 객관적인 데이터로 제가 증명해냈듯이 현재 트렌드에 맞는 공무원 영어 출제 예상 문제로만 구성되어있기 때문에 이 문제집을 통해서 실제 시험장에 나올 내용을 콤팩트하게 압축해서 정리하고 또 부족한 점은 보완함으로써 여러분들의 점수를 수직 상승할 수 있도록 돕는 최적의 교재가 될 것이라고 믿습니다.

이 〈최상으로 가는 영역별 400제〉 교재를 통해 꼭 빠른 합격을 이루시길 항상 응원합니다.

Heaven helps those who help themselves!
하늘은 스스로 돕는 자를 돕는다!

여러분들의 노력이 반드시 합격으로 이어지도록 같이 현명한 길라잡이로서 더 좋은 모습으로 수업을 통해 뵙도록 하겠습니다.

1월 노량진 연구실에서

공무원 영어 1위 진가영

수많은 '찐' 수강후기가 증명하는
박문각공무원 공시 영어 1타 진가영

가영쌤을 만나고 **합격**까지 함께해요!

김*창 | ★★★★★
정말 이 강의는 다른 수험생분들에게 꼭 추천드리고 싶은 강의입니다.
이*규 | ★★★★★
영어 독해에서 많이 틀렸었는데, 이제는 자신감이 생겼습니다.
서*명 | ★★★★★
진가영 교수님의 강의를 듣지않는 것은 어리석은 짓입니다
장*건 | ★★★★★
믿고 따라가세요. 그러면 길이 보입니다.
임*경 | ★★★★★
선생님 강의를 처음부터 같이 할 것을 후회됩니다. 그러나 지금이라도 선생님강의를 듣는 것 진짜로 강추드립니다.
김*창 | ★★★★★
왕 초보인 제가 들어도 이해가 쏙쏙 되고 매우 만족하였습니다.
정*희 | ★★★★★
영어는 늘 어려웠는데, 수업시간이 기다려지기는 처음이예요~!
김*정 | ★★★★★
다음강의가 기대될 정도로 유익한 시간이였습니다.
김*정 | ★★★★★
영포자, 초심자가 수업을 듣고 문제를 풀 수 있는 강의입니다.
이*령 | ★★★★★
이해하기 쉽고 중요한 부분은 확실하게 짚어 주셔서 기억에 확실히 남는 것 같아요!
강*경 | ★★★★★
영어 1도 모르겠고 문제 봤을 때 어디에 어떻게 손을 대야될지 모르겠는 분들에게 강추입니다!
장*건 | ★★★★★
"진가영 제자는 이 문제 무조건 맞춰요" 이거 진짜 팩트입니다.
김*진 | ★★★★★
영어 공부에는 흥미가, 문제 풀기에는 감이 생겼어요!
잔*미 | ★★★★★
주저하지 마시고 "진가영 교수님"을 선택하세요. 후회없이 여러분들을 합격의 문으로 안내해 주실 것입니다.
김*석 | ★★★★★
이론을 배우고 나면 이제 '이야~ 이건 이제 진짜 알겠다.' 생각이 바뀝니다.

CONTENTS

이 책의 목차

PART 01 문법 150제

PART 02 독해 100제

최단기간 점수 수직 상승!

최상으로 가는 영역별 출제 예상

400

"뛰어나고 훌륭하게 시작할 필요는 없다.
그러나 훌륭하기 위해선 시작해야 한다."

— 지그 지글러

PART 01

문법 150제

PART 01 문법 150제

예상문제 1회 (01번~15번)
– 동사의 문형, 수동태, 수 일치

정답 및 해설 p.134

01 어법상 옳지 않은 것을 고르시오.

① This project will give me a chance to earn more money.
② She was laughed to cover up her feeling of awkwardness.
③ The milk I drank for lunch tasted a little bit sour.
④ I don't resemble my parents in appearance at all.

02 어법상 옳지 않은 것을 고르시오.

① You'd better lie down for a while to rest your aching limbs.
② It remains to be seen how long it will endure.
③ She said them what to do in an emergency.
④ Forgetting my notes made me look stupid.

03 어법상 옳지 않은 것을 고르시오.

① He became acutely conscious of having failed his parents.
② I heard that he felled his opponent with a single blow.
③ The finest machine will deteriorate if it is not given good care.
④ There seem to be an insatiable demand for more powerful computers.

04 어법상 옳지 않은 것을 고르시오.

① There appears to be another outbreak of sickness among birds.
② Most of the play is written in verse, but some of it is in prose.
③ The police is trying to ascertain what really happened.
④ The actress smiled a bright smile at her fans through the car window.

05 어법상 옳은 것을 고르시오.

① Many people oppose to cloning and stem cell research.
② The business has survived the worst of the recession.
③ I envied slim figure and burnished skin to her.
④ He was having a new car and a boat when she retired.

06 어법상 옳은 것을 고르시오.

① Unemployment is having a corrosive effect on our economy.
② It was not until morning that the sheer scale of the damage could see.
③ It has been ten years since something like this has happened.
④ The wells in most villages in the region has run dry.

07 우리말을 영어로 잘못 옮긴 것을 고르시오.

① 토지 개혁으로 많은 지주들이 몰락했다
➡ Many a landowner has become bankrupt due to the land reform.

② 쏟아지는 비를 맞으며 3마일을 걷는 것은 결코 재미있을 것 같지 않다.
➡ Walking three miles in the pouring rain is not my idea of fun.

③ 문제가 처음 발생했을 때 장군이 그에게 말을 걸었다.
➡ He was spoken to the general when the problem first arose.

④ 그들은 그가 언제 자신의 최신의 기술을 보여줄 지 기대하고 있다.
➡ They look forward to when he will show off his newest skills.

08 우리말을 영어로 잘못 옮긴 것을 고르시오.

① 이 잡지의 편집자이자 발행인은 유능한 사람이다.
➡ The editor and publisher of this magazine is an competent man.

② 시간이 흐르면, 낙엽수의 잎들은 노랗고 빨갛게 변한다.
➡ As time goes by, the leaves of deciduous trees are turned yellow and red.

③ 20마일은 그녀가 하루에 걷기에 좋은 거리이다.
➡ Twenty miles is a good distance for her to walk in a day.

④ 그녀는 아들이 그 처녀와 결혼하는 것을 단념시키려 했다.
➡ She tried to dissuade her son from marrying the girl.

09 우리말을 영어로 잘못 옮긴 것을 고르시오.

① 그것이 좋은 계획인지 아닌지는 논쟁의 여지가 있는 문제다.
➡ Whether it is a good plan or not is a matter for argument.

② 이 편지가 당신 손에 닿을 때쯤이면 난 이 나라를 떠나고 없을 거예요.
➡ By the time this letter reaches, you I will have left the country.

③ 이 부서는 뛰어난 창의력을 가진 사람들로 구성되어 있습니다.
➡ Your teams are consisted of individuals with great creativity.

④ 못된 짓을 하다가 걸리는 아동은 누구든 교실 앞쪽에 서 있어야 했다.
➡ Any child caught misbehaving was made to stand at the front of the class.

10 우리말을 영어로 잘못 옮긴 것을 고르시오.

① 그는 지난밤 술에 취해 귀가하던 길에 강도에게 주머니를 털렸다.
➡ He was robbed by a mugger on his way home while drunk last night.

② 그는 지휘권을 맡아 작전을 총괄해 달라는 부탁을 받았다.
➡ He was asked to take command and direct operations.

③ 그런 생각은 10년 전에는 거의 상상도 할 수 없었다.
➡ Such an idea was scarcely thinkable ten years ago.

④ 으깬 감자는 버터나 그래비와 함께 먹으면 맛이 좋다.
➡ Mashed potatoes are tasting good with butter or gravy.

11 우리말을 영어로 가장 잘 옮긴 것을 고르시오.

① 네가 하는 말을 나는 이해할 수가 없다.
➡ What you say don't make any sense to me.

② 그들은 지구가 1년에 한 번 태양 주위를 돈다고 말했다.
➡ They said that the earth goes around the sun one time in one year.

③ 머지않아 벚꽃이 피기 시작할 것이다.
➡ It will not be long before the cherry will blossom begin to bloom.

④ 작년에 그 휴양지를 찾은 관광객의 수가 10% 감소했다.
➡ A number of tourists to the resort declined by 10% last year.

12 우리말을 영어로 가장 잘 옮긴 것을 고르시오.

① 체중이 많은 사람들 사이에 당뇨병이 매우 많다.
➡ Diabetes are by far most frequent among overweight persons.

② 그 남자가 한 대답 중 어느 것도 우리에게 만족스럽지 않았다.
➡ Neither of the answers the man gave is satisfactory to us.

③ 그들을 잘 돌보고 건강하게 지켜줘야 한다.
➡ They should be taken care and kept healthy.

④ 그들은 1시간도 안 되어 친구가 되기로 동의했다
➡ They have not spent an hour before they agreed to become friends.

13 밑줄 친 부분 중 어법상 옳지 않은 것을 고르시오.

Medical research is evolving in ways that minimize the use of animals. ① <u>Use animals</u> has become so expensive and difficult that researchers would rather use alternative methods if they were as effective. But they're not yet. Despite the intense efforts to replace the animals with computer models, nothing yet ② <u>comes</u> as close as an animal to mimicking the reaction of the human organism to a drug or a medical procedure. Animal rights activists only focus on the number of drugs that have tested well in animals but failed in humans. But, they should see that there ③ <u>are</u> hundreds of drugs that were discovered, and refined in animal trials. Almost every modern method of controlling diseases ④ <u>is related to</u> animal research.

14 밑줄 친 부분 중 어법상 옳지 않은 것을 고르시오.

> A certain person becomes angry or starts a fight in order to create distance between himself and another person. Let's say you and your partner ① <u>have</u> been spending a great deal of time together. You are beginning to feel a bit bothered and pressured. Instead of admitting this to yourself and ② <u>explaining your partner</u> that you need a little space, you start a fight or ③ <u>get angry</u> with him for some small thing he has done. In that way you feel justified in walking out. When he calls later, you tell him you think it is better if you ④ <u>take a few days off</u> from seeing each other since you are not getting along. In reality, you wanted the space all along.

15 밑줄 친 부분 중 어법상 옳은 것을 고르시오.

> The alternatives to reason have always been a bit suspect, as if they were both inferior to, and less legitimate than, the appeal to reason. In fact, there is nothing irrational or unreasonable about ① <u>appealing to</u> your own character or to the emotions of your audience. Decisions ② <u>rarely made</u> on the basis of pure reason. People commonly ③ <u>relies on</u> trust or confidence and feelings when deciding what to do, and in many contexts, these sentiments are no less ④ <u>legitimately</u> than logic.

예상문제 2회 (16번~30번)
– 준동사(동명사, 분사, 부정사)

정답 및 해설 p.137

16 어법상 옳지 않은 것을 고르시오.

① She meets the requirements mentioned in your job description.

② She stared blankly into space, not knowing what to say next.

③ Casting the leads of a show are both a challenge and a responsibility.

④ He spared no effort to make her happy again.

17 어법상 옳지 않은 것을 고르시오.

① There is really nothing to be afraid of.

② It is foolish of them to not take a virus seriously.

③ Fasting helps Muslims cleanse their bodies and minds.

④ The Prime Minister is to meet them to discuss the war against drugs.

18 어법상 옳지 않은 것을 고르시오.

① They are an established company with a good reputation.

② If you sign up, I will consider coming to the show.

③ To enjoy the movie you have to suspend your disbelief.

④ If you are to succeed in life, you should keep to learn.

19 어법상 옳지 않은 것을 고르시오.

① I can't remember his taking a single day off work.

② He has a flair for fixing up things that need repairing in the home.

③ He learned how to fly before he learned what to drive a car.

④ They are only concerned with protecting themselves.

20 어법상 옳은 것을 고르시오.

① Most of the buildings are unfit to live.

② Having drunk the coffee, she washed the cup and put it away.

③ Nobody thinks him to be honest at that time.

④ I persuaded him to quit smoking by show him its harmful effects.

21 어법상 옳은 것을 고르시오.

① Provide all employees with chairs to sit on can be costly.

② The boy was so bewildering that he didn't know what to say.

③ Not getting enough sleep is bad for you health.

④ I would appreciate for you to let me know what has happened.

22 우리말을 영어로 잘못 옮긴 것을 고르시오.

① 그는 마당에 있는 낙엽을 긁어모았다.
➡ He raked up the fallen leaves in the garden.

② 최신 연구를 계속 접하는 것이 중요하다.
➡ It is important to keep in touch with the latest research.

③ 많은 사람들이 우울하다고 생각하기 때문에 그 장소를 방문하는 것을 거부합니다.
➡ Many people refuse to visit the place because they find it depressed.

④ V자 대형 안에서 나는 각각의 새는 에너지를 덜 사용한다.
➡ Each bird flying in a V formation uses up less energy.

23 우리말을 영어로 잘못 옮긴 것을 고르시오.

① 외딴 마을에 살아서 방문객이 거의 없다.
➡ Living as I do in a remote village, I rarely have visitors.

② 구조에 나선 항공기들이 실종된 선원들의 위치 파악을 위해 애쓰고 있다.
➡ Rescue planes are trying to locate the missed sailors.

③ 다리가 없었기 때문에 우리는 강을 헤엄쳐서 건너야 했다.
➡ There being no bridge, we had to swim across the river.

④ 의류를 주문할 때는 잊지 말고 치수를 명시하세요.
➡ Remember to specify your size when ordering clothes.

24 우리말을 영어로 잘못 옮긴 것을 고르시오.

① 그들은 유적을 발굴하기 위하여 이 섬에 왔다.
➡ They came to this island with a view to digging up the ruins.

② 산책하는 것이 어떨까요?
➡ What do you say to going for a walk?

③ 깊숙한 숲에 강이 있을 줄을 꿈에도 몰랐다.
➡ I never dreamed of being a river in the deep forest.

④ 파티가 끝나면 현수막 제거하는 것을 잊지 마라.
➡ Don't forget to remove the banner when the party is over.

25 우리말을 영어로 잘못 옮긴 것을 고르시오.

① 그가 하는 일은 정치인들이 주요 쟁점들에 대해 어떤 의사를 밝히는지를 기록하는 것이다.
➡ His job is to record how politicians vote on major issues.

② 어떤 태풍이고 왔다 하면 꼭 농작물에 많은 피해를 입힌다.
➡ Any typhoon never comes without causing great deal of damage to crops.

③ 그는 가난한 사람들을 위해 일하기로 했다.
➡ He committed himself to working for the poor people.

④ 부상당한 병사가 추락사고에서 생존했다.
➡ The wounding soldier survived the crash.

26 우리말을 영어로 가장 잘 옮긴 것을 고르시오.

① 그 여행이 몹시 고단해서 나는 집에 가면 기쁠 것이다.
➡ The trip has been exhausted and I'll be glad to be home.

② 그는 읽을 만한 책도, 말할 상대도 없었다.
➡ He had neither a book to read it nor a friend to talk with.

③ 엘리베이터가 고장 나서 우리는 걸어가야 했다.
➡ The elevator being out of order, we had to walk.

④ 그는 차가 없어서 지하철을 타고 출근한다.
➡ Having not a car, he takes the subway to work.

27 우리말을 영어로 가장 잘 옮긴 것을 고르시오.

① 날씨가 괜찮다면, 나는 다시 밖으로 나갈 것이다.
➡ The weather is fine, I'll go out again.

② 나는 역에 도착했지만 기차가 이미 떠난 것을 알게 되었을 뿐이었다.
➡ I reached the station only to find that my train had already left.

③ 그 새는 다리가 부러진 채로 날아갔다.
➡ The bird flew away with its leg breaking.

④ 나는 이 곡을 처음 듣던 때를 결코 잊지 못할 것이다.
➡ I'll never forget to hear this piece of music for the first time.

28 밑줄 친 부분 중 어법상 옳지 않은 것을 고르시오.

Many studies show that a lack of knowledge about nutrition leads to unhealthy eating habits and obesity in the young. Moreover, with the ① <u>increasing</u> number of dual-income families, parents are finding it more difficult to teach their children how to eat well. ② <u>To fill the gap</u>, governments need to put the emphasis on nutrition education in the classroom. The aim of this education should be to teach young students how to eat more healthily. Young students need to have a better relationship with food, ③ <u>learn</u> about what is on their plate and how it gets there. With this education, young children can get ④ <u>interested</u> in what they are eating and break bad eating habits.

29 밑줄 친 부분 중 어법상 옳지 않은 것을 고르시오.

Who hasn't used a cup of coffee to help themselves stay awake ① <u>while studying</u>? Mild stimulants commonly found in tea, coffee, or sodas possibly ② <u>making you more attentive</u> and, thus, better able to remember. However, you should know that stimulants ③ <u>are as likely to have</u> negative effects on memory as they are to be beneficial. Even if they could improve performance at some level, the ideal doses are currently unknown. If you are wide awake and well-rested, mild stimulation from caffeine can do little to further improve your memory performance. Indeed, if you have too much of a stimulant, you will become nervous, find it difficult ④ <u>to sleep</u>, and your memory performance will suffer.

30 밑줄 친 부분 중 어법상 옳은 것을 고르시오.

When people expect to see someone again, they are likely to find that person more attractive, regardless of the individual's behavior than when they do not have expectations of future interaction. The expectation of future interaction motivates people ① look for positive qualities in someone so that they will ② look forward future interactions rather than dread them, and increases the chances that people will find the individual attractive. Conversely, when people interact with someone whom they do not foresee meeting again, they have little reason to search for positive qualities. In fact, doing so may be ③ depressed, given that they may not have the opportunity ④ to get to know the person better in future interactions.

예상문제 3회 (31번~45번)

– 조동사, 특수구문(도치/강조/생략), 가정법 정답 및 해설 p.141

31 어법상 옳지 않은 것을 고르시오.

① Scarcely could he get his eyes off her.
② The situation required that he should be present.
③ If I were not so busy, I could go to the movies with you.
④ Bill thought that she was a good swimmer, wasn't she?

32 어법상 옳지 않은 것을 고르시오.

① Critics points out they need not have been surprised.
② She isn't rarely seen in public nowadays.
③ Such was his influence that everybody feared him.
④ It is about time that we should be doing something for brighter future.

33 어법상 옳지 않은 것을 고르시오.

① You ought to have known such a thing.
② Scarcely had the game started when it began to rain.
③ She doesn't like them nor does Jeff.
④ Had it cold, I wouldn't have gone outside yesterday.

34 어법상 옳지 않은 것을 고르시오.

① Not until did my guest leave I saw a slew of missed calls.

② I cannot too strongly advise the necessity of reviewing.

③ Directly in front of her children stood the building.

④ If he had taken the doctor's advice, he might still be alive.

35 어법상 옳은 것을 고르시오.

① I wish my father started work out earlier.

② If there were no gravity on the earth, all the water will disappear into space.

③ So devastating was the fire that this area may never recover.

④ Hidden in the cabinet was several bottles of beer.

36 어법상 옳은 것을 고르시오.

① It was Tom Ford that he invented the machine in 1949.

② Under no circumstances must you opened the door.

③ He talks as if he could play the piano very well.

④ It is when water levels reach 3 meters above normal which the gate shuts.

37 우리말을 영어로 잘못 옮긴 것을 고르시오.

① 그는 그때, 돈이 아주 많은 것처럼 여러 가지를 샀다.
➡ He bought a lot of things as if he had so much money then.

② 그녀는 즉시 그곳을 떠날 필요가 있었다.
➡ It was necessary she leaves the place immediately.

③ 어설프게 아는 것보다 아무 모르는 것이 낫다.
➡ One may as well not know a thing at all as know it but imperfectly.

④ 우리가 잠이 든 사이에 도둑이 든 게 틀림없어.
➡ We must have been burgled while we were asleep.

38 우리말을 영어로 잘못 옮긴 것을 고르시오.

① 당신의 시기적절한 충고가 없었더라면, 그들은 파멸했을 것이다.
➡ Without your timely advice, they would have been ruined.

② 직원들은 주어진 일을 끝낼 수 없었다.
➡ Employees couldn't choose but finish the given tasks.

③ 빨간 불이 들어와 있을 때에만 직원들에게 무슨 위험이 있는 것이다.
➡ Only if the red light comes on is there any danger to employees.

④ 나는 이전 편지에서 그들을 그녀의 동료로 취급하라고 촉구했다.
➡ I urged in my previous letter that they be treated as her colleagues.

39 우리말을 영어로 잘못 옮긴 것을 고르시오.

① 그 식당은 매우 인기가 있으니 반드시 미리 예약해라.
➡ Do book ahead as the restaurant is very popular.

② 당신이 이 병을 고치려면 담배를 끊기만 하면 된다.
➡ You have only to give up smoking to cure this disease.

③ 덜 알려진 것은 그녀가 그것이 그녀의 환자들에게 얼마나 도움이 되는지 알아냈다는 사실이었다.
➡ Less well known was the fact that she had found out how helpful it was to her patients.

④ 그녀는 죄책감을 느낄 뿐만 아니라 손님들을 실망시킬 수도 있다.
➡ Not only would she feel guilty but might she also disappoint her guests.

40 우리말을 영어로 잘못 옮긴 것을 고르시오.

① 이것이 바로 내가 찾아왔던 책이다.
➡ This is the very book I have been looking for.

② 도대체 뭐 하고 있는 거니?
➡ What on earth are you doing here?

③ 나의 삼촌 중 한 분은 인천에 살고, 다른 한 분은 부산에 사신다.
➡ One of my uncles lives in Incheon, and the other in Busan.

④ 나는 너무나도 바빠서 아직 그녀에게 전화를 하지 못했다.
➡ I have yet call her because I was so busy.

41 우리말을 영어로 가장 잘 옮긴 것을 고르시오.

① 네가 그것을 모르다니 이상하다.
➡ It is strange that you should not know it.

② 나는 당신을 볼 때마다 그녀가 생각난다.
➡ I can see you but I am reminded of her.

③ 그는 그때 나와 함께 있었기 때문에 그 돈을 훔쳤을 리가 없다.
➡ He cannot steal the money because he was with me at that time.

④ 우리는 그들에 대한 어떠한 편견도 가지지 말아야 한다.
➡ We ought to not have any prejudice against them.

42 우리말을 영어로 가장 잘 옮긴 것을 고르시오.

① 시간이 없으면 그 일을 하겠다고 약속하지 않아야만 한다.
➡ You had not better engage to do the work unless you have time.

② 나는 린다가 너에게로 돌아올 거라고 생각해, 그렇지 않니?
➡ I think that Linda will com back to you, doesn't she?

③ 그 모든 증거가 그가 그 돈을 훔쳤음을 시사한다.
➡ All the evidence suggests that he should steal the money.

④ 어렸을 때, 나는 록 밴드를 좋아했었다.
➡ When young, I used to like rock bands.

43 밑줄 친 부분 중 어법상 옳지 않은 것을 고르시오.

> Light is so cheap that you use it without thinking. But, in the early 1800s, it ① <u>would have cost</u> you four hundred times what you are paying now for the same amount of light. At that price, you would notice the cost and would think twice before using artificial light to read a book. The decrease in the price of light lit up the world. ② <u>Not only did it turned</u> night into day, but it allowed us to live and work in big buildings that natural light could not enter. Nearly nothing we have ③ <u>today would be</u> possible if the cost of artificial light ④ <u>had not dropped</u> to almost nothing.

44 밑줄 친 부분 중 어법상 옳지 않은 것을 고르시오.

> So, start listening to it. This is the gateway to our inner world or intuition. Intuition, as opposed to logic, reasoning, and rationale, ① <u>is a gentler source</u> of information that often opposes logic, challenges reason, and is strongly connected to feelings in the body rather than in the mind or head. ② <u>Paying attention to</u> our inner world requires that we ③ <u>pressed</u> the pause button on the endless mental processing. It allows us ④ <u>to focus</u> on emotions, feelings, and our body. With this we have taken the first crucial step to accessing our intuitive self.

45 밑줄 친 부분 중 어법상 옳은 것을 고르시오.

> The growth of multinational corporations ① <u>have</u> had both benefits and drawbacks. On the positive side it has tied the world more closely together economically and has helped ② <u>spurring</u> development in poorer nations. It has also increased free-market competition by providing consumers ③ <u>of</u> greater choice in the goods they may buy. Among the drawbacks, especially for American firms, ④ <u>have</u> been a great outflow of money for overseas investment and a net loss of jobs to foreign workers.

예상문제 4회 (46번~60번)
- 접속사, 전치사, 관계사

정답 및 해설 p.145

46 어법상 옳지 않은 것을 고르시오.

① Her mother, in whom she confided, said she would support her.
② This is the same kind of watch as I have lost.
③ He wondered where was he then.
④ He started with nothing but raw talent and determination.

47 어법상 옳지 않은 것을 고르시오.

① It's one of the few countries where people drive on the left.
② We were surprised by the news that our team achieved a victory.
③ There are just too many people, most of whom is tourists.
④ She will go, provided that her friends can go also.

48 어법상 옳지 않은 것을 고르시오.

① She rarely if ever plays the piano now.
② Send it to whomever is in charge of sales.
③ As is often the case with children, Joshua is afraid of doctors.
④ I'll keep watch while she goes through his papers.

49 어법상 옳지 않은 것을 고르시오.

① I don't like the way how he talks.
② Children should not be given more money than is necessary.
③ Can you tell who that I over there?
④ Isobel, whose brother he was, had heard the joke before.

50 어법상 옳은 것을 고르시오.

① He must like her, or he wouldn't keep calling her.
② I saw one of my old friends, whom recognized me at once.
③ It is worth attempting despite we fail.
④ He was such good a runner that I couldn't catch him.

51 어법상 옳은 것을 고르시오.

① He said he saw me there, which was a lie.
② It should be objective, systematic, consistency, and explicit.
③ His clothes, though old and worn, looked clean and of good quality.
④ The policeman seized the criminal by the neck.

52 우리말을 영어로 잘못 옮긴 것을 고르시오.

① 이상하게 들릴지 모르겠지만, 나는 그것이 끝나서 기뻤다.
➡ Strange though it may sound, I was pleased it was over.

② 사실인지 아닌지(에 관해) 의문이 있다.
➡ I am doubtful as to if it is true.

③ 이것은 값이 엄청나게 비싼 그림이다.
➡ This is the picture the price of which is incredibly high.

④ 그가 집에 도착한 날은 12월 마지막 날이었다.
➡ The day when he arrived at his home was the last of December.

53 우리말을 영어로 잘못 옮긴 것을 고르시오.

① 결점이 없는 사람은 없다.
➡ There's nobody but doesn't have his fault.

② 그 호텔은 결코 싸지 않았다.
➡ The hotel was anything but cheap.

③ 그녀는 곰 인형을 가지고 있었는데, 두 눈이 모두 없다.
➡ She had a teddy bear, both of whose eyes were missing.

④ 그것은 그녀가 전혀 대비가 안 된 위기였다.
➡ It was a crisis for which she was totally unprepared.

54 우리말을 영어로 잘못 옮긴 것을 고르시오.

① 그녀는 바깥 날씨가 아무리 추워도 창문을 열어 둔다.
➡ She has the window open, however cold it is outside.

② 그는 의사로 일하는 외에 여가 시간에 소설도 쓴다.
➡ Beside working as a doctor, he also writes novels in his spare time.

③ 나는 그녀를 처음 만난 날을 기억한다.
➡ I remember the day that I met her for the first time.

④ 그는 독일에서 참전 중에 포로가 되었다.
➡ While fighting in Germany, he was taken prisoner.

55 우리말을 영어로 잘못 옮긴 것을 고르시오.

① 나무에서 떨어지지 않도록 조심해라.
➡ Be careful lest you should fall from the tree.

② 시대가 변했고 나 또한 그렇다.
➡ Times have changed and so have I.

③ 버스로 가는 것이 더 싸게 먹힐 것이다.
➡ It'll work out cheaper to travel by the bus.

④ 그들이 생각하기에 정직했던 그 CEO는 알고 보니 사기꾼이었다.
➡ The CEO who I thought was honest turned out to be a swindler.

56 **우리말을 영어로 가장 잘 옮긴 것을 고르시오.**

① 그는 언제나 자기가 옳다고 믿는 일을 한다.
➡ He always does that he believes is right.

② 그녀는 타자를 쳐 본 경험도 없으며 그런 기술에는 흥미도 없다.
➡ She has no experience in typing, nor the skill interests her.

③ 그녀가 가지 않는다면 그도 안 갈 것이다.
➡ If she doesn't go, he won't either.

④ 저희 회사에 어떻게 기여할 수 있다고 생각합니까?
➡ Do you believe how you will add value to this company?

57 **우리말을 영어로 가장 잘 옮긴 것을 고르시오.**

① 우리는 열심히 귀를 기울였다. 왜냐하면 그가 우리 가족 소식을 가져왔으니까.
➡ We listened eagerly, for he brought news of our families.

② 나의 주의를 끈 첫 주제는 종교였다.
➡ The first subject that attracting my attention was religion.

③ 비가 내리기 시작했고 설상가상으로 어둠 속에서 우리는 길까지 잃었다.
➡ It began to rain and, which is worse, we lost our way in the dark.

④ 그는 제복을 입지 않으면 경찰관으로 보이지 않았다.
➡ Unless he was not in uniform, he didn't look a policeman.

58 **밑줄 친 부분 중 어법상 옳지 않은 것을 고르시오.**

> Coaches train athlete's bodies, but managers are more focused on detail-oriented matters. ① <u>Despite</u> these differences, however, they are similar in the main functions. Coaches are responsible for train their athletes and focusing on each individual's strengths and weaknesses. Coaches also give directions ② <u>of their players</u> to improve their performance and commonly give feedback after a game. Similarly, business managers are responsible for the proper training of their employees. Managers use their people's skills to ensure ③ <u>that</u> each worker is put in the job that ④ <u>suits</u> his or her abilities best.

59 **밑줄 친 부분 중 어법상 옳지 않은 것을 고르시오.**

> When I entered the house, ① <u>that</u> is toasty compared to the rainy, cold day outside, I was welcomed by my two dogs with tons of kisses and love. They now lie by my feet ② <u>as</u> I listen to music. The house is peaceful ③ <u>and</u> tranquil like my own personal sanctuary. I look out the windows and see nothing but the leaves that envelop my home. These are the precious moments ④ <u>that</u> we can learn to become attuned to gratitude. There are hundreds of such little moments in any given week if we pay attention to find them.

60 밑줄 친 부분 중 어법상 옳은 것을 고르시오.

> The process generates profits for people ① <u>which</u> already has far more money than they need while it displaces people from the resources they need for their modest livelihoods. ② <u>According as</u> a recent study, while the richest 2 percent of the world's adults own 51 percent of all global assets, the poorest 50 percent own only 1 percent. Therefore, the primary business of the global financial system and the corporations ③ <u>that</u> serve it ④ <u>are</u> to create economic inequality.

예상문제 5회 (61번~75번)
– 비교, 형용사/부사, 명사/대명사

정답 및 해설 p.149

61 어법상 옳지 않은 것을 고르시오.

① There are more books to be written on the subject.
② It seemed much larger than I had expected.
③ It is better to see a thing one time than hearing about it a hundred times.
④ Thousands of commuters were delayed for over an hour.

62 어법상 옳지 않은 것을 고르시오.

① Sound travels more slowly as light does.
② This is the most interesting book that I have ever read.
③ You need to sleep more than you do now.
④ They are exactly alike in that respect.

63 어법상 옳지 않은 것을 고르시오.

① There was something unusual in his expression.
② This particular model is one of our biggest sellers.
③ She gently disengaged herself from her asleep son.
④ Although it seems a luxury, the poor use it to stave off hunger.

64 어법상 옳지 않은 것을 고르시오.

① His plan is not ambitious so much as plain.

② He led too busy a life to have much time for reflection.

③ He finds country life infinitely preferable to living in the city.

④ His ideas are very difficult, but few people understand them.

65 어법상 옳은 것을 고르시오.

① James is the brightest than any other boy in the group.

② The robots play with the students, some of them even help teach English.

③ There are many places of interest nearby the city.

④ I prefer to ride a bike rather than to drive a car.

66 어법상 옳은 것을 고르시오.

① During the recession thousand of small businesses went broke.

② People are waiting to greet the hundred-years old vessel.

③ The both boys passed the examination and burst into tears.

④ There is something uncommon about him.

67 우리말을 영어로 잘못 옮긴 것을 고르시오.

① 모임에 나온 사람은 기껏해야 5명이었다.

➡ There were not more than 5 people at the meeting.

② 기계공이 우리 차를 3개월에 한 번씩 점검한다.

➡ The mechanic services our car every three month.

③ 그는 담배를 덜 피우고 술을 덜 마시라는 조언을 들었다.

➡ He was advised to smoke fewer cigarettes and drink less beer.

④ 아는 것과 가르치는 것은 별개이다.

➡ It is one thing to know, and another to teach.

68 우리말을 영어로 잘못 옮긴 것을 고르시오.

① 그는 자기 하숙비도 겨우 내는데 하물며 친구 것까지 낼 수는 없었다.

➡ He could barely pay for his own lodging, much less for that of his friend.

② 우리가 일어난 일에 대해 우리 자신을 비난해서는 안 된다.

➡ We shouldn't blame us for what happened.

③ 그녀는 그것에 대해 생각을 할수록 점점 더 우울해졌다.

➡ The more she thought about it, the more depressed she became.

④ 민주주의적 가치는 경제적 가치 못지않게 중요하다.

➡ Democratic values are no less important than economic.

69 우리말을 영어로 잘못 옮긴 것을 고르시오.

① 그의 실종을 둘러싸고 언론에서 대단히 많은 관심을 보였다.
➡ There has been a great deal of publicity surrounding his disappearance.

② 그는 형만큼 영리하지 않다.
➡ He is less cleverer than his elder brother.

③ 우린 아직 40마일을 더 가야 한다.
➡ We've still got another forty miles to go.

④ 타조가 날지 못하는 것은 키위가 날지 못하는 것과 같다.
➡ An ostrich cannot fly any more than a kiwi can.

70 우리말을 영어로 잘못 옮긴 것을 고르시오.

① 올해 수입은 작년의 세 배이다.
➡ This year's revenues are three times as much as last year's.

② 많은 유물들이 상당히 오래된 것들이다.
➡ A number of the monuments are of considerable antiquity.

③ 그들의 가구는 기능적이기보다 미적이었다.
➡ Their furnitures were more aesthetic than functional.

④ 학생은 새로운 것을 시도할 수 있는 용기를 가지고 있어야 한다.
➡ The student should have the courage to try new things.

71 우리말을 영어로 가장 잘 옮긴 것을 고르시오.

① 그들은 피해를 줬던 나라와 협력하느니 차라리 경제적 고난을 택하겠다고 한다.
➡ They would rather suffer financially than work with a country that harmed them.

② 다른 이들은 이 법이 아무것도 바꾸지는 않을 것으로 생각한다.
➡ Others do not think the law will change everything.

③ 멸종 위기에 처한 종의 목록에는 거의 600종의 어류가 포함되어 있다.
➡ The list of endangered species includes near 600 fishes.

④ 경찰은 과속을 한 무분별한 운전자들을 탓했다.
➡ The police blamed senseless drivers who went too fastly.

72 우리말을 영어로 가장 잘 옮긴 것을 고르시오.

① 이 수준은 대부분의 학생들이 쉽게 달성할 수 있다.
➡ This standard is easily attainable by almost students.

② 우리의 낡은 복사기는 새 복사기만큼 효율적으로 작동한다.
➡ Our old copy machine works as efficient as a new one.

③ 그 밧줄은 길이가 땅에 충분히 닿을 정도로 길었다.
➡ The rope was plenty long enough to reach the ground.

④ 그들은 거의 진화하거나 변화하지 않았다.
➡ They have not hardly evolved or changed.

73 밑줄 친 부분 중 어법상 옳지 않은 것을 고르시오.

You're standing in the supermarket aisle looking at two similar products, trying to decide ① which to choose. You want to make the healthier choice but you're in a hurry. If you're buying ready meals, check to see if there's a nutrition label on the front of the pack, and then see how your choices stack up when it comes to the number of calories and ② the amount of fat, saturated fat, sugars and salt. If the nutrition labels use traffic light colors, you will often find a mixture of red, amber and green. So, when you're choosing between similar products, try to go for more greens and ambers, and ③ fewer reds, if you want to make the healthier choice. But remember that even healthier ready meals may be ④ more higher in fat and calories than the homemade equivalent.

74 밑줄 친 부분 중 어법상 옳지 않은 것을 고르시오.

Despite the intense efforts to replace the animals with computer models, nothing yet comes as ① close as an animal to mimicking the reaction of the human organism to a drug or a medical procedure. Animal rights activists only focus on the number of drugs that have tested ② well in animals but failed in humans. But, they should see that there are ③ hundreds of drugs that were discovered, and refined in animal trials. Almost every modern ④ methods of controlling diseases is related to animal research.

75 밑줄 친 부분 중 어법상 옳은 것을 고르시오.

Science has pushed aside gods and demons and revealed a cosmos ① most intricate and awesome than anything produced by pure ② imagine. But there are new troubles in the peculiar paradise that science has created ③ them. It seems that science is losing the popular support to meet the future challenges of pollution, security, energy, education, and food. The public has come to fear the ④ potential consequences of unfettered science and technology in such areas as genetic engineering, global warming, nuclear power, and the proliferation of nuclear arms.

예상문제 6회 (76번~90번) - 문법 전영역 예상 문제

정답 및 해설 p.152

76 어법상 옳지 않은 것을 고르시오.

① A toxic chemical may be emerged from the system.

② The book sold well and was reprinted many times.

③ Her story sounded perfectly plausible.

④ They became suspicious of his behavior and contacted the police.

77 어법상 옳지 않은 것을 고르시오.

① I finally reached what we call civilization.

② Grasslands would be expected to change in 3 years, too.

③ She mentioned me all the flowers in the garden.

④ Feminism has effected many changes in society.

78 어법상 옳지 않은 것을 고르시오.

① It seems that they know what they're doing.

② Diabetes is by far most frequent among overweight persons.

③ Neither he nor I am responsible for the accident.

④ Columbus proved that the earth was round.

79 어법상 옳지 않은 것을 고르시오.

① The majority of accidents happen in the home.

② The number of prisoners serving life sentences has fell.

③ The old man died a natural death.

④ She know the day when he will come back.

80 어법상 옳은 것을 고르시오.

① Do not ask him that he is from the moment you hear an accent.

② Concerned, he had walked down the block.

③ Of those inviting only a few came to the party last night.

④ There is always new challenges for us to meet.

81 어법상 옳은 것을 고르시오.

① Understanding a country's culture is confusing and complex.

② The plan was difficult to carry out it.

③ I think that you as well as he is guilty.

④ So damaged was the goods that he couldn't sell them at intended price.

82 우리말을 영어로 잘못 옮긴 것을 고르시오.

① 사람들은 담요를 사용하는 데 익숙하다.
➡ People are accustomed to using blankets.

② 이 책은 18세기에 출판되었다고 한다.
➡ The book is said to be published in the 18th century.

③ 그들은 만나면 꼭 다툰다.
➡ They never meet but they quarrel.

④ 이것은 준수해야 할 그런 종류의 법칙이 아니다.
➡ This is not the sort of law that has to be obeyed.

83 우리말을 영어로 잘못 옮긴 것을 고르시오.

① 실수하지 않는 사람은 없다.
➡ There is no one but commits errors.

② 공기가 없다면, 우리는 더 이상 살 수 없다.
➡ Had it not been for air, we could not live any more.

③ 우리는 여행의 첫 단계는 기차로 했다.
➡ We did the first stage of the trip by train.

④ 그는 거짓말을 하지 않은 것으로 드러났습니다.
➡ He turned out not to have told a lie.

84 우리말을 영어로 잘못 옮긴 것을 고르시오.

① 당신은 어제 이발을 했어야 했다.
➡ You should have had my hair cut yesterday.

② 당신은 이 구역에서만 주차할 수 있다.
➡ Only in this area can you park your car.

③ 나는 감히 아버지께 더 이상 도움을 청하지 않는다.
➡ I daren't ask my father for any more help.

④ 그는 한 소녀가 그에게 말 걸었을 때 무엇을 말해야 할지를 몰랐다.
➡ He was at a loss what to say when he was spoken by a girl.

85 우리말을 영어로 잘못 옮긴 것을 고르시오.

① 그가 나타난 뒤에야 회의가 열렸다.
➡ Only after he appeared did the meeting open.

② 그 산 위에는 많은 천연 기념물들이 서 있다.
➡ On top of the mountain stands many natural monuments.

③ 나는 그를 도울 수 없고, 그를 돕고 싶지도 않다.
➡ I cannot help him, nor do I want to help him.

④ 그녀에게 못 간다고 말하지 않는 게 좋겠다.
➡ You had better not tell her she can't go.

86 우리말을 영어로 가장 잘 옮긴 것을 고르시오.

① 건강에 관해서는 아무리 주의해도 지나치지 않다.
➡ You cannot be too careful when it comes to health.

② 그들은 교칙을 어긴 적이 없었다.
➡ They have prepared for the exam hard, and so did I.

③ 선생님은 그들에게 그 문제의 정답을 말해 줬다.
➡ The teacher mentioned them the answer to the question.

④ 그녀는 당황하면 웃는 경향이 있다.
➡ She has a tendency to smile when embarrassing.

87 우리말을 영어로 가장 잘 옮긴 것을 고르시오.

① 그는 창문을 깨뜨렸을 뿐만 아니라, 그녀의 보석을 훔쳤다.
➡ Not only he broke the window, he stole her jewels.

② 자신의 가족을 사랑하지 않는 사람은 없다.
➡ There is no man but does not love his family.

③ 그는 졸업한 이후로 직장을 구하지 못했어요.
➡ He hasn't found a job since he graduated.

④ 어젯밤 식당에서 그녀를 만난 사람은 John이었다.
➡ It was John that he met her in the restaurant last night.

88 밑줄 친 부분 중 어법상 옳지 않은 것을 고르시오.

All governments, even the most dictatorial, have some consent of ① the governed. And all free and open democracies have elements of force. In the United States, with its high degree of freedom, the government has the power ② to force the payment of taxes, to punish criminals, and to provide for the common defense. Conversely, if all the citizens of Germany ③ during Adolf Hitler's domination had refused to do any work, he soon ④ would be out of office. Even the worst tyrants depend to some degree on the consent of their citizens. This suggests that governments may be classified according to degrees either of force or of consent.

89 밑줄 친 부분 중 어법상 옳지 않은 것을 고르시오.

Somewhere in Africa more than 100,000 years ago, a phenomenon new to the planet was born. A species began to add to its habits, generation by generation, without much changing its genes. ① What made this possible was exchange, the swapping of things and services between individuals. That gave the species an external, collective intelligence ② very greater than anything it could hold in its admittedly large brain. Two individuals could each have two tools or two ideas while each knowing how to make only one. Ten individuals could know between them ten things, while each understanding one. In this way, exchange encouraged specialization, ③ which further increased the number of different habits the species could have, while reducing the number of ④ things that each individual knew how to make.

90 밑줄 친 부분 중 어법상 옳은 것을 고르시오.

Sometimes it seems that the more we don't want to do something, the more we feel compelled to do it. Professional athletes are especially aware of this ① frustrated lack of control. If a baseball player is in a slump, for example, he is likely to obsess about his inability to hit the ball. Every time he comes up to bat, he worries about ② if he'll get a hit. and the more he worries, the less likely he is to get one. Or a pro golfer ③ who's had bad luck on a particular hole during a tournament often gets spooked when she has to play that hole again. She remembers all the mistakes she made ④ it the last time and then labors under what feels like an irresistible compulsion to repeat them.

예상문제 7회 (91번~105번) - 문법 전영역 예상 문제

정답 및 해설 p.156

91 어법상 옳지 않은 것을 고르시오.

① I was busy; otherwise I would accept his invitation.
② Mary's hair is as three times long as her sister's.
③ He'd decided to go there, hadn't he?
④ His latest movie is much better than previous ones.

92 어법상 옳지 않은 것을 고르시오.

① I never see this picture without shedding tears.
② Both of us remembered seeing a man to walk on through the yard.
③ Young man as he was, he was not unequal to the task.
④ He is no less rich than you are.

93 어법상 옳지 않은 것을 고르시오.

① Here you are not allowed to talk in a loud voice.
② Mastering English will help me achieve my goal.
③ All things considered, he is a good teacher.
④ Moon having raised, we put out the light.

94 어법상 옳지 않은 것을 고르시오.

① It being warm enough, we decided to go hiking.
② She was blamed for not having done her homework.
③ Two buses collided, killing nearly 50 people.
④ His wealth enables him helping the poor.

95 어법상 옳은 것을 고르시오.

① The sun having been risen, I took a walk.
② Knowing not the way, they soon got lost.
③ I think wrong to value money more than time.
④ He joined the club consisted of 12 professionals.

96 어법상 옳은 것을 고르시오.

① Three-quarters of my income is used to pay the rent.
② Not until we fall ill we realized the value of health.
③ He demanded that the name of the store be not published.
④ The man stood against the wall, with his arms folding.

97 우리말을 영어로 잘못 옮긴 것을 고르시오.

① 당신은 나를 하루 종일 기다리게 할 작정입니까?
➡ Are you going to keep me waited all day long?

② 지구가 평평하다고 여겨졌다.
➡ It was believed that the earth was flat.

③ 눈을 감은 채로, 그는 토마토 수프를 맛보고 있는 중이었다.
➡ With his eyes shut, he was tasting the tomato soup.

④ 감사함은 가장 강력한 무기 중 하나입니다.
➡ Gratitude is one of the most powerful weapons.

98 우리말을 영어로 잘못 옮긴 것을 고르시오.

① 당신의 지금 위치는 누군가의 꿈이다.
➡ Where you are right now is someone else's dream.

② 예전에는 바로 이곳에 야구장이 있었다.
➡ There used to be a ball park right here.

③ 당신의 말을 인정한다 하더라도 나는 여전히 내가 옳다고 생각한다.
➡ Admitted what you say, I still think I am right.

④ 그는 그 비밀을 발설할 만큼 어리석지는 않다.
➡ He knows better than to let the cat out of the bag.

99 우리말을 영어로 잘못 옮긴 것을 고르시오.

① 인턴은 병원에서 교대로 야간 근무를 한다.
➡ Interns take turns being on night call all the hospital.

② 이 건물은 10층 짜리 사무실 빌딩으로 1884년에 건설되었다.
➡ It was built in 1884 as a ten-story office building.

③ 메리는 반에서 다른 누구보다도 키가 작다.
➡ Mary is not taller than any other girls in the class.

④ 코뿔소는 육상 포유류 동물 중 두 번째로 크다.
➡ The Rhinoceros is the second largest land mammal.

100 우리말을 영어로 잘못 옮긴 것을 고르시오.

① 우리는 이틀에 한 번 꼴로 야근을 한다.
➡ We work overtime about once every two day.

② 그가 돌아왔을때 우리는 낙하산 펴는 것을 연습했다.
➡ When he came back, we practiced releasing our parachute.

③ 못된 짓을 하다가 걸리는 아동은 누구든 교실 앞쪽에 서 있어야 했다.
➡ Any child caught misbehaving was made to stand at the front of the class.

④ 이 정책은 의료 빈곤층을 대상으로 시행될 예정이다.
➡ This policy will be put into effect for the medical poor.

101 우리말을 영어로 가장 잘 옮긴 것을 고르시오.

① 이런 점에서 우리는 꽤 비슷하지만 완전히 같은 것은 아니다.
➡ In this regard, we are quite alike but not entirely.

② 그는 며칠 동안 잠을 못 잔 것처럼 피곤해 보인다.
➡ He looks tired as if he didn't sleep for several days.

③ 그는 어머니가 여동생과 이야기하는 것을 엿들었다.
➡ He overheard his mom to talk with his sister.

④ 음주는 사람들의 건강에 부정적으로 영향을 미친다.
➡ Drinking negatively affects on people's health.

102 우리말을 영어로 가장 잘 옮긴 것을 고르시오.

① 나는 그 건방진 아가씨와 결혼할 생각이 없다.
➡ I have no intention of marrying to the insolent girl.

② 선장은 그 남자를 묶어 감옥에 가두었다.
➡ The captain had the man tied up and put in prison.

③ 요즘은 작곡가로서 생계를 유지하는 것은 쉽지 않다.
➡ These days, make a living as a composer is not easy.

④ 내 지도교수는 내가 그 일에 지원해야 한다고 제안했다.
➡ My professor suggested me that I should apply for the job.

103 밑줄 친 부분 중 어법상 옳지 않은 것을 고르시오.

> Shy people don't enjoy ① <u>being</u> with others. They feel very ② <u>uncomfortable</u> in any situation where others pay attention to them. They are often ③ <u>very</u> worried about what other people think of them to be relaxed. They are also afraid of speaking in front of people. Very shy people may even experience feelings of loneliness, since their feelings keep them ④ <u>from</u> making friends.

104 밑줄 친 부분 중 어법상 옳지 않은 것을 고르시오.

> Gardens are not just for plants and flowers anymore. Gardens have become places of horticultural relaxation which ① <u>influences</u> health. Your garden can be a sanctuary where you go to retreat, refresh, and rejuvenate. When you're experiencing a low mood or ② <u>grieving</u> a loss, you may yearn to retreat into that area of comfort, fragrance, sound, and touch. Your garden gives you those meaningful touches, and gardening creates a quiet, ③ <u>private</u>, and beautiful space where you can go and read, pray, or just be. Your garden is your hospital. It's constant renewal. For a grieving person, for example, ④ <u>plant</u> something that has a cycle helps to mark the passage of time.

105 밑줄 친 부분 중 어법상 옳은 것을 고르시오.

The only way your mind will improve is by working at it. Nobody else can do that for you, and nobody else can be blamed if you don't work ① enough hard to achieve that. I would ② tell to kids this cold, hard reality: You can't blame your parents, teachers, or government for anything. Don't look in the mirror and ③ whine. You either make the choice to spend each day wisely, preparing yourself for the future, ④ and you don't. In the end, you reap the rewards of your choice.

예상문제 8회 (106번~120번) – 문법 전영역 예상 문제

정답 및 해설 p.159

106 어법상 옳지 않은 것을 고르시오.

① You may stay here so long as you keep quiet.

② Professor Jin is what is called a walking dictionary.

③ We cannot overemphasize the importance of saving.

④ I don't feel like going for a walk now.

107 어법상 옳지 않은 것을 고르시오.

① Happy is the man who is contented with his lot.

② Seeing that the street is all wet, it must rain last night.

③ The boy grew up to be a fine young man.

④ Tim should have apologized earlier, but he didn't.

108 어법상 옳지 않은 것을 고르시오.

① She must have been beautiful when she was young.

② This year's fashion is quite different from last year.

③ She accused the CEO of embezzlement.

④ It will be made good use of everywhere around the world.

109 어법상 옳지 않은 것을 고르시오.

① Parental love is recognized as sublime, and so is brotherhood.

② Such were his influence that everybody feared him.

③ He spends more money than is necessary.

④ I would appreciate your keeping it a secret.

110 어법상 옳은 것을 고르시오.

① Business has never been as better as is now.

② The older one grows, more modest he tends to be.

③ He is far superior than his brother in many respects.

④ I may as well stay home as hang around such a man.

111 어법상 옳은 것을 고르시오.

① Some people like jazz, but others like rock music.

② We have found the story more interested than last one.

③ That is once put off is more difficult than before.

④ She explained it as clear as her teacher.

112 우리말을 영어로 잘못 옮긴 것을 고르시오.

① 갑자기 폭풍이 일어난다고 하더라도, 피난처를 쉽게 찾을 수 있다.

➡ Should a storm arise suddenly, we can find a shelter easily.

② 아직 그것을 본 적이 없기 때문에 나는 그것을 잘 알지 못한다.

➡ Not having seen it yet, I don't know it well.

③ 나는 일을 더욱 진지하게 받아들이기 시작했다.

➡ I began to take my work more seriously.

④ 그는 그의 반에서 다른 어떤 소년들보다 키가 크다.

➡ He is taller than any other boys in his class.

113 우리말을 영어로 잘못 옮긴 것을 고르시오.

① Helen은 모든 학생들 중에서 가장 총명했다.

➡ Helen was most intelligent of all the students.

② 그는 돈이 기껏해야 2백만 원 밖에 없다.

➡ He has at most 2 million won.

③ 나는 조용히 있었는데, 그것이 그를 훨씬 더 화나게 만들었다.

➡ I remained silent, which made him more angry.

④ 최근이 되어서야 나는 그 사실을 알았다.

➡ It was only recently that did I know the fact.

114 우리말을 영어로 잘못 옮긴 것을 고르시오.

① 나는 거짓말을 하는 것이 나쁜 일이라고 배웠다.
➡ I have been taught that it is wicked to tell a lie.

② 우리가 지붕을 보는 그 건물은 아름답다.
➡ The building of which the roof we see is beautiful.

③ 그는 회의를 연기하자고 제안했다.
➡ He proposed that the conference will be postponed.

④ 그는 형과 사업을 시작했다.
➡ He entered into business with his brother.

115 우리말을 영어로 잘못 옮긴 것을 고르시오.

① 그녀의 어머니에 대해서는 나도 너만큼 아는 것이 없다.
➡ I know no more than you do about her mother.

② 그녀는 인색하다고 말할 정도는 아니고 근검하다.
➡ She was frugal, not to say stingy.

③ 그는 어렸을 때 그녀에게 영어를 배웠다고 한다.
➡ He is said to be taught English by her when young.

④ 일하는 것과 돈을 버는 것은 별개다.
➡ To work is one thing, and to make money is the other.

116 우리말을 영어로 잘못 옮긴 것을 고르시오.

① 우리는 사람들이 자살하는 것을 막아야 한다.
➡ We must stop people from committing suicide.

② 그 사람에게 최대한 내 감사의 마음을 전해주십시오.
➡ Tell him the best way in which to express my thank.

③ 그는 영어로 의사 소통이 가능하다.
➡ He can make himself understand in English.

④ 그에게 그런 경우가 종종 있듯이 그는 산책하러 갔다.
➡ As is often the case with him, he went out for a walk.

117 우리말을 영어로 가장 잘 옮긴 것을 고르시오.

① 나는 2명의 남자 형제가 있는데, 모두 다 사업가이다.
➡ I have two brothers, all of them are businessmen.

② 그는 오랫동안 시인으로 알려져 있었다.
➡ He has been known to a poet for a long time.

③ 길을 잃었지만, 나는 운 좋게 경찰을 발견했다.
➡ Losing my way, I was lucky enough to find a policeman.

④ 나는 그가 진실한 사람이라고 확신하지 않았다.
➡ I didn't convince that he is a truthful man.

118 밑줄 친 부분 중 어법상 옳지 않은 것을 고르시오.

① Nowhere in the history of business has there ② been an industry like disk drives, where changes in technology, market structure and global scope have been so rapid. The value of understanding the history of the disk drive industry is that out of its complexity ③ emerges a few stunningly simple and consistent ④ factors that have repeatedly determined the success and failure of the industry's best firms.

119 밑줄 친 부분 중 어법상 옳지 않은 것을 고르시오.

A certain person becomes angry or starts a fight in order to create distance between himself and another person. Let's say you and your partner ① have been spending a great deal of time together. You are beginning to feel a bit bothered and pressured. Instead of admitting this to yourself and ② explaining your partner that you need a little space, you start a fight or ③ get angry with him for some small thing he has done. In that way you feel justified in walking out. When he calls later, you tell him you think it is better if you ④ take a few days off from seeing each other since you are not getting along. In reality, you wanted the space all along.

120 밑줄 친 부분 중 어법상 옳지 않은 것을 고르시오.

The cruel fact is that suicides often fail, in ① which case the person who attempted to kill himself has to face many dreadful ② consequence such as permanent brain damage, severe burns, or lifetime disability. On the brighter side, if one ③ does survive a suicide attempt, he will live to discover the truth about depression, the most common reason people commit suicide, which is that it really is a temporary condition. ④ The very circumstances that made you plunge into the swamp of depression could always change, and there are various kinds of medications that could chase away your bad mood.

예상문제 9회 (121번~135번) – 문법 전영역 예상 문제

정답 및 해설 p.163

121 어법상 옳지 않은 것을 고르시오.

① There is a rumor that the house is haunted.
② The article was just so much nonsense.
③ She has many friends and most of them are kind.
④ He looks pale as if he didn't sleep last night.

122 어법상 옳지 않은 것을 고르시오.

① Some people have very less free time than others.
② They don't last long no matter how careful you are.
③ Flies rose in thick black swarms.
④ Every one of their CDs has been a hit.

123 어법상 옳지 않은 것을 고르시오.

① He blamed me for rejection his offer.
② My English teacher couldn't seat him for a moment.
③ Backpacking abroad, she always carries a camera.
④ This is the place which I lost key in.

124 어법상 옳지 않은 것을 고르시오.

① Had education focused on creativity, they could have become great artists.
② The grass here is greener than that on the other side of the fence.
③ The child became excited by the idea of throwing a ball.
④ There recent research arose a lot of interest.

125 어법상 옳은 것을 고르시오.

① News provide facts and inforamtion.
② The fairy tale Snow White is being read to the children.
③ She lay quietly, enfolded in his arms.
④ He is doing the most bored work.

126 어법상 옳은 것을 고르시오.

① He decided to stop playing computer games.
② The bigger girls were used to chase me and tickle me.
③ He is used to being recognized in the street.
④ The United States are endeavoring to establish peace.

127 우리말을 영어로 잘못 옮긴 것을 고르시오.

① 그녀는 젊었을 때 분명히 아름다웠을 것이다.
➡ She must have been beautiful when she was young.

② 의류를 주문할 때에는 잊지 말고 치수를 명시하세요.
➡ Remember to specify your size when ordering clothes.

③ 어떤 사람들은 어떻게 해서든 투표를 했지만, 대부분은 하지 않았다.
➡ Some managed to vote, but most of them wasn't.

④ 나는 지나가는 사람들에게 전단지를 나눠줄 것이다.
➡ I'm going to hand out leaflets to the people passing by.

128 우리말을 영어로 잘못 옮긴 것을 고르시오.

① 우리는 그의 노래를 들었던 걸 절대 잊지 못할 것이다.
➡ We will never forget hearing his song.

② 우리는 법률 자문을 받는 것이 현명한 일이라고 생각했다.
➡ We considered sensible to take legal advice.

③ 그 노인이 만든 신발은 매우 비쌌다.
➡ The shoes made by the old man were very expensive.

④ 길을 걷다가, 나는 내 옛 친구를 만났다.
➡ Walking on the street, I met an old friend of mine.

129 우리말을 영어로 잘못 옮긴 것을 고르시오.

① 급하게 쓰여서, 그 책에는 오류가 많았다.
➡ Writing in a hurry, the book had many errors.

② 나는 그가 복숭아에 알레르기가 있다는 것을 최근에 알게 되었다.
➡ I've learned that he is allergic to peaches lately.

③ 나는 그 서류에 서명을 받지 못했다.
➡ I couldn't get the paper singed.

④ 당신은 그 프로젝트를 내일 아침까지 완성해야 합니다.
➡ You should complete the project by tomorrow morning.

130 우리말을 영어로 잘못 옮긴 것을 고르시오.

① 당신은 불을 이용하여 붕대에서 세균을 없앨 수 있다.
➡ You can use fire to make bandages free from germs.

② 애완동물들은 키우기 쉽고, 그들에게 애정을 주면 기분이 좋아진다.
➡ Pets are easy to raise, and it makes you feel good to give it your affection.

③ 그는 바닷가에 서 있는 자기 자신을 상상했다.
➡ He imagined himself standing on the shore.

④ 어젯밤 늦게까지 안 자고 더 공부했었어야 했는데.
➡ I should have stayed up late and studied more last night.

131 우리말을 영어로 가장 잘못 옮긴 것을 고르시오.

① 넌 어떻게 네 사진들이 거기에 올라가게 한 거야?
➡ How did you get your photos photos to post on it?

② 그 공장에는 30년 넘게 그곳에서 일해 온 사람들이 있다.
➡ There are people at the factory who have worked there for moe than 30 years.

③ 우리는 그가 자기의 꿈에 대해 우리에게 말해준 것을 믿을 수가 없었다.
➡ We couln't believe what he told us about his dream.

④ 그는 너무나 강한 시골 사투리를 가지고 있어서 나는 그와 거의 의사소통을 할 수가 없다.
➡ He has such a strong country accent that I can hardly communicate with him.

132 우리말을 영어로 가장 잘못 옮긴 것을 고르시오.

① 거의 매일 나는 '타임머신'이라고 부르는 놀이를 혼자 한다.
➡ Almost every day I play a game with myself which I call 'time machine'.

② 그는 문을 세게 쾅 닫았다.
➡ He slammed the door hardly behind him.

③ 우리는 그가 그 늙은 여성분에게 한 행동에 감명 받았다.
➡ We were impressed with what he did for the old lady.

④ 독수리의 눈은 여러 가지 면에서 인간의 눈과 비슷하다.
➡ The eyes of eagles are similar to those of humans in many respects.

133 밑줄 친 부분 중 어법상 옳지 않은 것을 고르시오.

① For much of the twentieth century, there has been a decrease in the spread of infectious diseases in human populations of Western countries. With the idea of organized disease control, we started to sanitize our cities, cleanse our water supplies, improve domestic hygiene, ② using antibiotics*, and vaccinate. As a result, the ③ developed world became rather satisfied, falsely thinking they would enjoy a life mostly free of infectious diseases. Since the 1980s, however, things have looked much ④ less secure. Many previously unrecognized infectious diseases have appeared, and infectious diseases that were thought to be under control have sometimes reemerged and spread again.

134 밑줄 친 부분 중 어법상 옳지 않은 것을 고르시오.

As the pace of modern life serves to separate us from one another, the contact we ① do share becomes vastly more important. We ② take in one another's energy without consciousness, and we find ourselves changed after the shortest encounters. Everything we do or say has the potential to influence not only the individuals we live, work, and play with, ③ also people we have just contacted. Although we may never know the effect we have had or the range of that impact, acknowledging and comprehending that our attitudes and decisions will touch others can help us ④ remember to conduct ourselves gracefully at all times.

135 밑줄 친 부분 중 어법상 옳은 것을 고르시오.

Many people, including business executives, think that teams are extremely effective for ① being enhanced performance, but in fact the majority of teams ② doesn't live up to their reputation — either in the lab or in real business settings. If performance ③ were the only measure, then most businesses and other organizations should forget about teamwork and focus on improving individual excellence. But performance is not the only standard, and working in groups has many additional ④ advantage.

예상문제 10회 (136번~150번) - 문법 전영역 예상 문제

정답 및 해설 p.167

136 어법상 옳지 않은 것을 고르시오.

① It is while cheese is ripening that it develops its own flavor.

② Where she went is none of your business.

③ Jack is playing football and Jenny is playing it, either.

④ Tom will kick off with a few comments.

137 어법상 옳지 않은 것을 고르시오.

① Mathematics are given a great deal of weight on the entrance examination.

② He is not fond of parties, and I am not either.

③ Having failed twice, he didn't want to try again.

④ My dog doesn't like being groomed.

138 어법상 옳지 않은 것을 고르시오.

① She was beside herself when she heard the news.

② He made me waited for him for a while.

③ This is the hotel whose window were broken.

④ My husband was offered a job in Chicago.

139 어법상 옳지 않은 것을 고르시오.

① He was awarded a gold medal for his excellent performance.

② Extra pay will be paid to employees who satisfy certain conditions.

③ I bought a cat whose is black and has brown eyes.

④ She had students write letters to their parents.

140 어법상 옳은 것을 고르시오.

① The fire seemed to have started in the kitchen.

② They saw snowflakes fallen from the sky.

③ Six months are not a long time to be without a job.

④ The car parked next to mine over there is her.

141 어법상 옳은 것을 고르시오.

① Much as I like him, I don't like his writings.

② I think half of them has never been to other countries.

③ Each persons have his or her own unique fingerprints.

④ The famous singer and activist visit Africa often.

142 우리말을 영어로 잘못 옮긴 것을 고르시오.

① 우리가 지난번에 만난 지 약 7년이 되었다.
➡ It has been about seven years since we met last time.

② Mary는 Peter만큼 유명하지 않다.
➡ Mary is no more famous than Peter isn't.

③ 그는 그의 아버지에 의해 훌륭한 피아니스트가 되었다.
➡ He was made a great pianist by his father.

④ 밤새도록 그 개가 짖는 소리가 모두에게 들렸다.
➡ The dog was heard to bark all night by everybody.

143 우리말을 영어로 잘못 옮긴 것을 고르시오.

① 그 영화는 많은 팬들에 의해 기대되어 왔다.
➡ The movie has been looked forward by lots of fans.

② 나는 학교생활에서 무엇을 해야 할지 모르겠다.
➡ I don't know what to do with my school life.

③ 그는 백만장자가 아니고 나도 아니다.
➡ He isn't a millionaire, nor am I.

④ 그녀는 에디슨이 설립한 회사에서 일한다.
➡ She works for a company founded by Edison.

144 우리말을 영어로 잘못 옮긴 것을 고르시오.

① 올해 수입은 작년의 세 배이다.
➡ This year's revenues are three times as much as last year's.

② 모든 사람이 다 그 일을 하루 만에 끝낼 수 있는 게 아니다.
➡ Not everybody can finish it in a day.

③ 그들은 태풍에 고립될까봐 걱정했다.
➡ They were anxious to be caught by a storm.

④ 그가 당신에게 그것을 말하는 것은 당연해.
➡ It is natural for him to say that to you.

145 우리말을 영어로 잘못 옮긴 것을 고르시오.

① 그 회사는 평판을 향상시키기를 열망한다.
➡ The company is anxious about improving its reputation.

② 그 일은 내가 예상했던 것의 절반 밖에 걸리지 않았다.
➡ The job took only half longer than I had expected.

③ 그 계란은 보통 계란 크기의 3배입니다.
➡ The egg is three times the size of the average egg.

④ 모든 불평이 그렇게 쉽게 처리되는 것은 아니다.
➡ Not all complaints are so easily dealt with.

146 우리말을 영어로 가장 잘 옮긴 것을 고르시오.

① 나는 그들 중 누구도 좋아하지 않는다.
➡ I don't like both of them.

② 그녀가 만약 매일 아침에 조깅을 하면, 그녀는 건강해 질 것이다.
➡ If she jogs every morning, she will become healthy.

③ 지난 몇 년간 무슨 일이 난 것 같다.
➡ Something seemed to happen during the past years.

④ 나는 자연을 관찰하는 데 많은 시간을 보냈다.
➡ I spent much of my time to observe nature.

147 우리말을 영어로 가장 잘 옮긴 것을 고르시오.

① 길 잃은 동물들을 돌봐주시다니 정말 친절하시군요.
➡ It is very kind for you to take care of lost pets.

② 다음 달이면 그는 결혼한 지 10년이 된다.
➡ By next month, he will be married for 10 years.

③ 그는 축구로 유명한 도시인 마드리드에서 태어났다.
➡ He was born in Madrid, a city knowing for soccer.

④ 의사의 진단서를 받지 않으면 근무하지 않은 시간에 대한 급여는 못 받는다.
➡ You won't get paid for time off unless you have a doctor's note.

148 밑줄 친 부분 중 어법상 옳지 않은 것을 고르시오.

To warm up a given quantity of water one degree requires about four times as much heat as ① warming up an equal quantity of earth. In summer, when the rocks and the sand along the coast ② are extremely hot, the sea and lakes are cool, although ③ the amount of heat existent in the water is as great as that existent in the earth. In winter, long after the rocks and sand have released their heat and have become cold, the water continues to release the massive store of heat saved up over the summer. This accounts for ④ why areas located on or near big bodies of water generally have smaller differences in temperature than inland regions.

149 밑줄 친 부분 중 어법상 옳지 않은 것을 고르시오.

While this pressure can cause parents ① participate less in their children's lives, there ② remains a great need for them to be involved in their children's education. Recent studies show that when families are involved in their children's education in positive ways, the children achieve higher grades, have better attendance, complete more ③ homework, and demonstrate more positive attitudes. Reports also indicate that families who receive frequent messages from teachers tend to become more involved in their children's education than ④ do parents who do not receive this kind of communication.

150 밑줄 친 부분 중 어법상 옳은 것을 고르시오.

We cannot live or work only with people who go to the same schools and live in the same areas. We have to work with people whose ① the backgrounds are completely different from ② our. Different people, of course, have different lifestyles, thoughts and opinions. It is stupid to stop talking with them and to start fighting with them just because there are some differences in opinion. We have to try to find common ground and ideas we are able to ③ agree. It's not easy to find common ground or reach an agreement, but always keep in mind that even your mother and father have different opinions ④ on family matters.

MEMO

진가영 영어

최상으로 가는
영역별 출제 예상

400제

최단기간 점수 수직 상승!

최상으로 가는 영역별 출제 예상

400

"뛰어나고 훌륭하게 시작할 필요는 없다.
그러나 훌륭하기 위해선 시작해야 한다."
— 지그 지글러

PART

02

독해 100제

예상문제 1회 (01번~10번)

– 대의 파악 유형(주제/제목/요지/주장)

정답 및 해설 p.171

01 다음 글의 주제로 가장 적절한 것은?

How many times have you been angry this week? Once? Twice? Several times? If it was more than once, you're not unusual. Anger is a very common emotion in Western cultures. Very likely this is because Western cultures emphasize personal independence and free expression of individual rights. In North America, anger is widely viewed as a "natural" reaction to the feeling that you have been treated unfairly. In contrast, Eastern cultures place a high value on group harmony. In Asia, expressing anger in public is less common and anger is regarded as less "natural." The reason for this is that anger tends to separate people. Thus, being angry is at odds with a culture that values cooperation. Western people tend to project their own emotions onto others, whereas Eastern people tend to project the emotion that they believe a generalized other person could be expected to feel in a given situation.

① bad customs in the world
② living with a sense of humor
③ effects of anger on your body
④ cultural differences in emotional expression

02 다음 글의 제목으로 가장 적절한 것을 고르시오.

We have mechanisms to warn of threats and guard against instability. In the same way that any sane person feels apprehension about jumping out of an airplane, our brain puts the organism it controls on alert when danger is about to happen. However, we have to know that sometimes we need to ignore the alarm and take the less comfortable path, anyway. The research conducted by psychologists found that those who can work past their brain's appetite for certainty — its need to shut the door to preserve stability — are more likely to meet challenges and to attain their goals. Jumping out of the airplane even when our brain is shouting "Stop!" is sometimes exactly what we need to do. That's the energy that fuels scientific discovery, technological advances, and a range of other human pursuits.

① Step out of Your Safety Zone
② Don't Underestimate Yourself
③ Never Give Up Your Dream
④ Simplify Your Life and Your Mind

03 다음 글의 주제로 가장 적절한 것은?

When it comes to making money out of food or drink, coffee is the best. No other sector produces profits quite like it. Coffee manufacturing companies are a cash cow that seemingly never runs out of money. At the top of the ladder, things couldn't be better. However, at the bottom, 25 million farmers are sinking deeper and deeper into poverty. In the past three years, the price of coffee on the international market has sunk to its lowest point over 100 years. While at the top of the supply chain this means profits are even better, at the bottom farmers are being robbed. For them, coffee is quickly becoming an unprofitable crop and, in order to survive, coffee farmers in Africa and Latin America are being forced to grow other crops that can earn more money, but they still struggle in poverty.

* cash cow (어떤 사업체의) 고수익[효자] 상품[사업]

① the tips on how to select a good coffee roaster
② the ways coffee growers produce more coffee
③ the process of extracting coffee out of coffee beans
④ the unjust distribution of the profits coming from coffee

04 다음 글의 주제로 가장 적절한 것은?

For the explorers in Australia, the thick bush was far worse than open and sandy regions. Aboriginal people walked along their paths often enough to keep them open, but any explorer who missed a track could be in all sorts of trouble. Trees and branches made a barrier that the explorers had to cut through and that their animals had to force a way through. Trees left sharp pieces sticking out every few meters, often ripping the men's bags, clothes and bodies, and the animals' bodies. Flour was one of the main types of food that the explorers thought they couldn't do without. They carried it in huge quantities in bags, but unless the bags were well-protected, they would be ripped open by rocks or trees, spilling the flour onto the ground.

① ways explorers in Australia found their way
② tools and animals explorers used in Australia
③ obstacles explorers faced in the Australian bush
④ reasons explorers had to change their food and tools

05 다음 글의 제목으로 가장 적절한 것은?

Some very successful communicators are solemn, whereas others use humor; some are gregarious, whereas others are quiet; and some are straightforward, whereas others hint diplomatically. Just as there are many kinds of beautiful music and art, there are many kinds of competent communication. But the type of communication that succeeds in one situation might be a colossal blunder in another. The joking insults you routinely trade with your friend might be insensitive and discouraging if he or she had just suffered a personal setback. The language you use with your peers might offend your family member, and last Saturday night's romantic approach would probably be out of place at work on Monday morning. This means that there can be no sure-fire list of rules or tips that will guarantee your success as a communicator.

① There Is No Ideal Way to Communicate
② Turn Your Problems into Opportunities
③ A Good Communicator Is a Good Listener
④ Remember to Make a Realistic Life Plan

06 다음 글의 주제로 가장 적절한 것은?

It is often assumed that men are more competitive than women in sports. Diane L. Gill, a professor at the University of North Carolina at Greensboro, however, has found that competitiveness differentiates athletes and non-athletes, not men and women. Both men and women are competitive, but styles and motivation may differ. Gill developed a sport orientation questionnaire to help her evaluate men's and women's orientation toward achievement in three areas: competitiveness, "an achievement orientation to enter and strive for success in competitive sports"; win orientation, "a desire to win and avoid losing in competitive sports"; and goal orientation, "an emphasis on achieving personal goals in competitive sports." She found that men scored higher than women on competitiveness and win orientation, and women scored higher than men on goal orientation.

① strong drive of male athletes for competition
② reasons men are more competitive than women in sports
③ comparison of physical activity between men and women
④ gender differences in competitive style and motivation in sports

07 다음 글의 요지로 적절한 것을 고르시오.

Frequent repetition of positive experiences can change your self-concept in a dramatic and positive manner. One major difference between people with a low level of self-respect and those with a high level is the type of memories they choose to recall. People with a low level usually think over negative experiences while people with a high level spend their time recalling and enjoying positive memories. Set aside five to ten minutes a day to recall positive things and success you have achieved. As you recall each positive experience, compliment yourself on your success. Continue with this exercise until it is easy to recall success and you feel good about your self-compliments.

① Don't blame others for their faults.
② Self-respect is a matter of no importance.
③ Life is a mixture of good and bad memories.
④ Try to recall positive things and feel good about yourself.

08 다음 글의 요지로 적절한 것을 고르시오.

People with plenty of money are happier than people who don't have much money, but the difference is quite small. Apparently money can buy happiness, but not very much of it. There is only one objective circumstance that has been shown to make a big difference in happiness, and that involves social connections. People who are alone in the world are much less happy than people who have strong, rich social networks. This strong link shows that inner processes, in this case happiness, are linked to interpersonal relationships, in this case forming and maintaining good connections to other people. The human emotional system is set up so that it is very hard for a person to be happy while alone in life. For all other circumstances, even including health, injury, money, and career, the differences are small.

① Money is one of the big factors in happiness.
② Some people can live quite happily in solitude.
③ Happy relationships are based on shared values.
④ Happiness rarely comes without social connections.

09 다음 글의 제목으로 가장 적절한 것은?

Does the term "collector" bring to mind that weird old lady down the street whose house is overflowing with old phonebooks, classic cat toys, and dust balls everywhere? Her collections may be an overgrown mess, but don't let that discourage you from starting your own. Collections can actually be cool — if they are artful and well-maintained. It's really just a way to surround yourself with the things you love. And, if those things increase in value as time goes by, they can turn into an excellent investment. Original Natas skateboard decks from the 80's now sell for thousands of dollars, and classic Barbie dolls pull in hundreds. Whether you're into lunch boxes, snow globes, or random things with penguins on them, building a collection will send you on a rewarding quest that can never be completed. Of course, completion is not the point. The fun is in the endless search for those last three *Buffy the Vampire Slayer* action figures missing from the lineup on your desk.

① Collecting as an Investment
② What's Collectable and What's Not
③ How to Organize Your Doll Collection
④ Start a Collection, an Everlasting Quest

10 다음 글의 제목으로 가장 적절한 것을 고르시오.

How well would your body function if all you ate were ice cream, candy bars, doughnuts, potato chips, and cookies, and if all you drank were soft drinks? Don't get me wrong. I'm not suggesting a ban on all those things. In fact, I've been known to enjoy a few of these "fun foods" myself. But a steady diet of them, without the nutrients the body needs, would be harmful to anyone. Similarly, how well would your mind function if all you read were the *National Enquirer*, if all you watched on TV were soap operas, wrestling, and Jerry Springer, if the only thing you listened to were rap and heavy metal music, and if the only movies you saw were *Scary Movie and Dumb and Dumber*? I'm not criticizing any of these choices, but what if those were the only things going into your head? Your mind would become muddy and dull. The brain needs nutrients, too.

① Your Mind Needs a Good Diet, Too
② Harmony between Body and Mind
③ Change Your Mind, Change Your Brain
④ Junk Food: Poison to Your Body

예상문제 2회 (11번~20번)

- 세부정보 파악 유형(내용 일치와 불일치) 정답 및 해설 p.174

11 다음 글의 내용과 일치하는 것을 고르시오.

Vitamins and minerals are essential for good health. A varied, balanced diet usually supplies a full complement of all the nutrients you need. Vitamin deficiencies rarely occur in the United States, but some people still worry about deficiencies and believe that they will be healthier if they take extra vitamins. Other people feel that extra vitamins are effective in curing or preventing diseases. What can happen if you take large amounts of vitamins? In most cases, vitamins are absorbed in the correct proportions and the rest leave the body. However, Vitamins A and D remain in the fat tissue and can result in vitamin poisoning. The full effect of vitamins on the body has not been determined, and some experts question whether we need to fortify ourselves with extra vitamins.

① Our diet usually supplies all the vitamins one needs.
② Scientists agree that extra vitamins are necessary.
③ Extra vitamins help cure or prevent disease.
④ Scientists have not yet determined the full effect of vitamins on the body.

12 Olympic Games에 관한 다음 글의 내용과 일치하지 않는 것은?

The Olympic Games is an event with many sports. It was a religious celebration in honor of the god, Zeus. Only Greek males of good character participated in the Olympic Games. Women, slaves, non-Greeks, and people in any kind of trouble in the society could not participate. As a matter of fact, women could not even watch the Olympic Games. They were held in Greece until 393 AD. In 1896, a Frenchman, Baron pierre de Coubertin started the games again. The first modern Olympics was held in Athens, Greece. Since then, the Olympics have been held every four years since 1896. People from different parts of the world took part in the Games. There were only 3 times that they were not held because of war: 1916, 1940 and 1944. The number of participants in the Games has been increasing. In the first modern Olympics, there were nearly 250 athletes from 15 countries. When the Games were held again in Greece in 2004, there were 11,100 athletes from 202 countries. In the 1896 Olympics, only men participated. Today, many women join the Games. Many sports have been added to the Olympic Games as well.

① 고대 올림픽 초기에는 여자는 경기 관람만 가능했다.
② 전쟁 때문에 개최되지 못했던 때도 있었다.
③ 1896년 올림픽에는 여성들도 참가했다.
④ 올림픽게임은 처음 개최한 이래로 4년마다 다른 국가에서 개최되었다.

13 다음 글의 내용과 일치하지 않는 것은?

Exports to the United States are rising while exports to China are falling as the largest foreign markets for Korean products take different courses and face different conditions and as Korea gets closer to the United States. Exports to the United States from July 1 to 20 grew 19.7 percent on year while those to China dropped 2.5 percent. In the first half, exports to China were 23.2 percent of the total exports. This is a drop of 1.9 percentage points compared to the same period the previous year, according to trade statistics data from the Korea Customs Service. Monthly exports to China are falling steadily, with the trade balance with China reaching a deficit of 1.1 billion dollars, the first-ever monthly deficit in 28 years. Korea's market share in the U.S. high-tech market increased in the past few years. It rose from 3.5 percent in 2017 to 4.2 percent in 2021, a jump from the eighth-largest to the sixth-largest country. The expansion of chip exports drove the boost in the U.S. market share. Efforts to reduce the technology gap between Korea and China, disruption of the global supply chain, Covid-19 lockdowns and the Chinese government's involvement are some reasons for the falling exports to China from Korea. The government is drafting measures to recover the country's exports to China.

① 미국과 중국에 대한 수출이 감소하고 있다.
② 중국에 대한 월간 수출은 지속적으로 감소하고 있다.
③ 미국 시장 점유율 상승을 견인한 것은 칩 수출 확대이다.
④ 한국 정부는 중국으로의 수출을 회복하기 위한 조치를 마련하고 있다.

14 다음 글의 내용과 일치하는 것은?

Not too long ago, people from advanced western countries who visit Korea for the first time used to shock at the low status of women on Korea. Koreans themselves had known that women here had a social standing inferior to men, but unless they'd lived in a western country for a couple of years, they din't have a clear idea of what makes it so noticeable to foreigners. Women had very few occupational opportunities. Large corporations rarely hired women for high-level employment instead, most women were hired as "office girls", who would be expected to quit when they would get married. In divorce cases involving children, the children almost always went with the father, not the mother. Women who din't get married before their late 20s were often called "old miss", a derogatory term, but there was no similar name for men who remained single. Although it may be a little time before Korean women are given the same social status that women in the west have achieved for themselves, there are some signs that the society is beginning to change its attitude toward women.

① Not long ago, the status of women in Korea was high.
② Large corporations have often fired women on a large scale.
③ When the marriage ended in divorce the children almost always went with the father.
④ The way society treats women will not be changed.

15 다음 글에 내용과 일치하지 않는 것을 고르시오.

In Brazil, getting a driver's license is a major step toward becoming an adult. It provides a sense of freedom and individuality. The legal age to obtain a license is 18. People need to take classes and pass technical and practical tests before they get a license. Driving in Brazil, like in any country, can be dangerous. Driver's license may be revoked if you cause an accident under the influence of alcohol. One summer night, Rick was driving home from a date a little fast. He was a patrol car light flashing in his rearview mirror. He wasn't drunk, but he didn't have his driver's license. So he took a sharp left. He swerved, hit a tree, and the car flipped over. Then everything went black. When he came to, someone was asking him, "Rick, if you can hear me, try to move your toes." He was lying in a hospital bed. His spinal cord was severed. He'd be a paraplegic for life. He was sent to a physical rehabilitation center.

* paraplegic 전신마비 환자

① 브라질에서의 운전 면허 취득연령은 18세이다.
② Rick은 면허가 없어서 경찰차를 피하려고 했다.
③ Rick은 운전면허가 있었지만 술을 마셨다.
④ 사고로 Rick은 평생 전신마비 환자가 되었다.

16 다음 글의 내용과 일치하는 것은?

"According to my horoscope in the local paper, I'm going through a very lucky phase and so I've bought three lottery tickets," said Mary, who was a firm believer in astrology. Because she had to go out when the winning numbers were announced on television, she asked her brother Tom to check the numbers against the numbers on her tickets. When Mary went out, Tom was lolling about on the sofa, idly changing television channels, and he quietly drifted off to sleep. He woke up about an hour later to discover that he had missed the program which gave out the lottery numbers. Then he discovered a worse problem. His little sister had torn them up by mistake. Tom was absolutely frantic. What if they were the winning lottery tickets? Just then Mary came in, saying that she didn't believe in astrology after all because she had taken a copy of her numbers and had checked them before she left work. Tom felt relieved and said nothing about them.

① Tom은 점성술을 굳게 믿는다.
② Mary의 당첨된 복권 한 장이 찢어져 버렸다.
③ Mary는 일 때문에 복권을 맞춰 볼 수가 없었다.
④ Mary는 Tom에게 복권 번호를 맞춰 볼 것을 부탁했다.

17 anhinga에 관한 다음 글의 내용과 일치하는 것은?

The anhinga is a common water bird in remote inland swamps. Anhingas have a slender body with a thin, long neck and tail, and a slender, sharp, and pointed bill. Anhingas have no oil-producing glands to keep their feathers oiled and waterproofed, so they must dry their wings. The lack of oil allows anhingas to submerge easily. They can swim with the body submerged, and their food is fish and other aquatic organisms that they catch while swimming underwater. In flight the anhinga flaps rather heavily, but glides gracefully with the outstretched neck and long fan-shaped tail. But it is underwater that the bird finds its true element, staying submerged for long periods and swimming powerfully. After a while it puts up its head, the thin, long neck resembling a snake.

① It is a common bird on the beach.
② It has a short tail and a round beak.
③ It's feathers are oily and waterproof.
④ It's long neck takes after a snake.

18 다음 글의 내용과 일치하는 것은?

The word "academy" comes from the district of Athens where Plato taught. The Renaissance academies were modeled on Plato's Academy, both because they were informal (like Plato's lectures in the park outside Athens) and because they revived Platonic philosophy. Many academies were more like groups of friends, with the emphasis on discussion among equals rather than teaching. Giovanni Giorgio Trissino, a poet and amateur architect who tried to reform Italian spelling, had an academy, and so did King Alfonso of Naples, the philosopher Marsilio Ficino, and the aristocrat and art patron Isabella d'Este. After the Renaissance, Queen Christiana of Sweden described her academy in Rome as a place for learning to speak, write, and act in a proper and noble manner. Poems were read, plays were put on, music was performed, and what we now call "study groups" got together to discuss them.

① "academy"의 어원은 플라톤이 태어난 지역에서 비롯되었다.
② 르네상스 시대의 아카데미는 격식이 있었으며 플라톤의 철학을 부활시켰다.
③ 르네상스 시대에는 동배간의 토론보다 가르침을 중시하는 아카데미가 많았다.
④ 르네상스 시대에 나폴리의 Alfonso 왕이 아카데미를 소유하기도 하였다.

19 다음 글의 내용과 일치하는 것은?

No one knows for sure how long a plastic water bottle takes to decay. Some scientists say it could take thousands of years. But a new type of plastic that is made of corn takes only 47 days to dissolve. It's called polylactide(PLA), and it's already starting to appear on some store shelves. PLA requires 20~50 percent less fossil fuel to manufacture than regular plastic, and it doesn't give off toxic fumes when it's burned. On the other hand, PLA can't hold hot foods and is much more expensive than traditional plastic. Also, PLA doesn't dissolve under normal environmental conditions. It needs to be treated in special processing plants, where it is heated to 140˚C. At that temperature, it biodegrades in 47 days.

① People clearly knows water bottle takes to decay.
② A new kind of plastic that is made of barley takes about 47 days to dissolve.
③ PLA is much more expensive than traditional plastic.
④ PLA doesn't require treating in special processing plants.

20 Acro dance에 관한 다음 글의 내용과 일치하지 않는 것은?

Acro dance is a fusion of classical dance forms and acrobatics. It is often seen that this form of dance has a unique choreography that is set on music, allowing the dancer to portray emotions while he or she performs athletic acrobatic moves. Acro dance draws its inspiration from other dance forms such as jazz and modern dances. It got its well-deserved fame and spotlight via contemporary circus productions such as Cirque du Soleil and through professional dance theaters in the 1800s. Just as every dance has its special costumes to aid dancers in their performance, so does Acro dance. The dancer's hair is mostly tied up into a ponytail so that it is away from and out of the face at all times, in order to avoid any accidents and distractions during the routine.

* choreography 안무

① 고전무용과 곡예가 융합된 형태이다.
② 음악에 맞춰 고유한 안무가 진행된다.
③ 전문 무용 공연장이 생기면서 인기를 잃었다.
④ 공연 시 도움이 되는 특별한 의상을 착용한다.

예상문제 3회 (21번~31번) – 빈칸 추론 1(연결어)

정답 및 해설 p.178

21 다음 글의 빈칸 (A), (B)에 들어갈 말로 가장 적절한 것은?

If you are one of the people who have trouble generating research ideas, it's best to start with what others have already done. One place to start is with past research on a topic rather than just jumping in with a completely new idea of your own. ______(A)______, if you are interested in treatments for depression, you should begin by researching some of the treatments currently available. While reading about these treatments, you may find that several of the journal articles you read raise questions that have yet to be addressed. ______(B)______, looking at the research already completed in an area gives you a firm foundation from which to begin your own research.

	(A)	(B)
①	For example	Thus
②	Thus	However
③	However	Nevertheless
④	Similarly	In addition

22 다음 글의 빈칸 (A), (B)에 들어갈 말로 가장 적절한 것은?

Research has demonstrated the power of the self-fulfilling prophecy. In one study, people who believed they were incompetent proved less likely than others to pursue rewarding relationships and more likely to damage their existing relationships than did people who were less critical of themselves. ______(A)______, people who perceived themselves as capable achieved better relationships. In another study, subjects who were sensitive to social rejection tended to expect rejection, perceive it where it might not have existed, and overreact to their exaggerated perceptions in ways that endangered the quality of their relationships. The self-fulfilling prophecy also operates on the job. ______(B)______, salespeople who view themselves as effective communicators are more successful than those who view themselves as less effective, despite the fact that there is no difference in the approach that members of each group use with customers.

	(A)	(B)
①	In other words	By the way
②	For example	In short
③	Worst of all	For example
④	On the other hand	For example

23 다음 글의 (A), (B)에 들어갈 말을 바르게 짝지은 것은?

Today, lighting and appliances create a huge demand for electric power. Fossil fuels, one of the main sources of electric power, are nonrenewable energy sources because once they are burned, they are hard to replace. ____(A)____, carbon dioxide gas from burning fossil fuels is released into the air, which contributes to global warming. At this point in time, developing renewable energy sources like wind, water, and solar power is necessary. All over the world, people are seeking to develop ways to use these power sources. ____(B)____, it is still costly to use the renewable energy sources in comparison to fossil fuels. Thus, careful planning for a sufficient budget must be considered no matter what kind of power source is developed.

	(A)	(B)
①	Moreover	However
②	Moreover	Therefore
③	Otherwise	However
④	Nevertheless	Therefore

24 빈칸 (A), (B)에 들어갈 말로 가장 적절한 것끼리 짝지은 것은?

Research has shown that the way you act influences the thoughts you think. If you look to the ground, slouch over, and generally model yourself physically after a depressed person, you will eventually start to feel depressed. ____(A)____, if you smile and laugh and stand upright with your head held high, you will soon find that you feel much better, even though you may not have been in a great mood. Using this information, you can start to “fake it till you make it.” ____(B)____, you can pretend to be the kind of person you wish to be. By consistently acting as a highly enthusiastic person might or as a truly confident person would, you will eventually take on these personal attributes.

	(A)	(B)
①	For example	By the way
②	On the other hand	In other words
③	For this reason	For instance
④	In addition	That is to say

25 다음 글의 (A)와 (B)에 적절한 것끼리 짝지은 것은?

Silk began to move outside China. On China's western borders were fierce bandits. The emperors sent many messengers to negotiate a passage through this land. They took several rolls of fine silk as a bribe, but sometimes some of these messengers were killed. Gradually, ____(A)____, agreements were made to save their lives and the trail was laid for the Silk Road. It took Chinese merchants a year to complete the journey from Peking to Rome. It would have been 4,200 miles as the crow flies but was actually 6,200 miles with all the meanderings through mountains and deserts. ____(B)____, when Chinese merchants met traders from the west, the silk was placed between them and bargaining began by sign language. The silk changed hands; the Chinese gained gold and glorious glass jewelry from Rome.

	(A)	(B)
①	therefore	In brief
②	therefore	Nevertheless
③	in addition	What is more
④	so to speak	Nevertheless

26 다음 글의 빈칸 (A), (B)에 들어갈 말로 가장 적절한 것은?

Branding has become one of the common features of the contemporary cultural landscape. Nowadays, brand names don't just appear in the places they always have, such as packages, labels, stores, and advertisements. The world in which we live appears to be branded. Stadiums no longer have names such as Candlestick Park, or the Boston Garden. ____(A)____, they're now called 3Com Park and the Fleet Center. The uniforms of college and professional athletes not only identify the players by displaying their numbers, but they also identify which company has the team by displaying its brand. ____(B)____, people who once simply wore brand-name clothes are now walking advertisements for several companies, branded by the name and logo on their shirts, shoes, sweaters, caps and other clothing.

	(A)		(B)
①	Instead	……	In addition
②	To begin with	……	In addition
③	Consequently	……	In conclusion
④	To begin with	……	However

27 다음 글 (A)와 (B)에 적절한 것으로 적절한 것은?

In the article "Rethinking Race," I was shocked to learn that colleges may discriminate against my Caucasian children because of their color. Am I to tell them it doesn't matter how hard they work in school or whether or not they score well on the SAT? No, I can't do that. ___(A)___, I've tried to teach them skin color is unimportant-only for them to be taught later in life that it is important. How tragic that our country is going against the flow of history! Recently, I heard about a survey on National Public Radio. It showed the same resume with an African American-sounding name versus a "European" name required on average 50% more transmissions to get a callback. ___(B)___, when buying a home with equal credit and income, African Americans are turned down at far higher rates. If you had difficulty getting a job or house simply because of skin color, wouldn't you want the field to be made level?

	(A)	(B)
①	Instead	Likewise
②	That is	Accordingly
③	Consequently	Besides
④	Furthermore	Therefore

28 다음 글의 빈칸 (A), (B)에 들어갈 말로 가장 적절한 것은?

There are two struggles in today's media and information industry. One is over content. Multiplying channels and new media demand ever more material, and much of it today is either recycled or worthless. ___(A)___ there is the fierce competition for rights over the few genres that guarantee large audiences, notably successful films and high-profile sporting events. The other is about access to content. Here, technology is important. In the past, producing a newspaper every day, releasing enough hit films, and supplying broadcasting content steadily all required a different type of workforce, and used different technologies. ___(B)___, current digital technologies are leading to an integration between previously distinct modes of production and distribution, so there is the possibility for sharing a basic distribution facility with a global reach.

	(A)	(B)
①	Conversely	To sum up
②	Hence	However
③	Conversely	In the end
④	Hence	To sum up

29 다음 글의 빈칸 (A), (B)에 들어갈 말로 가장 적절한 것은?

When someone is lying, the face often contains two messages — what the liar wants to show and what the liar wants to conceal. Often, these hidden emotions leak in the form of a micro expression, a brief involuntary facial expression revealing true emotion. Micro expressions are one of the most effective nonverbal behaviors to monitor to indicate a person is being dishonest. Most people feel they can learn some things from reading someone's face. But your assumption may or may not be true! Consider the smile. Fortunately, there is a difference between a sincere smile and a false one. ___(A)___, when two old friends meet, they share their bright smile with their eyes as well as with their lips. The muscles of the face contract and pull the lips up. At the same time, the muscles around the eyes wrinkle the skin around the corners of the eyes. ___(B)___, when a clerk in a grocery store smiles politely, the lips move but the smiles don't necessarily reach the eyes.

	(A)	(B)
①	Nevertheless	In addition
②	Nevertheless	On the other hand
③	As a result	In short
④	For example	On the other hand

30 다음 글의 빈칸 (A), (B)에 들어갈 말로 가장 적절한 것은?

Statistical studies in a broad spectrum of developing countries have provided strong support for the economic theory of fertility. For example, it has been found that high female employment opportunities outside the home and greater female school attendance, especially at the primary and secondary levels, are associated with significantly lower levels of fertility. As women become better educated, they tend to earn a larger share of household income and to produce fewer children. ___(A)___, these studies have confirmed the strong association between declines in child mortality and the subsequent decline in fertility. Assuming that households desire a target number of surviving children, increased female education and higher levels of income can decrease child mortality and therefore increase the chances that the firstborn will survive. ___(B)___, fewer births may be necessary to attain the same number of surviving children.

	(A)	(B)
①	Moreover	As a result
②	Moreover	Otherwise
③	For example	In other words
④	By contrast	Instead

예상문제 4회 (31번~40번) – 빈칸 추론 2(단어, 구, 절)

정답 및 해설 p.182

31 다음 빈칸에 들어갈 말로 가장 적절한 것을 고르시오.

The person who buys a cookie and eats it right away may get X units of pleasure from it, but the person who saves the cookie until later gets X units of pleasure when it is eventually eaten plus all the additional pleasure of looking forward to the event. Of course, memory can also be a powerful source of happiness, and if anticipation and memory were equal partners in promoting pleasure, then there would be no reason to delay consumption because each day of looking forward could simply be traded for a day of looking backward. Research shows, however, that thinking about future events provokes stronger emotions than thinking about the same events of the past. So you'll get more happiness for your money by following this principle: ____________________.

① money is the root of all evil
② pay now, and consume later
③ remembering more isn't better
④ money has never made man happy

32 다음 글의 빈칸에 들어갈 말로 가장 적절한 것은?

I think that more time is wasted, more headaches caused, and more opportunities missed by ____________ than by any other time-consuming habit. There's an anecdote about the farmer who hired a man to sort his potato crop. The job was to place the large potatoes in one pile, the medium in another, and the small in a third. After some hours, the hired man decided to quit the job. He looked as if he had lost weight in that short time, and was as sweating as if he'd been digging ditches all day. The farmer asked if the work was too hard for him. The hired man's answer was, "No. But the decisions are killing me!" I'll assure you of this — you're far better off making mistakes than not making decisions. I believe that most procrastinations are due to the fear of making a decision.

① laziness ② disbelief
③ impatience ④ indecision

33 다음 글의 밑줄 친 부분에 들어갈 가장 알맞은 것을 고르시오.

The problem faced by those of us who live in societies of abundance is that we ____________________. We are carefully protected from death and can pass months, even years, without thinking deeply about it. We imagine endless time at our disposal and slowly drift further from reality; we imagine endless energy to use, thinking we can get what we want simply by trying harder. We start to see everything as limitless. the goodwill of friends, the possibility of wealth and fame. With a few more classes and books, we can extend our talents and skills to the point where we become different people. Technology can make anything achievable. Abundance makes us rich in dreams, for in dreams there are no limits. But it makes us poor in reality.

① lose a sense of limit
② put ourselves before others
③ tend to accept our boundaries
④ make wealth our primary goal

34 다음 글의 밑줄 친 부분에 들어갈 가장 알맞은 것을 고르시오.

One of the paradoxes of modern management is that, in the midst of technical and social change so pervasive and rapid that it seems out of pace with the rhythms of nature, human personality has not altered throughout recorded history. People have always had distinct preferences in their approaches to problem solving. Why then is it only now becoming so necessary for managers to understand those differences? Because today's complex products demand ______________________________ who do not innately understand one another. Today's pace of change demands that these individuals quickly develop the ability to work together. If abrasion is not managed into creativity, it will constrict the constructive impulses of individuals and organizations alike. Rightly used, the energy released by the intersection of different thought processes will propel innovation.

① respecting opinions of managers
② searching for more independent people
③ integrating the expertise of individuals
④ changing the perspectives of historians

35 다음 빈칸에 들어갈 말로 가장 적절한 것을 고르시오.

People will risk a lot to _______________. We constantly hear about people who run into a burning house to save their pets. We keep hearing about those who fiercely fight back when a robber asks for their wallet. These are both high-risk gambles that people take repeatedly in order to hang on to something they care about. The same people might not risk the trouble of fastening a seat belt in a car even though the potential gain might be much higher. To them the bird in the hand always seems more attractive than the two in the bush. Even if holding on to the one in the hand comes at a higher risk and the two in the bush are gold-plated.

① prevent a loss
② lessen variables
③ ensure a possible gain
④ meet others' standards

36 다음 글의 빈칸에 들어갈 말로 가장 적절한 것을 고르시오.

Scientists want to know what affects our personality. They study pairs of identical twins who grew up in different surroundings, like Jim Springer and Jim Lewis. These twins help scientists understand the connection between environment and biology. Researchers at the University of Minnesota studied 350 sets of identical twins who did not grow up together. They discovered many similarities in their personalities. Scientists believe that personality characteristics such as friendliness, shyness, and fears are not a result of environment. These characteristics are probably _______________.

① congenital　② conspicuous
③ tenacious　④ inexorable

37 다음 글의 빈칸에 들어갈 말로 가장 적절한 것을 고르시오.

Human beings have adapted to the physical world not by changing their physical nature, but by adjusting their society. Animals and plants have made adjustments, over long periods, by the development of radical changes in their very organisms. Hereditary differences meet needs of various environments. But among humans, differences in head form and in other physical features are not, in most cases, clearly adaptive. Nor is it clear that mental capacities of races are different. As far as we know, the races are equally intelligent and equally capable of solving their problems of living together. The varying ways of life, it seems, are social and learned differences and not physical and inherited differences. It ______________, therefore, that man's adjustment to his surroundings should be studied in custom and institution, not in anatomy and neural structure.

① is uncertain
② stands to reason
③ doesn't indicate
④ is impossible

38 다음 글의 빈칸에 들어갈 말로 가장 적절한 것을 고르시오.

One of the most common negotiating mistakes is to announce that you have found the solution to the problem. City planners unveil their project for a new waste-disposal site without having involved the residents of the surrounding neighborhood; in response, a citizens' group immediately organizes to fight the project. Management announces an efficient work plan without having consulted its employees; the workers secretly sabotage the plan. The national budget director and the President's chief of staff closet themselves with six congressional leaders and emerge with an agreed-upon set of budget cuts; members of Congress who weren't involved criticize the agreement and reject it in the subsequent vote. So, too, your negotiating counterparts are likely to reject your proposal if ______________________.

① there isn't any third party to intervene
② they have no role in shaping the proposal
③ you don't believe in what they are saying
④ it's loaded with ambiguity and uncertainty

39 다음 빈칸에 들어갈 말로 가장 적절한 것을 고르시오.

Among Rembrandt's favorite subjects were the daily lives of the working poor and the humanity of Christ, which was a far cry from the impersonal divinity that characterized other religious paintings at the time. However, the most distinguishing feature of Rembrandt's work was his willingness to depict human suffering in all its raw reality. Many of his works included images of ill or miserable people, but his motivation for creating these uncomfortable scenes was fundamentally compassionate, not sadistic. His work, *The Return of the Prodigal Son*, is considered one of the most moving religious paintings because of its powerful evocation of pathos. The boy in the picture weeps as he kneels at the feet of his father, who forgives him and welcomes him home. In short, Rembrandt approached his work with ______________ ____________________________.

① subjects taken from classical mythology
② essence of nature rather than people
③ profound sympathy for the human condition
④ emphasis on the mysterious charm of the object

40 다음 빈칸에 들어갈 말로 가장 적절한 것을 고르시오.

Olympic athletes spend much of their lives preparing for a shot at a medal. Many factors affect performance, from genetics and training to diet and confidence. Lately, athletes, coaches and researchers have begun taking a close look at another factor. Athletes' body __________ can also influence performance, scientists are finding. People are precisely tuned to eat, sleep and wake at specific times. These predictable patterns are biological cycles that occur about once every 24 hours. They are set by the body's internal clock and naturally flow like tides of the ocean. For example, body temperature is lowest around 4 a.m. and highest around 7 p.m. Interestingly, more world records have been broken in the evening than in the morning. And research has shown that many athletes perform best in the afternoon or evening — near the peak of body temperature.

① rhythms
② balance
③ postures
④ disproportion

예상문제 5회 (41번~50번) – 문장 제거 유형

정답 및 해설 p.185

41 전체 흐름과 관계없는 문장은?

Although handshakes are often overlooked and forgotten, they matter and a strong one can make a big difference in a relationship. And it is also important to shake hands right. ① Above all, keep your hand open and make sure that your handshake will be a hand shake, not a finger or palm shake. ② This means getting the joint of your thumb nestled into the joint of the other's thumb, allowing you to truly have a full handshake. ③ I frequently pat someone on the shoulder or gently touch their arm when I'm complimenting them, greeting them or saying goodbye. ④ While it may not be appropriate in some cultures, it often takes consideration to use your other hand to grasp the other side of the person's hand you are shaking. This gesture can make the handshake warmer and more personal.

42 다음 글에서 전체 흐름과 관계 없는 문장은?

In group discussion situations, the presence of a blocker can actually make the decision-making process more rational and less likely to go off the tracks. It gives us a new appreciation for someone who tends to play "devil's advocate," which originated in the Vatican to refer to a priest assigned to argue against a papal nominee. ① The priest assigned to represent the devil's position, so to speak, brought balance to the debate. ② The position was established in 1587 during the reign of Pope Sixtus V, and it was not abolished until 1983 by Pope John Paul II. ③ Although no one is likely to win a popularity contest by playing the devil's advocate, businesses would do well to respect a dissenting opinion. ④ The dissenter, of course, is as likely to be wrong as anybody, but the discussion of the points made by the dissenter can add perspective to the debate.

* papal 교황의

43 다음 글에서 전체 흐름과 관계없는 문장은?

Despite progress in the field of child and adolescent mental health, millions of young people every year do not get proper help. Only one in five children with a serious emotional disturbance actually uses specialized mental health services. ① Although today, child welfare services, the juvenile justice system, and our schools often provide care to children in need, none of these institutions has as its first priority the delivery of mental health care. ② Some studies, however, have shown that those looking out for the best interests of a child can have difficulty communicating effectively about physical health issues. ③ In addition, the complexity of promoting collaboration across agency lines of all professionals serving the same child is daunting. ④ All too often there is no cooperation, not enough money, and limited access to trained mental health professionals — and children and their families suffer the tragic consequences.

44 다음 글에서 전체 흐름과 관계 없는 것은?

Effective communication not only improves the quality of health care but in addition has a very positive effect on the satisfaction gained from a consultation by both the doctor and his/her patient. ① Breakdowns in communication are the basis of dissatisfaction in most patients. Surveys show that dissatisfied patients criticise their doctor for not listening, for not providing adequate explanations or for appearing uninterested. ② Satisfied patients perceive their doctor to demonstrate friendliness, understanding and an ability to anticipate or listen to their concerns. ③ Medical expertise rather than failure of communication underlies the majority of complaints made against doctors. ④ The autonomy of a patient is undermined when a doctor is a poor communicator or appears to be unapproachable or unwilling to respond to the patient's questions or concerns.

45 다음 글에서 전체 흐름과 관계없는 문장은?

Suppose you do have to confront an intruder — what objective do you have in mind? I would say forget what you have seen in the movies where the good guy pummels the bad guy into submission. ① I would settle for making the intruder back off and run away, and leave my family and me alone. ② Most books will tell you that unless you happen to be dealing with the very small minority of serial killers and psychopaths, most criminals will back off when they face determined resistance, since getting hurt is not something they have bargained for. ③ If you corner the intruder and give him no room to escape, you are probably making things worse, not better, since he will have no option but to fight. ④ If the intruder knew his own house had just caught fire, chances are he would be hurrying back to save his home.

* pummel 주먹으로 치다

46 다음 글에서 전체 흐름과 관계없는 문장은?

The establishment of radio stations throughout Europe and the United States in the 1920s provided unprecedented opportunities for the patronage of concert music. ① The BBC, for instance, established its own orchestras and choirs, helping to support employment within the music profession. ② As a national organization subsidized by government funds, it evolved a very specific and influential music policy that changed the very nature of concert life in Great Britain. ③ Nevertheless their investment in advertising and change of music policy was not able to increase audiences further. ④ Moreover the BBC's patronage extended to the commissioning of new works, some of which were specially designed for the specific sonic requirements of the radio. Perhaps more importantly, however, the BBC served to bring concert music to a much wider public than ever before.

PART 02

47 다음 글에서 전체 흐름과 관계없는 문장은?

The area of ocean covered by ice around the North Pole varies seasonally, reaching a minimum every September. In August and September 2007, the Arctic ice cap shrank to the smallest size ever recorded. ① As of September 16, U.S. government scientists announced, the ice was 1.59 million square miles in size, about a fifth smaller than the previous record, set in September 2005. ② The Arctic Ocean averages about two miles deep, freely circulating, connected to the Pacific and the Atlantic Oceans, all cold saltwater. ③ The Northwest Passage, which is the sea route from the Atlantic to the Pacific along the northern edge of North America, was ice-free for the first time in recorded history. (④) Although surprised and concerned by the extent of the 2007 melting, climate scientists predict increased melting of the ice due to global climate change. Thus far, Arctic temperatures have warmed twice as fast as the rest of the world.

48 다음 글에서 전체 흐름과 관계 없는 문장은?

One drawback of the Internet for job hunting is that websites are often not very secure. Hence, anything in a resume can be read by anyone gaining access to the site. ① To protect the privacy of applicants, some universities now recommend that applicants use a confidential number instead of their name and a post-office box number rather than a home address. ② In this way, an employer who wants to contact the individual can do so, but the applicant can screen the communication. ③ When you write your resume, your goal is to show the potential employer how your skills and abilities match the specific position you are applying for. ④ Additionally, many universities charge employers an access fee for the right to review resumes, thus ensuring that the only people who review the resumes are those seeking job applicants.

* resume 이력서

49 다음 글에서 전체 흐름과 관계없는 문장은?

Since the Byzantine Empire, there has been a tradition of inviting various ethnic groups into a country for economic purposes, but the scale has changed. In Europe there are many immigrants, who were initially called "guest workers." ① The immigrants are generally unskilled, as are the many immigrants in the United States from Mexico and Central America. ② Not only do the immigrants settle overwhelmingly in some large "gateway" cities such as New York and Los Angeles, they also tend to concentrate in particular inner-city neighborhoods and, increasingly, in suburban districts. ③ But there and elsewhere, many immigrants with specialized skills are especially welcomed. ④ For example, in the 1990s and into the twenty- first century, the computer and biotech industries in the United States have recruited many trained engineers and scientists from other countries.

50 다음 글에서 전체 흐름과 관계 없는 문장은?

Why do women become police officers? The answers are as varied as the women. Each of the officers arrived at her position from a slightly different background and brought with her different work experience and different reasons for joining a police department. ① Although the women had different reasons for becoming police officers, most of the reasons are the same as the reasons that men become police officers. ② Many women police officers were quick to see that departments viewed them as little more than typists and clerks. ③ Some dreamed of being police officers, although many were not sure exactly why and how they came to have what, for women, was a nontraditional dream. ④ Some had family or friends in law enforcement and received encouragement from them.

예상문제 6회 (51번~60번) - 문장 삽입 유형

정답 및 해설 p.189

51 글의 흐름으로 보아, 주어진 문장이 들어가기에 가장 적절한 곳을 고르시오.

> They help me distract my attention from the negative feeling and get out of it little by little with their sweetness.

At times, we use control strategies. That means we attempt to avoid some unpleasant thoughts and feelings by focusing on something else. (①) For instance, when I'm feeling particularly anxious, I sometimes eat a bar of chocolate or some toffees. (②) These days I do it moderately, so it doesn't create a major problem — I maintain a healthy weight. (③) But when I was in my early twenties, it was a different story. Back then I ate a truckload of cakes and chocolates to try to avoid my anxiety, and as a result I became seriously overweight and developed high blood pressure. (④) It was exactly the same control strategy, but when I used it excessively, it clearly caused serious consequences.

52 글의 흐름으로 보아, 주어진 문장이 들어가기에 가장 적절한 곳을 고르시오.

> Then what similar energy is found in human beings that is required to turn on the ignition of life?

For a car to function properly, it needs all its parts to be in good working condition. (①) And it needs an integrated system to make all its mechanical parts work inter-relatedly with each other for its smooth operation. (②) Similarly, man is also a system that needs all its parts to work inter-relatedly for it to function. But the system alone can not explain the mystery of human life and survival. (③) When it comes to a car, fuel such as gas or electricity provides the energy for it to run. (④) In studying the function of the cells in the human body, we find the basic key to that energy in the mitochondrion, a rod-like structure within the cell that functions as the main site for energy production.

53 다음 문장이 들어가기에 적절한 곳은?

> But the bigness complexes of today require that we sacrifice one or the other.

(①) The principles of representative democracy and the principles of free-market economics were able to coexist in the small-scale schematic of eighteenth-century America. (②) We can refuse to bail out the big companies while letting the economy falter - dragging into penury no small number of Americans - and fail in our oath to caretake the interests of the people. (③) Or we can sacrifice free-market principles and fund the bailouts and let corporate obesity run riot till it crashes power. — drunk into another wall — and it will, it always does. (④) "The irony," says James Brock, "is that we have established a reverse economic Darwinism, where we ensure the survival of the fattest, not the fittest, the biggest, not the best."

54 주어진 글이 들어갈 곳으로 알맞은 것은?

> Even after three miscarriages, a woman has a good chance of having a successful pregnancy without treatment.

The bulk of miscarriages are caused by a random scrambling of chromosomes, bringing about an embryo so gravely affected that it stops developing. (①) These accidents of nature occur by pure chance and are not likely to happen again. Up to 90 percent of first-time miscarriages have a successful pregnancy the next time around. (②) A small percentage of early miscarriages, however, stem from genetic abnormalities in one of the patient's chromosomes. (③) These can be detected by genetic tests. At this point, such abnormalities are incurable. (④) However, doctors are now better able to diagnose and counsel couples who have a potential problem.

55 글의 흐름으로 보아, 주어진 문장이 들어가기에 가장 적절한 곳은?

It is less well known that some birds feed their young on a milk-like secretion.

All mammals begin their lives as fluid feeders when for a period they live exclusively on the milk produced by their mothers. (①) In the pigeon, this secretion is formed in the crop. It is known as crop milk and is brought back up from the stomach to feed the baby birds. (②) Curiously, the formation of crop milk is stimulated by the same hormone that in mammals stimulates the mammary glands to produce milk. (③) The biological advantage of feeding the young this way is that it allows the parents to be opportunistic in their own feeding and frees them from the need to find special kinds of food (e.g., insects) suitable for the young. (④) It also protects the young against fluctuations and shortages in the food supply.

* secretion 분비물
* crop 모이주머니
* mammary gland 젖샘

56 글의 흐름으로 보아, 주어진 문장이 들어가기에 가장 적절한 곳은?

Thus, while there is no need to develop skills that your partner excels in, once that person is gone, you quickly need to figure out how to make an omelette and/or organize your social schedule.

The mind does better than simply adjust itself to new situations. In order to fully adapt, it creates new capabilities to compensate for those that have been lost. (①) For example, people who lose their eyesight often develop better hearing and a more sensitive tactile sense. (②) Similarly, when people find themselves alone after the dissolution of a long-term relationship, they quickly develop new skills that previously seemed unnecessary. (③) In any couple, there is usually one partner who is better at cooking, the other more prone to organize social activities or pay the bills. (④) As you recognize your newly acquired abilities, you appreciate the positive consequences of the adverse event.

57 다음 글의 흐름으로 보아, 주어진 문장이 들어가기에 가장 적절한 곳을 고르시오.

> I learned, however, that I could make all the demands in the world but still couldn't make my children do anything.

> My children gave me some invaluable lessons about demands. (①) Somehow I had gotten it into my head that, as a parent, my job was to make demands. (②) This is a humbling lesson for those of us who believe that, because we're a parent, teacher, or manager, our job is to change other people and make them behave. (③) Here were these youngsters letting me know that I couldn't make them do anything. All I could do was punish them when they didn't behave. (④) Afterwards I realized regretfully that I shouldn't have done that!

58 글의 흐름으로 보아, 주어진 문장이 들어가기에 가장 적절한 곳은?

> Artillery shells would be fired into empty ground or at regular times; riflemen would shoot high or wide.

> Trust can even be achieved between parties who are at war with each other. On the Western Front in the First World War, where armies were stopped up in immobile trench lines for years, units facing each other negotiated covert truces. (①) These were covert because they had to be concealed from the high commands on each side, and they were often negotiated by gunfire. (②) Observing such signals, a soldier could come to believe that the man facing him across the lines 'isn't a bad fellow'. (③) Soldiers came to trust their opposite numbers not to attack them unless forced to do so by senior commanders. (④) These informal arrangements were possible when units faced each other long enough for relationships to develop, even though these were relationships based on exchanges of fire.

59 다음 주어진 문장이 들어가기에 가장 적절한 곳은?

Some of these sounds echo off flying insects as well as tree branches and other obstacles that lie ahead.

Microbats, the small, insect-eating bats found in North America have tiny eyes that don't look like they'd be good for navigating in the dark and spotting prey. (①) But, actually, microbats can see as well as mice and other small mammals. The nocturnal habits of bats are aided by their powers of echolocation, a special ability that makes feeding and flying at night much easier than one might think. (②) To navigate in the dark, a microbat flies with its mouth open, emitting highpitched squeaks that humans cannot hear. (③) The bat listens to the echo and gets an instantaneous picture in its brain of the objects in front of it. (④) With extreme exactness, echolocation allows microbats to perceive motion, distance, speed, movement, and shape.

60 글의 흐름으로 보아, 주어진 문장이 들어가기에 가장 적절한 곳은?

On the other hand, the older generation has landed in an unfamiliar place where they must make an effort to adapt to the digital world.

These days, teens hang out on websites such as MySpace or Facebook rather than in their homes or at playgrounds. (①) The young generation born into the digital age no longer needs the intimacy of physical contact in the process of socializing. (②) According to the American education scholar Ellen Langer, today's youths are digital natives, while members of the older generation are digital immigrants. (③) Kids today naturally grow with the culture of technology. For them, a computer mouse was one of the first toys they played with. (④) However hard they try, new technology will always be their second language.

예상문제 7회 (61번~70번) – 문장 순서 유형

정답 및 해설 p.192

61 주어진 글 다음에 이어질 글의 순서로 가장 적절한 것은?

Everyone knows what biology is because we have all studied it in high school. Literally, it means the study of life. However, if you were asked what biotechnology is, what answer would you give?

(A) For example, we can use our knowledge to take vegetables and grow larger ones which have more nutrition and better flavor. It can be also used to recycle and treat waste, and clean sites contaminated by industrial activities.
(B) At its simplest, it is technology based on biology. It takes the knowledge that we get from our study of biology and adapts the knowledge to our own needs and to those of the earth around us.
(C) Such a statement above may sound a little bit ambigious. More specifically, biotechnology is applying biological knowhow technologically to biological functions in order to help improve our lives and the health of our Earth.

① (A) – (B) – (C) ② (A) – (C) – (B)
③ (B) – (A) – (C) ④ (B) – (C) – (A)

62 주어진 문장 다음에 이어질 글의 순서로 가장 적절한 것은?

American-born Lucy and her new Ethiopian husband, Eskinder, were invited to a celebration dinner given by Ethiopian friends of the groom living in the States.

(A) In fact, he had sampled the food before offering it to his guests for the same reason royalty employs official tasters to confirm that the food was safe and delicious.
(B) Lucy was well-acquainted with Ethiopian foods. She knew how to eat with her fingers and use the Ethiopian bread to pick up the food.
(C) However, she was unprepared when Isaac, the host she had just met, tore off a piece of bread, scooped up some stew, tasted it, then came over and thrust some into her mouth.

① (A) – (B) – (C) ② (B) – (A) – (C)
③ (B) – (C) – (A) ④ (C) – (A) – (B)

63 주어진 글 다음에 이어질 글의 순서로 가장 적절한 것을 고르시오.

As a luxury good, art tends to be detached from the needs of everyday life. This tendency partly explains the imbalance in the appreciation of art.

(A) To them these institutions are inaccessible in their remoteness. They are too involved in the provision of the demands of everyday life. So they look up to those who can afford art.

(B) In contrast, those who have access to works of art are a bit like gods, free of earthly worries. It seems that they really enjoy the luxury good to the fullest.

(C) For example, outsiders, who lack the funds or the mental space, just get glimpses of the impressive paintings in the art museums and of expensive operas performed in splendid opera houses.

① (A)−(C)−(B) ② (B)−(A)−(C)
③ (B)−(C)−(A) ④ (C)−(A)−(B)

64 주어진 글 다음에 이어질 글의 순서로 가장 적절한 것은?

Resistance to change is not necessarily bad. Resistance forces those supporting the change to build a case against the status quo, thereby providing management a chance to weigh the pros and cons.

(A) Later, one of the staff, who initially had opposed the move, said, "After hearing the pros and cons, I now realize the new computerization system would not increase our workload or threaten our jobs. So I'm all for it."

(B) However, after a general meeting in which both sides had the opportunity to air their concerns, it was agreed that everyone would work together to implement the new computerization system.

(C) Recently, a city council voted to appropriate the necessary funds to upgrade the computerized system in a public library. Some staff were delighted with the news, but the others opposed the new system, claiming it would be difficult to implement and would add to their already excessive workload.

① (A) − (C) − (B) ② (B) − (A) − (C)
③ (B) − (C) − (A) ④ (C) − (B) − (A)

65 주어진 글 다음에 이어질 글의 순서로 가장 적절한 것은?

Mutations are constantly occurring in plants and animals. Mutants are individuals with characteristics that are different from their parents' or siblings'. Usually, the mutated organisms die out because they are not as well-suited to their environment as their siblings are.

(A) However, sometimes the mutated offspring is better suited to its surroundings. When this happens, the mutant has a competitive advantage over its siblings and so has a better chance of survival. Such a situation can be seen clearly in the evolution of the zebra.

(B) When mutants were born with the classic stripes we associate with zebras, they had a competitive advantage over their non-striped siblings who could be seen more easily by lions and hyenas. As a result, the striped horses had a higher survival rate.

(C) Originally, these horses did not have stripes. However, as predators adapted and became better at hunting them, those animals that had camouflaged coats were harder to see in the tall grasses of the African savanna.

① (A) – (C) – (B)　② (B) – (A) – (C)
③ (B) – (C) – (A)　④ (C) – (A) – (B)

66 주어진 글에 이어질 글의 순서로 가장 적절한 것을 고르시오

It amazes me to realize how many of my memories are tied to food. The sight of a certain pastry in the bakery window reminds me of my late father.

(A) My grandmother's kitchen contained a large, stainless oven. I don't remember anything except that beautiful, shiny, warm oven.

(B) When I begged for one, my father used to manage to buy it for me. And turkey? That takes me back to the memory of my grandmother.

(C) She probably owned a toaster, a blender, or a refrigerator as well as the oven. If so, they escape me as minor tools of an artist whose masterpiece was created in another medium.

① (A) – (C) – (B)　② (B) – (A) – (C)
③ (B) – (C) – (A)　④ (C) – (A) – (B)

67 주어진 글 다음에 이어질 글의 순서로 가장 적절한 것은?

In real life, most motor acts are perceptual in nature. Sports, driving a car, and walking down a busy street all require considerable cognitive control. Vertical jumping provides a good example.

(A) On the other hand, vertical jumping in a soccer game as part of a heading movement is psychomotor. The player must anticipate ball trajectory, time the jump, jostle for position, and consider where to head the ball.

(B) The jump, therefore, is a complex movement requiring more than explosive muscle strength to be carried out successfully. This suggests that it is the perceptual part that determines the efficiency and appropriateness of a motor act.

(C) In the lab, vertical jumping is not considered a perceptual motor skill. There is little cognitive effort, no reaction to a stimulus, and minimal precision and minimal manual dexterity is needed.

* trajectory 궤적, 궤도, 곡선
* jostle 거칠게 밀치다

① (A) – (C) – (B) ② (B) – (A) – (C)
③ (B) – (C) – (A) ④ (C) – (A) – (B)

68 주어진 글 다음에 이어질 글의 순서로 가장 적절한 것은?

Throughout recent history, some artists were specially trained to paint in certain ways. They learned the popular styles of the day, and their work was accepted by the art world.

(A) These people probably did not know other artists. The lives of academic painters are well documented in art books, but thc livcs of most folk painters are not documented.

(B) Most folk paintings, on the other hand, were done by people who had little formal artistic training. They may not have known or cared about the 'acceptable' painting styles of the time.

(C) This tradition is called academic painting. Not only did academic painters study with trained artists, but they were also part of the local art community. They showed their works at galleries, too.

① (A) – (C) – (B) ② (B) – (A) – (C)
③ (B) – (C) – (A) ④ (C) – (B) – (A)

69 주어진 글 다음에 이어질 글의 순서로 가장 적절한 것은?

Some of the most well-respected experts on violent crime are suggesting that we make a fundamental change in our approach to this growing social problem.

(A) Therefore, we need to find ways to reduce the tendency of some adults to neglect and abuse their children instead of building more prisons.

(B) They say we must make it our goal to prevent people from becoming criminals in the first place, rather than focus on punishment and correction after the crime.

(C) According to these experts, we cannot afford to ignore the fact that the majority of violent criminals have been cheated of certain things they had a right to in their childhood. For example, they have been treated cruelly and violently.

① (A) – (C) – (B)　② (B) – (A) – (C)
③ (B) – (C) – (A)　④ (C) – (A) – (B)

70 주어진 글 다음에 이어질 글의 순서로 가장 적절한 것은?

Many teachers have a commitment to quality that takes the form of always pushing away bad writing.

(A) Students can get rid of badness if they avoid these risks, but they don't have much chance of true excellence unless they take risks. Getting rid of badness doesn't lead to excellence.

(B) If teachers work hard at this goal — and manage not to discourage their students they can succeed. But think of the price. Their students may end up writing in a state of constant vigilance. We are often told to drive defensively: assume that there's a driver you don't notice who is careless or drunk and may kill you.

(C) This is good advice for driving, but not for writing. Too many students write as though every sentence they write might be criticized for a fault they didn't notice. Defensive writing means not risking: not risking complicated thoughts or language, not risking half-understood ideas.

① (A) – (C) – (B)　② (B) – (A) – (C)
③ (B) – (C) – (A)　④ (C) – (A) – (B)

예상문제 8회 (71번~80번) - 독해 전영역 예상문제

정답 및 해설 p.196

71 다음 글의 주제로 적절한 것을 고르시오.

In the middle of global economic hardship, many people lose their jobs, pushing the unemployment rate higher. But not all of those fired workers are sitting at home, browsing the want ads and waiting for the phone to ring. Some are heading back to school to equip themselves for a new career, making public colleges and universities among the few bright spots in a poor economy. In fact, some universities in the States are reporting double-digit growth in student registrations this year. University registration managers commonly say that seeing enrollments rise in a failing economy is not unexpected.

① increasing college enrollment in economic depression
② pursuing higher education among women
③ difficulties people face in an economic crisis
④ companies' efforts to overcome a poor economy

72 다음 글의 제목으로 적절한 것을 고르시오.

Eight of Britain's fattest pets are to embark on a 100-day diet and fitness regime in a bid to be crowned this year's pet fit club champion. The seven dogs and one cat, who are more than 30% overweight and weigh a combined total of 191 kgs, were picked by veterinary charity PDSA which is running the slimming contest. The animals, who need to lose a total of 74 *Kg*s to reach their ideal weight, will be put on specially tailored diet and exercise programs. The pet who achieves the biggest percentage weight loss and best follow their new regime will be crowned champion. PDSA statistics show around 30 percent of Britain's dogs are overweight or obese and pet owners often show their affection by giving unhealthy treats such as cheese, buttered toast and biscuits. Pet owners are actually killing their pets with kindness.

① First Aid Tips for Pet Owners
② Nervous Pets Welcome Kindness
③ Why Pet Food Poisoning Is Serious
④ Pets Compete in A Slimming Contest

73 다음 글에서 전체 흐름과 관계 없는 문장은?

The only way to lose weight is to consume fewer calories than you burn. Any meal plan that provides fewer calories than you need to maintain your present weight will help you lose weight, if you stick to it, but that doesn't necessarily mean that it is a healthy diet. ① If the diet focuses only on certain foods and leaves out major food groups, it is not likely to provide adequate nutrition and is not recommended for long-term use. ② You also want to make sure that what you are losing is primarily fat and not muscle or water. ③ There are different types of fat, and you should try to eat more of some of these fats and less of others. ④ Anytime you lose a significant amount of weight some of it will be muscle, but this can be minimized by regular exercise, consumption of adequate carbohydrate, and consumption of adequate protein from lean sources.

74 글의 흐름으로 보아, 주어진 문장이 들어가기에 가장 적절한 곳은?

In professional life, interdisciplinary is typically applied to a team composed of workers who have different professional training.

The term interdisciplinary is very popular these days. It is worth differentiating two distinct forms. Within the academy, the term interdisciplinary is applied to studies that draw deliberately on at least two scholarly disciplines and seek a synergistic integration. (①) Biochemists combine biological and chemical knowledge; historians of science apply the tools of history to one or more fields of science. (②) In a medical setting, an interdisciplinary team might consist of one or more surgeons, anesthesiologists, radiologists, nurses, therapists, and social workers. (③) In a business setting, an interdisciplinary or cross-functional team might feature inventors, designers, marketers, the sales force, and representatives drawn from different levels of management. (④) The cutting-edge interdisciplinary team is sometimes dubbed Skunk Works: members are granted considerable freedom on the assumption that they will exit their habitual silos and engage in the boldest forms of connection making.

* synergistic 상승적인
* anesthesiologist 마취과 의사

75 다음 글의 요지로 가장 적절한 것은?

As long as children are reading, they might as well read something worth remembering. The other day a mother thanked the good Lord that her oldest son had been forced to read every single word of Silas Marner and Lorna Doone when he was in school under the strict guidance of Ms. Fidditch, because he hasn't read a single book since. We think that because great books are hard to read children will not like them. Whether they like them or not, they need to learn what real reading is. Otherwise, they will not be exposed to their cultural heritage, for unless the classics are read in school, chances are they won't be read at all. Witness how few people read Silas Marner and Lorna Doone today. Those who have missed this experience will probably never know what it is like and will thus be condemned to journey through life never fully literate.

① 학교에서는 아이들에게 고전 작품을 읽혀야 한다.
② 문학적 교양이 부족한 성인의 수가 급증하고 있다.
③ 학생의 수준에 맞는 읽기 자료가 선정되어야 한다.
④ 전통 문학에 대한 심도 있는 연구가 진행되어야 한다.

76 다음 글의 빈칸에 들어갈 말로 가장 적절한 것은?

I understand restaurant real estate is expensive, but the closely-spaced table situation is getting a little out of control. This isn't an airline economy class seat. This is a restaurant! Some people need to use the restroom from time to time. Let's not even get started on the fire hazards. The other night I dined at a restaurant. The plan was to catch up with a friend and not to make new ones. We were seated next to two college students who had recently had an argument over a "misunderstood" text. Apparently, Colby is slightly more sensitive than James. Why do I know all this? Because I was practically sitting on their laps. I'm sure that every restaurant customer, including myself, deserves ____________.

① soft music　② good service
③ personal space　④ a lively atmosphere

77 다음 빈칸에 들어갈 말로 가장 적절한 것을 고르시오.

When Edison built his first phonograph in 1877, he thought his invention could be used for replaying the last words of dying people and recording books for blind people to hear. The reproduction of music was not high on Edison's list of priorities. Edison even thought that his invention had no commercial value. A few years later, Edison began to sell phonographs — but they were to be used for office dictating machines. When other enterprisers created jukeboxes by arranging for a phonograph to play popular music at the drop of a coin, Edison objected to this use, which detracted from serious office use of his invention. Only after about twenty years did Edison reluctantly concede that the main use of his phonograph was to record and play music. This case shows that sometimes the inventor ______________________.

① needs business-people to help him market an invention
② admits there are flaws in his invention after selling it
③ doesn't want his invention to be used by anyone at all
④ doesn't know how his invention will ultimately be used

78 빈칸 (A)와 (B)에 들어갈 말로 적절한 것끼리 짝지은 것은?

Education changes with time, ____(A)____ these changes, the face of education and access to education are different today. The most obvious change is that there are different things to teach. In fact. there is much more to teach. Learning and research have increased greatly in the past century. Great advances in science mean that there is much more information to teach. Some of the ideas of the past were wrong, so the content of books is different. ____(B)____ , in an introductory biology class today, more than 70 percent of the information that students learn was not known twenty years ago. As scientists learn more, there will be more and different things for students to learn. That's an important reason for change!

	(A)	(B)
①	Nevertheless	Above all
②	Consequently	By the way
③	Because of	In other words
④	Due to	For instance

79 주어진 글 다음에 이어질 글의 순서로 가장 적절한 것은?

Tipping in restaurants is thought to have been introduced as a means of encouraging better service. Restaurant owners are willing to pay their servers higher wages if they provide attentive and courteous service because diners who have an enjoyable experience are more likely to come back.

(A) And since most diners patronize the same restaurants repeatedly, a server who receives a generous tip for good service on one occasion will typically provide even better service on the diner's next visit.

(B) Servers, for their part, would be willing to expend the extra effort in return for higher pay. The problem is that it is difficult for owners to check the quality of table service directly.

(C) Reducing the price of the meal slightly and announcing that diners should leave a little extra for the server if they are pleased with their service helps solve this problem. Diners, after all, are perfectly positioned to monitor service quality.

① (A) − (C) − (B) ② (B) − (A) − (C)
③ (B) − (C) − (A) ④ (C) − (A) − (B)

80 Dani족에 관한 설명으로 다음 글의 내용과 일치하지 않는 것은?

The outside world may not have known of the Baliem Valley, but people have settled there and cultivated gardens for at least 7,000 years. At present, the patrilineal Dani number some 60,000, and display the highest levels of cultural intensification and political integration of any group in the New Guinea highlands. For their food staple, the Dani rely on root crops such as the sweet potato, introduced about 300 years ago, and the indigenous taro, which women cultivate in gardens on the valley floor and mountainsides. Women also raise pigs, which men strategically exchange to promote their status, and to strengthen their political alliances. People identify themselves by membership in a totemic clan. In the past, clans grouped into multi-layered political units, and large-scale pre-contact warfare dominated political activities. Even after peace was achieved in the 1970s, clan groups still align to form large political alliances. Leadership is achieved through prowess in politics and exchange relations.

* patrilineal 부계의
* prowess 용맹성

① New Guinea 고원 부족 중 정치 통합력이 가장 높다.
② 여자들이 골짜기 바닥과 산비탈에 타로 작물을 재배한다.
③ 남자들은 지위와 정치적 동맹을 위해 돼지를 교환한다.
④ 1970년대 이후 씨족 집단끼리의 정치적 동맹은 사라졌다.

예상문제 9회 (81번~90번) - 독해 전영역 예상문제

정답 및 해설 p.200

81 pika에 관한 다음 글의 내용과 일치하지 않는 것은?

The pika is a small animal weighing between 4 and 6 ounces. It has short legs, ears, and a tail and resembles a guinea pig more than its own relatives, rabbits and hares. It has two sets of upper front teeth, however, and it is this characteristic that results in its classification with rabbits and hares. The pika lives high in the mountains in piles of rocks located near areas where grass and other forage are abundant. These small animals remain active throughout the winter, and they survive by eating the hay they harvested and stored during the summer. Three or four young are born in the spring, and by the time the grass is ready to harvest, they are big enough to help harvest the hay that will feed them through the next winter. The pika is preyed upon by hawks, eagles, and other predatory birds that are lucky enough to find it outside its home in the rocks.

* forage 먹이

① 겉모습은 토끼보다 기니피그를 닮았다.
② 산의 높은 곳에 있는 바위 더미에 산다.
③ 겨울에는 활동을 최대한 자제한다.
④ 서너 마리의 새끼들이 봄에 태어난다.

82 다음 글의 주제로 가장 적절한 것은?

When a patient is admitted to a hospital, a physician or nurse first needs information about the reason for patient admission and the patient history. Later, she or he needs results from services such as laboratory and radiology, which are some of the most frequent diagnostic procedures. In general, clinical patient-related information should be available on time, and it should be up-to-date and valid. For example, the recent laboratory report should be available on the ward within two hours after the request. If this is not the case, if it comes too late, or is old or even wrong, both quality of care and patient safety are at risk. An incorrect laboratory report may lead to erroneous and even harmful treatment decisions. Additionally, if examinations have to be repeated or lost findings have to be searched for, the costs of health care may increase. Information should be documented adequately, enabling health care professionals to access the information needed and to make sound decisions.

① the impact of health care reform on health care professionals
② the significance of systematic information processing in patient care
③ the necessity of considering ethical issues in medical research
④ the purpose of evaluating health care services provided by hospitals

83 다음 빈칸에 들어갈 말로 가장 적절한 것은?

Rats ________________________________.
At a poultry market in Greenwich Village, pest control authorities could not understand how rats were stealing eggs without breaking them, so one night an exterminator sat in hiding to watch. What he saw was that one rat would embrace an egg with all four legs, and then roll over on his back. A second rat would then drag the first rat by its tail to their tunnel, where they could share their prize. In a similar manner workers at a packing plant discovered how sides of meat, hanging from hooks, were knocked to the floor and devoured night after night. An exterminator named Irving Billig watched, and found that a swarm of rats formed a pyramid underneath a side of meat, and one rat scrambled to the top of the heap and leaped onto the meat. It then climbed to the top of the side of meat and gnawed its way through it around the hook until the meat dropped to the floor, at which point hundreds of waiting rats fell upon it.

* exterminator 해충 구제사

① are mistakenly thought to be ugly and nasty
② are smart and often cooperate with each other
③ don't eat foods that they associate with illness
④ can selflessly behave for the good of other rats

84 다음 글의 빈칸 (A), (B)에 들어갈 말로 가장 적절한 것은?

Many men in the world lie awake at night fantasizing how to impress women. They dream of flattering words and practice personality tricks to make them feel faint with joy. Some even attend seminars and take online courses. Fine, I'm sure some of them work. Countless studies, ___(A)___, found that one of the most important qualities women seek in men is them being respected, especially by other men. There's no better way for a man to demonstrate that he is respectable than by having a male friend tell the woman how great he is. What is the best opening line for his friend to make? Of course, something positive about him. ___(B)___, he has to have another man make a compliment about him.

	(A)	(B)
①	however	Otherwise
②	however	In short
③	in addition	Otherwise
④	therefore	In short

85 다음 글에서 전체의 흐름과 관계없는 문장은?

Despite the very real problems in the traditional society and the equally real improvements brought about by development, things look different when one examines the important relationships: to the land, to other people, and to oneself. ① Viewed from this broader perspective, the differences between the old and the new become obvious and disturbing — almost black-and-white. It becomes clear that the traditional nature-based society, with all its flaws and limitations, was more sustainable, both socially and environmentally. ② It was the result of a dialogue between human beings and their surroundings, a continuing dialogue that meant that, over two thousand years of trial and error, the culture kept changing. ③ The need for wild and undisturbed nature and the need to design nature and the environment are deeply rooted in humans; both must be valued. ④ The traditional Tibetan world view emphasized change, but change within a framework of compassion and a profound understanding of the interconnectedness of all phenomena.

86 글의 흐름으로 보아, 주어진 문장이 들어가기에 가장 적절한 곳은?

I kept asking people if I had done something to offend them but got no response until one woman who had lived in the United States explained that I had insulted them by not going to their homes for dinner.

You're more likely to notice aspects of a paradigm when you view a culture from the outside. (①) For example, living in Dhaka, Bangladesh, for five months in the mid-1990s provided me with many opportunities to see another culture's norms and also see my own from a new perspective. (②) While there I lived in a house full of Bangladeshis and worked in an organization composed of Bangladeshis; there were no other westerners around. At first my housemates and co-workers were warm and friendly, but after about a week, they cooled toward me. (③) "But they haven't invited me," I protested. (④) She told me that I had to just go and show up at their homes at dinnertime and invite myself in.

87 **다음 주어진 글 다음에 이어질 글의 순서로 적절한 것은?**

Even though visual expressions can be traced back to prehistoric times, the meaning of the term "art" is defined by more recent and mostly Western values.

(A) The artistic standards of these institutions are shaped by the opinions, research, and interpretations of art historians, theorists, critics, collectors, and other experts. These specialists communicate their views to both their peers and the public through exhibitions, books, articles, catalogues, reviews, and presentations.

(B) In today's society a work of art is considered special and distinct from ordinary occurrences. It is displayed in museums, reproduced in books, and discussed in lectures. It is admired and protected.

(C) A wide range of individuals, institutions, and factors contribute to establishing the guidelines that set art apart from commonplace manifestations. Museums are among the most authoritative, influential, and trusted forums.

* factor 중개인, 위탁 판매인

① (A) − (C) − (B)　② (B) − (A) − (C)
③ (B) − (C) − (A)　④ (C) − (A) − (B)

88 **아파치족과 스페인 정착민의 관계에 관한 다음 글의 내용과 일치하지 않는 것은?**

Early Apache contacts with non-Indians were friendly. The Spanish explorer Francisco Vasquez de Coronado called Apache people he encountered in 1540 the Querechos. Yet by the late 1500s, Apache bands were sweeping southward in raids on Spanish settlements. During the 1600s, the Spanish established a line of forts across northern Mexico to try to protect their settlements from Apache attacks. The Apache continued their raids, disappearing into the wilderness before the soldiers could rally an effective defense. The Spanish tried to convert the Apache to Christianity and move them into missions, but with little success. However, the Apache did not mount an organized rebellion as the Pueblo Indians did in their successful revolt of 1680. Instead, the Apache preferred to raid the Spanish settlers for plunder, especially horses and cattle. The Apache kept up their raids against the Spanish throughout the 1700s and into the 1800s.

* raid 급습(하다)

① 1500년대 후반에 아파치족이 남하하여 스페인 정착지를 습격했다.
② 스페인 정착민은 정착지를 지키기 위해 북부 멕시코에 요새를 구축했다.
③ 스페인 정착민은 아파치 부족민을 기독교로 개종시키려 했으나 실패했다.
④ 아파치족은 1680년에 조직적인 반란을 일으키는데 성공했다.

89 다음 글의 요지로 가장 적절한 것을 고르시오.

Do you know where your freedom comes from? It seems to be largely determined by the number of alternatives that you have developed in case your first choice doesn't work. The more options and alternatives you develop, the more freedom you have. If one course of action doesn't produce the results you expected, you can switch to something else without hesitation when you are prepared. That's why you should develop as many alternatives as possible. The more choices you have, the more likely it is that one of them will work and enable you to achieve your goal. You can be only as free in life as the number of well-developed options you have available.

① 자유로운 사고는 창의력을 향상시킨다.
② 성공을 위해서는 한 가지 목표에 집중해야 한다.
③ 현명한 선택은 정확한 상황 판단 능력에서 비롯된다.
④ 실패를 대비하여 가급적 많은 대안을 준비하는 것이 좋다.

90 다음 글의 빈칸에 들어갈 말로 가장 적절한 것을 고르시오.

Perhaps the best news about speaking to groups is that it is a ________________. Most people who are competent speakers today could only say a silent prayer in a phone booth at one time. Many people who appear confident and articulate in front of the audience were at one time terrified at the idea of standing up and speaking in public. If your goal is to be in the top 10 percent of communicators, you should continually remind yourself that almost everyone who is in the top 10 percent today, started in the bottom 10 percent. Everyone who is doing well was once doing poorly. As Harv Eker says, "Every master was once a disaster." You have probably heard it said that practice makes perfect. Some people go even further and say that perfect practice makes perfect. However, the truth is that imperfect practice makes perfect.

① learnable skill
② comfortable talk
③ natural talent
④ fun activity

예상문제 10회 (91번~100번) - 독해 전영역 예상문제

정답 및 해설 p.204

91 다음 글의 제목으로 가장 적절한 것은?

We all know shopping makes us happier. When feeling down, shopping throws a blanket over our negative emotions. The Journal of Consumer Research recently published a paper illuminating the vicious connection between loneliness and shopping. After 6 years of research, Rick Pieters, the study's author, explains loneliness often arises when our need for human interaction is stunted. Shopping in such a state can bypass the loneliness circuit, so to speak, providing the temporary solution. The problem with this approach is that compulsive shopping makes one increasingly materialistic. In this state of increased materialism, shoppers tend to judge their self worth by the value of the goods they purchase and own. Such people often become easily jealous by others' possessions, forcing themselves to again turn to shopping. So, it's best to put away the credit card and take a walk in the park.

① Don't Use Shopping as Therapy for Loneliness
② Make a List before You Go Shopping
③ Physical Symptoms of Shopping Addiction
④ Stop Compulsive Gambling and Save Money

92 다음 글의 요지로 가장 적절한 것을 고르시오.

One of my dearest friends, Dr. Bobby Gene Smith, taught me many useful lessons about life and about trading. In the early 1980s, Dr. Smith and I bought stock in a company called Pre-Paid Legal. We only paid one dollar a share for the stock. After our purchase, the stock price began to rise, and it just kept getting higher and higher. On a number of occasions, I met with Dr. Smith, and during the course of the meetings, we always talked about our stock and what we wanted to do with it. Consistently, I wanted to sell, and he wanted to hold. When our profit margins doubled, I really wanted to sell, and I encouraged him to do so, but he had other ideas. He was in no rush to take fat profits. "Just be patient, Tom. Be patient, and wait a little longer." That was always his reply. Eventually the stock price hit $20.00 per share. Then, and only then, did Dr. Smith agree to sell. His patience paid us both handsomely.

① Time and tide waits for no man.
② Everything comes to him who waits.
③ One man's meat is another man's poison.
④ Regret for wasted time is more wasted time.

93 다음 글의 빈칸에 들어갈 말로 가장 적절한 것을 고르시오.

The Internet grabs you, magazines embrace you, and both media are growing. Rarely noticed amid the thunderous Internet clamor is the simple fact that ______________________________ over the past five years. Think of it this way: during the 12-year life of Google, the most popular search engine, magazine readership actually increased 11 percent. What it proves is that a new medium doesn't necessarily displace an existing one, just as movies didn't kill radio and just as TV didn't kill movies. An established medium can continue to flourish so long as it continues to offer a unique experience. And, as a reader's loyalty and support demonstrate, magazines do. Remember that people aren't giving up swimming just because they can enjoy surfing.

① the appeal of magazines has risen
② the kinds of media have been varied
③ people prefer the Internet to magazines
④ the number of magazines has decreased rapidly

94 다음 글의 빈칸 (A), (B)에 들어갈 말로 가장 적절한 것은?

Although commercial banks in developing countries hardly have perfect information on the financial state of farmers, the banks suppose the farmers' probability of default is high. ___(A)___, the farmers are unable to obtain credit, or can do so only at high interest rates. Sometimes, however, the government carries out policies to boost credit for farmers at random, which should be reconsidered. That's because the government is in no good position to gather the financial information of farmers. ___(B)___, a gap in a government credit program was recently revealed: sometimes when a "high-risk" farmer is given a loan, he is also obtaining other financial aid from the government with ease.

	(A)	(B)
①	Therefore	Furthermore
②	Therefore	Otherwise
③	Whereas	Furthermore
④	Nevertheless	Otherwise

PART / 02

95 주어진 글 다음에 이어질 글의 순서로 가장 적절한 것을 고르시오.

Bread is a major foodstuff and today there are few countries where bread products are not made and eaten. Bread products have evolved to take many forms, thanks to craft bakers.

(A) They have even adapted and changed pre-existing processing techniques and on occasions developed entirely new ones to make the best bread.

(B) Today, scientific study and technical development provide faster and more cost-effective methods of making bread, but even so bakers are still using their collective knowledge, experience, and craft skills.

(C) Over the centuries, craft bakers have developed our traditional bread varieties using their knowledge on how to make the best use of their available raw materials to achieve the desired bread quality.

① (A) − (C) − (B)
② (B) − (A) − (C)
③ (B) − (C) − (A)
④ (C) − (A) − (B)

96 flying lemur에 관한 다음 글의 내용과 일치하지 않는 것은?

The flying lemur doesn't fly and it isn't a lemur, but it got its name because of its nocturnal habit and the shape of its foxlike head. Like flying squirrels, they actually glide rather than fly. Flying lemurs never purposely descend to the ground, where they move slowly and awkwardly due to the large flaps of skins that hang from their bodies. So they are nearly helpless when they attempt to walk upright. They spend their entire lives up in trees, sleeping in tree hollows or hanging upside down from branches during the heat of the day. The flying lemur eats a diet consisting entirely of tree leaves, fruit, and flowers. Water is obtained by licking drops from wet leaves. Flying lemurs are solitary animals. If two males find themselves in the same tree, they become aggressive toward each other until one leaves.

① 머리가 여우 머리처럼 생겼다.
② 목적을 갖고 땅으로 자주 내려간다.
③ 땅에서 느리고 어색하게 움직이며 똑바로 잘 걷지 못한다.
④ 나뭇잎, 과일, 꽃을 먹고 산다.

97 다음 빈칸에 들어갈 말로 가장 적절한 것은?

In terms of ___________, humans are pretty amazingly useless. Like most animals, we don't much like really hot places, but because we easily suffer heat strokes, we are especially vulnerable. In a desert most people will collapse, possibly never to rise again, in no more than six hours. We are no less helpless in the face of cold. Like all mammals, humans are good at generating heat but — because we are almost hairless — not good at keeping it. Even in quite mild weather half the calories we burn go to keeping our body warm. Of course, we can employ clothing and shelter to counter these weaknesses, but even so the portion of Earth on which we are prepared or able to live is modest indeed: just 12 percent of the total land area.

① adaptability ② creativity
③ generosity ④ mobility

98 주어진 글 다음에 이어질 글의 순서로 가장 적절한 것을 고르시오.

One of the most striking features of human skin is that it is basically naked; in this way it differs from the skin of most of our warm-blooded animals, such as birds and mammals.

(A) For example, our skin doesn't wear out or tear, we don't simply spring leaks, and we don't expand like water balloons when we sit in the bathtub.

(B) Lacking such protection, human skin had to undergo numerous structural changes to give it strength, resilience, and sensitivity. Our skin is not perfect, but it does a remarkably good job.

(C) The ancestors of those animals evolved fine, threadlike coverings on their skin — feathers and hairs which regulate heat interchange and also help to prevent water loss and mechanical trauma.

① (A) – (C) – (B) ② (B) – (A) – (C)
③ (B) – (C) – (A) ④ (C) – (B) – (A)

99 글의 흐름으로 보아, 주어진 문장이 들어가기에 가장 적절한 곳을 고르시오.

> But, all things being relative, your relatives' cholesterol levels may not mirror yours.

Your family history says a lot about your future. (①) Your genes are a family trait, so if your first-degree relatives — father, mother, brothers, and sisters — have high cholesterol, you may, too. (②) If your father or brother had a heart attack when he was younger than 55 or if your mother or sister had a heart attack before she turned 65, you need to watch for your hereditary risk factors. (③) In my family, my mother and I have high cholesterol, but my brother doesn't. (④) My father has low cholesterol, and so does my sister who, I might point out, has my mother's good nails and curly hair. Life can be so unfair!

100 David Thompson에 관한 다음 글의 내용과 일치하지 않는 것은?

David Thompson arrived at Rocky Mountain House, the North West Company post, in 1800 with his wife Charlotte Small, and their first child was born here. Thompson used the post as a base of exploration off and on for the next decade. In his lifetime, Thompson kept careful records of his journeys throughout western Canada and the U.S. northwest. He was the first explorer to travel the Columbia River, and the third to reach the Pacific by an overland route. His map information was still in use well into the 20th century. He is truly an amazing figure in the history of the west. To honor his life, the Confluence Heritage Society put on a series of puppet shows throughout the summer celebrating his explorations and achievements.

① 1800년에 아내와 함께 Rocky Mountain House에 도착했다.
② 서부 캐나다와 미국 북서부에 대한 자세한 여행 기록을 남겼다.
③ Columbia River를 여행했던 세 번째 탐험가였다.
④ Confluence Heritage Society는 그의 탐험과 업적을 기념하였다.

MEMO

진가영 영어

최상으로 가는
영역별 출제 예상

400제

최단기간 점수 수직 상승!

최상으로 가는 영역별 출제 예상 400

"뛰어나고 훌륭하게 시작할 필요는 없다.
그러나 훌륭하기 위해선 시작해야 한다."

— 지그 지글러

PART

03

어휘 100제

어휘 100제

예상문제 1회 (01번~10번)

정답 및 해설 p.208

01 밑줄 친 부분의 의미와 가장 가까운 것을 고르시오.

> The transformation of the river may well <u>decimate</u> the considerable fishery resources.

① measure ② enlarge
③ annihilate ④ enervate

02 밑줄 친 부분의 의미와 가장 가까운 것을 고르시오.

> Three months ago, thieves <u>broke in</u> while he was a sleep and took all the money.

① threatened ② approached
③ altercate ④ trespassed

03 밑줄 친 부분의 의미와 가장 가까운 것을 고르시오.

> Symptoms include sore eyes, <u>lethargy</u>, mood swings and skin irritations.

① torment ② inertia
③ vanity ④ insomnia

04 밑줄 친 부분의 의미와 가장 가까운 것을 고르시오.

> They <u>tightened</u> security around the square during the president's visit.

① beefed up ② speeded up
③ turned up ④ show up

05 밑줄 친 부분의 의미와 가장 가까운 것을 고르시오.

> Poverty and misery have made the woman <u>covetous</u> and begrudging.

① envious ② rebellious
③ hopeless ④ tedious

06 밑줄 친 부분의 의미와 가장 가까운 것을 고르시오.

> Mr. Page was <u>exonerated</u> by a grand jury, but the protests continued.

① vindicated ② discouraged
③ swindled ④ compensated

07 밑줄 친 부분의 의미와 가장 가까운 것을 고르시오.

> Today, Herman Bicknell will continue his <u>arduous</u> climb to the top of the mountain's highest peak.

① negligent ② prodigal
③ persistent ④ grueling

08 밑줄 친 부분의 의미와 가장 가까운 것을 고르시오.

Residues of antibiotics found in non-organic meat are widely suspected of having a detrimental effect on the human immune system.

① classified ② latent
③ haphazard ④ pernicious

09 밑줄 친 부분의 의미와 가장 가까운 것을 고르시오.

The increase in our profits has been negated by the rising costs of running the business.

① nullified ② emulated
③ augmented ④ neglect

10 밑줄 친 부분의 의미와 가장 가까운 것을 고르시오.

The senator was censured by the council for leaking information to the press.

① relegated ② banished
③ excluded ④ condemned

예상문제 2회 (11번~20번)

정답 및 해설 p.209

11 밑줄 친 부분의 의미와 가장 가까운 것을 고르시오.

The doctor told him he should stay at home and rest but he's adamant that he's coming.

① obvious ② determined
③ temperate ④ irresolute

12 밑줄 친 단어의 의미와 가장 가까운 것을 고르시오.

The complexity of their work means that educational psychologists have to undergo a harsh professional training.

① stand for ② come down with
③ go through ④ bring off

13 밑줄 친 부분의 의미와 가장 가까운 것을 고르시오.

The patient with end-stage cancer wrote that she does not want to be put on a respirator if she stops breathing.

① trivial ② diffident
③ relentless ④ terminal

14 밑줄 친 단어의 의미와 가장 가까운 것을 고르시오.

> Using a religious and political figure of a country on a commercial product is <u>unjust</u> and inappropriate.

① biased ② insolent
③ impetuous ④ exorbitant

15 밑줄 친 단어의 의미와 가장 가까운 것을 고르시오.

> It is almost impossible to <u>keep abreast of</u> all the latest developments in computing.

① take up ② be acquainted with
③ drop by ④ turn off

16 밑줄 친 단어의 의미와 가장 가까운 것을 고르시오.

> It's too bad we forgot to bring the bowl, but let's <u>make do with</u> these.

① trade on ② hit upon
③ manage with ④ delve into

17 밑줄 친 부분에 들어갈 말로 가장 적절한 것을 고르시오.

> They planned to ______________ the old buildings and replace them with luxury condos.

① caught up ② brought up
③ blew up ④ held up

18 밑줄 친 단어의 의미와 가장 가까운 것을 고르시오.

> It would <u>give rise to</u> disunity and conflict among the Ukrainian people.

① bring about ② cut back
③ call off ④ live up to

19 밑줄 친 단어의 의미와 가장 가까운 것을 고르시오.

> He <u>was engrossed in</u> his job to the detriment of his health.

① be preoccupied with
② pore over
③ be cut out for
④ come across

20 밑줄 친 부분에 들어갈 말로 가장 적절한 것을 고르시오.

> Unemployment is rising, prices are increasing; ______________, the economy is in trouble.

① in dribs and drabs
② in the nick of time
③ in a pinch
④ in a nutshell

예상문제 3회 (21번~30번)

정답 및 해설 p.211

21 밑줄 친 부분의 의미와 가장 가까운 것을 고르시오.

The research encompasses the social, political, and economic aspects of the revolution.

① overemphasizes ② overlooks
③ reveals ④ embraces

22 밑줄 친 부분과 의미가 가장 가까운 것은?

I had to put writing my report on the back burner until I could collect more data.

① remind ② cultivate
③ glean ④ mediate

23 밑줄 친 부분의 의미와 가장 가까운 것을 고르시오.

The letter was full of contrived excuses for covering up his lies.

① artificial ② convincing
③ compulsive ④ unprecedented

24 밑줄 친 부분의 의미와 가장 가까운 것을 고르시오.

The politician was accused of using devious methods to get secure votes.

① deceptive ② dexterous
③ unconventional ④ innovative

25 밑줄 친 단어의 의미와 가장 가까운 것을 고르시오.

The police have decided to really crack down on drunk driving.

① take after ② clamp down on
③ take for granted ④ sit in for

26 밑줄 친 부분과 의미가 가장 가까운 것은?

Christmas is coming up soon, so let's not put off buying gifts.

① reciprocate ② charge
③ convene ④ postpone

27 밑줄 친 부분의 의미와 가장 가까운 것을 고르시오.

The comedian was acclaimed for his acerbic wit and repartee.

① gentle ② pretentious
③ caustic ④ reticent

28 밑줄 친 부분의 의미와 가장 가까운 것을 고르시오.

The proposal is expected to get a lukewarm reception from small businesses.

① rapturous ② tepid
③ friendly ④ hostile

29 **밑줄 친 부분의 의미와 가장 가까운 것을 고르시오.**

With no accompanying instruments, the choir relished every opportunity afforded them to show off their <u>perfect</u> intonation and ensemble.

① desolate ② lucrative
③ painstaking ④ impeccable

30 **밑줄 친 부분의 의미와 가장 가까운 것을 고르시오.**

Like most successful politicians, he is <u>determined</u> and single-minded in the pursuit of his goals.

① resolved ② arrogant
③ dispassionate ④ surpassing

예상문제 4회 (31번~40번)

정답 및 해설 p.212

31 **밑줄 친 부분의 의미와 가장 가까운 것을 고르시오.**

It is 'pseudo-science' to put forward a theory which runs no risk of <u>refutation</u> by experience.

① constraint ② ambivalence
③ denial ④ collapse

32 **밑줄 친 부분의 의미와 가장 가까운 것을 고르시오.**

Firemen were called to <u>extinguish</u> the blaze in an industrial area.

① stir up ② put out
③ burn off ④ close off

33 **밑줄 친 부분의 의미와 가장 가까운 것을 고르시오.**

The libel case was <u>thrown out</u> by the courts due to lack of evidence.

① dismissed ② fluctuated
③ pledged ④ rekindled

34 **밑줄 친 부분의 의미와 가장 가까운 것을 고르시오.**

As President, he used his <u>sociable</u> nature as an instrument of diplomacy.

① courageous ② gregarious
③ dismal ④ perverse

35 **밑줄 친 부분의 의미와 가장 가까운 것을 고르시오.**

When we were in high school, we tried to <u>keep on the right side of</u> the housekeeper, so that she would let us bring beer in when our parents were away.

① be careful not to annoy
② make do with
③ stay away from
④ steer clear of

36 밑줄 친 부분의 의미와 가장 가까운 것을 고르시오.

The university's exchange scheme has strengthened its links with many other academic institutions.

① distorted ② severed
③ cemented ④ tormented

37 밑줄 친 부분에 들어갈 말로 가장 적절한 것을 고르시오.

Jacob and Cater are __________, so it's no wonder people sometimes mistake them for brothers.

① out of sorts
② on edge
③ in succession
④ like two peas in a pod

38 밑줄 친 부분에 들어갈 말로 가장 적절한 것을 고르시오.

The authorities have alleged Austin was the ringleader of the group and __________ the scheme to rob the bank.

① brooded over
② figure out
③ warded off
④ cooked up

39 밑줄 친 부분에 들어갈 말로 가장 적절한 것을 고르시오.

The high cost of hospitalization and medicine __________ my life savings.

① sorted out ② wiped out
③ figure out ④ gave out

40 밑줄 친 단어의 의미와 가장 가까운 것을 고르시오.

Investors think that market recovery may be imminent unless consumers get cold feet and stop spending.

① become afraid ② aim at
③ go through ④ wind up

예상문제 5회 (41번~50번)

정답 및 해설 p.214

41 밑줄 친 부분의 의미와 가장 가까운 것을 고르시오.

They viewed the natural phenomenon as a sign portending the peasant's revolt.

① attesting ② presaging
③ propounding ④ surmounting

42 밑줄 친 부분의 의미와 가장 가까운 것을 고르시오.

> Seeing his client, George's expression shifted from annoyed to the practiced, <u>automatic</u> smile.

① mocking ② perfunctory
③ equivocal ④ enigmatic

43 밑줄 친 단어의 의미와 가장 가까운 것을 고르시오.

> Could you give me some time to <u>mull over</u> the situation so I can provide a useful feedback?

① brood over ② come by
③ let down ④ carry out

44 밑줄 친 부분의 의미와 가장 가까운 것을 고르시오.

> Mr. McGeary tried to <u>recover</u> his losses by making further high risk investments.

① incur ② reap
③ magnify ④ recoup

45 밑줄 친 부분의 의미와 가장 가까운 것을 고르시오.

> The breakdown of the family unit would lead to an <u>impoverished</u> society.

① affluent ② garrulous
③ deprived ④ stratified

46 밑줄 친 부분의 의미와 가장 가까운 것을 고르시오.

> Mrs. Dalloway was <u>unassuming</u> with a gentle demeanor and a comforting bedside manner.

① unabashed ② unpretentious
③ uncanny ④ unbiased

47 밑줄 친 부분과 의미가 가장 가까운 것은?

> He <u>frittered away</u> the millions his father had left him.

① squander ② obtain
③ exhort ④ exasperate

48 밑줄 친 단어의 의미와 가장 가까운 것을 고르시오.

> Let me <u>spell out</u> why we need more money.

① take into account ② read through
③ follow up on ④ state clearly

49 밑줄 친 부분의 의미와 가장 가까운 것을 고르시오.

> Emma talked with anger and shock, lips and hands trembling, about the <u>perfidy</u> of Clan Eshin.

① treachery ② amnesty
③ penchant ④ prerogative

50 밑줄 친 부분의 의미와 가장 가까운 것을 고르시오.

> The woman apologized, though it was clear she was hardly <u>contrite</u>.

① ostensible ② adverse
③ penitent ④ spontaneous

예상문제 6회 (51번~60번)

정답 및 해설 p.216

51 밑줄 친 부분에 들어갈 말로 가장 알맞은 것을 고르시오.

> The woman, now in her 60s, was released from prison on Thursday — fully exonerated after spending 25 years ___________ for a murder she didn't commit.

① unfettered ② confounded
③ depressed ④ behind bars

52 밑줄 친 부분의 의미와 가장 가까운 것을 고르시오.

> They would fight <u>doggedly</u> for their rights as the children's parents.

① heedlessly ② tenaciously
③ abjectly ④ punctiliously

53 밑줄 친 부분의 의미와 가장 가까운 것을 고르시오.

> The presidential hopeful <u>dug up</u> something from her past to spoil her chances of being elected.

① patronized ② unearthed
③ underpinned ④ upended

54 밑줄 친 부분의 의미와 가장 가까운 것을 고르시오.

> Everytime I went to the mart, I had to <u>cool my heels</u> in a long line at the checkout.

① keeping in position
② repenting my fault
③ keeping waiting
④ loosing heart

55 밑줄 친 단어의 의미와 가장 가까운 것을 고르시오.

> You should pay attention to his advice that you'll crack up if you <u>carry on</u> working like this.

① keep up ② resort to
③ use up ④ break down

56 밑줄 친 부분과 의미가 가장 가까운 것은?

> But be prepared for the fact that in this changing world, jobs do <u>vanish</u>.

① profess ② commit
③ disappear ④ evoke

57 밑줄 친 부분에 들어갈 말로 가장 적절한 것을 고르시오.

> Most of her clothes were ________ to her by her older sisters.

① hung up ② take down
③ let go of ④ handed down

58 밑줄 친 부분과 의미가 가장 가까운 것은?

> The medicine provision will also serve as a <u>catalyst</u> to increase the South's humanitarian aid to the isolated country.

① trigger ② deterrent
③ juncture ④ emblem

59 밑줄 친 부분에 들어갈 말로 가장 적절한 것을 고르시오.

> My little girl loves to ________ trash piles and collect empty bottles with pretty labels and discarded magazines.

① poke through ② pick through
③ sail through ④ see through

60 밑줄 친 부분과 의미가 가장 가까운 것은?

> He is no <u>novice</u> at the art of writing, but rather an experienced expert.

① specialist ② plunderer
③ proxy ④ neophyte

예상문제 7회 (61번~70번)

정답 및 해설 p.217

61 밑줄 친 부분의 의미와 가장 가까운 것을 고르시오.

> The President's wife is politically <u>astute</u>, ambitious and very influential in White House policy decisions.

① craven ② nonchalant
③ shrewd ④ concise

62 밑줄 친 부분의 의미와 가장 가까운 것을 고르시오.

> None of the more recent views <u>invalidates</u> Albert's original discoveries or teachings.

① conceives ② collaborates
③ derides ④ debunks

63 밑줄 친 부분의 의미와 가장 가까운 것을 고르시오.

> The Spartans were <u>perpetually</u> at war and therefore needed to be prepared to fight year round.

① provisionally ② incessantly
③ periodically ④ perilously

64 밑줄 친 부분의 의미와 가장 가까운 것을 고르시오.

> Any country trading in these weapons would face international <u>reproach</u>.

① betrayal ② rebuke
③ upheaval ④ conviction

65 밑줄 친 부분의 의미와 가장 가까운 것을 고르시오.

> Employees need legal protection against <u>capricious</u> and unfair actions by their employers.

① stingy ② voracious
③ mercurial ④ savage

66 밑줄 친 부분의 의미와 가장 가까운 것을 고르시오.

> Ebby, the newspaper publisher, gained a national reputation as a <u>spiteful</u> manipulator of politics.

① penetrating ② versatile
③ destitute ④ vicious

67 밑줄 친 부분의 의미와 가장 가까운 것을 고르시오.

> In her usual <u>bossy</u> manner, she ordered us all into the conference room.

① cryptic ② sequential
③ unsavory ④ peremptory

68 밑줄 친 부분의 의미와 가장 가까운 것을 고르시오.

> Five years after the tragedy he has only just begun to regain his <u>equanimity</u>.

① aplomb ② trepidation
③ vigor ④ contentment

69 밑줄 친 부분의 의미와 가장 가까운 것을 고르시오.

> The woman has a rather <u>sluggish</u> approach to her work.

① indolent ② susceptible
③ vociferous ④ hilarious

70 밑줄 친 단어의 의미와 가장 가까운 것을 고르시오.

> We need to help this species <u>stave off</u> extinction.

① call it a day
② iron out
③ head off
④ hit the nail on the head

예상문제 8회 (71번~80번)

정답 및 해설 p.219

71 밑줄 친 부분과 의미가 가장 가까운 것은?

> Employees are prohibited from engaging in activities that could <u>tarnish</u> the image of the company.

① collaborate ② blemish
③ inflate ④ seclude

72 밑줄 친 부분의 의미와 가장 가까운 것을 고르시오.

> Dissatisfaction with the government seems to have <u>permeated</u> every section of society.

① amalgamated ② pervaded
③ defied ④ demonstrate

73 밑줄 친 부분의 의미와 가장 가까운 것을 고르시오.

> I just don't see how he can possibly <u>rack up</u> enough votes.

① attract ② concede
③ restore ④ attain

74 밑줄 친 부분의 의미와 가장 가까운 것을 고르시오.

> He finally <u>hit pay dirt</u> with his third novel which quickly became a best seller.

① won a prize ② repaid the debts
③ took the cake ④ struck gold

75 밑줄 친 부분의 의미와 가장 가까운 것을 고르시오.

> People sometimes <u>come up against</u> blatant prejudice in the workplace.

① oppose ② abridge
③ observe ④ encounter

76 밑줄 친 부분에 들어갈 말로 가장 적절한 것을 고르시오.

> It was just a trivial mistake that got ____________ into something much worse.

① caught up ② brought up
③ blown up ④ held up

77 밑줄 친 부분과 의미가 가장 가까운 것은?

> Recent personal difficulties have put more demands on my time than I can put into full-time work, and sadly, I have been forced to make this <u>reluctant</u> decision.

① subsequent ② gratuitous
③ prolific ④ loath

78 밑줄 친 부분과 의미가 가장 가까운 것은?

> However, families are still reluctant to adopt because of the <u>stigma</u> attached to adoption and mixed or foreign blood.

① victim ② amalgamation
③ resume ④ disgrace

79 밑줄 친 부분에 들어갈 말로 가장 적절한 것을 고르시오.

> It took Kristine a long time to _________ _______ to the fact that Janice was taking advantage of her.

① catch on ② allow for
③ close down ④ come through

80 밑줄 친 부분에 들어갈 말로 가장 적절한 것을 고르시오.

> Instead of _______________ a gruelling journey to work, Mark now enjoys hopping on his bike to do a job he finds worthwhile.

① knocking down
② cutting off
③ breaking in
④ contending with

예상문제 9회 (81번~90번)

정답 및 해설 p.221

81 밑줄 친 부분과 의미가 가장 가까운 것은?

> He said the findings will help researchers <u>zero in on</u> why salamander cells are capable of such remarkable regeneration.

① play havoc with ② dress down
③ focus on ④ get somewhere

82 밑줄 친 부분의 의미와 가장 가까운 것을 고르시오.

> The company said it has reached a <u>deadlock</u> in negotiations with the union.

① reconcilation ② impasse
③ impulse ④ vehemence

83 밑줄 친 부분의 의미와 가장 가까운 것을 고르시오.

> Rebels were already making plans to <u>bring down</u> the government.

① interrogate ② extol
③ captivate ④ overthrow

84 밑줄 친 부분의 의미와 가장 가까운 것을 고르시오.

> Desirable qualities for sales position include charm, verbal <u>dexterity</u> and charisma.

① animosity ② credence
③ proficiency ④ abuse

85 밑줄 친 부분의 의미와 가장 가까운 것을 고르시오.

> Official reports on the <u>massacre</u> were never released, and just two policemen were charged.

① inspiration ② hypocrisy
③ carnage ④ clash

86 밑줄 친 부분의 의미와 가장 가까운 것을 고르시오.

> She is the target of ridicule because she ignores evidence that doesn't support her ideology and <u>fabricates</u> evidence that does.

① make up ② fill in for
③ set up ④ put up with

87 밑줄 친 부분과 의미가 가장 가까운 것은?

> Last year's riots is nothing in comparison with this latest <u>outburst</u> of violence.

① eruption ② genealogy
③ cuisine ④ declivity

88 밑줄 친 부분의 의미와 가장 가까운 것을 고르시오.

> There are <u>noticeable</u> differences between the service offered by the two hospitals.

① solvent ② obdurate
③ auspicious ④ palpable

89 밑줄 친 부분의 의미와 가장 가까운 것을 고르시오.

> The shop assistants were very <u>obliging</u>, and brought me at least fifteen pairs of shoes to try on.

① despondent ② parsimonious
③ raucous ④ accommodating

90 밑줄 친 부분의 의미와 가장 가까운 것을 고르시오.

> The death of the emperor marked the end of an <u>era</u> in the country's history.

① pretext ② delusion
③ provenance ④ epoch

예상문제 10회 (91번~100번)

정답 및 해설 p.222

91 밑줄 친 부분의 의미와 가장 가까운 것을 고르시오.

> She spent more than twenty years at the <u>pinnacle</u> of her career.

① delusion ② infamy
③ apex ④ specimen

92 밑줄 친 부분의 의미와 가장 가까운 것을 고르시오.

> The large oak tree provides cooling shade and greets visitors to the <u>quaint</u> home, sitting on a corner lot on Thomas Street.

① old-fashioned ② antiseptic
③ eloquent ④ rigorous

93 밑줄 친 부분의 의미와 가장 가까운 것을 고르시오.

> They have obtained an injunction restraining the company from selling the product.

① diffusing ② precluding
③ vacillating ④ waiving

94 밑줄 친 부분의 의미와 가장 가까운 것을 고르시오.

> O'conor can do plumbing, carpentry, or a bit of gardening—he's a jack of all trades.

① promising person
② well-rounded person
③ ambitious man
④ wheeler-dealer

95 밑줄 친 부분의 의미와 가장 가까운 것을 고르시오.

> He has recently notched up his third win at a major ski event.

① dispatched ② achieved
③ abandoned ④ renounced

96 밑줄 친 부분에 들어갈 말로 가장 적절한 것은?

> He proceeded to explain these drawbacks which I think I should __________, but I couldn't ignore them.

① tamper with ② sleep on
③ run for ④ pass over

97 밑줄 친 부분과 의미가 가장 가까운 것은?

> The estrangement between the couple makes their children unhappy.

① demeanor ② resilience
③ classification ④ alienation

98 다음 밑줄 친 단어와 가장 가까운 것을 고르시오.

> We will retaliate against the terrorists for their attack.

① get the better of ② get the hang of
③ get even with ④ get across to

99 밑줄 친 단어의 의미와 가장 가까운 것을 고르시오.

> The weather bureau predicted that heat would abate around this time of the year.

① get out ② go south
③ given off ④ let up

100 밑줄 친 단어의 의미와 가장 가까운 것을 고르시오.

> Please don't make up to your boss.

① come under fire ② take it out on
③ make a pass at ④ play up to

최단기간 점수 수직 상승!

최상으로 가는 영역별 출제 예상

400

"뛰어나고 훌륭하게 시작할 필요는 없다.
그러나 훌륭하기 위해선 시작해야 한다."

— 지그 지글러

PART

04

생활영어 50제

예상문제 1회 (01번~05번)

정답 및 해설 p.225

01 밑줄 친 부분에 들어갈 표현으로 가장 적절한 것은?

A : I love your new bag. How much did you pay for it?
B : I think I got this for about 10 pounds or so.
A : ________________!
B : I'll show you where it is when we walk by.

① That's a steal
② Not on your life
③ You got ripped off
④ It's all Greek to me.

02 밑줄 친 부분에 들어갈 표현으로 가장 적절한 것은?

A : Do you remember our science teacher from high school?
B : The one with the huge glasses and frizzy hair?
A : That's the one. I heard he ______________ and quit teaching.
B : Good for him! I hope I can end up like him.

① made a splash ② struck gold
③ took a nosedive ④ hit the hay

03 밑줄 친 부분에 들어갈 표현으로 가장 적절한 것은?

A : I really enjoyed that movie. I thought the actor did a phenomenal job in his role as the beggar.
B : I agree. It was a well-casted movie. Would you go see it again tomorrow?
A : ________________! I could see it a hundred more times.
B : Me too. Same time tomorrow, then?

① Fat chance ② Have a heart
③ Don't mention it ④ Without a doubt

04 밑줄 친 부분에 들어갈 표현으로 가장 적절한 것은?

A : Shouldn't we join Pamela? She might need some help with her bags.
B : She told us to sit tight until she gets back. In the meantime, let's check out this bookstore.
A : Alright, but ______________. She might be back any minute.

① it's up to you ② make it quick
③ don't wander off ④ leave it to me

05 밑줄 친 부분에 들어갈 표현으로 가장 적절한 것은?

A : Could you tell me where the bus leaving for Liverpool is?
B : It's located in the East wing on the second floor.
A : Is that far from here? I'm just passing through.
B : It'll take about 5 minutes to get there. __________________; the bus leaves in 10 minutes.

① You can't miss it
② I recommend taking a hike
③ You ought to go the extra mile
④ You'd better get a move on

예상문제 2회 (06번~10번)

정답 및 해설 p.226

06 밑줄 친 부분에 들어갈 표현으로 가장 적절한 것은?

A : Hey Gabby, what are you working on?
B : I told Jake I would make him a gift for his birthday. But I messed it up. I think I'm going to have to start over.
A : That must be really frustrating. I hate when ________________________.

① it's no big deal
② I have to start from scratch
③ your opinion doesn't stand
④ those were the days

07 밑줄 친 부분에 들어갈 표현으로 가장 적절한 것은?

A : I've been working on this paper for hours, but I don't seem to be making any progress.
B : ________________________ We won't get anything done when we're exhausted.
A : You're right. We should just start on it again tomorrow.

① Let's call it a night.
② suit yourself.
③ Have you been served?
④ I'm sick and tired of this.

08 밑줄 친 부분에 들어갈 표현으로 가장 적절한 것은?

A : I haven't seen Victor all day. Have you?
B : __________________, so he's at home resting.
A : I should go over and make sure he's okay.
B : Want some company? I have some free time today.

① He's a bit under the weather
② He just tied the knot
③ They're twisting his arm
④ It was a close call

09 밑줄 친 부분에 들어갈 표현으로 가장 적절한 것은?

A : Would you mind if I borrowed your clubs? I'm going golfing this afternoon.
B : ______________ I haven't used them in years.
A : Why not? You used to love the golf. Now you hardly ever go.
B : I am just so busy with work, it's hard to find the time.
A : Well, we should hit a few balls one of these days.
B : Sure. Sounds great.

① All set. ② Be my guest.
③ What's the deal? ④ Don't give me that.

10 밑줄 친 부분에 들어갈 표현으로 가장 적절한 것은?

A : How did your talk go in class today? I heard you up all night preparing.
B : I don't mean to ________________, but I think it went great!
The teacher looked pleased and the students were interested in it.
A : That's wonderful! When do you get your score?
B : The week after next. There are still some other students who have to go.
A : Well, I'm sure you did great.

① blow my own horn
② bring down the house
③ shake a leg
④ pull my leg

예상문제 3회 (11번~15번) 정답 및 해설 p.227

11 밑줄 친 부분에 들어갈 표현으로 가장 적절한 것은?

A : My car is making some weird noises these days. When can I get it looked at?
B : Unfortunately, we are booked solid today and tomorrow.
A : I have to make a road trip tonight and I'm worried it might break down.
B : Well, we can try and ____________ at 2:30. Does that work for you?
A : Yes, that's perfect. Thank you.
B : No problem. See you then.

① squeeze you in
② count you out
③ give you a shot
④ spare you the details

12 밑줄 친 부분에 들어갈 표현으로 가장 적절한 것은?

A : There's a note here. Did you write it?
B : No, I've been out all day. What does it say?
A : That's the thing. ________________.
B : Are you sure it's for you? Look here, I think this says someone else's name.
A : That would explain it.

① I can't make head or tails of it
② It takes two to tango
③ You know what's best for me
④ It serves you right

13 밑줄 친 부분에 들어갈 표현으로 가장 적절한 것은?

A : Where are you off to?
B : We're all out of coffee. I was going to run to the store to pick some up.
A : ______________________, it's freezing out there today.
B : Is it? I didn't check the weather yet.
A : Oh yes, quite.
B : Let me go get my winter jacket and scarf.
A : Good idea. You don't want to catch a cold while you're out there.

① I couldn't bear the responsibility
② Make sure you bundle up
③ Don't be a wet blanket
④ You're telling me.

14 밑줄 친 부분에 들어갈 표현으로 가장 적절한 것은?

A : Sandra, you are really dolled up. Do you have plans for tonight?
B : Not anymore. I had plans to go out with some friends, but they just bailed.
A : I'm sorry to hear that. Why not grab a drink with me? ______________.
B : Really? Then why not! Let me grab my coat.
A : Take your time. I need to get ready too.

① It's on me
② Maybe we should just stay in
③ I don't mean to crash the party
④ I'll play devil's advocate

15 밑줄 친 부분에 들어갈 표현으로 가장 적절한 것은?

A : What's wrong? ______________ ________ I can tell. Spill it.
B : Oh fine. I failed my final exam and so now I have to retake the class.
A : But I thought you said you did good on the final.
B : I thought I did too, but I don't know what happened.
A : Why don't you talk to the professor about it? There's got to be a way.
B : I tried already. What am I going to tell my folks?

① Something is eating at you.
② I'll keep my fingers crossed.
③ Everthing is up in the air.
④ It's going down in flames.

예상문제 4회 (16번~20번)

정답 및 해설 p.228

16 밑줄 친 부분에 들어갈 표현으로 가장 적절한 것은?

A : How did you do on the last test we had?
B : Not that bad. I got a B+.
A : Wow! ____________________
B : It's all thanks to you and your help.
A : Don't mention it. I couldn't let you fail again.

① You improved leaps and bounds!
② I'm so flattered
③ I was tied up at work
④ Let bygones be bygones

17 밑줄 친 부분에 들어갈 표현으로 가장 적절한 것은?

A : I'm thinking about taking the plunge and starting my own business.
B : Don't do that. The market is terrible right now.
A : My mind is made up. ____________________.
B : Well, if you insist. But don't say I didn't warn you.

① I will see you off
② You are completely full of yourself
③ I have everything sorted out already
④ The whole plan went bust

18 밑줄 친 부분에 들어갈 표현으로 가장 적절한 것은?

A : There's a concert this Saturday. Are you going?
B : ____________________. Mary is sleeping.
A : Sorry. I didn't see her there.
B : She's not very easy to spot. But we should let her sleep.
A : Right. We know full well what happens when she is cranky.

① Keep it down.
② Over my dead body.
③ Watch your mouth.
④ Have a blast!

19 밑줄 친 부분에 들어갈 표현으로 가장 적절한 것은?

A : Could you do me a favor? Could you get me a copy of that new LP at your store?
B : That's a tall order. What's the occasion?
A : It's my sister's birthday. She really wanted one for her birthday.
B : ____________________
A : Anything you want. Just name it.

① What do I get in return?
② You can have your cake and eat it too.
③ Are you with me?
④ You need to start pulling your weight

20 밑줄 친 부분에 들어갈 표현으로 가장 적절한 것은?

A : You've been so busy these days. I hardly see you. What's up?
B : I've been busy baking up a storm.
A : Wow! Your baking business is really taking off.
B : Right. ______________________.
A : That's why soon, you might also want to consider getting a bigger kitchen.

① I need to strike while the iron is hot
② You should get off your soapbox
③ First come, first served
④ I'm fishing for compliments

예상문제 5회 (21번~25번)

정답 및 해설 p.230

21 밑줄 친 부분에 들어갈 말로 가장 적절한 것을 고르시오.

A : I'd like to get a refund for this tablecloth I bought here yesterday.
B : Is there a problem with the tablecloth?
A : It doesn't fit our table and I would like to return it. Here is my receipt.
B : I'm sorry, but this tablecloth was a final sale item, and it cannot be refunded.
A : ______________________
B : It's written at the bottom of the receipt.

① Nobody mentioned that to me.
② Where is the price tag?
③ What's the problem with it?
④ I got a good deal on it.

22 밑줄 친 부분에 들어갈 말로 가장 적절한 것을 고르시오.

A : Hello? Hi, Stephanie. I'm on my way to the office. Do you need anything?
B : Hi, Luke. Can you please pick up extra paper for the printer?
A : What did you say? Did you say to pick up ink for the printer?
Sorry, ______________________.
B : Can you hear me now? I said I need more paper for the printer.
A : Can you repeat that, please?
B : Never mind. I'll text you.
A : Okay. Thanks, Stephanie. See you soon.

① My phone has really bad reception here
② I couldn't pick up more paper
③ I think I've dialed the wrong number
④ I'll buy each item separately this time

23 밑줄 친 부분에 들어갈 말로 가장 적절한 것은?

A : Excuse me. Can you tell me where Namdaemun Market is?
B : Sure. Go straight ahead and turn right at the taxi stop over there.
A : Oh, I see. Is that where the market is?
B : ______________________.

① That's right. You have to take a bus over there to the market
② You can usually get good deals at traditional markets
③ I don't really know. Please ask a taxi driver
④ Not exactly. You need to go down two more blocks

24 두 사람의 대화 중 가장 어색한 것은?

① A : Would you like to go to dinner with me this week?
B : OK. But what's the occasion?

② A : Why don't we go to a basketball game sometime?
B : Sure. Just tell me when.

③ A : What do you do in your spare time?
B : I just relax at home. Sometimes I watch TV.

④ A : Could I help you with anything?
B : Yes, I would like to. That would be nice.

25 밑줄 친 부분에 들어갈 말로 가장 적절한 것은?

> A : Finally, the long vacation begins tomorrow. What are your plans?
> B : I'm not sure. Maybe I'll go on a trip.
> A : Where do you want to go?
> B : That's a good question. Well, I'll just take a bus and go wherever it leads me to. Who knows? I may find a perfect place for my vacation.
> A : Yeah, trips are always refreshing. But I prefer to stay at home and do nothing.
> B : ____________________. Relaxing at home can recharge your energy.

① That's not a bad idea
② I prefer a domestic airline
③ You need to work at home too
④ My family leaves for Seoul tomorrow

예상문제 6회 (26번~30번)

정답 및 해설 p.231

26 두 사람의 대화 중 가장 어색한 것은?

① A : I don't think I can finish this project by the deadline.
B : Take your time. I'm sure you can make it.

② A : Mom, what do you want to get for Mother's Day?
B : I don't need anything. I just feel blessed to have a son like you.

③ A : I think something's wrong with this cake. This is not sweet at all!
B : I agree. It just tastes like a chunk of salt.

④ A : Would you carry this for me? I don't have enough hands.
B : Sure, I'll hand it over to you right away.

27 밑줄 친 부분에 들어갈 표현으로 가장 적절한 것은?

> M : Excuse me. How can I get to Seoul Station?
> W : You can take the subway.
> M : How long does it take?
> W : It takes approximately an hour.
> M : How often does the subway run?
> W : ____________________________.

① It is too far to walk
② Every five minutes or so
③ You should wait in line
④ It takes about half an hour

28 밑줄 친 부분에 들어갈 표현으로 가장 적절한 것을 고르시오

> A : What business is on your mind?
> B : Do you think that owning a flower shop has good prospects nowadays?
> A : It could. But have you prepared yourself mentally and financially?
> B : ______________________.
> A : Good! Then you should choose a strategic place and the right segment too. You must do athoroughre search to have a good result.
> B : I know that. It's much easier to start a business than to run it well.

① I plan to go to the hospital tomorrow
② I can't be like that! I must strive to get a job
③ I'm ready to start with what I have and take a chance
④ I don't want to think about starting my own business

29 밑줄 친 부분에 들어갈 표현으로 가장 적절한 것을 고르시오

> M : What's that noise?
> W : Noise? I don't hear anything.
> M : Listen closely. I hear some noise. ______________________.
> W : Oh, let's stop and see.
> M : Look! A piece of glass is in the right front wheel.
> W : Really? Umm... You're right. What are we going to do?
> M : Don't worry. I got some experience in changing tires.

① I gave my customers sound advice
② Maybe air is escaping from the tire
③ I think the mechanic has an appointment
④ Oh! Your phone is ringing in vibration mode

30 밑줄 친 부분에 들어갈 표현으로 가장 적절한 것을 고르시오

M : Would you like to go out for dinner, Mary?
W : Oh, I'd love to. Where are we going?
M : How about the new pizza restaurant in town?
W : Do we need a reservation?
M : I don't think it is necessary.
W : But we may have to wait in line because it's Friday night.
M : You are absolutely right. Then, I'll _______________ right now.
W : Great.

① cancel the reservation
② give you the check
③ eat some breakfast
④ book a table

예상문제 7회 (31번~35번)

정답 및 해설 p.233

31 다음 대화의 흐름으로 보아 밑줄 친 부분에 들어갈 표현으로 가장 적절한 것은?

A : Do you have any vacancies?
B : I'm sorry. _____________________
A : I should have made a reservation.
B : That would have helped.

① How many people are there in your company?
② We're completely booked.
③ We have plenty of rooms.
④ What kind of room would you like?

32 밑줄 친 부분에 가장 적절한 것은?

A : I saw the announcement for your parents' 25th anniversary in yesterday's newspaper. It was really neat. Do you know how your parents met?
B : Yes. It was really incredible, actually, very romantic. They met in college, found they were compatible, and began to date. Their courtship lasted all through school.
A : No kidding! That's really beautiful. I haven't noticed anyone in class that I could fall in love with!
B : ________________________. Oh, well, maybe next semester!

① Me neither
② You shouldn't blame me
③ It is up to your parents
④ You'd better hang about with her

33 밑줄 친 부분에 가장 적절한 것은?

A : Hi, Gus. I'm glad to see you up and about.
B : Thanks. After the truck plowed into my car last month, I thought it was all over for me. I'm really lucky to be alive.
A : That's for sure. It must have been quite a traumatic experience for you. Has your car been repaired yet?
B : Yes, it has. But I won't be driving it anymore. 'm not taking any chances on being hit again.
A : Come on, now. You can't let one unfortunate incident keep you from ever driving again. ________________.
B : That's what people say, but for time being, I'll be taking public transportation.

① A squeaky wheel gets the oil
② It is better to be safe than sorry
③ The grass is always greener on the other side
④ Lightning never strikes twice in the same place

34 밑줄 친 부분에 가장 적절한 것은?

A : What do you say we take a break now?
B : ________________________.
A : Great! I'll meet you in the lobby in five minutes.

① Okay, let's keep working
② That sounds good
③ I'm already broke
④ It will take one hour

35 밑줄 친 부분에 가장 적절한 것은?

A : Did you see Steve this morning?
B : Yes. But why does he ____________?
A : I don't have the slightest idea.
B : I thought he'd be happy.
A : Me too. Especially since he got promoted to sales manager last week.
B : He may have some problem with his girlfriend.

① have such a long face
② step into my shoes
③ jump on the bandwagon
④ play a good hand

예상문제 8회 (36번~40번)

정답 및 해설 p.234

36 밑줄 친 부분에 들어갈 표현으로 가장 적절한 것을 고르시오.

A : How did you find your day at school today, Ben?
B : I can't complain. Actually, I gave a presentation on drug abuse in my psychology class, and the professor ________________.
A : What exact words did he use?
B : He said my presentation was head and shoulders above the others.
A : Way to go!

① made some headway
② made a splash
③ paid me a compliment
④ passed a wrong judgment

37 **밑줄 친 부분에 들어갈 표현으로 가장 적절한 것을 고르시오.**

A : Excuse me. I'm looking for Nambu Bus Terminal.
B : Ah, it's right over there.
A : Where? ________________?
B : Okay. Just walk down the street, and then turn right at the first intersection. The terminal's on your left. You can't miss it.

① Could you be more specific
② Do you think I am punctual
③ Will you run right into it
④ How long will it take from here by car

38 **밑줄 친 부분에 들어갈 표현으로 가장 적절한 것을 고르시오.**

A : It's so hot in here! Do you have air-conditioning in your apartment?
B : You see that air-conditioner over there? But the problem is, it's not powerful enough.
A : I see.
B : But I don't care, cause I'm going to move out anyway.
A : ________________________________.
B : Well, I had to wait until the lease expired.

① You should've moved out a long time ago
② You should've turned it on
③ You should've bought another one
④ You should've asked the landlord to buy one

39 **밑줄 친 부분에 들어갈 표현으로 가장 적절한 것을 고르시오.**

A : I'll let you into a secret.
B : What's that?
A : I heard your boss will be fired soon.
B : It can't be true. How is that happening?
A : It's true. This is strictly between us. OK?
B : All right. ________________________.

① I'll spell it
② I can't share that with you
③ I'll keep it to myself
④ I heard it through the grapevine

40 **밑줄 친 부분에 들어갈 표현으로 가장 적절한 것을 고르시오.**

A : Look at this letter.
B : Ah yes, I thought it was something official looking. You're being fined for exceeding the speed limit, it says. Why weren't you fined on the spot?
A : ________________________________.
B : They're installing more and more of them around here. You're going to have to be more careful in future.
A : You're not kidding. The fine is $60.

① Because the spot was too busy to be fined
② Because I could not find any camera to take it
③ Because I already paid for it when I was fined
④ Because I was photographed by one of speed cameras

예상문제 9회 (41번~45번)

정답 및 해설 p.235

41 밑줄 친 부분에 들어갈 표현으로 가장 적절한 것을 고르시오.

A : Frankly, I don't think my new boss knows what he is doing.
B : He is young, Tom. You have to give him a chance.
A : How many chances do I have to give him? He's actually doing terribly.
B : ______________________.
A : What? Where?
B : Over there. Your new boss just turned around the corner.

① Speak of the devil
② I wish you good luck
③ Keep up the good work
④ Money makes the mare go

42 대화의 흐름으로 보아 밑줄 친 부분에 들어갈 가장 적절한 것은?

A : Oh, that was a wonderful dinner. That's the best meal I've had in a long time.
B : Thank you.
A : Can I give you a hand with the dishes?
B : Uh-uh, ______________. I'll do them myself later. Hey, would you like me to fix some coffee?
A : Thanks a lot. I'd love some. Would you mind if I smoke?
B : Why, not at all. Here, let me get you an ashtray.

① help yourself ② don't bother
③ if you insist ④ here they are

43 밑줄 친 부분에 들어갈 표현으로 가장 적절한 것을 고르시오.

A : Are you finished with your coffee? Let's go do the window display.
B : I did it earlier. Let's go see it.
A : Are you trying to bring customers in and scare them away?
B : That bad? You know, ______________ ______________ when it comes to matching colors.
A : Don't you know navy blue never goes with black?
B : Really? I didn't know that.

① I'm all thumbs
② every minute counts
③ failure is not an option
④ I jump on the bandwagon

44 밑줄 친 부분에 들어갈 표현으로 가장 적절한 것을 고르시오.

A : Do you know what Herbert's phone number is?
B : Oh, Herbert's phone number? I don't have my address book on me. ______________________.
A : That's too bad! I've got to find him. It's urgent. If I can't find him today, I'll be in trouble!
B : Well, why don't you call Beatrice? She has his phone number.
A : I've tried, but no one answered.
B : Oh, you are so dead!

① I'll not let you down
② I've got to brush up on it
③ I can't think of it off hand
④ Don't forget to drop me a line

45 다음 빈칸에 들어갈 말로 가장 적절한 것은?

A : Kate, I am too tired. It's only 7:30 in the morning! Let's take a rest for a few minutes.
B : Don't quit yet. Push yourself a little more. When I started jogging, it was so hard for me, too.
A : Have pity on me then. This is my first time.
B : Come on, Mary. After you jog another three months or so, you will be ready for the marathon.
A : Marathon! How many miles is the marathon?
B : It's about thirty miles. If I jog everyday, I'll be able to enter it in a couple of months.
A : ____________________ I am exhausted now after only half a mile. I am going to stop.

① Count me out!
② Why didn't I think of that?
③ I don't believe so.
④ Look who is talking!

예상문제 10회 (46번~50번)

정답 및 해설 p.236

46 대화의 흐름으로 보아 밑줄 친 부분에 들어갈 가장 적절한 것은?

A : Hey, my poor buddy! What's the problem?
B : You know I took over this presentation all of a sudden. And tomorrow is the due date for the presentation. I couldn't even start it yet.
A : Look! I'm here for you. ____________________

① What are friends for?
② Everything's up in the air.
③ What does it have to do with me?
④ You'd better call a spade a spade.

47 밑줄 친 부분에 들어갈 가장 알맞은 표현은?

A : The first thing you should consider when buying a used car is the mileage.
B : That's what I've heard. ____________________?
A : Yes. You should always look at the amount of rust it has.
B : That's good to know.

① How can you tell if it is a used one
② Do you know how long the engine will last
③ How much mileage do I need
④ Is there anything else I should watch out for

48 밑줄 친 부분에 들어갈 가장 알맞은 표현은?

> A : Hello, Susan.
> B : Hello, David. Are you and Mary free this Saturday?
> A : Saturday? She would go shopping, but I'm not sure. Why do you ask?
> B : I thought I would invite you guys to dinner.
> A : Well, let me check again with her and give you a ring this evening.
> B : Sounds good. ____________________.

① I'll be waiting for your call.
② You should have made it on time.
③ Thank you for having me, David.
④ How could you stand me up like this?

49 대화의 흐름으로 보아 밑줄 친 부분에 들어갈 가장 적절한 것을 고르시오.

> A : Can I get a refund for this sweater, please?
> B : Why? What's wrong with it?
> A : Well, it's too small for me.
> B : We have a bigger one now. ________ ________________
> A : Yes, I do. Here's my receipt.
> B : Ok, I'll take care of it.

① Here you are.
② Do you still want a refund?
③ Do you find anything interesting?
④ Could you visit us again later?

50 대화의 흐름으로 보아 밑줄 친 부분에 들어갈 가장 적절한 것을 고르시오.

> A : Tom, can I borrow your new car? I have a date tonight.
> B : Well, I am supposed to give my brother a ride to the airport this evening.
> A : In that case I can take your brother to the airport before I go to meet my girl friend.
> B : ____________________________.

① All my fingers are thumbs
② Here you are
③ You'd better call a spade a spade
④ OK, it's a deal

최단기간 점수 수직 상승!

최상으로 가는 영역별 출제 예상 400

"뛰어나고 훌륭하게 시작할 필요는 없다.
그러나 훌륭하기 위해선 시작해야 한다."

— 지그 지글러

정답 및 해설

예상문제 1회 (01번~15번) – 동사의 문형, 수동태, 수 일치

01 ②

해설

② laugh는 1형식 자동사이므로 수동태 구조인 'be p.p.'로 쓸 수 없으므로 능동태 구조인 laughed로 고쳐야 한다.
① give는 4형식 동사로 쓰일 때 간접목적어와 직접목적어를 취하므로 'give me a chance'는 올바르게 쓰였다.
③ taste는 2형식 동사로 쓰일 때 형용사 보어를 취하며 '~한 맛이 나다'라는 의미로 사용되므로 주어진 문장에서 'tasted a little bit sour'는 '약간 신맛이 났었다'라는 의미로 올바르게 쓰였다.
④ resemble은 '~을 닮다'라는 뜻으로 3형식 타동사이고 뒤에 전치사 없이 바로 목적어를 취할 수 있으므로 'resemble may parents'는 올바르게 쓰였다.

해석

① 이 프로젝트는 내가 더 많은 돈을 벌 기회를 줄 것이다.
② 그녀는 어색한 기분을 감추려고 웃었다.
③ 점심을 먹으면서 마셨던 우유가 약간 신맛이 났다.
④ 외모상 난 부모님을 전혀 닮지 않았다.

02 ③

해설

③ say은 3형식 타동사로 목적어를 1개만 취하는 구조로 '~에게 ~을 설명하다'라는 의미로 쓰일 때 전치사 to를 사용해서 '~에게'라는 의미를 나타낸다. 따라서 주어진 문장에서 said them이 아니라 said to them으로 고쳐야 한다.
① lie는 1형식 자동사이므로 부사의 수식을 받을 수 있다. 따라서 주어진 문장에서 lie down '(자거나 쉬려고) 눕다[누워 있다]'라는 의미로 올바르게 쓰였다.
② remain은 2형식 동사로 쓰일 때 명사, 형용사 또는 to부정사를 보어로 취할 수 있고 특히 'remain to be seen'은 '두고 볼 일이다'라는 뜻으로 자주 사용되는 표현으로 주어진 문장에서 올바르게 쓰였다.
④ make는 5형식 동사로 쓰일 때 목적보어 자리에 '명사, 형용사, 원형부정사(동사원형), 과거분사'를 취하며 주어진 문장에서는 목적어와 목적보어가 능동의 의미관계가 성립하므로 목적보어 자리에 원형부정사(동사원형) 'look'이 올바르게 쓰였다.

해석

① 아픈 팔다리를 쉬게 하기 위해 좀 누워 있는 게 좋을 것이다.
② 이게 얼마나 버틸지는 두고 볼 일이다.
③ 그녀는 비상시에는 어떻게 해야 하는지를 그들에게 말했다.
④ 나는 메모지를 잊고 가서 바보같이 보이게 되었다.

03 ④

해설

④ 'There seem(s) to be 명사 주어' 구조에서 seem(s)은 to be는 to be 뒤에 나온 명사와 수 일치한다. 따라서 주어진 문장에서 'an insatiable demand'로 seem이 아닌 seems로 고쳐야 한다.
① 2형식 동사인 become 뒤에 주격 보어로 형용사 conscious가 올바르게 쓰였다.
② felled는 '(나무를) 베어 넘어뜨리다, (사람을) 쓰러뜨리다'라는 의미의 타동사 'fell'의 과거형이다. 주어진 문장에서 felled는 타동사이므로 목적어 his opponent가 올바르게 쓰였다.
③ 조건 부사절 접속사에는 미래의 내용을 현재시제로 대신하므로 주어진 문장에서는 if 뒤에 현재 동사 'is'가 올바르게 쓰였다.

해석

① 그는 부모님의 뜻을 저버렸다는 것을 뼈아프게 자각하게 되었다.
② 나는 그가 단 일격에 상대방을 때려눕혔다고 들었다.
③ 아무리 정교한 기계라도 잘 손질하지 않으면 성능이 떨어진다.
④ 더 강력한 컴퓨터에 대한 만족할 줄 모르는 요구가 있는 것 같다.

04 ③

해설

③ the police는 복수 취급하므로 뒤에 is가 아닌 are로 고쳐야 한다.
① 'There appear(s) to be 명사 주어' 구조에서 appear(s)는 to be 뒤에 나온 명사와 수 일치한다. 주어진 문장에서 단수 명사 'another outbreak'이 나왔으므로 appears와 올바르게 수 일치 되어 있다.
② Most of 명사 구조는 of 뒤에 명사와 수 일치 하므로 주어진 문장에서 단수 명사 the play와 is가 올바르게 수 일치 되어 있다.
④ 'die, live, dream, smile'은 일반적으로 1형식 문장을 만들지만, 문장의 본동사와 같은 의미의 명사형을 목적어로 취해 3형식을 만들 수 있는 동적 목적어를 쓸 수 있는 자동사이다. 따라서 주어진 문장에서 'smiled a bright smile'은 올바르게 쓰인 표현이다.

해석

① 또 한 번의 조류 질병이 창궐한 것 같다.
② 그 희곡은 대부분이 운문으로 쓰여 있지만 일부는 산문으로 되어 있다.
③ 경찰은 실제로 어떤 일이 있었는지 알아내기 위해 애를 쓰고 있다.
④ 그 여배우는 그녀의 팬들에게 차창 밖으로 밝은 미소를 보냈다.

05 ②

해설

② survive는 3형식 타동사로 쓰일 수 있고 '(위기 등을) 견뎌 내다[넘기다]'라는 의미로 주어진 문장에서 올바르게 쓰였다.
① oppose는 타동사로 전치사 없이 목적어를 취하므로 주어진 문장에 전치사 to를 삭제하고 oppose cloning으로 고쳐야 한다.
③ envy는 전치사 'to 사람' 구조를 취하지 않는다. envy는 4형식 구조로 잘 쓰이므로 'her slim figure and burnished skin'으로 고쳐야 한다.
④ have가 '가지다, 소유하다'라는 의미일 때는 진행시제를 쓰지 않는다. 따라서 was having을 had로 고쳐야 한다.

해석

① 많은 사람들은 복제와 줄기세포 연구를 반대한다.
② 그 사업체는 불경기 중 최악의 고비는 무사히 넘겼다.
③ 나는 그녀의 날씬한 몸매와 매끄러운 피부가 부러웠다.
④ 그녀가 은퇴했을 때 그는 새 차와 보트를 가지고 있었다.

06 ①

해설

① have an effect on은 '~에 영향을 미치다'라는 뜻으로 주어진 문장에서 올바르게 쓰였다. have가 '가지다'라는 의미로 쓰이지 않을 때는 진행시제로도 잘 쓰일 수 있으므로 주의한다.
② 타동사 see 뒤에 목적어가 없으므로 수동태 구조인 be seen으로 고쳐야 한다.
③ 주어진 문장에서는 '~한 지 시간이 ~지났다'라는 시제 관용 구문인 'It has been 시간 since 주어 과거 동사' 구조가 쓰였다. 따라서 has happened를 happened로 고쳐야 한다.
④ run은 2형식 동사로 쓰일 때 형용사 보어를 취할 수 있다. run dry는 '말라버리다, 고갈되다'라는 의미로 쓰인다. 다만 문장의 주어가 복수이므로 has를 have로 고쳐야 한다.

해석

① 실업이 우리 경제를 좀먹는 결과를 낳고 있다.
② 아침이 되어서야 간신히 손상의 규모 자체가 과연 어느 정도인지를 알 수가 있었다.
③ 이런 일이 일어난 지 10년이 지났다.
④ 그 지역에 있는 마을들 대부분의 우물이 말라버렸다.

07 ③

해설

③ be spoken to는 뒤에 목적어를 취할 수 없는 수동태 구조이므로 주어진 문장에서 명사 the general을 취하기 위해서는 명사를 이끄는 전치사가 필요하다. 의미상 행위자를 'be p.p.' 수동태 구조 뒤에서 행위자를 나타낼 때 쓰이는 전치사 by를 삽입해서 the general을 by the general로 고쳐야 한다.
① Many a 단수 명사는 '많은'이라는 뜻이지만 단수 취급해서 단수동사로 받는다. 따라서 has가 올바르게 쓰였고 2형식 동사 become 뒤에 형용사 bankrupt가 올바르게 쓰였다.
② 문장에서 동명사 주어는 단수 취급하므로 주어진 문장은 동명사 주어인 'Walking~'과 단수 동사 'is'의 수 일치가 올바르게 쓰였다.
④ 시간 부사절 접속사 when 뒤에는 미래시제 대신 현재시제를 쓰지만, 명사절 접속사 when 뒤에는 미래의 내용은 미래시제로 나타내므로 주어진 문장에서 미래시제가 올바르게 쓰였다.

08 ②

해설

② turn 뒤에 색을 나타내는 형용사가 나오면 turn은 2형식 자동사로 쓰이고 자동사는 수동태 구조인 be p.p.로 사용될 수 없으므로 are turned를 turn으로 고쳐야 한다.
① 관사가 한쪽에만 있고 A and B로 연결되었을 때 한 사람을 지칭하는 표현으로 쓰이고 따라서 단수 취급한다. 주어진 문장은 'The editor and publisher' 편집자이자 발행인이 한 명의 인물을 가리키고 그로 인해 단수 동사 is가 올바르게 쓰였다.
③ 거리, 금액, 무게, 시간이 하나의 단위처럼 취급이 될 때는 단수 취급한다. 따라서 주어진 문장은 Twenty miles가 주어이므로 단수 동사 is가 올바르게 쓰였다.
④ 금지/방해 동사 뒤에는 목적어 from 명사나 동명사 구조를 쓰고 동명사 marrying 뒤에 목적어가 있으므로 능동형 동명사가 올바르게 쓰였다.

09 ③

해설

③ 소유의 의미나 상태의 의미를 지니는 타동사들은 수동태로 쓰지 않는다. consist of는 수동태로 쓰지 않는 동사이므로 are consisted of를 consist of로 고쳐야 한다.
① 명사절 주어는 단수 취급으로 하므로 Whether가 이끄는 명사절과 단수 동사 is가 올바르게 쓰였다.
② 시간 부사절 접속사 By the time 뒤에 미래의 내용을 대신하는 현재시제 동사가 reaches가 올바르게 쓰였다.
④ 5형식 사역 동사가 수동태가 될 때 목적보어 자리에 있던 동사원형은 to부정사로 바뀌게 되고 주어진 문장에서는 to stand가 올바르게 쓰였다.

10 ④

해설

④ taste가 2형식 자동사로 쓰일 때 뒤에 형용사 주격 보어를 취하고 이때 '~한 맛이 나다'라는 상태를 의미한다. 상태동사는 진행시제로 쓸 수 없으므로 are tasting을 taste로 고쳐야 한다.

① rob은 사람(강탈당한 대상)을 목적어로 취하는 타동사이고 따라서 뒤에 목적어가 없는 경우에는 be p.p.형태인 수동태 구조로 쓰이므로 주어진 문장에서 'He was robbed'는 올바르게 쓰였다. 또한 last 시점은 과거를 나타내는 시간 부사이므로 과거시제 동사와 올바르게 쓰였다.

② ask는 5형식 동사로 쓰일 때 목적보어로 to부정사를 취하므로 수동태 구조가 될 때 'be asked to부정사' 구조가 되므로 주어진 문장은 올바르게 쓰였다.

③ 시간 ago는 과거시제와 잘 어울리는 시간 부사이므로 주어진 문장에서 과거 동사 was가 올바르게 쓰였다.

11 ②

해설

② 불변의 진리는 주절 동사의 시제와 상관없이 항상 현재시제로 표현하므로 주어진 문장은 올바르게 쓰였다.

① 명사절은 단수 취급하고 what이 이끄는 절은 주어진 문장에서 명사절 주어로 쓰였으므로 don't가 아닌 doesn't로 고쳐야 한다.

③ before와 같은 시간 부사절 접속사 다음에는 미래의 내용을 현재시제로 나타내므로 will blossom을 blossoms로 고쳐야 한다.

④ last 시점은 과거시제와 쓰이므로 주어진 문장에서 동사의 시제는 올바르지만, A number of 복수명사는 '많은 복수명사'라는 의미이고 The number of 복수명사는 '복수명사의 수'라는 의미이므로 주어진 문장의 해석에 맞게 A를 The로 고쳐야 한다.

12 ②

해설

② Neither는 주어 자리에 올 때 일반적으로 단수 취급하므로 주어진 문장에서 단수 동사 is가 올바르게 쓰였다.

① diabetes(당뇨병)와 같은 병명은 복수형으로 쓰여 있음에도 불구하고 단수 취급하므로 복수 동사 are를 단수 동사 is로 고쳐야 한다.

③ be taken은 수동태 구조로 뒤에 목적어를 취할 수 없다. 의미상 '보살핌을 받는다'라는 내용이 필요하므로 '~을 돌보다'라는 의미의 타동사구 'take care of' 구조의 수동태인 'be taken care of'로 고쳐야 한다.

④ before 주어 과거 동사는 주절에 과거 관련 시제와 어울려서 쓰이므로 have를 had로 고쳐야 한다.

13 ①

해설

① 문장의 주어 자리에는 동사가 아닌 동명사 주어를 써야 하므로 Use가 아닌 Using으로 고쳐야 한다.

② nothing은 단수 주어이다. 따라서 단수 동사 comes가 올바르게 쓰였다.

③ 'there be동사' 구조는 be동사 뒤에 나온 명사와 수 일치한다. 따라서 주어진 문장에서 hundreds of drugs가 복수이므로 복수 동사인 are이 올바르게 쓰였다.

④ 단수 명사 주어인 method와 동사 is의 수 일치가 올바르게 쓰였고 be related to '~와 관계가 있다'는 의미로 올바르게 쓰였다.

해석

의학 연구는 동물의 사용을 최소화하는 방향으로 진화해 왔다. 동물을 사용하는 것은 비용이 많이 들며, 까다롭기 때문에 연구원들도 효과적이기만 하다면 기꺼이 대안을 사용할 것이다. 하지만 아직은 그 대안이 효과적이지 않다. 동물을 컴퓨터 설계로 대체하려는 극도의 노력에도 불구하고, 아직 약물이나 의학적 처치 과정에서 인간 생체의 반응을 모방하는 데 동물만한 것이 없다. 동물 권리 운동가는 동물 실험은 성공했으나 인간에게 했을 때는 실패한 약물의 수에만 초점을 두고 있다. 하지만 그들은 동물 실험에서 발견되고, 정교해진 수백 가지의 약물이 있음을 알아야 할 것이다. 질병을 통제하는 거의 모든 현대적인 방식은 동물 실험과 관련이 있다.

어휘

- ☐ **alternative** 대안의; 대안
- ☐ **mimic** 모방하다, 흉내내다
- ☐ **refine** 정제하다, 개선하다
- ☐ **intense** 강력한
- ☐ **organism** 유기체, 생물
- ☐ **refined** 정제된, 세련된

14 ②

해설

② explain은 3형식 타동사로 목적어를 1개 취하므로 간접목적어와 직접목적어 즉, 목적어 2개를 쓰는 4형식 구조로 쓸 수 없다. 따라서 your partner를 to your partner로 고쳐야 한다.

① A and B 구조는 복수 동사와 수 일치하므로 'you and your partner'와 'have'는 수 일치가 올바르게 쓰였다.

③ get은 2형식 동사로 쓰일 수 있고 형용사 주격 보어를 취할 수 있으므로 'get angry'는 올바르게 쓰였다.

④ 3형식 타동사 take 뒤에 명사 목적어가 나오고 부사가 쓰인 구조로 주어진 문장에서 올바르게 쓰였다.

해석

어떤 사람은 자기 자신과 다른 사람 간의 거리를 두기 위해 화를 내거나 싸움을 시작한다. 여러분과 여러분의 상대가 엄청난 양의 시간을 함께 보내오고 있다고 해 보자. 여러분은 다소 귀찮아지고, 억압되었다고 느끼기 시작하고 있다. 자신에게 이것을 인정하고,

상대방에게 여러분이 약간의 거리가 필요하다고 설명하는 것 대신, 그가 했던 약간의 사소한 일 때문에 그에게 싸움을 걸거나 화를 낸다. 그런 식으로 여러분은 떠날 때 정당하다고 느낀다. 나중에 그가 전화를 하면, 여러분은 그에게 여러분이 잘 지내고 있지 못하기 때문에 며칠 동안 서로 만나지 않는 것이 더 낫다고 생각한다고 말한다. 실제로는 여러분이 줄곧 거리를 원했던 것이다.

어휘

- ☐ **pressured** 억압된, 압박된
- ☐ **justified** 정당한 이유가 있는, 정당한
- ☐ **get along** 사이좋게 지내다
- ☐ **all along** 줄곧, 내내

15 ①

해설

① appeal은 '~에 호소하다, 관심(흥미)를 끌다'라는 의미의 자동사이므로 뒤에 명사 목적어를 쓸 때 전치사 to와 결합하여 쓰이므로 주어진 문장에서 올바르게 쓰였다.
② 주어진 문장에서 Decisions가 주어인데 주어에 상응하는 동사가 없다. 따라서 형용사나 부사 역할을 하는 과거분사 made가 아닌 'are made'로 고쳐야 한다.
③ rely는 자동사로 전치사 on과 함께 쓰여 '기대다, 의존하다'라는 의미로 쓰일 수 있다. 다만 문장의 주어가 people 사람들이라는 복수 주어이므로 relies가 아닌 rely로 고쳐야 한다.
④ 2형식 동사 뒤에는 보어가 필요하므로 부사 legitimately를 보어 역할을 할 수 있는 형용사 legitimate로 고쳐야 한다.

해석

이성을 대신하는 것들은 이성에 호소하는 것보다 마치 열등하고 덜 타당한 것처럼 항상 약간 의심의 대상이 되어 왔다. 사실, 여러분 자신의 성격이나 청중의 감정에 호소하는 것에는 비이성적이거나 불합리한 것은 아무것도 없다. 순수 이성에 근거해 내려지는 결정은 거의 드물다. 사람들은 보통 무엇을 해야 할지 결정할 때 믿음이나 확신 그리고 감정에 의존하며, 많은 상황에서 이러한 정서는 논리 못지않게 타당하다.

어휘

- ☐ **alternatives to reason** 이성의 대안들(문맥에서 감정을 의미함)
- ☐ **legitimate** 타당한, 적법한
- ☐ **the appeal to reason** 이성에의 호소
- ☐ **on the basis of** ~의 근거로

예상문제 2회 (16번~30번) - 준동사(동명사, 분사, 부정사)

16 ③

해설

③ 동명사 주어는 단수 취급하고 주어진 문장에서 'Casting the leads~'는 동명사 주어이므로 문장에서 단수 동사와 수 일치해야 한다. 따라서 are를 is로 고쳐야 한다.
① 주어진 문장에서 타동사 mention 뒤에 목적어가 없고 수식받는 명사 requirements가 행동할 수 없는 사물이므로 수동의 의미를 지닌 과거분사 mentioned가 올바르게 쓰였다.
② 콤마와 함께 부사 자리에서 현재분사가 쓰이면 먼저 분사구문의 주어가 올바르게 쓰여 있는지 확인해야 한다. 주어진 문장에서는 '그녀가 몰랐다'라는 능동의 해석이 의미상 적절하므로 현재분사 'not knowing'이 올바르게 쓰였다.
④ to부정사는 앞에 나온 추상명사를 수식할 수 있다. 따라서 주어진 문장에서 effort to make는 올바르게 쓰였다.

해석

① 그녀는 당신의 업무 설명에 언급된 요구 사항을 충족한다.
② 그녀는 다음에 무슨 말을 해야 할지 몰라 멍하니 허공을 바라보았다.
③ 쇼의 주연 배우를 캐스팅하는 건 도전이자 책임을 지는 일이다.
④ 그는 그녀를 다시 행복하게 해 주기 위해 노력을 아끼지 않았다.

17 ②

해설

② 'It be 인성 형용사(kind, wise, good, foolish 등) of 목적어 to 부정사' 구조는 올바르게 쓰였으나 to부정사를 부정할 때는 부정사 앞에 부정어를 쓴다. 따라서 'to not take'가 아닌 'not to take'로 고쳐야 한다.
① to부정사가 명사를 수식할 때 수식받는 명사가 to부정사의 의미상의 목적어 역할을 할 때 to부정사 뒤에 목적어를 생략해야 한다. 따라서 주어진 문장에서 'to be afraid of' 뒤에 전치사의 목적어가 생략된 채로 올바르게 쓰였다.
③ help는 목적보어 자리에 to부정사 또는 원형부정사(동사원형)를 쓸 수 있으므로 주어진 문장에서 'cleanse their bodies and minds'가 올바르게 쓰였다.
④ 'be to부정사'는 '예정, 의무, 운명, 가능, 의도' 등의 의미를 나타내고 주어진 문장에서는 예정의 의미로 올바르게 쓰였다.

해석

① 두려워할건 정말이지 아무것도 없다.
② 그들이 바이러스를 심각하게 받아들이지 않는 것은 어리석은 일이다.
③ 이슬람교도들은 금식을 통해 몸과 마음을 정화시킨다.
④ 총리는 마약에 대한 전쟁을 논의하기 위해 그들과 만날 예정이다.

18 ④

해설

④ keep은 목적어로 'to부정사'가 아닌 '동명사'를 취하므로 to learn을 learning으로 고쳐야 한다.
① established는 분사형 형용사로 '인정받는, 확실히 자리를 잡은, 확립된'이라는 의미로 주어진 문장에서 올바르게 쓰였다.
② consider는 동명사를 목적어로 취할 수 있으므로 주어진 문장에서 'consider coming'은 올바르게 쓰였다.
③ to부정사 'To enjoy the movie'가 부사 자리에서 '~하기 위해'라는 부사적 용법으로 올바르게 쓰였다.

해석

① 그들은 평판이 좋은 인정받는 회사이다.
② 만약 당신이 가입한다면 공연하는 데 가보는 것을 고려할 것이다.
③ 그 영화를 즐기기 위해서 불신감을 저만치 밀쳐 두어야 한다.
④ 만약 당신이 인생에서 성공하려면, 당신은 계속 배워야 한다.

19 ③

해설

③ 의문사구인 'what to부정사' 구조는 to부정사 뒤에 목적어가 없는 경우에 쓸 수 있고 목적어까지 완전하게 나와 있을 경우에는 what이 아닌 how로 쓴다. 주어진 문장에서는 'what to drive' 뒤에 목적어 a car가 나왔으므로 what을 how로 고쳐야 한다.
① remember는 동명사를 목적어로 취할 수 있고 동명사 앞에는 동명사의 의미상 주어를 소유격 또는 목적격으로 쓸 수 있다. 주어진 문장에서 'remember his taking'은 올바르게 쓰였다.
② need 뒤에 능동형 동명사가 쓰이면 수동의 의미를 전달할 수 있으므로 주어진 문장은 '수리될 필요가 있다'라는 의미가 'need repairing'으로 올바르게 쓰였다.
④ be concerned with는 '~에 관계가 있다, ~에 관심이 있다'라는 뜻으로 쓰이며 전치사 뒤에는 동사가 아닌 동명사로 써야 하므로 protecting이 올바르게 쓰였다.

해석

① 나는 그가 단 하루라도 근무를 쉰 것을 기억할 수 없다.
② 그는 집주변의 물건들을 고치는 데 소질이 있다.
③ 그는 차를 운전하는 방법을 배우기 전에 비행하는 법을 배웠다.
④ 그들은 오직 그들 자신을 보호하는 것에만 관심이 있다.

20 ②

해설

② 완료형 분사인 having p.p.는 본동사의 시제보다 분사의 시제가 더 이전에 발생하였을 때 쓸 수 있다. 주어진 문장에서는 '커피를 마시고 난 후 컵을 씻어서 치웠다'라는 의미이므로 분사의 시제가 본동사의 시제보다 먼저 발생했다. 따라서 완료형 분사인 'Having drunk'가 주어진 문장에서 올바르게 쓰였다.
① '건물 안에서 산다'라는 내용을 의미하면서 to 부정사가 명사를 수식할 때 'to live'가 아닌 'to live in'으로 수식해야 하므로 'to live'를 'to live in'으로 고쳐야 한다.
③ to부정사가 발생한 시점은 at that time이라는 과거 시점이고 문장의 본동사 시제는 현재시제이므로 본동사의 시제보다 to부정사가 더 이전에 발생하면 to have p.p. 구조인 완료형 to부정사로 써야 한다. 따라서 to be를 to have been으로 고쳐야 한다.
④ 전치사 뒤에는 동사 대신 동명사 목적어를 취하므로 전치사 by 뒤에 동사 show를 동명사 showing으로 고쳐야 한다.

해석

① 그 건물들의 대부분이 살기에 부적합하다.
② 그녀는 커피를 마시고 난 후, 컵을 씻어서 치웠다.
③ 아무도 그 당시에 그가 정직했다고 생각하지 않는다.
④ 나는 그에게 담배의 해악을 보여줌으로써 금연하도록 설득했다.

21 ③

해설

③ 동명사를 부정할 경우 동명사 앞에 not 또는 never를 써서 동명사를 부정할 수 있고 동명사 주어는 단수 취급하므로 주어진 문장에서 'Not getting'은 올바르게 쓰였다.
① 문장의 주어 자리에는 동사가 올 수 없으므로 주어 역할을 할 수 있는 'to부정사'나 '동명사'로 고쳐야 한다. 따라서 주어진 문장에서 'Provide'를 'Providing' 또는 'To provide'로 고쳐야 한다.
② 감정분사는 감정분사의 수식을 받는 명사가 감정을 느낄 때 과거분사의 형태로 쓰고 감정을 유발할 때는 현재분사를 쓴다. 주어진 문장에서 소년이 당혹스러움을 느끼는 것이므로 현재분사 'bewildering'을 'bewildered'인 과거분사로 고쳐야 한다.
④ appreciate는 동명사 목적어를 취하는 타동사이고 동명사의 의미상 주어는 동명사 앞에 소유격이나 목적격으로 표시하므로 'for you to let'을 'your letting'으로 고쳐야 한다.

해석

① 모든 직원에게 앉을 의자를 제공하는 것은 비용이 많이 들 수 있다.
② 소년은 너무 당황하여 무슨 말을 해야 할지 몰랐다.
③ 충분히 자지 않는 것은 건강에 해롭다.
④ 무슨 일이 있었는지 저에게 알려주시면 감사하겠습니다.

22 ③

해설

③ find의 목적어로 쓰인 it은 사물을 지칭하는 대명사이므로 감정을 느낄 수 없다. 따라서 감정을 느낄 때 쓰는 'depressed'가 아닌 감정을 유발할 때 쓰는 'depressing'으로 고쳐야 한다.
① 'fallen leaves'는 '낙엽'이라는 뜻으로 쓰이며 fallen은 수동의 의미가 아닌 완료의 의미를 지닌 과거분사로 뒤에 명사 leave를 수식하고 있으므로 올바르게 쓰였다.

② 'It가주어 to부정사 진주어' 구문이 올바르게 쓰였고 keep in touch with는 '~와 접촉[연락]을 유지하다, (특정 주제·분야에서 일어나는 일을) 계속 접하다[알다]'라는 의미로 쓰이므로 주어진 문장에서 올바르게 쓰였다.
④ 능동의 의미를 전달하는 현재분사 'flying'이 명사 'bird'를 올바르게 수식하고 있다.

23 ②

해설

② '실종된'이라는 의미를 나타낼 때는 과거분사 'missed'가 아닌 현재분사 'missing'으로 쓴다. 주어진 문장에서 'missed'를 'missing'으로 고쳐야 한다.
① 분사구문이 이유를 나타내는 경우 현재분사는 'as 주어 do동사'로 강조할 수 있고 과거 분사는 'as 주어 be동사'로 강조할 수 있다. 주어진 문장에서는 'Living'이라는 현재분사를 강조하는 'as I do'가 올바르게 쓰였다.
③ 'There being no 명사' 구조는 '~이 없어서'라는 의미의 현재분사형 표현으로 주어진 문장에서 올바르게 쓰였다.
④ remember to부정사는 '(어떤 일을 하는 것을) 잊지 않다[잊지 않고 하다]'라는 의미로 쓰이므로 주어진 문장에서 올바르게 쓰였다.

24 ③

해설

③ 동명사의 의미상의 주어를 동명사 앞에 소유격이나 목적격으로 따로 표시하지 않을 때는 동명사의 주어는 문장의 주어와 일치하므로 주어진 문장은 '내가 강인 것'이라는 해석상 어색한 문장이 된다. 따라서 주어진 우리말 영작 해석에 맞게 '강이 있는 것'이라는 의미를 전달하기 위해서는 being을 there being으로 고쳐야 한다.
① 'with a view to 명사 또는 동명사'는 '~할 목적으로, ~하기 위해서'라는 뜻으로 쓰인다. 주어진 문장에서 우리말 해석이 '발굴하기 위하여'라고 나와 있으므로 'with a view to digging up'이 올바르게 쓰였다.
② 'what do you say to 명사 또는 동명사'는 '~하는 게 어때?'라는 뜻의 동명사 관용 구문으로 주어진 문장에서 'What do you say to going'은 올바르게 쓰였다.
④ forget 뒤에 to부정사를 쓰면 '~할 것을 잊다'라는 의미로 쓰이므로 주어진 문장에서는 올바르게 쓰였다.

25 ④

해설

④ 관사랑 명사 사이에 현재분사나 과거분사가 쓰이면 해석으로 올바른 분사를 선택한다. 주어진 문장에서 '부상당한 병사'이기 때문에 wounding을 wounded로 고쳐야 한다.
① be동사 뒤에 주격 보어 자리에 to부정사가 올바르게 쓰였다.
② 'never ~ without ~ing' 또는 'never ~ but 주어 + 동사'는 '~할 때마다 ~하다'라는 의미의 동명사 관용표현으로 주어진 문장에서 올바르게 쓰였다.
③ 'commit A to B' 구조는 'A를 B에게 전념시키다'라는 의미이고 이때 to는 전치사이므로 명사 또는 동명사 목적어를 취한다. 따라서 주어진 문장에서 'to working'이 올바르게 쓰였다.

26 ③

해설

③ 독립 분사구문으로 분사구문의 주어가 문장의 주어와 일치하지 않을 때 분사 앞에 분사의 의미상의 주어를 표시해서 나타낼 수 있으므로 주어진 문장에서 'The elevator being ~'은 올바르게 쓰였다.
① 감정을 나타내는 형용사 glad 뒤에 to부정사가 쓰이면 감정의 원인을 나타내기 때문에 'glad to be home'은 올바르게 쓰였으나 감정분사는 사물을 수식할 때 감정을 유발한다는 의미의 현재분사 형태로 수식하기 때문에 'exhausted'를 'exhausting'으로 고쳐야 한다.
② to read와 to talk with가 각각 앞에 나온 명사를 수식해주고 있고 to부정사가 명사를 수식할 때 수식받는 명사가 to부정사의 의미상의 목적어가 될 때 to부정사 뒤에 목적어를 생략한다. 따라서 to read it에서 목적어 it을 생략하고 to read로 고쳐야 한다.
④ 분사구문을 부정할 때 분사 앞에 'Not' 또는 'Never'를 쓴다. 주어진 문장에서 Having not을 Not having으로 고쳐야 한다.

27 ②

해설

② 'only to부정사'는 to부정사의 부사적 용법으로 쓰일 경우 '결국 ~하게 되다'라는 뜻으로 쓰이므로 주어진 문장에서 'only to find~'가 올바르게 쓰였다.
① 문장에 동사가 추가되기 위해서는 접속사가 필요하다. 주어진 문장에는 'is'와 'go out'이라는 두 개의 동사가 있으므로 우리말에 해석에 따른 접속사를 추가하거나 동사를 분사로 바꿔야 올바른 문장이 된다. 따라서 주어진 문장은 'If the weather is fine, I'll go out again.'으로 고치거나 'The weather being fine, I'll go out again.'으로 써야 한다.
③ '새의 다리가 부러진 채'로 날아갔다는 해석에 따라서 능동의 의미를 지닌 현재분사 'breaking'을 수동의 의미를 지닌 과거분사 'broken'으로 고쳐야 한다.
④ '(과거의 일·전에 알고 있던 것을) 잊다'라는 의미로 쓰일 때는 forget 뒤에 동명사 목적어를 취하므로 'to hear'를 'hearing'으로 고쳐야 한다.

28 ③

해설

③ 문장에 이미 본동사 need가 있어서 접속사 없이 동사를 추가할 수 없으므로 learn을 현재분사 learning으로 고쳐야 한다.
① increasing은 '점점 느는, 증가하는'이라는 의미의 형용사로 주어진 문장에서 number를 올바르게 수식하고 있다.
② to부정사가 부사 자리에서 '~하기 위해'라는 의미로 주어진 문장에서 올바르게 쓰였다.
④ 감정분사는 감정분사의 수식을 받는 명사가 감정을 느낄 때 과거분사의 형태로 쓰고 감정을 유발할 때는 현재분사를 쓴다. 주어진 문장에서 children을 interested가 수식하므로 올바르게 쓰였다.

해석

많은 연구들이 영양에 대한 지식의 부족이 젊은 층의 건강치 못한 식습관이나 비만으로 이어진다는 사실을 보여준다. 더욱이 맞벌이 가정의 수가 점점 증가함에 따라서 부모들은 자녀에게 음식을 잘 섭취하는 방법을 가르쳐 주는 것이 더욱 어려워지고 있다고 생각한다. 이 차이를 메우기 위해서, 정부는 교실에서의 영양 교육을 강조할 필요가 있다. 이러한 교육의 목표는 어린 학생들에게 더욱더 건강하게 먹는 방법을 가르치는 것이 되어야 한다. 어린 학생들은 그들의 접시에 어떤 음식이 오르고 그것이 어떻게 거기까지 오는지에 대해 배우면서 음식과 더 좋은 관계를 맺을 필요가 있다. 이러한 교육을 통해서 어린아이들은 그들이 먹고 있는 것에 관심을 갖게 될 수 있으며 나쁜 식습관을 근절할 수 있다.

어휘

□ **obesity** 비만
□ **dual** 이중의
□ **emphasis** 강조
□ **nutrition education** 영양 교육
□ **balanced** 균형 잡힌

29 ②

해설

② 주어진 문장에서 주어는 'Mild stimulants'이고 동사가 없는 구조이므로 동사가 필요하다. 따라서 현재분사 making을 동사 make로 고쳐야 한다.
① 시간, 조건, 양보 접속사는 분사와 쓰일 수 있고 주어진 문장에서 시간 접속사 while 뒤에 현재분사 studying이 올바르게 쓰였다.
③ 'be likely to부정사'는 '~일 것 같다, ~할 것 같다'라는 뜻으로 올바르게 쓰였다.
④ find는 뒤에 가목적어 'it'을 쓰고 진목적어로 'to부정사'를 취할 수 있으므로 주어진 문장은 올바르게 쓰였다.

해석

공부하는 동안 깨어 있는 것을 돕기 위해 커피 한 잔을 이용해 보지 않은 사람이 있을까? 차, 커피 또는 탄산음료에서 흔히 발견되는 가벼운 자극제는 여러분을 더 주의 깊게 만들고, 따라서 더 잘 기억할 수 있게 한다. 하지만, 자극제가 기억력에 이로울 수 있는 만큼 부정적인 영향을 미칠 수도 있다는 것을 여러분은 알아야 한다. 비록 그것이 특정 수준에서 수행을 향상할 수 있다고 할지라도, (자극제의) 이상적인 복용량은 현재 알려지지 않았다. 만약 여러분이 완전히 깨어 있고 잘 쉬었다면, 카페인으로부터의 가벼운 자극은 여러분의 기억력을 더욱 향상하는 데 거의 영향을 주지 못할 수 있다. 실제로 만약 여러분이 자극제를 너무 많이 섭취하면, 신경이 과민해지고, 잠을 자기 어려워지며, 기억력도 저하될 것이다.

어휘

□ **mild** 가벼운
□ **soda** 탄산음료
□ **attentive** 주의 깊은
□ **memory** 기억력
□ **beneficial** 이로운
□ **improve** 개선하다, 향상되다
□ **performance** 수행
□ **ideal** 이상적인
□ **currently** 현재
□ **unknown** 알려지지 않은
□ **well-rested** 잘 쉰

30 ④

해설

④ to부정사의 형용사적 용법으로 앞에 나온 opportunity와 같은 추상명사를 수식한다. 따라서 주어진 문장은 올바르게 쓰였다.
① 'motivate 목적어 to부정사' 구조이므로 'look for'를 'to look for'로 고쳐야 한다.
② 'look forward to 명사/동명사' 구조이므로 to를 future interactions 앞에 추가해야 한다.
③ 감정 분사가 사물을 수식할 경우 현재분사로 수식한다. 'depressed'를 'depressing'으로 고쳐야 한다.

해석

사람들이 누군가를 다시 보기를 기대할 때, 그들은 미래의 상호작용에 대한 기대가 없을 때보다 개인의 행동에 상관없이 그 사람이 더 매력적이라는 것을 발견할 가능성이 크다. 미래의 상호작용에 대한 기대는 사람들이 누군가에게서 긍정적인 자질을 찾도록 동기를 부여하여 그들이 미래의 상호작용을 두려워하기보다는 기대하도록 하고, 사람들이 그 개인을 매력적으로 느낄 가능성을 증가시킨다. 반대로, 사람들은 그들이 다시 만날 것이라고 예상하지 않는 누군가와 교류할 때, 그들은 긍정적인 자질을 찾을 이유가 거의 없다. 사실, 그들이 미래의 상호작용에서 그 사람을 더 잘 알 기회를 얻지 못할 수도 있어서, 그렇게 하는 것은 우울할 수도 있다

어휘

□ **regardless of** ~와 상관 없이
□ **look for** ~을 찾다
□ **depressing** 우울하게 만드는, 낙담하게 하는

예상문제 3회 (31번~45번)
- 조동사, 특수구문(도치/강조/생략), 가정법

31 ④

해설

④ 부가 의문문은 종속절이 아닌 주절의 주어와 동사를 활용하여 만든다. 따라서 'wasn't she'를 'didn't he'로 고쳐야 한다.

① 'never, hardly, scarcely' 등의 부정부사가 강조를 위해 문두(문장 처음)나 절두(절 처음)에 위치하면 조동사와 주어 순서로 도치가 일어난다. 따라서 주어진 문장에서 'Scarcely could he get~'은 올바르게 쓰였다.

② '주장·요구·명령·제안·충고'를 의미하는 타동사 뒤에 'that 주어 + 동사 (should) 동사원형' 구조를 쓴다. 따라서 주어진 문장에서 'required that he should be~'가 올바르게 쓰였다.

③ 현재 사실의 반대로 가정 할 때는 가정법 과거인 'if 주어 과거 동사~, 주어 would/should/could/might 동사원형' 구조가 쓰인다. 따라서 주어진 문장은 올바르게 쓰였다.

해석

① 그는 그녀에게서 거의 눈을 떼지 못했다.
② 그가 참석하는 것이 필요한[요구되는] 상황이었다.
③ 내가 만약 그렇게 바쁘지 않다면, 너와 함께 영화보러 갈 수 있을 텐데.
④ 빌은 그녀가 수영을 잘한다고 생각했지, 그렇지 않니?

32 ②

해설

② 부정부사는 다른 부정부사와 함께 쓰지 않는다. 따라서 isn't rarely를 rarely로 고쳐야 한다.

① need not have p.p.는 '~할 필요가 없었다'라는 표현으로 주어진 문장에서 올바르게 쓰였다.

③ '주어 + be동사 + such that 주어 동사' 구조에서 such가 강조되기 위해서 문두에 위치할 때 'be동사 + 주어'로 도치가 일어나고 이때 be동사와 주어의 수 일치에 주의한다. 주어진 문장에서 was와 주어 his influence의 수 일치가 올바르게 쓰였다.

④ 가정법 구문인 'It is (about/high) time that 주어 + should 동사원형 또는 과거 동사' 구조가 올바르게 쓰였다.

해석

① 그들이 그렇게 놀랄 필요가 없었다고 비평가들은 지적한다.
② 요즘에는 그녀가 좀처럼 대중 앞에 모습을 잘 보이지 않는다.
③ 그의 세력은 강대해서 모두가 그를 두려워했다.
④ 우리 모두 밝은 미래를 위해 무언가를 해야 할 때이다.

33 ④

해설

④ 과거 사실의 반대로 가정 할 때는 가정법 과거완료인 'if 주어 had p.p.~, 주어 would/should/could/might have p.p.~' 구조가 쓰이고 이때 if가 생략되고 'Had 주어 p.p.~, 주어 would/should/could/might have p.p.~' 구조로 쓸 수도 있다. 주어진 문장은 if가 생략된 후 도치된 구조로 'Had it cold'를 'Had it been cold'로 고쳐야 한다.

① '과거에 했어야 했는데'라는 과거 시점의 후회나 유감을 표현할 때는 'ought to have p.p.' 혹은 'should have p.p.'로 표현하므로 'ought to have known'은 '알고 있어야 했다'라는 의미로 올바르게 쓰였다.

② 'A하자마자 B하다'는 'No sooner had 주어 p.p.~ than 주어 과거 동사~' 또는 'Hardly/Scarcely had 주어 p.p.~ when/before 주어 과거 동사~' 구조로 표현하므로 주어진 문장은 올바르게 쓰였다.

③ 앞에 나온 부정적인 서술이 뒤의 대상에도 똑같이 적용될 때 부정 동의 표현으로 'and neither 조동사 주어'를 써서 나타낼 수 있고 이때 접속사 and와 부정부사 neither를 접속사 nor로 바꿔 쓸 수 있으므로 주어진 문장은 올바르게 쓰였다.

해석

① 네가 그런 것쯤은 알고 있었어야 했다.
② 경기가 시작되자마자 비가 오기 시작했다.
③ 그녀는 그들을 좋아하지 않고 그것은 제프도 마찬가지이다.
④ 날씨가 추웠더라면, 나는 어제 밖에 나가지 않았을 것이다.

34 ①

해설

① 'Not until 명사 또는 Not until 주어 동사' 구조가 문두에 위치하면 주절이 조동사와 주어로 도치된다. 따라서 주어진 문장에서 'Not until did my guest leave I saw'는 'Not until my guest left did I see'로 고쳐야 한다.

② 'cannot too 형용사/부사' 구조'는 '아무리 ~해도 지나치지 않다'라는 표현으로 주어진 문장에서 올바르게 쓰였다.

③ 장소나 방향 부사구가 문두에 오면 1형식 자동사와 주어 순서로 도치되므로 주어진 문장은 올바르게 쓰였다.

④ 과거 사실을 가정하는 가정법 과거완료의 종속절과 현재 사실을 가정하는 가정법 과거의 주절이 합쳐진 가정법인 혼합 가정법은 과거 사실에 반대되는 일이 현재도 영향을 미치고 있을 때 사용되고 'if 주어 had p.p.~(과거 시간 부사), 주어 would/should/could/might 동사원형 now 또는 today' 구조로 표현하므로 주어진 문장은 올바르게 쓰였다. 참고로 'still'이 있어도 '여전히, 지금까지'라는 현재의 의미를 지니고 있으므로 now나 today 대신 혼합 가정법에서 사용될 수 있다.

해석

① 나는 나의 고객이 떠난 뒤에야 비로소 많은 부재중이 와있다는 걸 봤다.
② 복습의 중요성은 아무리 강하게 조언해도 지나치지 않다.
③ 그녀의 아이들 바로 앞에 그 빌딩이 있었다.
④ 만약 과거에 그가 의사의 충고를 들었더라면, 그는 아직도 살아 있을지도 모른다.

35 ③

해설

③ 'so 형용사/부사 that절' 구조에서 so 형용사/부사가 강조되기 위해 문두에 위치할 경우 '조동사 + 주어'로 도치가 된다. 따라서 주어진 문장에서는 'So devastating'이 문두에 위치하고 그 뒤에 was the fire로 도치 구조가 올바르게 쓰였다.
① '지금 또는 현재 어땠으면 좋을 텐데'라는 바람을 표현할 때는 'I wish 주어 + 과거 동사~' 구조를 쓰고, '과거에 어땠었으면 좋을 텐데'라는 바람을 표현할 때는 'I wish 주어 + had p.p.~' 구조를 쓴다. 주어진 문장은 과거의 바람을 표현하고 있으므로 'started'를 'had started'로 고쳐야 한다.
② 실현 가능한 조건은 'If 주어 + 현재 동사~, 주어 + will~'로 표현하고, 현재 사실과 다른 것을 가정 할 때는 'if 주어 + 과거 동사, 주어 + would~'로 표현하므로 주어진 문장에서는 will을 would로 고쳐야 한다.
④ '과거분사(전명구) + be동사 + 주어' 구조는 과거분사가 문두로 위치해 'be동사 + 주어'로 도치되고 이때 주어와 be동사 수 일치에 주의한다. 주어진 문장에서 주어는 'several bottles of beer'인 복수 주어이므로 'was'를 'were'로 고쳐야 한다.

해석

① 나의 아버지가 더 일찍 운동을 시작하셨으면 좋을 텐데.
② 지구에 중력이 없다면, 물은 모두 공중으로 사라질 것이다.
③ 그 화재가 매우 파괴적이어서 이 지역은 결코 회복할 수 없을 것이다.
④ 캐비닛 속에 숨겨져 있던 것은 몇 병의 맥주였다.

36 ③

해설

③ 'as if 주어 + 과거 동사~' 구조는 주절의 동사와 같은 시제로 '마치 어떠한 것처럼'이라고 해석되고, 'as is 주어 + had p.p.~' 구조는 문장의 동사보다 하나 이전 시제로 '마치 어떠했던 것처럼'이라고 해석된다. 주어진 문장에서는 주절의 동사와 같은 시제인 '현재 시점에 마치 피아노를 잘 칠 수 있는 것처럼'이라는 의미로 'as if 주어 + 과거 동사~' 구조가 올바르게 쓰였다.
① 강조 구문은 'It be 강조할 말(주어/목적어/부사) that 나머지 부분'으로 쓴다. 다만 강조할 말이 사람이면 that 대신 who나 whom으로, 사물이면 which로, 시간 부사구이면 when으로, 장소 부사구이면 where로 쓸 수 있다. 주어진 문장에서 that 뒤에 it을 삭제하고 that he invented를 that invented로 고쳐야 한다.
② 'Under no circumstances'라는 부정부사가 강조를 위해 문두 또는 절두에 위치하는 경우 '조동사 + 주어~'로 도치가 된다. 이때 '조동사(must) + 주어 + 동사원형'으로 도치해야 올바르다. 따라서 'opened'를 'open'으로 고쳐야 한다.
④ 강조 구문은 'It be 강조할 말(주어/목적어/부사) that 나머지 부분'으로 쓴다. 따라서 which를 that으로 고쳐야 한다.

해석

① 1949년에 그 기계를 발명한 사람은 톰 포드였다.
② 어떤 일이 있어도 그 문을 열어서는 안 된다.
③ 그는 마치 피아노를 아주 잘 칠 수 있는 것처럼 말한다.
④ 수위가 정상보다 3미터 더 높이 올라갈 때는 문이 닫힌다.

37 ②

해설

② 'It be + 필요, 또는 중요함, 긴급함, 타당함 등을 나타내는 당위성 형용사(important, vital, imperative, natural, necessary, desirable, essential 등) + that절' 구조에서 that절에 '주어 + (should) 동사원형' 구조가 쓰인다. 따라서 'leaves'를 'should leave' 또는 'leave'로 고쳐야 한다.
① 'as if 주어 + 과거 동사~' 구조는 주절의 동사와 같은 시제로 '마치 어떠한 것처럼'이라고 해석이 되고, 'as is 주어 + had p.p.~' 구조는 문장의 동사보다 하나 이전 시제로 '마치 어떠했던 것처럼'이라고 해석된다. 주어진 문장에서는 주절의 동사와 같은 시제인 '과거 시점에 마치 돈이 많은 것처럼'이라는 의미로 'as if 주어 + 과거 동사~' 구조가 올바르게 쓰였다.
③ 'may/might as well A as B' 구조는 'B보다는 A가 낫다'라는 의미로 주어진 문장에서 올바르게 쓰였다.
④ must는 '~해야 한다'라는 의무의 뜻뿐만 아니라 '~임이 틀림없다'라는 추측의 뜻을 가진 조동사로 쓰일 수 있고 '과거에 ~했음이 틀림없다'라는 'must have p.p.' 구조로 쓴다. 따라서 주어진 문장과 우리말 해석이 올바르게 쓰였다.

38 ②

해설

② 'cannot (help/choose) but 동사원형' 구조는 '~할 수밖에 없다, ~하지 않을 수 없다'를 나타내는 표현이므로 주어진 문장에서 '끝낼 수 없었다'라는 우리말 해석에 맞게 couldn't choose but finish를 couldn't finish로 고쳐야 한다.
① 'But for/Without 명사, 주어 would/should/could/might 동사원형 또는 have p.p.' 구조는 '~이 없다면 ~할 텐데' 또는 '~이 없었다면, ~했을 텐데'라는 의미의 가정법 구문으로 주어진 문장에서 올바르게 쓰였다.

③ 'only 부사/부사구/부사절' 뒤에는 '조동사 + 주어'로 도치된다. 따라서 주어진 문장에서 'is there'는 올바르게 쓰였다.
④ '주장·요구·명령·제안·충고'를 의미하는 타동사 뒤에 'that 주어 + 동사 (should) 동사원형' 구조를 쓴다. 따라서 주어진 문장에서 'that they be treated'는 올바르게 쓰였다.

39 ④

해설

④ 'Not only A but also B' 구문에서 'Not only'가 문두에 위치하면 '조동사 + 주어'로 도치된다. 다만 이때 but 뒤에는 정상어순으로 쓴다. 'but might she'를 'she might'로 고쳐야 한다.
① 동사 앞에 조동사 do(does/did)를 써서 동사를 강조할 수 있고 주어진 문장에서는 조동사 do가 동사 book을 강조하며 올바르게 쓰였다.
② 'have only to부정사' 구조는 '~하기만 하면 된다'라는 표현으로 주어진 문장에서 올바르게 쓰였다.
③ 형용사 주격 보어가 문두에 위치하면 'be동사 + 주어'로 도치된다. 따라서 주어진 문장은 올바르게 쓰였다.

40 ④

해설

④ 'have yet to부정사' 구조는 '아직 ~하지 않았다'라는 뜻으로 쓰인다. 주어진 문장에서 call을 to call로 고쳐야 한다.
① the very는 명사 앞에 쓰여서 명사를 강조할 수 있으므로 주어진 문장에서 the very가 명사 book을 강조하고 있으므로 올바르게 쓰였다.
② 의문사 뒤에 on earth, in the world(도대체)를 써서 의문사를 강조할 수 있으므로 주어진 문장은 올바르게 쓰였다.
③ 등위접속사로 연결된 구조에서는 동일 어구가 생략될 수 있다. 주어진 문장에서는 등위접속사 and 뒤에 동사 'lives'가 생략된 구조로 올바르게 쓰였다.

41 ①

해설

① 'It is + 감정적 판단을 표현하는 형용사(surprising, amazing, astonishing, pleasing, annoying, odd, strange, ridiculous, 등) + that절 주어 + (should) 동사원형' 구문은 말하는 사람의 주관적 감정을 나타내거나 강조하기 위해 사용된다. 이때 사용되는 조동사 should는 놀라움·뜻밖·노여움·유감 등 말하는 사람의 주관적 감정을 표현하거나 강조하기 위해서 사용되며 '~하다니, ~이라니'로 해석한다. 다만, that절에 직설법 동사가 쓰일 때는 말하는 사람의 생각·판단이 아니라 that 절의 내용을 객관적 상황·정황상 사실로 받아들이고 단순히 사실을 말하고 있음을 의미한다. 주어진 문장은 감정을 나타내는 'should'가 올바르게 쓰였다.
② 'cannot(never) ~ but 주어 동사' 구조는 '~할 때마다 반드시 ~하다'라는 의미의 표현으로 주어진 문장에서 'can'을 'cannot'으로 고쳐야 한다.
③ 과거에 '~했을 리가 없다'라는 의미를 전달할 때 'cannot have p.p.' 구조로 나타낸다. 따라서 'steal'을 'have stolen'으로 고쳐야 한다.
④ 'ought to'의 부정은 'ought not to'이므로 'ought to not'을 'ought not to'로 고쳐야 한다.

42 ④

해설

④ 시간·조건·양보 부사절에서는 주절의 주어와 종속절의 주어가 일치할 때는 접속사 뒤에 '주어 + be동사'를 생략할 수 있으므로 주어진 문장은 접속사 when 뒤에 'I was'가 생략된 채로 올바르게 쓰였다.
① had better 동사원형은 '(~하는 것이) 좋을 것이다(꼭 그래야 함을 뜻함)'라는 의미이고 had better의 부정은 had better not으로 쓴다. 따라서 주어진 문장에서 'had not better'를 'had better not'으로 고쳐야 한다.
② 문장이 복문일 때는 주절을 기준으로 부가의문문을 만든다. 하지만 'I think(believe/guess)' 등의 구조로 시작하는 복문일 때 종속절의 주어 동사를 기준으로 부가의문문을 만든다. 따라서 'doesn't she'를 'won't she?'로 고쳐야 한다.
③ suggest는 that절의 내용이 '의무'나 '필요'의 당위성을 나타낼 때 that절에 (should)동사원형을 쓴다. 하지만, 단순 사실을 나타낼 때는 직설법 시제로 나타낸다. 주어진 문장에서는 단순한 사실을 나타내고 있으므로 'should steal'을 'stole'로 고쳐야 한다.

43 ②

해설

② 'Not only A but also B' 구문에서 Not only가 문두에 위치할 때 '조동사 + 주어'로 도치되고 '조동사 do(does/did)' 뒤에는 '주어 + 동사원형'이 쓰인다. 따라서 turned를 turn으로 고쳐야 한다.
① 과거에 대한 추측 또는 후회나 유감은 '조동사 have p.p.' 구조로 나타내고 주어진 문장에는 1800년대 초반이라는 과거에 일어난 일에 대한 추측을 나타내는 'would have p.p.' 구조가 올바르게 쓰였다.
③ 혼합가정법표현에서 주절은 '주어 would/should/could/might 동사원형' 구조로 표현하므로 주어진 문장에서 would be는 올바르게 쓰였다.
④ 혼합가정법표현에서 종속절은 'if 주어 had p.p. ~' 구조로 표현하므로 주어진 문장에서 had dropped는 올바르게 쓰였다.

해석

조명 값이 너무 싸서 여러분은 생각 없이 그것을 이용한다. 하지만, 1800년대 초반에는, 같은 양의 조명에 대해 오늘날 지불하고 있는 것의 400배만큼의 비용이 들었을 것이다. 그 가격이면, 여러분은 비용을 의식할 것이고 책을 읽기 위해 인공조명을 이용하기 전에 다시 한번 생각할 것이다. 조명 가격의 하락은 세상을 밝혔다. 그것은 밤을 낮으로 바꾸었을 뿐 아니라, 자연광이 들어올 수 없는 큰 건물에서 우리가 살고 일할 수 있게 해 주었다. 만약 인공조명의 비용이 거의 공짜 수준으로 하락하지 않았더라면 우리가 오늘날 누리는 것 중에 가능한 것은 거의 없을 것이다.

어휘

- □ **artificial** 인공의, 인조의, 인위적인
- □ **light up** (빛 · 색으로) 환하게 되다[만들다]
- □ **oppose** ~에 반대하다

44 ③

해설

③ '주장 · 요구 · 명령 · 제안 · 충고'를 의미하는 타동사 뒤에 'that 주어 + 동사 (should) 동사원형' 구조를 쓴다. 따라서 주어진 문장에서 'pressed'를 '(should) press'로 고쳐야 한다.

① 문장의 주어는 단수인 intuition이므로 단수 동사 is와 그 뒤에 명사 주격 보어가 올바르게 쓰였다.

② 동명사는 문장에서 주어, 목적어, 보어 역할을 하고 주어진 문장에서는 주어 자리에 동명사가 올바르게 쓰였다.

④ allow는 5형식 동사로 쓰이고 이때 목적어와 목적격 보어가 능동의 의미관계를 나타낼 때는 목적격 보어 자라에 to부정사를 써야 하므로 주어진 문장에서는 'to focus'가 올바르게 쓰였다.

해석

그러므로 그것에 귀를 기울여 보기 시작하자. 이것은 우리 내면세계나 직관으로 가는 통로이다. 논리, 추론, 이론적 설명과는 반대인 직관은 논리에 반대되고 이성에 도전적이며 머리나 정신보다는 육체와 강하게 연결되어 있는 더 고상한 정보의 원천이다. 우리 내면에 집중하는 것은 끊임없는 정신적 과정에 정지 버튼을 누르기를 요구하고 있다. 그것은 우리의 감정, 느낌, 육체에 집중하도록 하고 있다. 이것으로 우리는 우리의 직관적인 자아에 접근하는 첫 중대한 단계에 들어선다.

어휘

- □ **pay attention to** ~에 주의를 집중하다
- □ **intuition** 직감, 직관
- □ **oppose** ~에 반대하다
- □ **logic** 논리학, 이치
- □ **reasoning** 추리, 추론
- □ **rationale** 이론적 해석, 근거
- □ **gentle** 고상한, 점잖은
- □ **pause** 중지, 중단
- □ **crucial** 결정적인, 중대한
- □ **intuitive** 직관력 있는

45 ④

해설

④ 문두에 'Among 명사' 구조가 올 때 1형식 자동사 또는 be동사와 주어 순서로 도치 구조를 이루고 주어와 동사 수 일치에 주의 해야 한다. 주어진 문장에서 주어는 A and B인 복수 주어이므로 have가 올바르게 쓰였다.

① 주어와 동사는 수 일치를 해야 한다. 주어진 문장에서 the growth와 수 일치하여 'have'를 'has'로 고쳐야 한다.

② help는 3형식 타동사로 쓰일 때 목적어 자리에 to부정사 또는 원형부정사(동사원형)를 목적어로 취할 수 있다. 따라서 주어진 문장에서 'spurring'을 'spur'또는 'to spur'로 고쳐야 한다.

③ 'provide A with B'는 '~에게 ~을 제공하다'라는 의미로 주어진 문장에서 전치사 of를 전치사 with로 고쳐야 한다.

해석

다국적 기업의 성장은 장점과 단점을 모두 가지고 있다. 긍정적인 면에서 보면 이로 인해 세계가 경제적으로 훨씬 더 긴밀하게 얽히게 되었고 빈국들의 발전을 촉진시키는 데 도움을 주었다. 또한 소비자에게 살 수 있는 상품 선택의 폭을 넓혀 줌으로써 자유 시장 경쟁을 증진시키기도 했다. 반대로 결점으로는, 특히 미국 기업들의 경우에 해외 투자로 엄청난 돈이 유출되었으며 외국인 노동자에게 일자리를 내주게 되었다.

어휘

- □ **multinational corporation** 다국적 기업
- □ **spur** 자극하다; 박차
- □ **free-market competition** 자유 시장 경쟁
- □ **drawback** 결점, 약점
- □ **outflow** 유출, 유출량

예상문제 4회 (46번~60번) - 접속사, 전치사, 관계사

46 ③

해설

③ 간접의문문 구조는 '의문사 + (주어) + 동사' 어순으로 쓰이므로 'was he'를 'he was'로 고쳐야 한다.
① 전치사 뒤에 관계대명사가 나오면 주어와 동사를 포함한 완전한 절을 이끈다. 따라서 주어진 문장에서 'in whom she confided'는 올바르게 쓰였다.
② 유사 관계대명사 as는 불완전한 절을 이끌고 'such (명사), as 형용사 a 명사, the same (명사)'와 같은 선행사를 수식한다. 주어진 문장에서 유사 관계대명사 as가 'the same kind of watch'를 수식해주고 있고 뒤에 목적어가 없는 불완전 구조로 올바르게 쓰였다.
④ nothing but '오직, 그저[단지] ~일 뿐인'이라는 의미로 주어진 문장에서 올바르게 쓰였다. 등위접속사 and를 기준으로 명사 'talent'와 명사 'determination'이 병치 구조가 올바르게 쓰였다.

해석

① 그녀의 어머니는, 그녀가 비밀을 털어놓았더니, 그녀를 지지하겠다고 했다.
② 이것은 내가 잃어버린 것과 같은 종류의 시계이다.
③ 자기가 지금 어디에 있는 것일까 궁금했다.
④ 그는 오로지 다듬어지지 않은 재능과 투지만으로 시작했다.

47 ③

해설

③ 관계대명사절 안에 나오는 동사의 수 일치에 대한 문제이다. 'most of whom'의 수는 선행사의 수에 일치시켜야 한다. 주어진 문장에서 선행사는 many people인 복수명사이므로 is를 are로 수정해야 한다.
① 관계부사 where는 장소를 의미하는 선행사를 수식하고 뒤에 완전 구조를 취하므로 주어진 문장은 올바르게 쓰였다.
② 'fact, news, rumor, notion, report' 등의 특정 추상명사 뒤에 동격을 의미하는 접속사 that은 뒤에 '주어 + 동사~'가 완전한 절을 이끈다. 따라서 주어진 문장은 올바르게 쓰였다.
④ providing 또는 provided는 조건 부사절을 이끄는 접속사로 주어와 동사의 완전 구조가 취한다. 이때 미래의 내용을 미래시제가 아닌 현재시제로 대신 나타내므로 주의한다.

해석

① 그곳은 사람들이 왼편으로 운전을 하는 몇 안 되는 국가 중 한 곳이다.
② 우리는 우리 팀이 경기에서 이겼다는 소식을 듣고서 놀랐다.
③ 너무 많은 사람들이 있는데, 그들 대부분은 관광객들이다.
④ 친구들이 간다면 그녀도 갈 것이다.

48 ②

해설

② 복합관계대명사절은 문장에서 명사절 또는 부사절로 쓰이고 복합관계대명사의 격은 바로 뒤에 이어지는 절의 구조에 따라 결정된다. 주어진 문장에서 복합관계대명사 'whomever' 뒤에 주어가 없는 불완전한 구조이므로 whomever를 whoever로 고쳐야 한다.
① if ever는 '설사 ~하는 일이 있다 해도'라는 뜻으로 삽입절처럼 사용할 수 있으므로 문법적으로 옳다.
③ 유사 관계대명사 as는 '주어 + 동사~, as is often the case ~' 또는 'As is often the case ~, 주어 + 동사~' 구조로 쓰일 수 있다. 이때 'as is often the case ~'는 '(~의 경우에) 흔히(종종) 있는 일이듯'이라는 의미이다. 주어진 문장에서는 'As is often the case with children'은 '아이들이 종종 그렇듯이'라는 의미로 올바르게 쓰였다.
④ while은 '~하는 동안'이라는 의미로 시간 부사절을 이끄는 접속사이다. 시간이나 조건 부사절에서는 미래시제를 현재시제로 대신하므로 주어진 문장에서 'while she goes~'는 올바르게 쓰였다.

해석

① 그녀는 지금은 피아노를 거의 치지 않는다.
② 그것을 누구든 판매를 책임지고 있는 사람에게 보내라.
③ 아이들이 종종 그렇듯이 조슈아는 의사를 무서워한다.
④ 그녀가 그의 서류들을 뒤지는 동안 내가 망을 볼 것이다.

49 ①

해설

① 관계부사 how는 선행사 the way와 함께 쓸 수 없으므로 how를 삭제하고 the way he talks로 고쳐야 한다.
② than은 유사 관계대명사로써 앞에 나온 비교급의 수식을 받는 선행사를 수식할 수 있다. 이때 than 뒤에는 주어나 목적어가 없는 불완전 구조를 취하므로 'more money than is necessary'는 올바르게 쓰였다.
③ tell은 4형식 동사로 간접목적어와 직접목적어를 취하며 직접목적어 자리에 간접의문문이라고 불리는 '의문사 + (주어) + 동사' 구조가 올바르게 쓰였다.
④ 소유격 관계대명사는 사물 명사와 사람 명사 둘 다 수식할 수 있고 뒤에 명사를 포함하여 완전한 구조를 이끈다. 따라서 'Isobel, whose brother he was'는 올바르게 쓰였다.

해석

① 그의 말하는 태도가 마음에 들지 않는다
② 아이들은 필요 이상으로 더 많은 돈이 주어져서는 안 된다.
③ 저쪽에 있는 사람이 누구인지 알겠니?
④ 이소벨은, 그의 형[남동생]이었는데, 그 농담을 전에 들어 본 적이 있었다.

50 ①

해설

① 등위접속사 or은 (강한 추측을 나타내어) '그렇지 않으면(…일 테니)'라는 의미를 나타낼 수 있으므로 주어진 문장에서 추측을 나타내는 must와 함께 쓰여 '그렇지 않으면'이라는 의미로 올바르게 쓰였다.
② 관계대명사 whom은 사람 선행사를 수식해주고 목적어가 없는 불완전한 절을 이끈다. 주어진 문장에서 'recognized'의 주어가 없으므로 'whom'을 'who'로 고쳐야 한다.
③ '전치사와 접속사의 구분'에 대한 문제로, despite는 전치사로 명사를 추가하고 비슷한 의미의 접속사 although나 though는 주어와 동사를 포함한 절을 이끈다. 주어진 문장에서는 'we fail'이라는 주어와 동사 구조를 취할 수 있는 접속사가 필요하므로 despite를 though로 고쳐야 한다.
④ 'such a 형용사 명사 that절' 구조로 쓰여 '너무 ~해서 ~하다'라는 의미를 선달하므로 'such good a runner'를 'such a good runner'로 고쳐야 한다.

해석

① 그가 그녀를 좋아함이 틀림없다. 그렇지 않으면 그녀에게 계속 전화를 하진 않을 테니.
② 나는 옛 친구를 만났는데 그는 나를 즉시 알아보았다.
③ 비록 실패하더라도 해 볼 가치는 있다.
④ 그가 너무 빨리 달려서 나는 따라잡을 수가 없었다.

51 ④

해설

④ 행위 동사와 결합하는 신체 일부에 대한 문제로, '붙잡다 동사 + 사람 명사 + 전치사 by + the 신체 일부'의 구조로 쓴다. 따라서 'seized the criminal by the neck' 주어진 문장은 올바르게 쓰였다.
① 관계대명사 which가 콤마와 함께 쓰이는 계속적 용법으로 사용되는 경우 앞에 나오는 내용 일부나 절 전체를 선행사로 취할 수 있고 주어진 문장에서는 'He said he saw me there'가 선행사이다. 다만 관계대명사 that은 이 용법으로 사용할 수 없으므로 that을 which로 고쳐야 한다.
② 등위접속사 and에 의해 형용사끼리 병치 구조를 이루고 있으므로 명사인 consistency를 consistent로 고쳐야 한다.
③ 시간 · 조건 · 양보 부사절에서는 주절의 주어와 종속절의 주어가 일치할 때는 접속사 뒤에 '주어 + be동사'를 생략할 수 있다. 주어진 문장은 접속사 though 뒤에 '주어 + be동사'가 생략되고 형용사 주격 보어가 남아 'though old and worn'이 올바르게 쓰였다.

해석

① 그는 나를 보았다고 말했으나 그것은 거짓말이었다.
② 그것은 객관적이고 체계적이며 일관되며 명확해야 한다.
③ 그의 옷은, 비록 오래되고 낡긴 했지만 깨끗하고 품질이 좋은 것 같았다.
④ 경찰관은 그 범인의 목을 잡았다.

52 ②

해설

② 명사절을 이끄는 접속사 if는 '~인지'라는 뜻으로 타동사의 목적어 역할은 가능하지만 주어, 보어, 전치사의 목적어 역할은 할 수 없다. 따라서 if를 같은 의미의 접속사 'whether'로 고쳐야 한다.
① 양보의 의미를 갖는 접속사 though는 '형용사/무관사 명사 though 주어 동사' 구조로 쓰일 수 있으므로 'Strange though it may sound'는 주어진 문장은 올바르게 쓰였다.
③ 'of which the 명사' 또는 'the 명사 of which' 구조는 소유격 관계내명사의 역할을 하는 표현이다. 선행사 'the picture'를 수식해주는 'the price of which'는 주어진 문장에서 올바르게 쓰였다.
④ 관계부사 when은 시간명사를 수식하며 완전한 절을 이끈다. 따라서 주어진 문장에서 시간 명사 'the day'를 완전한 구조인 관계 부사절 'when he arrived at his home'이 수식해주고 있으므로 올바르게 쓰였다.

53 ①

해설

① 유사 관계대명사 but은 'that ~ not'의 의미로 but 뒤에는 부정부사를 쓰지 않는다. 따라서 'doesn't have'를 'has'로 고쳐야 한다.
② 'anything but'은 '결코 ~아닌'이라는 의미로 주어진 문장에서 올바르게 쓰였다.
③ 소유격 관계대명사 whose는 앞에 나온 사람 명사 또는 사물 명사 둘 다 수식할 수 있고 whose 뒤에는 명사가 나오고 완전 구조를 이룬다. 주어진 문장에서는 whose 뒤에 'eyes were missing'이라는 완전한 절이 나왔으므로 올바르게 쓰였다.
④ 전치사와 함께 쓰이는 관계대명사는 뒤에 완전한 구조를 취한다. 주어진 문장은 'for which she was totally unprepared'에서 '전치사 + 관계대명사' 뒤에 완전 구조가 올바르게 쓰였다.

54 ②

해설

② beside는 '~옆에' 라는 뜻이고 'besides'는 '~이외에도'라는 뜻이다. 우리말 해석에 따라 'Beside'를 'Besides'로 고쳐야 한다.
① however(= no matter how)는 양보 부사절 접속사로 '아무리 ~해도[할지라도]'라는 의미로 쓰인다. 'however 형/부 주어 동사' 구조로 쓰일 수 있다. 따라서 주어진 문장에서 'however cold it is outside'로 올바르게 쓰였다.

③ 접속사 that은 '때 · 방법 · 이유 등을 나타내는 명사'를 선행사로 하여 관계부사적으로 사용될 수 있으므로 주어진 문장에서 'the day that I met her~'은 올바르게 쓰였다.
④ 시간 · 조건 · 양보 부사절에서는 주절의 주어와 종속절의 주어가 일치할 때는 접속사 뒤에 '주어 + be동사'를 생략할 수 있다. 주어진 문장은 'he was'가 생략되고 'While fighting in Germany'가 올바르게 쓰였다.

55 ③

해설

③ 수단의 전치사 by를 물어보는 문제이다. 교통이나 통신 수단을 나타낼 때 a나 the를 쓰지 않고 무관사로 표현한다. 따라서 'by the bus'를 'by bus'로 고쳐야 한다.
① lest는 '~하지 않도록, ~하면 안 되니까'라는 의미의 부사절 접속사로 쓰이며 'lest 주어 (should) 동사원형' 구조로 표현한다. 따라서 주어진 문장에서 'lest you should fall'은 올바르게 쓰였다.
② 앞에서 한 말에 대해 '~도 또한 그렇다'라는 의미를 나타낼 때는 'so 조동사 주어' 구조로 so 뒤에 도치가 된다. 따라서 주어진 문장에서 'so have I'는 올바르게 쓰였다.
④ 관계대명사 'who' 뒤에는 '주어 + 삽입절 동사(think, believe, say, know 등)'가 나올 수 있으므로 삽입절이 쓰일 수 있다. 주어진 문장에서 'who I thought was'는 올바르게 쓰였다.

56 ③

해설

③ either는 부사로 쓰일 때 부정문에서 '~도 또한'이라는 의미로 쓰일 수 있으므로 주어진 문장에서 'he won't either'은 올바르게 쓰였다.
① 명사절 접속사 what은 주어나 목적어나 보어 중 하나가 빠진 불완전한 절을 이끌고 명사절 접속사 that은 완전한 절을 이끈다. 주어진 문장은 is의 주어가 없는 불완전한 구조이므로 that을 what으로 고쳐야 한다.
② 접속사 'nor'은 앞의 not, no, never을 포함한 절(節) 뒤에서 부정문의 연속을 나타낼 수 있고 '~도 (또한) ~하지 않다'라는 의미로 쓰인다. 이때 접속사 'nor' 뒤에는 도치 구조로 '조동사 주어'로 써야 한다. 따라서 주어진 문장에서 'the skill interests her'를 'nor does the skill interest'로 고쳐야 한다.
④ 생각 동사(think, believe, guess, suppose 등)의 의문문의 목적어로 간접의문문이 쓰일 때 의문사를 문장의 맨 앞에 위치시켜야 한다. 따라서 주어진 문장에서 'Do you believe how you will~'을 'How do you believe you will~?'로 고쳐야 한다.

57 ①

해설

① for는 주로 전치사로 쓰이지만, 접속사로 쓰일 때 '그 까닭은, 왜냐하면 ~이므로'라는 뜻으로 쓰이고 보통 앞에 콤마 또는 세미콜론이 오고, 회상적 · 부가적 · 보충적으로 이유 · 설명 따위를 말한다. 주어진 문장에서는 접속사 for이 올바르게 쓰였다.
② 접속사 that은 앞에 나온 명사를 수식하는 관계대명사 역할을 할 수 있고, 이때 주어나 목적어가 없는 불완전한 절을 이끈다. 다만, 주어진 문장에서는 관계대명사 뒤에 동사 대신 현재분사가 쓰여 동사가 없으므로 현재분사 'attracting'을 과거 동사 'attracted'로 고쳐야 한다.
③ '설상가상으로'라는 표현은 'what is worse'로 쓴다. 따라서 'which'를 'what'으로 고쳐야 한다.
④ unless는 '만약 ~이 아니라면(if not), ~이 아닌 경우에는'이라는 부정의 의미를 가진 표현이므로 unless가 이끄는 절에 추가로 not을 쓸 필요 없다. 주어진 문장에서 unless가 이끄는 절에서 not을 삭제하고 'Unless he was in uniform'으로 고쳐야 한다.

58 ②

해설

② give는 '~을 ~에게 주다'라는 의미로 쓰일 때 give A to B로 쓴다. 따라서 전치사 of를 to로 고쳐야 한다.
① despite는 '~에도 불구하고'라는 전치사로 뒤에 명사를 취하므로 주어진 문장에서 올바르게 쓰였다.
③ 타동사 뒤에 목적어 자리에서 명사절을 이끄는 that은 뒤에 완전 구조를 취하므로 주어진 문장에서 올바르게 쓰였다.
④ 관계대명사 that 뒤에 현재 동사가 나오는 경우 선행사와 수 일치를 확인해야 한다. 주어진 문장에서는 the job이 단수 주어이므로 단수 동사 suits가 올바르게 쓰였다.

해석

운동 팀의 코치는 야외에서 일하는 반면 사무 관리자는 사무실에서 일한다. 코치는 선수들의 신체를 단련시키지만, 관리자는 세부적인 것을 중시하는 일에 더 집중한다. 그러나 이러한 차이점에도 불구하고, 그들은 주된 역할에서 유사하다. 코치는 선수들을 훈련시키고 각 개인의 강점과 약점에 초점을 맞추는 데 책임이 있다. 또한 코치는 선수들 이 수행 능력을 향상시키도록 그들에게 방향을 제시해 주고, 일반적으로 경기 후에는 피드백을 제공한다. 이와 마찬가지로, 사무 관리자들도 직원들의 적절한 훈련에 책임이 있다. 관리자는 각각의 직원이 자신의 능력에 가장 적합한 업무에 배치되도록 확실히 하기 위해서 직원들의 기량을 활용한다.

어휘

- ☐ **detail-oriented** 세부적인 것을 중시하는
- ☐ **ensure** 확실히 하다
- ☐ **suit** 맞다, 적합하다
- ☐ **periodic** 주기적인
- ☐ **competent** 능숙한, 유능한

정답 및 해설

59 ①

해설

① 관계대명사 that은 계속적 용법으로 사용하지 않는다. that을 which로 고쳐야 한다.
② 접속사 as는 '시간, 이유, 양태' 등의 의미를 나타낼 수 있다. 주어진 문장에서 '~할 때, ~하면서'라는 시간의 의미를 나타내며 올바르게 쓰였다.
③ 등위접속사 and를 기준으로 형용사 peaceful과 형용사 tranquil의 병치 구조가 올바르게 쓰였다.
④ 접속사 that은 '때 · 방법 · 이유 등을 나타내는 명사'를 선행사로 하여 관계 부사적으로 사용될 수 있으므로 주어진 문장은 올바르게 쓰였다.

해석

비가 오고 차가운 바깥 날씨에 비해 훈훈한 집에 들어가자, 두 마리의 개가 엄청난 키스와 사랑으로 나를 반겼다. 내가 음악을 듣고 있을 때, 그들은 내 발 옆에 누워 있다. 집은 나의 개인적인 성소처럼 평화스럽고 조용하다. 나는 창문 밖을 내다보고 나의 집을 감싸고 있는 나뭇잎들만을 본다. 이러한 시간은 우리가 감사함에 익숙해짐을 배울 수 있는 소중한 순간들이다. 그러한 순간들은 우리가 그것들을 찾으려고 주의를 기울인다면 언제든 수백 번 있다.

어휘

☐ **tranquil** 평온한, 고요한
☐ **nothing but** 단지(=only)
☐ **envelop** 싸다, 봉하다
☐ **precious** 소중한, 귀중한
☐ **become attuned to** ~에 익숙해지다, 맞추다
☐ **gratitude** 감사
☐ **content** 만족하는
☐ **constructive** 건설적인
☐ **perspective** 시각, 관점

60 ③

해설

③ that은 관계대명사로 쓰여 주어나 목적어가 없는 불완전한 절을 이끌고 앞에 나온 명사를 수식한다. 주어진 문장에서는 the corporations라는 선행사를 올바르게 수식하고 있다.
① 관계대명사 which는 사람을 수식할 수 없으므로 사람을 수식할 수 있는 관계대명사 who로 고쳐야 한다.
② according to는 명사를 취하고 according as는 절을 이끈다. 명사를 이끌 수 있는 according to가 필요하므로 as를 to로 고쳐야 한다.
④ 주어가 the primary business로 단수이므로 동사를 are가 아니라 is로 고쳐야 한다.

해석

그 과정은 이미 자기들이 필요로 하는 것보다 훨씬 더 많은 돈을 가지고 있는 사람들에게 이익을 가져다주는 반면, 소박한 생활을 위해 그 자원들이 필요한 사람들을 소외시킨다(자원으로부터 떼어 놓는다). 최근의 한 연구에 따르면, 2%의 세계 최고 부자들이 전체 지구 자산의 51%를 소유한 반면, 가장 가난한 사람들의 50%는 겨우 1%를 소유하고 있다고 한다. 그러므로 국제적 금융 제도와 그것을 위해 일하는 법인들의 주된 업무는 경제적 불평등을 만드는 것이다.

☐ **displace** 옮겨 놓다, 쫓아내다
☐ **asset** 재산
☐ **primary** 주요한, 제1의
☐ **financial** 금융의, 재정상의
☐ **corporation** 법인, 회사

예상문제 5회 (61번~75번)
- 비교, 형용사/부사, 명사/대명사

61 ③

해설

③ 비교 대상 일치의 원칙에 따라 비교 대상이 to부정사이므로 동명사 'hearing'을' 'to hear'로 고쳐야 한다.
① more은 many나 much의 비교급으로 '(양 · 정도 · 수 등이) 더 많은, 더 큰'이라는 의미로 쓰일 수 있다. 주어진 문장에서는 more books가 '더 많은 책'이라는 의미로 올바르게 쓰였다.
② much는 비교급 · 최상급을 수식하여 '훨씬, 단연코'라는 의미로 쓰인다. 주어진 문장에서는 much가 비교급 larger를 수식해주고 있으므로 올바르게 쓰였다.
④ 막연한 수를 나타낼 때는 'hundreds of, thousands of, millions of, billions of' 등으로 나타낸다. 주어진 문장에서는 '수천 명의'라는 의미의 thousands of가 올바르게 쓰였다.

해석

① 그 주제에 관해서는 더 많은 책이 저술되어야 한다.
② 그것은 내가 예상했던 것보다 훨씬 큰 것 같다.
③ 백 번 듣는 것이 한 번 보는 것보다 못하다.
④ 수천 명의 통근자들이 1시간 넘게 지체되었다.

62 ①

해설

① more은 주로 2음절 이상의 형용사 · 부사의 비교급을 만들 때 쓰인다. 주어진 문장은 부사 slowly에 비교급인 more slowly가 올바르게 쓰였다. 다만 비교급은 than과 함께 쓰이므로 as를 than으로 고쳐야 한다.
② 'the 최상급 명사 + (that) 주어 have ever 과거분사' 구조는 '지금까지 ~한 것 중에서 가장 ~한'이라는 의미로 쓰인다. 주어진 문장에서 'the most interesting book that I have ever read'는 올바르게 쓰였다.
③ more은 부사 much의 비교급 표현으로 '더 (많이 · 크게)'라는 뜻으로 쓰일 수 있다. 따라서 주어진 문장에서 more는 '더 많이'라는 의미로 올바르게 쓰였다.
④ alike는 서술적 용법으로만 쓰이는 형용사로 주어진 문장에서 주격 보어 자리에 올바르게 쓰였다.

해석

① 소리는 빛보다 더 느리게 이동한다.
② 이것은 내가 읽은 것 중에서 가장 흥미로운 책이다.
③ 너는 잠을 지금보다 좀 더 (많이) 자야 한다.
④ 그 점에서는 아주 똑같다.

63 ③

해설

③ asleep은 '잠이 든, 자는'이라는 뜻으로 보어 자리에 쓰이는 서술적 용법으로만 사용 가능한 형용사이다. 명사 앞에서 명사를 수식하는 한정적 용법으로는 사용할 수 없으므로 asleep을 sleeping으로 고쳐야 한다.
① '~thing, ~one, ~body'는 형용사의 후치 수식을 받는다. 따라서 something unusual은 주어진 문장에서 올바르게 쓰였다.
② 형용사의 최상급에는 정관사 the를 붙여서 사용하지만 the 대신 소유격을 사용하기도 한다. 따라서 주어진 문장에서 our biggest sellers는 올바르게 쓰였다.
④ 'the 형용사' 구조는 '~하는 사람들'이라는 뜻으로 복수명사이므로 복수 동사와 수 일치한다. 주어진 문장에서는 the poor와 use의 수 일치가 올바르게 쓰였다.

해석

① 그의 말씨에는 어딘가 특이한 데가 있었다.
② 이 특정 모델은 가장 많이 팔리는 우리 제품들 중 하나이다.
③ 그녀는 잠이 든 아들에게서 가만히 몸을 떼어 냈다.
④ 이것이 사치스러운 것처럼 보이지만 사실은 가난한 사람들이 굶주림을 막기 위해서 이를 이용하는 것이다.

64 ④

해설

④ a를 붙이지 않은 few는 부정적 용법으로 '거의 없는, 조금[소수]밖에 없는'이라는 뜻으로 쓰이고 a를 붙인 a few는 긍정적 용법으로 '조금은 있는, 다소의, 약간의, 몇의'라는 의미로 쓰인다. 주어진 문장에서는 해석상 but 뒤에 긍정 의미의 표현이 적절하므로 few를 a few로 고쳐야 한다.
① 'not so much A as B 또는 not A so much as B'는 원급 비교 관용 구문으로 'A라기보다는 B'라는 의미로 쓰인다. 주어진 문장에서는 'not ambitious so much as plain'이 '야심차다기 보다는 평범한'이라는 의미로 올바르게 쓰였다.
② 'so/as/too/quite/rather 형용사 a 명사' 어순으로 쓴다. 따라서 주어진 문장은 'too busy a life'가 올바르게 쓰였다.
③ 비교의 의미를 갖는 preferable '더 좋은, 나은, 선호되는'이라는 의미로 than과 결합하지 않고 전치사 to를 써서 '~보다 더 좋은'이라는 뜻으로 쓰인다. 주어진 문장에서는 preferable to 뒤에 동명사 구조가 올바르게 쓰였다.

해석

① 그의 계획은 야심차다기보다는 평범하다.
② 그는 너무 바삐 생활한 나머지 느긋하게 생각할 시간이 없었다.
③ 그는 전원생활이 도시에서 사는 것보다 한없이 더 좋다고 생각한다.
④ 그의 생각은 매우 어렵지만 몇 명이 그것들을 이해할 수 있다.

65 ④

해설

④ prefer는 비교 대상을 'prefer (동)명사 to (동)명사' 또는 'prefer to부정사 (rather) than (to)부정사' 구조로 표현하므로, 주어진 문장은 올바르게 쓰였다.
① than은 최상급이 아닌 비교급과 함께 쓰이는 표현이므로 brightest를 brighter로 고쳐야 한다.
② 두 개의 문장을 연결하기 위해서는 접속사가 필요하므로 and를 콤마 대신 쓰거나 대명사를 접속사의 기능도 할 수 있는 관계대명사로 써야 한다. 따라서 주어진 문장에서 'some of them'이 아니라 'some of whom'으로 고쳐야 한다.
③ near는 전치사, 형용사, 부사의 기능을 모두 할 수 있는 반면 nearby는 형용사 또는 부사 역할만 가능하다. 따라서 주어진 문장에서 nearby는 전치사 역할을 하지 못하기 때문에 the city라는 명사를 취할 수 없다. 따라서 nearby를 near로 고쳐야 한다.

해석

① 제임스는 그 그룹의 다른 어떤 소년들보다 가장 똑똑하다.
② 이 로봇들은 학생들과 같이 놀며 일부는 영어를 가르치기도 한다.
③ 그 도시 인근에 흥미로운 곳이 많다.
④ 나는 차를 운전하는 것보다 자전거를 타는 것을 더 좋아한다.

66 ④

해설

④ something이나 anything 같은 부정대명사는 형용사가 후치 수식한다. 주어진 문장에서 something uncommon은 올바르게 쓰였다.
① dozen(12), score(20), hundred(백), thousand(천), million(백만), billion(10억) 등의 수를 나타내는 명사는 막연한 수를 나타낼 때 복수형을 쓴다. 따라서 thousand를 thousands로 고쳐야 한다.
② 단위명사가 수사(two, three, four...)와 함께 명사를 수식하는 형용사로 쓰이기 위해서 하이픈(-)으로 연결되면 단위명사는 항상 단수형으로 써야한다. 'years'를 'year'로 고쳐야 한다.
③ 한정사 both에 대한 문제이다. 명사를 이끄는 both는 전치 한정사로 관사나 소유격과 같은 중앙한정사보다 더 먼저 위치하게 된다. 따라서 'The both boys'를 'Both the boys'로 고쳐야 한다.

해석

① 경기 침체 때 수천 군데의 중소기업들이 파산했다.
② 사람들은 그 백 년이 된 배를 맞이하기 위해서 기다리고 있다.
③ 그 소년들은 둘 다 시험에 합격했고 울음을 터뜨렸다.
④ 그는 어딘가 특이한 데가 있다.

67 ②

해설

② every는 단수 명사와 함께 쓰여 '모든~'이라는 의미로 쓰이고 빈도를 나타내서 '매~, ~마다'라는 의미로 쓰일 때는 'every 서수 단수명사' 또는 'every 기수 복수명사' 구조로 써야 한다. 따라서 month를 months로 고쳐야 한다.
① 'not more than'은 '~보다 많지 않은, 많아야, 기껏해야'라는 뜻으로 'at (the) most'와 비슷한 의미가 있다. 주어진 문장에서 뜻에 맞게 'not more than'이 올바르게 쓰였다.
③ fewer는 few의 비교급으로 '더 적은'이라는 뜻을 나타내고 few와 마찬가지로 복수 가산 명사를 수식한다. 반면에 less는 little의 비교급으로 '더 적은'이라는 뜻을 나타내고 little과 마찬가지로 불가산 명사를 수식한다. 따라서 주어진 문장은 복수 가산 명사 cigarettes를 수식하는 fewer와 불가산 명사 beer를 수식하는 less가 올바르게 쓰였다.
④ 'A is one thing and B is another'는 'A와 B는 별개다'라는 의미로 쓰인다. 주어진 문장에서는 영작에 맞는 해석이 올바르게 쓰였다.

68 ②

해설

② 문장의 주어가 다시 목적어에 언급되는 경우 재귀대명사는 인칭대명사의 소유격이나 목적격 뒤에 -self(단수) 또는 -selves(복수)를 붙인 대명사인 재귀대명사를 써야 한다. 따라서 주어진 문장에서 us를 ourselves로 고쳐야 한다.
① less는 부정문에 이어 much, still, even, far 등을 앞에 놓고 '하물며 ~가 아니다'라는 의미를 나타낼 수 있다. 따라서 주어진 문장에서 'much less for that of his friend'는 앞에 언급된 부정문과 함께 쓰여 '하물며 친구 것까지 낼 수는 없었다'라는 의미로 올바르게 쓰였다.
③ 'The 비교급 (주어 동사)~, the 비교급 (주어 동사)' 구조는 '~하면 할수록 더 ~하다'라는 의미이다. 주어진 문장에서도 우리말 해석에 맞게 올바르게 쓰였다.
④ 'A no less 형/부 than B' 구조는 양자 긍정 표현으로 'B만큼 A도 ~하다'라는 긍정 의미로 해석된다. 주어진 문장은 올바르게 쓰였다.

69 ②

해설

② less는 형용사나 부사의 원급를 수식하여 '보다 적게, 더 적게, ~만 못하게'라는 의미로 쓰일 수 있다. 따라서 비교급인 cleverer를 원급인 clever로 고쳐야 한다.
① 'a good(great) deal of', 'a good(great) amount of' 또는 'a large quantity of' 구조는 불가산 명사를 수식한다. 주어진 문장에서는 'a great deal of publicity'가 올바르게 쓰였다.

③ another 뒤에는 '단수 명사', 'of 복수명사', '수사 복수명사'가 올 수 있으므로 주어진 문장에서는 '수사 복수명사' 구조가 forty miles의 형태로 올바르게 쓰였다.
④ 양자 부정의 구문은 'not ~ any more than' 혹은 'no more ~ than'으로 표현하고, than 다음의 동사는 생략하거나, 긍정의 대동사로 표현한다.

70 ③

해설

③ information, evidence, advice, equipment, news, homework, furniture 등의 명사는 불가산 명사로 복수형으로 쓰이지 않는다. 따라서 furnitures를 furniture로 고쳐야 하고 동사도 수 일치해서 were를 was로 고쳐야 한다.
① '배수사 as 원급 as' 또는 '배수사 비교급 than' 구조는 배수 표현으로 주어진 문장에서는 '배수사 as 원급 as' 구조가 올바르게 쓰였다. 'twice as much money as Tom did'는 문법적으로 옳다.
② 혼동하기 쉬운 형용사인 considerable과 considerate는 의미 차이를 구분해야 한다. considerable은 '상당한, 중요한'이라는 의미이고 considerate는 '사려 깊은'이라는 의미이다. 주어진 문장에서는 considerable이 '상당한'의 의미로 올바르게 쓰였다.
④ 'have the 추상명사 to부정사' 구조는 '~하게도 ~하다'라는 의미로 주어진 문장에서 올바르게 쓰였다.

71 ①

해설

① 'would rather A than B'는 '~하기 보다는 차라리 ~하겠다[하고 싶다]'라는 의미로 주어진 문장에서 올바르게 쓰였다.
② '그녀의 계획에 관해서 아무것도 모른다'라는 문맥의 의미를 통해서 'not + any'로 표현해야 함을 알 수 있다. 전체부정은 'not + any'로 표현하고, 부분부정은 'not ~ every'로 '모두 ~인 것은 아니다'라는 의미이다. 따라서 'everything'을 'anything'으로 수정해야 문법적으로 옳다.
③ near는 부사로 쓰일 때 시간이나 거리상 '가까이'라는 의미로 쓰이므로 해석에 맞게 '거의'라는 뜻의 nearly로 고쳐야 한다.
④ 'fastly'는 존재하지 않는 단어다. '빠른, 빠르게'는 fast로 써야 하므로 주어진 문장에서 fastly를 fast로 고쳐야 한다.

72 ③

해설

③ enough는 수식하는 형용사, 부사 또는 동사 뒤에 두어 '충분히, ~에 필요한 만큼, ~하기에 족할 만큼'이라는 의미로 쓰인다. 주어진 문장에서는 'long enough'가 올바르게 쓰였다.
① most는 '대부분, 최대의, 최고의'라는 의미로 쓰이며, 형용사로 명사를 수식할 때 almost는 부사이며 '거의'라는 뜻으로 쓰이므로 주어진 문장에 우리말 해석에 맞게 almost를 most로 고쳐야 한다.
② 원급 비교 'as 형용사/부사 as' 구문에서 앞에 나온 절이 완전한 경우에는 부사로 수식한다. 형용사는 명사나 보어 자리에 쓴다. 따라서 efficient를 efficiently로 고쳐야 한다.
④ 'hardly, scarcely, rarely, seldom, never, under no circumstances' 등과 같은 부정부사는 다른 부정부사와 함께 쓰이지 않는다. 따라서 주어진 문장에 not hardly에서 not을 삭제하고 hardly로 고쳐야 한다.

73 ④

해설

④ high의 비교급은 higher이기 때문에 more를 중복해서 쓰지 않는다. 따라서 more를 삭제해야 한다.
① 의문대명사 which는 일정한 수의 물건·사람 중에서의 선택에 써서 '어느 쪽, 어느 것, 어느 사람'을 나타낼 때 쓰인다. 주어진 문장에서 which는 둘 중에 '어느 것'을 의미하므로 올바르게 쓰였다.
② amount는 특히 불가산 명사와 함께 쓰여 '(무엇의) 양'을 나타낼 수 있으므로 주어진 문장에서 올바르게 쓰였다.
③ fewer는 few의 비교급으로 few와 마찬가지로 복수 가산명사를 수식하므로 주어진 문장에서 올바르게 쓰였다.

해석

당신은 두 개의 비슷한 상품을 보며 슈퍼마켓 통로에 서서, 어느 것을 선택할까 결정하려고 하고 있다. 당신은 더 건강에 좋은 것을 선택하고자 하지만 바쁘다. 만약 당신이 조리된 가공 식품을 사고 있다면, 포장 용기 앞면에 식품 영양 성분표가 있는지 확인하고, 그런 다음 칼로리 수치와 지방, 포화 지방, 당분과 염분의 양에 관해서 당신이 선택한 것들이 얼마나 견줄 만한지 살펴라. 만약 식품 영양 성분표가 신호등 색을 사용하고 있다면, 당신은 주로 적색, 황색, 녹색이 혼합되어 있는 것을 발견할 수 있을 것이다. 그러니까 비슷한 제품들 사이에서 선택해야 할 때, 만약 더 건강에 좋은 것을 선택하고자 한다면, 녹색과 황색이 더 많고 적색이 더 적은 것을 선택하려고 하라. 하지만 건강에 더 좋은 조리된 가공 식품조차도 집에서 만든 것보다는 지방과 칼로리가 더 높을 수 있다는 것을 기억하라.

어휘

☐ **ready meal** 조리 가공된(인스턴트)식품
☐ **amber** 호박색, 황색
☐ **stack up** ~와 필적하다

74 ④

해설

④ every는 단수 명사를 수식해준다. 따라서 methods를 method로 고쳐야 한다.
① come close to는 '거의 ~하게 되다'라는 의미로 주어진 문장에서 올바르게 쓰였다.
② well은 부사로 동사 test를 수식해주고 있으므로 주어진 문장에서 올바르게 쓰였다.
③ 막연한 수를 나타낼 때 쓰는 hundreds of는 '수백의'라는 뜻으로 복수명사를 수식해주고 있으므로 주어진 문장에서 올바르게 쓰였다.

해석

동물을 컴퓨터 설계로 대체하려는 극도의 노력에도 불구하고, 아직 약물이나 의학적 처치 과정에서 인간 생체의 반응을 모방하는 데 동물만한 것이 없다. 동물 권리 운동가는 동물 실험은 성공했으나 인간에게 했을 때는 실패한 약물의 수에만 초점을 두고 있다. 하지만 그들은 동물 실험에서 발견되고, 정교해진 수백 가지의 약물이 있음을 알아야 할 것이다. 질병을 통제하는 거의 모든 현대적인 방식은 동물 실험과 관련이 있다.

어휘

☐ **mimic** 모방하다, 흉내내다
☐ **replace** 대신하다, 대체하다
☐ **refined** 정제된, 세련된

75 ④

해설

④ 형용사는 명사를 수식하거나 보어 역할을 할 수 있다. 주어진 문장에서는 명사 consequences를 수식해 주는 형용사로 potential이 올바르게 쓰였다.
① 접속사 than과 함께 쓰이는 것은 최상급을 의미하는 most가 아닌 비교급 more이다. 따라서 most를 more로 고쳐야 한다.
② 전치사 뒤에는 명사 목적어가 필요하고 형용사는 명사를 수식한다. 따라서 동사 imagine을 명사 imagination으로 고쳐야 한다.
③ 관계대명사는 접속사와 대명사 역할을 하는 표현으로 뒤에 대명사 주어나 대명사 목적어 둘 중 하나가 없는 불완전 구조를 이끈다. 따라서 주어진 문장에서 them을 삭제해야 한다.

해석

과학은 신과 악령을 몰아내었고, 순수한 상상에 의해서 만들어진 그 어느 것보다도 더 난해하고, 경이로운 우주를 드러내었다. 그러나 과학이 만들어 낸 특정한 낙원에는 새로운 문제들이 있다. 과학은 오염, 안전, 에너지, 교육, 식량에 대한 미래의 도전을 충족시키기 위해 대중의 지지를 잃고 있는 듯싶다. 대중들은 유전 공학, 지구 온난화, 원자력과 핵무기의 확산과 같은 분야에 있어 구속에서 벗어난 과학과 기술의 잠재적인 결과를 두려워하게 되었다.

어휘

☐ **push aside** 제쳐 놓다
☐ **intricate** 난해한, 복잡한
☐ **peculiar** 독특한, 특유한
☐ **unfettered** 구속에서 벗어난, 자유로운
☐ **proliferation** 확산

예상문제 6회 (76번~90번) - 문법 전영역 예상문제

76 ①

해설

① emerge는 1형식 자동사이므로 수동태 구조인 'be p.p.'형태로 쓸 수 없으므로 능동태 구조로 써야 한다. be emerged를 emerged로 고쳐야 한다.
② sell은 1형식 자동사로 쓰일 때 주로 뒤에 부사를 동반하여 '팔리다'라는 수동의 의미가 있다. 따라서 주어진 문장에서 sold well은 '잘 팔렸다'라는 의미로 올바르게 쓰였다.
③ sound는 2형식 동사로 쓰일 때 주격 보어로 형용사를 취하며 '~인 것 같다, ~처럼 들리다'라는 의미로 사용하므로 주어진 문장에서 올바르게 쓰였다.
④ become은 2형식 동사로 쓰일 때 명사, 형용사와 같은 주격 보어를 취하며 contact는 '~와 접촉시키다, ~와 연락하다'라는 뜻으로 3형식 타동사이고 뒤에 전치사 없이 바로 목적어를 취할 수 있으므로 'contacted the police'는 올바르게 쓰였다.

해석

① 시스템에서 유독성 화학 물질이 방출될 것이다.
② 그 책은 잘 팔려서 여러 차례 찍었다.
③ 그녀의 이야기는 전적으로 타당해 보였다.
④ 그들이 그의 행위에 의혹을 품고 경찰에 연락했다.

77 ③

해설

③ mention은 3형식 타동사로 목적어를 1개만 취하는 구조로 '~에게 ~을 언급하다'라는 의미로 쓰일 때 전치사 to를 사용해서 '~에게'라는 의미를 나타낸다. 따라서 주어진 문장에서 'mentioned me'가 아니라 'mentioned to me'으로 써야 한다.
① reach는 3형식 타동사로 뒤에 목적어를 취할 수 있다. 주어진 문장에서 reach의 목적어로 what절이 올바르게 쓰였다.
② 5형식 동사의 수동태 구조로 'be expected to부정사'는 올바르게 쓰였다.
④ effect는 '결과[효과]로서 ~을 가져오다, ~을 초래하다'라는 뜻으로 3형식 타동사로 쓰일 수 있다.

해석

① 나는 마침내 우리가 문명이라고 부르는 것에 도달했다.
② 초지들도 3년 정도면 변할 것이라고 예상된다.
③ 그녀는 나에게 정원에 있는 모든 꽃들을 언급했다.
④ 여권운동은 사회에 많은 변화를 가져왔다.

78 ④

해설

④ 종속절(that절)의 내용이 변하지 않는 진리이거나 과학적 사실 등일 때 주절의 시제와 상관없이 항상 현재시제를 사용하므로 was를 is로 고쳐야 한다.
① 2형식 동사인 seem 뒤에 주격 보어로 that절이 올바르게 쓰였다.
② 학문 명과 병명은 단수 취급하므로 주어진 문장에서 'Diabetes is'는 올바르게 쓰였다.
③ 등위 상관 접속사 'Neither A or B'는 주어 자리에 올 경우 B에 수 일치하므로 주어진 문장에서 'I am'은 올바르게 쓰였다.

해석

① 그들은 자신들이 무엇을 하는지 알고 있는 것 같다.
② 과체중인 사람들 사이에 당뇨병이 매우 많다.
③ 그도 나도 그 사고에 책임이 없다.
④ 콜럼버스는 지구가 둥글다는 것을 증명했다.

79 ②

해설

② 1형식 자동사인 fall은 3단 변화 형태가 'fall–fell–fallen'의 구조로 쓰인다. 따라서 has fell이 아니라 has fallen으로 고쳐야 한다.
① 'The majority of 명사' 구조는 of 뒤에 명사와 수 일치하므로 주어진 문장에서 복수 명사 accidents와 happen이 올바르게 수 일치되어 있다.
③ 'die, live, dream, smile'은 일반적으로 1형식 문장을 만드나 문장의 본동사와 같은 의미의 명사형을 목적어로 취해 3형식을 만들 수 있는 동족목적어를 쓸 수 있는 자동사이다. 따라서 주어진 문장에서는 die 뒤에 동족목적어 a natural death는 올바르게 쓰였다.
④ 관계부사 when이 앞에 나온 시간 선행사 the day를 올바르게 수식하고 있다. 시간 부사절 접속사 when 뒤에는 미래시제 대신 현재시제를 쓰지만 그 외 명사절이나 형용사절을 이끄는 접속사로 when이 사용될 때 미래의 내용은 미래시제로 쓴다.

해석

① 사고의 대부분은 가정에서 일어난다.
② 종신형 복역 재소자들의 수가 줄었다.
③ 그 노인은 자연사했다.
④ 그녀는 그가 돌아올 날을 알고 있다.

80 ②

해설

② 감정분사는 감정분사의 수식을 받는 명사가 감정을 느낄 때 과거분사의 형태로 쓰고 감정을 유발할 때는 현재분사를 쓴다. 주어진 문장에서 감정 분사인 'Concerned'는 'he'라는 사람 주체를 수식하므로 올바르게 쓰였다.
① ask가 4형식 구조로 쓰일 때 '묻다'라는 뜻으로 직접 목적어 자리에 접속사 that은 의미상 어울리지 않고 의문의 의미를 지니는 접속사와 어울린다. 따라서 맥락상 의문사 where로 고쳐야 한다.
③ 'those'를 수식하는 과거분사에 대한 문제로, '초대받은 사람들'의 문맥의 의미를 통해서 '초대받은'의 표현은 과거분사 'invited'가 옳다. 따라서 'inviting'을 'invited'로 고쳐야 한다.
④ there be동사 구조는 뒤에 나온 명사와 수 일치한다. 주어진 문장에서 there be동사 뒤에 나온 명사가 new challenges이므로 'is'를 'are'로 고쳐야 한다.

해석

① 억양을 듣자마자 그에게 어디 출신인지 묻지 마라.
② 걱정이 되어, 그는 블록을 따라 걸어왔던 것이다.
③ 초대받은 사람들 중 오직 몇몇 사람만 지난 밤 파티에 왔다.
④ 우리가 만나야 할 새로운 도전이 항상 있다.

81 ①

해설

① 동명사 주어는 단수 취급하므로 'is'가 올바르게 쓰였고 감정분사는 감정분사의 수식을 받는 명사가 감정을 느낄 때 과거분사의 형태로 쓰고 감정을 유발할 때는 현재분사를 쓴다. 주어진 문장에서 동명사 주어를 수식하고 있고 동명사 주어는 감정을 느낄 수 있는 주체가 아니므로 감정분사가 동명사를 수식할 때 현재분사로 쓰는 것이 옳다. 따라서 confusing은 올바르게 쓰였다.
② 앞 형용사를 수식하는 to부정사의 목적어의 역할을 문장의 주어가 할 때, to부정사 뒤의 목적어가 생략되어야 한다. 따라서 it을 삭제해야 하고 'to carry out'으로 고쳐야 한다.
③ 등위 상관 접속사로 쓰이는 'B as well as A'는 'A뿐만 아니라 B 또한'의 의미를 갖고 B에 수를 일치한다. 'You'에 수 일치해야 하므로 'is'를 'are'로 고쳐야 한다.
④ So 형용사가 문두에 나오면 be동사 주어로 도치되고 수 일치를 확인해야 한다. 'the goods'와 수 일치해야 하므로 'was'를 'were'로 고쳐야 한다.

해석

① 한 나라의 문화를 이해하는 것은 혼란스럽고 복잡하다.
② 그 계획은 실행하기 어려웠다.
③ 나는 그뿐만 아니라 너도 유죄라고 생각해.
④ 그가 의도한 가격에 팔 수 없을 정도로 파손된 물건들이었다.

82 ②

해설

② 문장 본동사의 시제보다 to부정사가 발생한 시점이 더 이전이면 to부정사를 완료형으로 쓴다. 주어진 문장에서 본동사는 현재시제이고 to부정사는 과거이므로 'to be'를 'to have been'으로 고쳐야 한다.

① 'be accustomed to 명사 또는 동명사'는 '~에 익숙하다'라는 뜻으로 주어진 문장에서 'was accustomed to using her left hand'는 올바르게 쓰였다.

③ '부정어(not/never)~ without 동명사' 구조는 '~할 때마다 -하다'라는 의미로 쓰이며 'without 동명사' 대신 'but 주어 + 동사' 구조를 쓰기도 한다. 주어진 문장에서 'never meet but they quarrel'은 올바르게 쓰였다.

④ 관계대명사 that은 사람과 사물 선행사 모두 수식할 수 있고 뒤에 주어가 없거나 목적어가 없는 불완전 구조를 이끈다. 주어진 문장에서는 주어가 없이 동사 has가 나와 있고 이때 has는 선행사인 the sort of law와 수 일치하여 단수 동사로 올바르게 쓰였다.

83 ②

해설

② 현재에 대한 반대 사실을 가정할 때 쓰는 가정법 과거는 'if 주어 과거동사, 주어 would/should/could/might 동사원형'으로 표현하고 if가 생략되면 도치 구조로 쓰인다. 따라서 'Had it not been for'를 'Were it not for'로 고쳐야 한다.

① 유사 관계대명사 but은 'that ~ not'의 의미로 but 뒤에는 부정부사를 쓰지 않고 긍정문으로 쓴다. 따라서 'but commits errors'가 올바르게 쓰였다.

③ 교통수단을 표현할 때는 a나 the가 없는 무관사 명사를 by와 함께 써서 표현하므로 'by train'은 문법적으로 옳다.

④ to부정사를 부정할 때는 to부정사 앞에 not을 쓴다. 따라서 주어진 문장에서 'not to have told a lie'는 올바르게 쓰였다.

84 ④

해설

④ '구동사의 수동태'에 대한 문제로, '말을 걸다'의 의미인 'speak to'는 수동태로 표현되면 'be spoken to'로 표현하므로 'was spoken'을 'was spoken to'로 고쳐야 한다.

① '과거에 해야 했었는데'는 'should have p.p.'로 쓴다. 따라서 'should have had'는 문법적으로 옳다. 사역동사 have의 목적어와 목적보어가 수동의 의미관계일 때 목적보어 자리에 과거분사를 쓴다. 따라서 'should have had my hair cut'은 올바르게 쓰였다.

② 'Only 부사/부사구/부사절'은 동사를 수식하므로 '도치 구조'를 이끈다. 따라서 'can you park~'가 올바르게 쓰였다.

③ dare는 '감히 ~하다'를 의미하는 표현으로 부정부사가 dare 뒤에 위치할 때 dare는 조동사이므로 뒤에 동사원형이 쓰인다. 따라서 'daren't ask'는 올바르게 쓰였다.

85 ②

해설

② 도치 구문 내의 동사의 수의 일치'에 대한 문제로, 주어가 'many natural monuments'이므로 복수 동사 stand로 일치시켜야 한다. 따라서 'stands'를 'stand'로 고쳐야 한다.

① 'Only 부사/부사구/부사절'은 동사를 수식하므로 '도치 구조'를 이끈다. 따라서 'did the meeting open'은 올바르게 쓰였다.

③ nor는 'and'와 부정부사 'neither'의 결합으로 뒤에 도치 구조를 이끈다. 따라서 'nor do I want'는 올바르게 쓰였다.

④ 조동사 'had better(~하는 것이 좋을 것이다)'의 부정의 표현을 물어보는 문제이다. 'had better 동사원형'의 부정은 'had better not 동사원형'으로 표현하므로 'had better not tell'은 올바르게 쓰였다.

86 ①

해설

① 'cannot ~ too 형용사' 또는 'cannot ~ too 부사'는 '아무리 ~해도 지나치지 않다'라는 의미의 조동사 관용표현이다. 주어진 문장에서 'cannot be too careful'은 '아무리 주의해도 지나치지 않다'라는 의미로 올바르게 쓰였다.

② 'so 조동사 주어'는 앞에 나온 문장이나 절과 호응해서 쓰이는 도치 구문으로 so 뒤에 조동사는 앞에 나온 문장이나 절의 동사에 따라 결정된다. 앞에 나온 절에서 조동사 have가 쓰였고 so의 주어는 I이므로 'did'를 'have'로 고쳐야 한다.

③ '간접목적어 직접목적어'의 구조를 이끌 수 있는 동사는 4형식 동사이다. 따라서 'mentioned'를 'told'로 고쳐야 한다.

④ 감정분사는 감정분사의 수식을 받는 명사가 감정을 느낄 때 과거분사의 형태로 쓰고 감정을 유발할 때는 현재분사를 쓴다. 'embarrassing'이 수식해주는 명사는 'she'이고 이때 'she'는 감정을 느끼는 주체이기 때문에 'embarrassing'을 'embarrassed'로 고쳐야 한다.

87 ③

해설

③ 'since 시점' 또는 'since 주어 + 과거 동사~'는 완료시제의 동사와 쓰이므로' 주어진 문장에서 'hasn't found a job since he graduated'는 올바르게 쓰였다.

① 'Not only A but also B' 구문에서 Not only가 문두에 위치할 때 '조동사 + 주어'로 도치되고 '조동사 do(does/did)' 뒤에는 '주어 + 동사원형'이 쓰인다. 따라서 'he broke'를 'did he break'으로 고쳐야 한다.

② 유사 관계대명사 but은 'that ~ not'의 의미로 but 뒤에는 부정 부사를 쓰지 않고 긍정문으로 쓴다. 따라서 'but does not love'를 'but loves' 또는 'that does not love'로 고쳐야 한다.
④ 강조되는 명사 John은 문장에서 주어 역할을 하고 있고 따라서 that절의 he가 중복되어 있어서 틀린 문장이다. he를 생략하고 'that he met'을 'that met'으로 고쳐야 한다.

88 ④

해설

④ 과거 사실에 대한 반대를 가정할 때는 가정법 과거 완료 공식인 'if 주어 had P.P. ~, 주어 would/should/could/might have P.P.'로 쓴다. 따라서 'would be'를 'would have been'으로 고쳐야 한다.
① 전치사 뒤에 목적어 자리에는 명사 목적어가 필요하다. 이때 형용사는 명사 역할을 할 수 없으므로 the를 붙여 'the 형용사'를 쓰면 '~한 사람들'이라는 의미로 명사 역할을 할 수 있으므로 주어진 문장에서 전치사 of 뒤에 'the governed'가 올바르게 쓰였다.
② to부정사가 명사를 수식해주는 형용사적 용법으로 'the power to force'는 올바르게 쓰였다.
③ 전치사 during은 '(특정 기간의)~동안에'라는 뜻으로 주어진 문장에서 '히틀러의 지배 기간'이라는 특정 기간 명사를 목적어로 취하며 올바르게 쓰였다.

해석

모든 정부는, 심지어 제일 독재적인 정부라도 국민들의 일부 합의를 갖는다. 그리고 완전히 자유롭고 개방적인 민주주의 국가들이 강압의 요인를 지닌다. 대단한 자유가 있는 미국은 정부가 세금 납부를 강요하고 범인을 처벌하고 공공의 방어를 준비하는 권력을 지닌다. 반대로, 만약 아돌프 히틀러의 지배기간 동안 모든 독일 국민들이 어떤 일을 하는 것도 거절했다면 그는 곧 정권에서 물러났을 것이다. 최악의 폭군이라도 얼마만큼은 국민들의 합의에 의존한다. 이것은 정부는 강압이나 합의의 정도에 따라 나뉘어질 수 있다는 것을 암시하는 것이다.

어휘

☐ **dictatorial** 독재자의, 전제적인
☐ **consent** 동의, 허가 승낙
☐ **democracy** 민주주의

89 ②

해설

② 비교급을 강조할 때는 much, far, even, still, a lot 등의 부사를 써야 한다. 따라서 very는 주어진 문장에서 삭제해야 한다.
① 명사절 접속사 what이 뒤에 주어가 없는 불완전 구조를 이끌면서 문장의 주어 자리에 올바르게 쓰였다.
③ 관계대명사 which가 뒤에 주어가 없는 불완전 구조를 이끌며 앞에 나온 사물 명사 'specialization'을 수식하고 있으므로 올바르게 쓰였다.
④ the number of는 복수명사를 수식하므로 주어진 문장에서 올바르게 쓰였다.

해석

10만 년보다 더 이전 아프리카 어디선가 지구에 새로운 현상이 태어났다. 한 생물종(인간)이 자신의 유전자를 거의 바꾸지 않은 채로 세대에서 세대로 자신의 습관을 늘리기 시작했다. 이것을 가능하게 한 것은 개인 간에 물건과 서비스를 맞바꾸는 교환이었다. 그것이 그 종에게 자신의 분명히 큰 두뇌 속에 담을 수 있는 어떤 것보다 훨씬 더 큰 외부적이고 집단적인 지능을 주었다. 각자는 오직 한 가지를 만드는 방법을 알면서도 두 명의 개인은 각각 두 개의 도구와 두 개의 아이디어를 가질 수 있었다. 각각은 한 가지만 이해하면서도 10명의 개인은 그들 간에 10가지를 알 수 있었다. 이런 식으로 교환은 전문화를 부추겼고 그것은 각 개인이 만드는 방법을 알았던 것의 수를 줄이면서도 그 종이 가질 수 있는 서로 다른 습관의 수를 늘렸다.

어휘

☐ **add to** 증가시키다
☐ **external** 외부적인
☐ **phenomenon** 현상
☐ **planet** 행성, 지구
☐ **swap** 교환하다, 바꾸다
☐ **admittedly** 명백히, 틀림없이

90 ③

해설

③ 관계대명사 who는 사람 선행사를 수식하고 who 뒤에는 주어가 없는 불완전 구조가 나온다. 주어진 문장에서 'a pro golfer'를 'who's had~'가 올바르게 수식하고 있다.
① 감정분사는 감정분사의 수식을 받는 명사가 감정을 느낄 때 과거분사의 형태로 쓰고 감정을 유발할 때는 현재분사를 쓴다. lack of control은 감정을 느낄 수 없는 대상이므로 'frustrated'가 아닌 'frustrating'으로 고쳐야 한다.
② 전치사 뒤의 목적어 자리에는 접속사 if를 쓸 수 없으므로 같은 의미로 쓰일 수 있는 whether로 고쳐야 한다.
④ 목적격 관계대명사가 생략된 후 선행사를 수식해주는 '주어+동사' 구조는 반드시 목적어가 없는 불완전 구조로 쓰인다. 'all the mistakes she made it'에서 she made it이 목적격 관계대명사가 생략된 채로 선행사인 all the mistakes를 수식하고 있으므로 she made it에서 it을 삭제하고 목적어가 없는 불완전 구조로 써야 한다. 따라서 it을 삭제해야 한다.

해석

때때로 우리가 무언가를 하고 싶지 않으면 않을수록, 우리는 더욱 그것을 해야 한다고 느낀다. 특히 프로 운동선수들은 이와 같은 좌절감을 느끼게 하는 통제력의 상실을 잘 알고 있다. 예를 들어 야구 선수가 슬럼프에 빠져 있다면, 그는 자신이 공을 칠 수 있는 능력이 없다는 것에 대해 고민할 것이다. 매번 타석에 설 때마다, 자신이 공을 칠 수 있을지에 대해 걱정하게 된다. 그리고 걱정하면 걱정할수록 그가 공을 칠 확률은 더 떨어진다. 또는 프로 골프 선수가 한 토너먼트에서 특정 홀에 대해 안 좋은 기억이 있으면 다시 그 홀에 공을 쳐야 할 때가 됐을 때 자주 겁을 먹는다. 그녀는 지난번에 저질렀던 실수를 모두 기억해 낸다. 그리고는 그런 실수를 반복할 것이라는 떨칠 수 없는 강박증과 같은 것을 느끼며 괴로워한다.

어휘

☐ **compel** 강요(강제)하다, ~하게 만들다
☐ **obsess** 사로잡다, ~에 집착하게 하다
☐ **spooked** 겁먹은; 안달이 난
☐ **irresistible** 억누를 수 없는, 저항할 수 없는
☐ **compulsion** 강요, 충동

예상문제 7회 (91번~105번) - 문법 전영역 예상문제

91 ①

해설

① otherwise는 앞에 나온 절의 동사의 시제가 과거이면 otherwise 뒤에는 '주어 would/shoud/could/might have p.p.' 구조가 쓰인다. 주어진 문장에 동사의 시제가 'was'인 과거시제이므로 'would accept'를 'would have accepted'로 고쳐야 한다.
② 배수사의 위치는 비교급 앞에 나와야 하므로 'as three times long as'를 'three times as long as'로 고쳐야 한다.
③ 주어진 문장의 동사가 'had decided'이므로 조동사 'had'와 부정부사 'not'이 결합한 'hadn't he'로 부가 의문문 구조가 올바르게 쓰였다.
④ 'much, even, far, by far, still, a lot, a little, a great deal'은 '비교급'을 수식하며, 'very'는 '원급'을 수식한다. 주어진 문장에서 'much'는 비교급 'better'를 수식하고 있으므로 올바르게 쓰였다.

해석

① 나는 바빴다. 그렇지 않으면 나는 그의 초대에 응했을 것이다.
② Mary의 머리는 그녀의 여동생의 머리보다 세 배나 길다.
③ 그는 그곳에 가기로 결정했었지, 그렇지?
④ 그의 최근 영화는 이전 영화들보다 훨씬 낫다.

92 ②

해설

② 지각동사는 목적어와 목적보어 관계가 능동일 경우에는 to부정사가 아닌 동사원형이나 현재분사를 쓴다. 따라서 to walk를 walk나 walking으로 고쳐야 한다.
① '부정어(not/never)~ without 동명사' 구조는 '~할 때마다 –하다'라는 의미로 쓰이며 'without 동명사' 대신 'but 주어 + 동사' 구조를 쓰기도 한다. 주어진 문장에서 'never see this picture without shedding tears'는 '사진을 볼 때마다 눈물을 흘린다'라는 의미로 주어진 문장에서 올바르게 쓰였다.
③ as가 '양보'의 의미를 가질 때, '무관사 명사 as 주어 동사 ~' 구조로 형용사 주격 보어가 문두에 위치하는 도치 구조로 쓰일 수 있다. 'Young man as he was'는 올바르게 쓰였다.
④ 'no less ~ than'은 양자 긍정의 의미를 지니므로 'no less rich than you are'은 '너만큼 부자인'이라는 의미로 올바르게 쓰였다.

해석

① 이 사진을 볼 때마다, 나는 눈물을 흘린다.
② 우리 둘 다 들판을 통해 걸어오고 있는 남자를 본 것을 기억했다.
③ 그는 젊지만, 그 임무에 대해 공정하다.
④ 그는 너만큼이나 부자이다.

93 ④

해설

④ 능동의 의미를 전달하는 완료형 현재분사 구문인 'having raised'는 목적어가 필요한데 뒤에 목적어가 없으므로 타동사 raise를 자동사 rise로 고쳐야 한다. 따라서 'having raised'를 'having risen'으로 고쳐야 한다.
① allow는 목적어와 목적보어의 관계가 능동일 때 to부정사를 목적보어로 취한다. 따라서 allow를 수동태 구조로 전환할 때 'be allowed to부정사'로 쓰이므로 주어진 문장에서 'are not allowed to talk'는 올바르게 쓰였다.
② help는 목적보어로 'to부정사' 혹은 '원형부정사'를 취할 수 있다. 따라서 주어진 문장에서 'help me achieve~'는 올바르게 쓰였다.
③ 'All things considered'는 독립 분사구문으로 '모든 것을 고려해 볼 때'라는 의미로 올바르게 쓰였다.

해석

① 여기서는 큰 소리로 말하는 것이 허용되지 않습니다.
② 영어를 정복하는 것은 내가 나의 목표를 이루는 것을 도울 것이다.
③ 모든 것을 고려해 보았을 때, 그는 좋은 선생님이다.
④ 달이 뜨자 우리는 불을 껐다.

94 ④

해설

④ enable은 5형식 동사로 쓰일 수 있고 목적어와 목적보어의 관계가 능동일 때 to부정사를 목적보어로 취한다. 따라서 helping을 to help로 고쳐야 한다.

① 분사의 의미상의 주어가 문장의 주어와 일치하지 않을 때는 분사 앞에 분사의 의미상의 주어를 쓴다. 특히 날씨를 의미할 때는 분사구문의 의미상 주어로 비인칭 주어 'it'을 쓴다. 따라서 'It being warm enough'는 올바르게 쓰였다.
예 날씨가 좋아서 → it being fine (weather)
예 버스가 없어서 → there being no bus
예 눈을 감은 채로/뜬 채로 → (with) eyes closed/open.

② 문장의 본동사의 행위 시점보다 동명사의 행위가 더 앞선 경우에는 완료형 동명사인 having p.p.를 써서 시제 차이를 나타낸다. 따라서 'having done her homework'는 올바르게 쓰였다.

③ 'nearly 50 people'을 목적어로 취할 수 있는 능동의 현재분사 'killing'은 문법적으로 옳다.

해석

① 날씨가 따뜻했기 때문에, 우리는 등산을 가기로 결정했다.
② 그녀는 자신의 숙제를 마치지 않아서 비난받았다.
③ 두 대의 버스가 충돌해서 거의 50명의 사상자가 발생했다.
④ 그는 부자라서 가난한 사람을 도울 수 있다.

95 ①

해설

① rise는 자동사이므로 수동의미를 전달하는 과거분사 구문으로 쓸 수 없으므로 주어진 문장에서 능동을 의미하는 현재분사 'having risen'은 올바르게 쓰였다.

② 분사구문의 부정에 대한 문제로, 부정부사는 분사 앞에 위치해야 하므로 'Knowing not'을 'Not knowing'으로 고쳐야 한다.

③ think는 '형용사' 목적보어와 'to부정사' 진목적어를 취할 때 반드시 think 뒤에 가목적어 'it'이 필요하다. 따라서 'think wrong'을 'think it wrong'으로 고쳐야 한다.

④ 'consist'는 자동사이므로 능동의 의미를 갖는 현재분사로 명사를 수식한다. 'consisted'를 'consisting'으로 고쳐야 한다.

해석

① 해가 떠서 나는 산책을 했다.
② 길을 몰랐기 때문에 그들은 곧 길을 잃었다.
③ 나는 시간보다 돈을 더 소중히 여기는 것이 잘못되었다고 생각한다.
④ 그는 12명의 전문가들로 구성된 클럽에 합류했다.

96 ①

해설

① '부분을 나타내는 명사 of 명사' 구조는 of 뒤에 나온 명사에 수 일치한다. 'income'과 수 일치하여 'is'가 올바르게 쓰였다.

② 'Not until 명사' 또는 'Not until 주어 + 동사'가 문장 첫머리에 위치할 때 '조동사 + 주어'로 도치된다. 따라서 'we realized'를 'do we realize'로 고쳐야 한다.

③ '주장 · 요구 · 명령 · 제안 · 충고'를 의미하는 타동사 뒤에 'that 주어 + 동사 (should) (not) 동사원형' 구조를 쓴다. 따라서 'be not'을 'not be'로 고쳐야 한다.

④ with는 명사 목적어 뒤에 현재분사 또는 과거분사를 써서 부대상황을 나타낸다. 'arms'는 행위를 받는 처지이므로 현재분사 'folding'을 과거분사 'folded'로 고쳐야 한다.

해석

① 내 수입의 4분의 3이 집세를 내는 데 쓴다.
② 우리가 병에 걸리기 전까지는 우리는 건강의 가치를 깨닫지 못한다.
③ 그는 가게 이름을 공표하지 말 것을 요구했다.
④ 남자는 팔짱을 낀 채 벽에 기대어 서 있었다.

97 ①

해설

① keep의 목적보어로 waited 자동사의 과거 분사형이 쓰였지만 자동사는 수동의 의미를 나타낼 수 없으므로 능동의 의미를 나타내는 현재분사 waiting으로 고쳐야 한다.

② 3형식 타동사가 that절 목적어를 취할 때 수동태 구조는 'It be p.p. that절' 구조이다. 따라서 'It was believed that~'은 올바르게 쓰였다.

③ with는 명사 목적어 뒤에 현재분사 또는 과거분사를 써서 부대상황을 나타낸다. 'eyes'는 행위를 받는 처지이므로 과거분사 'shut'이 올바르게 쓰였다.

④ 'one of 복수명사' 구조가 올바르게 쓰였다.

98 ③

해설

③ 분사 'Admitted' 뒤에 목적어로 'what절'을 취하고 있으므로 'Admitted'를 'Admitting'으로 고쳐야 한다.

① 간접의문문은 '의문사 + 주어 + 동사 ~'구조로 문장에서 명사절로서 주어, 목적어, 보어 자리에 쓰인다. 주어진 문장에서 'Where you are right now'는 간접의문문으로 문장에서 주어 자리에 올바르게 쓰였다.

② 'used to 부정사'는 '~하곤 했다, 과거 한때는[예전에는] ~이었다[했다]'라는 뜻으로 주어진 문장에서 올바르게 쓰였다.

④ 'know better than to 부정사'는 '~할 사람이 아니다' 또는 '~할 정도로 어리석지 않다'라는 의미로 쓰이는 표현으로 주어진 문장에서 올바르게 쓰였다.
※ '~할 사람이 아니다'
know better than to 부정사
= be the last man to 부정사
= be above 동명사
= be far from 동명사

99 ③

해설

③ 비교급 than any other 단수 명사 구조로 쓴다. girls를 girl로 고쳐야 한다.
① 상호관계를 나타낼 때는 복수형 명사를 쓰는 표현들이 있고 그 중에 하나가 'take turns ~ing'구문이다. 주어진 문장에서는 'take turns being~'은 올바르게 쓰였다.
② '수사 + -(하이픈) + 단위명사'가 형용사구가 되어 명사를 수식할 때는 단수 단위명사를 쓴다. 따라서 'a ten-story office building'은 올바르게 쓰였다.
④ 'the 서수 최상급'은 '~번째로 가장 ~한'이라는 의미로 올바르게 쓰였다.

100 ③

해설

③ '이틀에 한번'은 'every other day' 혹은 'every second day' 혹은 'every two days'로 표현한다. 따라서 'every two day'를 'every two days'로 고쳐야 한다.
① practice는 목적어로 동명사를 취하므로 'practiced releasing'은 올바르게 쓰였다.
② 사역동사의 목적보어는 원형부정사로 표현하지만 사역동사를 수동태구조로 전환할 때 원형부정사를 to부정사로 쓴다. 따라서 주어진 문장에서 'was made to stand'는 올바르게 쓰였다.
④ '~을 실행시키다'의 'put ~ into effect'의 수동태 구조는 'be put into effect'이므로 주어진 문장은 올바르게 쓰였다.

101 ①

해설

① '병렬구조'에 대한 문제로, but 다음의 'you are not entirely alike'에서 반복되는 'you are alike'가 생략된 구문이다. 따라서 but 다음의 'entirely'는 올바르게 쓰였다.
② 'as if 가정법'의 시제 일치를 물어보는 문제이다. as if 가정법에서 동일한 시점의 표현은 '과거시제'로 표현하고, 상대적으로 더 앞선 과거 시점에 대한 표현은 '과거완료'로 표현한다. 기간부사 'for several days'는 더 앞선 과거에 사실을 나타내므로 과거동사 'didn't sleep'이 아니라 'hadn't slept'로 고쳐야 한다.
③ 지각동사는 목적어와 목적보어가 능동의 관계일 경우 목적보어로 원형부정사나 현재분사를 취한다. 따라서 주어진 문장에서 목적어 'his mom' 뒤에 목적보어는 'to talk'가 아니라 동사원형 'talk' 또는 현재분사 'talking'으로 고쳐야 한다.
④ '영향을 미치다'는 'affect' 혹은 'have an effect on'으로 표현하므로 'affects on'에서 on을 삭제해야 한다.

102 ②

해설

② 사역동사의 목적어와 목적보어 관계가 능동일 경우에 목적보어로 '원형부정사'를, 목적어와 목적보어 관계가 수동일 경우에 목적보어로 '과거분사'를 쓴다. the man은 묶임을 당하는 입장이므로 목적보어로 'tied up'이 올바르게 쓰였다.
① marry는 타동사로 전치사가 필요가 없으므로 전치사 to를 삭제해야 한다.
③ 문장의 주어가 될 수 있는 것은 동명사 또는 to 부정사이다. 따라서 'Make'를 'To make' 또는 'Making'으로 고쳐야 한다.
④ suggest는 3형식 동사이므로 '~에게'라는 의미를 전달할 때는 전치사 to와 함께 사용해야 한다. 따라서 'me'를 'to me'로 고쳐야 한다.

103 ③

해설

③ 맥락상 '너무 ~해서 ~할 수 없다'라는 내용이 적절하다. 따라서 very를 too로 고쳐야 한다.
① enjoy는 동명사를 목적어로 취하는 동사로 주어진 문장에서 올바르게 쓰였다.
② feel은 주격 보어로 형용사를 취할 수 있으므로 uncomfortable은 올바르게 쓰였다.
④ 'keep 목적어 from 명사/동명사' 구문이 올바르게 쓰였다.

해석

수줍어하는 사람들은 다른 사람들과 함께 있는 것을 즐기지 못한다. 그들은 다른 사람들이 그들을 주목하는 상황을 매우 불안해한다. 다른 사람들이 자신들에 대해 어떻게 생각할지 너무 걱정을 하는 나머지 좀처럼 마음을 편하게 먹지 않는다. 그들은 또한 사람들 앞에서 말하는 것을 두려워한다. 극도로 수줍어하는 사람들은 심지어 외로움을 느끼기까지 하는데, 이는 수줍음 때문에 다른 사람과 친구가 될 수 없기 때문이다.

어휘

- ☐ **uncomfortable** 편안하지 않은
- ☐ **situation** 상황
- ☐ **pay attention to** ~에 주의를 기울이다
- ☐ **be afraid of** ~를 두려워하다
- ☐ **loneliness** 외로움
- ☐ **keep …from ~ing** …가 ~하는 것을 막다(못하게 하다)

104 ④

해설

④ 동사 앞에는 주어가 필요하므로 plant라는 동사를 명사 역할을 할 수 있는 동명사인 'planting'으로 고쳐야 한다.

① 주격 관계대명사 뒤에 동사는 선행사와 수 일치한다. 선행사 relaxation이 단수 주어이므로 단수 동사 influence와 수 일치가 올바르게 쓰였다.

② 등위접속사 or를 기준으로 현재분사 experiencing과 grieving이 올바르게 병치 되어있다.

③ and를 기준으로 형용사끼리 올바르게 병치를 이루고 있다.

해석

정원은 더 이상 식물과 꽃을 위한 것만이 아니다. 정원은 건강에 영향을 주는 원예 농업의 긴장 완화의 장소가 되었다. 당신의 정원은 당신이 물러서고 상쾌해지며 활기를 띠기 위해 가는 거룩한 장소가 될 수 있다. 당신이 침울한 기분일 때나 상실을 몹시 슬퍼할 때, 위로, 향기, 소리와 촉감의 그 지역으로 은거하기를 열망할 수도 있다. 당신의 정원이 당신에게 그러한 의미 있는 촉감을 주고, 그래서 정원 가꾸기는 당신이 가서 독서하거나 기도하거나 단지 그냥 있을 수 있는 조용하고 사적이며 아름다운 공간을 창조한다. 당신의 정원은 당신의 병원이다. 그것은 계속해서 새롭게 되는 것이다. 예를 들어 몹시 슬퍼하는 사람에게 주기를 가진 무언가를 심는 것은 시간이 흘러감을 나타내도록 돕는다.

어휘

- ☐ **horticultural** 원예의, 원예 농업의
- ☐ **relaxation** 이완
- ☐ **sanctuary** 거룩한 장소, 성당
- ☐ **retreat** 물러나다, 재처리하다
- ☐ **refresh** 상쾌하게 하다
- ☐ **rejuvenate** 도로 젊어지게 하다
- ☐ **fragrance** 향기
- ☐ **transition** 변이, 과도기

105 ③

해설

③ and를 기준으로 동사 look과 whine의 병치 구조가 올바르게 쓰였다.

① 형용사/부사 enough to 부정사로 쓴다. 'enough hard'를 'hard enough'로 고쳐야 한다.

② tell은 4형식 동사로 간접목적어 직접목적어를 바로 취할 수 있으므로 간접목적어 앞에 있는 to를 삭제한다.

④ 등위 상관 접속사 either A or B로 쓰인다. and를 or로 고쳐야 한다.

해석

지성이 발전할 수 있는 유일한 방법은 그것을 하려고 열심히 노력하는 것이다. 다른 사람은 아무도 여러분을 대신해 그것을 해 줄 수 없으며, 여러분이 그것을 성취하기에 충분히 노력하지 않는다면 다른 사람은 아무도 (당신을 대신해) 비난받을 수 없다. 나는 아이들에게 다음과 같은 냉엄하고 가혹한 현실을 말하고자 한다. 어떤 일에 대해서도 부모, 선생님들, 또는 정부를 비난할 수 없다. 거울을 들여다보고 징징대지 마라. 미래를 준비하면서 하루하루를 현명하게 보내는 선택을 하거나 아니면 그렇지 않거나 둘 중의 하나이다. 결국, 여러분은 선택에 대한 보답을 받는다.

어휘

- ☐ **whine** 애처로운 소리로 울다, 흐느껴 울다;
- ☐ **reap** 수확하다, 획득하다

예상문제 8회 (106번~120번) – 문법 전영역 예상문제

106 ④

해설

④ 'feel like'는 동명사를 목적어로 취하므로 'to go'를 'going'으로 고쳐야 한다.

① so long as는 '~하는 한'이라는 뜻을 나타내는 부사절 접속사이므로 주어진 문장에서 올바르게 쓰였다.

② 'What is called'는 '소위, 이른바'의 의미를 가지며, what절 내의 구조가 불완전하므로 주어진 문장에서 올바르게 쓰였다.

③ '아무리 ~해도 지나치지 않다'는 'cannot over~'로 표현할 수 있으므로 'cannot overemphasize ~'는 올바르게 쓰였다.

해석

① 나의 아버지가 더 일찍 운동을 시작했다면 좋았을 텐데.

② 진 교수는 소위 걸어 다니는 사전이다.

③ 저축의 중요성은 아무리 강조해도 지나치지 않다.

④ 나는 지금 산책가고 싶지 않다.

107 ②

해설

② 과거 시점의 추측은 'must have p.p.'로 표현한다. 따라서 'must rain'을 'must have rained'로 고쳐야 한다.

① as 양보 도치 구문에서 형용사 주격 보어가 문두에 나올 때 be동사와 주어가 도치되고 이때 수 일치에 주의한다. 따라서 주어진 문장에서 'is the man'은 수 일치가 올바르게 쓰였다.

③ 무의지 동사 뒤에 to부정사는 결과적인 의미를 나타내는 to부정사의 부사적 용법으로 주어진 문장에서 올바르게 쓰였다.

④ 과거 시점에 대한 아쉬움을 나타내는 표현은 'should have p.p.'이고 주어진 문장에서는 'should have apologized'는 올바르게 쓰였다.

해석

① 자신의 운명에 만족하는 사람은 행복하다.
② 거리가 다 젖어 있는 것을 보니, 지난밤 비가 내렸음에 틀림없다.
③ 소년은 자라서 훌륭한 청년이 되었다.
④ 팀은 더 일찍 사과했어야 했는데 그러지 않았다.

108 ②

해설

② 'A be different from B'는 'A와 B는 다르다'라는 비교를 나타낼 수 있는 표현이므로 비교 대상 일치에 주의한다. This year's fashion의 비교 대상은 '~의 패션'이라고 해석되어야 한다. 따라서 last year를 'that(=fashion) of last year'라고 고쳐야 한다.
① 과거 시점의 추측에 대한 문제로, '~했음이 틀림없다'는 'must have p.p.'로 표현하므로, 'must have been'은 문법적으로 옳다.
※ 과거 시점의 추측에 대한 표현
▸ must have p.p. ~했음이 틀림없다
▸ can't have p.p. ~했을 리 없다
▸ may(might) have p.p. ~했을지 모른다
③ accuse는 'A of B'의 구조를 취하는 동사로 전치사 of와 결합하므로 주어진 문장에서 'of embezzlement'는 올바르게 쓰였다.
④ 타동사구인 make good use of의 수동태 구조인 'be made good use of'가 올바르게 쓰였다.

해석

① 그녀는 젊었을 때 분명히 아름다웠을 것이다.
② 올해 패션은 작년 패션과 아주 다르다.
③ 그녀는 대표이사를 횡령 혐의로 고발하였다.
④ 그것은 전 세계 모든 곳에서 잘 활용될 것이다.

109 ②

해설

② such가 문두에 나오고 뒤에 be동사 주어로 도치된 구조이다. 이때 주의할 점은 be동사와 뒤에 나온 주어와 수 일치를 확인해야 한다. 따라서 'were'를 'was'로 고쳐야 한다.
① 'so 조동사 주어'는 앞에 나온 긍정문과 호응해서 쓰이는 표현으로 앞에 나온 동사가 be동사면 so 뒤에 조동사도 be동사로 쓴다. 따라서 주어진 문장에 'so is brotherhood'는 올바르게 쓰였다.
③ 수식받는 명사가 비교급 'more money(더 많은 돈)'인 경우에 유사 관계대명사로 쓰이는 than으로 표현해야 한다. 따라서 'more money than is necessary'는 '필요한 이상의 돈'이라는 뜻으로 주어진 문장에서 올바르게 쓰였다.
④ appreciate는 동명사 목적어를 취할 수 있고 동명사의 의미상의 주어는 사람일 때 원칙적으로는 소유격을 취하므로 'your keeping'은 올바르게 쓰였다.

해석

① 부모의 사랑은 숭고한 것으로 인식되고, 형제애도 그렇다.
② 그의 세력은 강대해서 모두가 그를 두려워했다.
③ 그는 필요 이상으로 돈을 많이 쓴다.
④ 그것을 비밀로 해 주시면 고맙겠습니다.

110 ④

해설

④ 'may as well'이 이끄는 비교 구문은 'may as well 동사원형 as 동사원형'으로 표현하므로 'may as well stay home as hang ~'은 올바르게 쓰였다.
① 'as ~ as'의 원급 비교 구문에 대한 문제로, 'as better as'를 'as good as'로 고쳐야 한다.
② '~할수록, 그만큼 더 ~하다' 구문은 'the 비교급 ~, the 비교급 ~'으로 쓴다. 따라서 주어진 문장에서 more 앞에 the를 써서 'more modest'를 'the more modest'로 고쳐야 한다.
③ superior(더 우수한)는 라틴어 비교 표현으로 'more'와 'than'의 표현과 결합할 수 없고, 비교 대상 앞에 to를 붙여 쓴다. 따라서 than을 to로 고쳐야 한다.

해석

① 사업이 지금처럼 잘된 적은 없었다.
② 사람은 나이가 들어갈수록, 겸손해지는 경향이 있다.
③ 그는 많은 면에서 그의 형보다 훨씬 더 우월하다.
④ 나는 그러한 사람과 어울리느니 차라리 집에 머물겠다.

111 ①

해설

① 부분을 나타내는 표현으로 'some~'과 'others~'는 올바르게 쓰였다.
② 감정분사는 감정을 유발한다는 의미를 전달할 때는 현재분사로 쓴다. 따라서 'interested'를 'interesting'으로 고쳐야 한다.
③ 주어가 없는 불완전한 절을 이끌 수 있는 명사절 접속사는 That이 아니라 What이므로 'That'을 'What'으로 고쳐야 한다.
④ 'as ~ as'의 원급 비교일 때는 '형용사와 부사의 품사 구분'의 문제이다. 동사 explained를 수식하기 위해 부사 clearly가 와야 하므로 'as clear as'를 'as clearly as'로 고쳐야 한다.

해석

① 어떤 사람들은 재즈를 좋아하지만 다른 사람들은 록 음악을 좋아한다.
② 우리는 그 이야기가 지난번보다 더 재미있다는 것을 알았다.
③ 한번 연기된 것은, 전보다 더 어려워진다.
④ 그녀는 그것을 그녀의 선생님만큼 분명하게 설명했다.

112 ④

해설

④ 최상급의 의미를 갖는 비교 구문에서 비교 대상은 'any other 단수 명사'로 써야 한다. 따라서 boys를 boy로 고쳐야 한다.
① 가정법 미래는 'If 주어 should 동사원형, 과거 조동사 또는 현재나 미래의 의미를 나타내는 조동사 + 동사원형'으로 표현하며, if 생략 시 '동사 주어'의 어순이 된다. 따라서, 'Should a storm arise suddenly, we can find a shelter easily.'는 'If a storm should arise suddenly, we can find a shelter easily'와 같으므로 주어진 문장은 올바르게 쓰였다.
② 분사구문의 부정에 대한 문제이다. 부정부사는 분사 앞에 위치하므로 'Not having seen ~'은 올바르게 쓰였다.
③ 'love, like, hate, begin, start'는 to부정사와 동명사 목적어 모두 취할 수 있으므로 주어진 문장에서 'began to take'는 올바르게 쓰였다.

113 ④

해설

④ 강조 구문에서 부사가 강조되면 that 뒤는 완전 구조로 쓴다. 따라서 주어진 문장은 올바르게 쓰였다.
① 세 개 이상의 다른 대상들과 비교를 통한 최상급 표현은 'the most 최상급'으로 표현한다. 따라서 'most intelligent'를 'the most intelligent'로 고쳐야 한다.
② '기껏해야'라는 뜻의 'at most' 또는 'not more than'으로 표현한다.
③ 관계대명사 which가 계속적 용법으로 사용될 때 앞 문장 전체를 선행사로 수식할 수 있으므로 주어진 문장은 올바르게 쓰였다.

114 ③

해설

③ '주장 · 요구 · 명령 · 제안 · 충고'를 의미하는 타동사 뒤에 'that 주어 + 동사 (should) (not) 동사원형' 구조를 쓴다. 따라서 'will be'를 'should be'로 고쳐야 한다.
① teach는 4형식 타동사로 수동태가 된 후 직접목적어가 뒤에 남아 있게 된다. 따라서 주어진 문장은 올바르게 쓰였다.
② 수식받는 명사(선행사)가 사물일 때, 소유격 관계대명사는 'whose 명사 = of which the 명사 = the 명사 of which'로 표현할 수 있으므로 올바르게 쓰였다.
④ enter into는 '~을 시작하다'라는 뜻으로 목적어로 'business'를 취하고 있으므로 올바르게 쓰였다.

115 ③

해설

③ 문장의 본동사의 시제는 현재이고 to부정사의 발생 시점은 과거이므로 완료형 부정사를 써야 한다. 현재 시점 기준에 과거에 대한 표현은 '완료부정사'로 표현해야 하므로 'to be deceived'를 'to have been deceived'로 표현해야 문법적으로 옳다.
① '둘 다 하지 않다'라는 뜻의 양자 부정의 의미로 쓰일 때 '주어 동사 no more ~ than 주어 동사'로 표현하며 다음에는 긍정문이 온다. 따라서 'than you do'는 올바르게 쓰였다.
② 'not to say ~'는 '~라 말할 정도는 아니고'라는 뜻으로 올바르게 쓰였다.
④ 'A is one thing and B is another'은 'A와 B는 별개다'라는 의미로 주어진 문장에서 올바르게 쓰였다.

116 ③

해설

③ make의 목적보어 자리에 동사원형 'understand'가 목적어가 없으므로 수동의 과거분사 'understood'로 고쳐야 한다.
① stop은 '금지 동사 + 목적어 from 동명사'의 구조를 취하므로 'stop people from committing suicide'는 올바르게 쓰였다.
② the best way를 수식하는 형용사구로 'in which to부정사구'는 올바르게 쓰였다. '전치사 관계대명사'는 '완전한 절'과 '완전한 to부정사구'를 이끌 수 있다.
④ '~에게 종종 있는 경우이듯이'는 'As is often the case with ~'로 쓰므로 주어진 문장에서 올바르게 쓰였다.

117 ③

해설

③ 문장의 주어 입장에서 '길을 잃은' 것이므로 능동의 분사구문이 옳게 쓰였고, 부사 enough는 '형용사와 부사' 뒤에서 수식하므로 문법적으로 옳다.
① 두 개의 완전한 절을 접속사 없이 연결할 수 없다. 따라서 'all of them'을 'all of whom' 혹은 'and all of them'으로 표현해야 문법적으로 옳다.
② be known to는 '~에게 알려져 있다'라는 뜻이므로 '~으로 알려져 있다'라는 의미일 때는 be known as로 써야 한다. 따라서 'to'를 'as'로 고쳐야 한다.
④ convince(확신시키다)는 '사람에게 that절을 확신시키다'라는 의미는 'convince 사람 that절'로 표현할 수 있다. 확신시키려는 대상인 사람이 주어로 올 때에는 'be convinced that절'로 표현할 수 있으므로 'didn't'를 'wasn't'로 고쳐야 한다.

118 ③

해설

③ 도치 구문에서 1형식 자동사 emerge와 뒤에 나온 복수 명사주어인 factors와 수 일치해야 한다. 따라서 emerges를 emerge로 고쳐야 한다.
① 부정부사가 문두에 위치해서 강조되고 도치구조가 올바르게 쓰였다.
② 부정부사가 문두에 위치해서 '조동사 has 주어 p.p.'구조로 올바르게 도치되어있다.
④ (a) few는 복수 가산 명사를 수식한다.

해석

사업의 역사에서 과학 기술, 시장 구조 그리고 세계적인 영역에서의 변화가 그토록 급속하게 일어났던 디스크 드라이브와 같은 산업은 어디에도 없었다. 디스크 드라이브 산업의 역사를 이해하는 것의 가치는 그 복잡성으로부터 산업에서 가장 훌륭한 회사의 성공과 실패를 반복적으로 결정지어 왔던, 놀랄 만큼 단순하고 일관된 몇 가지 요소가 나타난다는 것이다.

어휘

- ☐ **scope** 범위, 영역
- ☐ **complexity** 복잡성
- ☐ **emerge** 나타나다
- ☐ **stunningly** 깜짝 놀랄 정도의
- ☐ **consistent** 일관된
- ☐ **determine** 결정하다

119 ②

해설

② explain은 3형식 타동사로 목적어를 1개 취하며 '사람 목적어 + 사물 목적어' 구조인 4형식 구조로 쓸 수 없다. 따라서 to your partner로 고쳐야 한다.
① you and your partner는 복수의 개념이므로 복수 동사 have가 올바르게 쓰였다.
③ get은 2형식 동사로 쓰일 수 있고 뒤에 형용사 목적어가 올바르게 쓰였다.
④ 타동사 take 뒤에 명사 목적어가 나오고 부사가 쓰인 구조로 주어진 문장에서 올바르게 쓰였다.

해석

어떤 사람은 자기 자신과 다른 사람 간의 거리를 두기 위해 화를 내거나 싸움을 시작한다. 여러분과 여러분의 상대가 엄청난 양의 시간을 함께 보내오고 있다고 해 보자. 여러분은 다소 귀찮아지고, 억압되었다고 느끼기 시작하고 있다. 자신에게 이것을 인정하고, 상대방에게 여러분이 약간의 거리가 필요하다고 설명하는 것 대신, 그가 했던 약간의 사소한 일 때문에 그에게 싸움을 걸거나 화를 낸다. 그런 식으로 여러분은 떠날 때 정당하다고 느낀다. 나중에 그가 전화를 하면, 여러분은 그에게 여러분이 잘 지내고 있지 못하기 때문에 며칠 동안 서로 만나지 않는 것이 더 낫다고 생각한다고 말한다. 실제로는 여러분이 줄곧 거리를 원했던 것이다.

어휘

- ☐ **pressured** 억압된, 압박된
- ☐ **justified** 정당한 이유가 있는, 정당한
- ☐ **get along** 사이좋게 지내다
- ☐ **all along** 줄곧, 내내

120 ②

해설

② many는 복수 가산 명사를 수식한다. 따라서 consequence를 consequences로 고쳐야 한다.
① 전치사+관계대명사 뒤에는 완전 구조를 취한다.
③ 동사 앞에 do/does/did를 사용해서 본동사를 강조할 수 있다.
④ 명사 앞에 the very를 사용해서 명사를 강조할 수 있다.

해석

끔찍한 사실은 자살이 실패하는 경우가 종종 있다는 것이며, 그럴 경우 자살 시도자는 영구적인 뇌 손상, 심한 화상, 또는 평생 지속되는 불구 등 많은 끔찍한 결과에 직면해야 한다. 긍정적인 면에서 보면, 자살 시도를 했다가 살아난 경우, 그 사람은 살아서 사람들이 자살을 하는 가장 흔한 이유인 우울증에 대한 진실, 즉 우울증은 사실 순간적인 상태라는 사실을 발견하게 된다. 당신을 우울증이 늪으로 빠뜨렸던 바로 그 상황은 언제든지 변할 수 있으며, 나쁜 기운을 몰아낼 수 있는 여러 종류의 약들이 있다.

어휘

- ☐ **fool-proof** 아주 간단한; 안전한
- ☐ **proposition** 제안하기; 일, 문제
- ☐ **consequence** 결과
- ☐ **swamp** 늪
- ☐ **permanent** 영구적인
- ☐ **sage** 슬기로운, 현명한
- ☐ **chase away** ~을 쫓아내다

예상문제 9회 (121번~135번) - 문법 전영역 예상문제

121 ④

해설

④ 'as if 가정' 구문에 대한 문제로, 문장의 동사가 'looks'로 현재 시제이고 'as if절' 내에는 과거시간 부사 last night가 나왔으므로, '과거완료'로 표현한다. 따라서 'didn't sleep'를 'had not slept'로 고쳐야 한다.

① 'fact, belief, news, rumor' 등의 추상명사 다음에는 'that+완전한 절'을 써주는데 이 'that 이하의 문장을 '동격의 that절'이라고 하고 주어진 문장에서는 'a rumor that ~'이 올바르게 쓰였다.

② 문장 내에서 강조하기 위해 사용하는 'so, such'는 'so 형용사 (a) 명사'와 'such (a) 형용사 명사'로 쓴다.

③ 접속사로 문장을 이어줄 때는 대명사를 쓰고, 콤마로 문장을 이어줄 때는 관계대명사를 쓴다. 주어진 문장에서는 접속사가 있으므로 관계대명사를 쓸 필요 없이 대명사를 써서 올바른 문장이다.

해석

① 그 집이 귀신이 씌었다는 소문이 있다.
② 그 기사는 터무니없는 소리에 지나지 않았다.
③ 그녀는 많은 친구들이 있고 그 중에 대부분이 친절하다.
④ 그는 어젯밤에 잠을 자지 않은 것처럼 창백해 보인다.

122 ①

해설

① 형용사나 부사의 원급을 수식하는 것은 'very'이고 형용사나 부사의 비교급을 수식하는 것은 'even, much, far, still, a lot'이다. 주어진 문장의 very를 'even, much, far, still, a lot' 중 하나로 고쳐야 한다.

② 부사와 형용사를 이끌 수 있는 접속사는 how이므로 올바르게 쓰였다.

③ 주어가 스스로 떠오르면(올라가다) 'rise – rose – risen'으로 쓰고, 주어가 다른 것을 올리면(들어 올리다) 'raise – raised – raised'로 사용한다.

④ 모든 것을 뜻하는 부정 대명사 all과 every는 사용 방법이 다르다. 뒤에 복수 가산 명사가 오면 'all', 뒤에 단수 가산 명사가 오면 'every'를 사용해야 한다. 파리가 스스로 날아오른 것이므로 rose는 올바르게 쓰였다.

해석

① 어떤 사람들은 다른 사람들보다 여가 시간이 훨씬 더 적다.
② 당신이 아무리 조심을 해도 그것들이 오래가지는 않는다.
③ 파리들이 시커멓게 잔뜩 떼를 지어 날아올랐다.
④ 그들의 CD는 하나하나 다 히트를 쳤다.

123 ①

해설

① 뒤에 목적어를 쓸 수 있는 것은 '동명사'이고 뒤에 목적어를 쓸 수 없는 것은 '명사'이다. 따라서 rejection을 뒤에 나온 또 다른 명사 his offer를 취할 수 있는 동명사 rejecting으로 고쳐야 한다.

② 주어가 스스로 '앉다'라고 할 때는 'sit – sat – sat'으로 쓰고, 주어가 다른 것을 앉히면(착석시키다) 'seat – seated – seated'로 사용한다. 선생님이 그를 앉히는 것이므로 seat이 올바르게 쓰였다.

③ 주절의 주어가 행동을 하면 현재분사로 시작하는 분사구문이고, 행동을 당하면 과거분사로 시작하는 분사구문이다. 주어진 문장은 주어가 그녀라는 행동할 수 있는 주체이므로 현재분사 Backpacking이 올바르게 쓰였다.

④ 장소를 나타내는 선행사 뒤에 완전한 절이 따라오면 관계부사 'where'를 쓴다. 관계대명사 which는 뒤에 주어나 목적어가 없는 불완전한 절을 이끌고 사물 선행사를 수식한다. 주어진 문장은 뒤에 불완전한 구조가 나왔으므로 which가 적절하다.

해석

① 그는 내가 그의 제안을 거절한 것을 비난했다.
② 우리 영어 선생님은 그를 잠시도 가만히 앉혀놓을 수가 없었다.
③ 외국에서 배낭여행을 할 때, 그녀는 항상 카메라를 가지고 다닌다.
④ 이곳이 내가 열쇠를 잃어버렸던 곳이다.

124 ④

해설

④ 주어가 '생기면(발생하다)라는 의미이면 'arise – arose – arisen'으로 쓰고, '(느낌·태도를) 불러일으키다[자아내다]'는 'arouse – aroused – aroused'로 활용한다. 주어진 문장에서는 '관심을 불러일으키다'라는 의미로 쓰였으므로 arose를 aroused로 고쳐야 한다.

① 가정을 나타내는 문장에서 if가 생략되면 'were+주어, had+주어+p.p., should+주어+동사원형'으로 쓴다. 주어진 문장에서는 가정법 과거완료 구조에서 if가 생략되고 'Had education focused'가 올바르게 쓰였다.

② 비교를 나타내는 표현에서 than 뒤에 있는 명사가 앞에 있는 명사와 같을 때, 단수 명사는 'that'으로 복수 명사는 'those'로 대신한다. 주어진 문장에서는 단수 명사 grass가 나와 있으므로 that으로 대신하여 올바르게 쓰였다.

③ 상대방에게 감정을 불러일으키면 현재분사를, 주어가 그 감정을 느끼면 과거분사를 감정동사에 적용하여 사용한다. 주어진 문장에서 아이들이 감정을 느꼈으므로 excited가 올바르게 쓰였다.

해석

① 교육이 창의력에 초점을 맞추었더라면, 그들은 훌륭한 예술가가 될 수도 있었을 것이다.
② 이쪽의 잔디가 울타리 반대쪽의 잔디보다 더 푸르다.

③ 아이는 공을 던진다는 생각에 신이 났다.
④ 그들의 최근 연구는 많은 흥미를 불러 일으켰다.

125 ③

해설

③ 주어가 스스로 '눕다, ~에 있다'라고 할 때는 'lie – lay – lain'으로 쓰고, 주어가 다른 것을 놓으면(~을 놓다, 눕히다) 'lay – laid – laid'로 사용한다. 주어진 문장에서는 그녀가 누워있었다는 의미로 자동사 lie의 과거형인 lay가 올바르게 쓰였다.
① News는 대표적인 불가산 명사로 단수 취급하므로 복수 동사인 'provide'를 단수 동사인 'provides'로 고쳐야 한다.
② ~가 직접 동작을 하는 중이면 'be v-ing(능동)'이라고 쓰고, ~가 어떤 동작의 대상이 되는 중이면 'be being p.p.(수동)'이라고 쓴다. 주어진 문장에서 동화가 읽혀지고 있는 중이므로 'is reading'을 'is being read'로 고쳐야 한다.
④ 상대방에게 감정을 불러일으키면 현재분사를, 주어가 그 감정을 느끼면 과거분사를 감정동사에 적용하여 사용한다. 주어진 문장에서 사물인 work는 감정을 느낄 수 있는 주체가 아니므로 사물을 수식할 경우에는 현재 분사로 수식해야 옳다. 따라서 'bored'를 'boring'으로 고쳐야 한다.

해석

① 뉴스는 사실과 정보를 제공해 줍니다.
② 동화 백설 공주가 지금 아이들에게 읽혀지고 있다.
③ 그녀는 그의 팔에 안겨 가만히 누워 있었다.
④ 그는 지금 가장 지겨운 일을 하고 있는 중이다.

126 ①

해설

① ~를 하기 위해 하던 일을 멈추면 'to R', 하던 것을 그만하면 '동명사'로 쓴다. 주어진 문장에서는 컴퓨터 게임 하는 것을 '그만두다'라는 의미로 'stop playing'이 올바르게 쓰였다.
② 과거에 했던 것이나 상태를 나타낼 때는 'used to 동사원형', ~를 하기 위해 쓰이면 'be used to R'로 활용한다. 이때 be used to부정사는 사물 주어와 어울려서 쓰이므로 주어진 문장은 'were used to'를 'used to'로 고쳐야 한다.
③ be used to ~ing는 ~하는 데 익숙하다는 의미로 올바르게 쓰였다.
④ 학문 명, 질병, 게임, 국가명 등과 같이 복수형이지만 단수로 취급하는 명사들이 있다. 미국은 국가명으로 단수 취급해야하므로 'are'를 'is'로 고쳐야 한다.

해석

① 그는 컴퓨터 게임 하는 것을 그만하기로 결심했다.
② 나보다 큰 여자애들이 나를 쫓아와서 나를 간지럼을 태우곤 했다.
③ 그는 거리에서 사람들이 자기를 알아보는 것에 익숙해 있다.
④ 미국은 평화를 구축하기 위해 노력 중이다.

127 ③

해설

③ 한 문장 안에서 일반동사(구)가 반복될 때, 'do, does, did'로 대체하거나 조동사 뒷부분을 생략한다. 일반동사 managed를 대체하는 did가 되어야 하므로 wasn't를 didn't로 고쳐야 한다.
① 현재에 대해 강한 추측을 하면 'must[틀림없이(분명히)~일 것이다]'를 사용하고 과거에 대해 강한 추측을 하면 'must have p.p.[틀림없이(분명히)~했(였)을 것이다]'를 사용한다.
② '앞으로 ~할 것을 기억하다 또는 잊다'는 표현은 'remember 또는 forget to부정사'이며, '이미 ~했던 것을 기억하다 또는 잊다'라는 표현은 'remember/forget 동명사'로 사용한다.
④ 앞에서 꾸밈을 받는 명사가 행동을 직접 하면 현재분사를 쓰고, 앞에서 꾸밈을 받는 명사가 행동을 당하면 과거분사를 사용한다.

128 ②

해설

② 주어 다음에 'make, find, think, consider' 등의 동사 뒤에는 'it'이라는 가목적어를 쓰고 가목적어 바로 뒤에는 명사 혹은 형용사, to 부정사를 순서대로 써주는 '가목적어 + 명사 혹은 형용사 목적보어 + 진목적어' 구조를 취할 수 있다. 따라서 주어진 문장에서 considered와 sensible 사이에 가목적어 it을 삽입해야 한다.
① '앞으로 ~할 것을 기억하다 또는 잊다'는 표현은 'remember 또는 forget to부정사'이며, '이미 ~했던 것을 기억하다 또는 잊다'라는 표현은 'remember/forget 동명사'로 사용한다.
③ 앞에서 꾸밈을 받는 명사가 행동을 직접 하면 현재분사를 쓰고, 앞에서 꾸밈을 받는 명사가 행동을 당하면 과거분사를 사용한다.
④ 소유격의 단어인 my와 mine은 뒤에 명사가 나오면 'my'를, 뒤에 명사가 나오지 않으면 'mine'을 활용한다. 뒤에 명사가 나오지 않았으므로 mine이 올바르게 쓰였다.

129 ①

해설

① 주절의 주어가 행동을 하면 현재분사로 시작하는 분사구문이고, 행동을 당하면 과거분사로 시작하는 분사구문이다. 주어진 문장은 주어가 the book이고 행동을 당하는 처지이므로 현재분사가 아닌 과거분사로 쓴다. 따라서 Writing을 Written으로 고쳐야 한다.
② '늦은, 늦게'라는 'late'는 '요즘, 최근에'라는 뜻의 'lately'라고 사용한다. 주어진 문장의 해석에 맞게 '최근에'를 의미하는 'lately'가 올바르게 쓰였다.
③ get 다음에 오는 목적어가 능동의 뜻이면 목적보어 자리에 to부정사를 쓰고, 수동의 뜻이면 목적보어 자리에 p.p.를 쓴다.

④ '어떤 것을 현재 또는 미래에 해야 하면 'should', 어떤 것을 과거에 했어야 하면 'should have p.p.'로 사용해야 한다. 주어진 문장은 현재 또는 미래에 ~해야 한다는 의미이므로 should 동사원형 구조가 올바르게 쓰였다.

130 ②

해설

② 앞에서 나왔던 하나의 대상을 가리키면 'it'을 사용하고, 두 개 이상의 복수 대상을 가리키면 'them'을 사용한다. 주어진 문장에서는 복수 대상인 pets를 가리키므로 them을 써야 한다.
① '무료의, 자유로운, ~가 없는'이라는 뜻의 'free'는 '자유롭게, 거리낌 없이'라는 뜻의 'freely'로 사용되고 주어진 문장에서는 'free'가 '~없는'이라는 의미로 올바르게 쓰였다.
③ 재귀대명사가 목적어로 쓰여 주어 자신을 나타내는 것을 재귀 용법이라고 한다. 주어진 문장의 목적어 자리에 재귀대명사 himself가 쓰여 주어 자신을 나타내고 있으므로 주어진 문장에서 올바르게 쓰였다.
④ 어떤 것을 현재 또는 미래에 해야 하면 'should', 어떤 것을 과거에 했어야 하면 'should have p.p.'로 사용해야 한다. 주어진 문장은 과거에 후회나 유감을 의미하므로 should have p.p.가 올바르게 쓰였다.

131 ①

해설

① get 다음에 오는 목적어가 능동의 뜻이면 목적보어 자리에 to부정사를 쓰고, 수동의 뜻이면 목적보어 자리에 p.p.를 쓴다. 목적어가 행동을 당하는 의미이므로 to post가 아닌 수동의 의미를 지니는 과거분사 posted로 고쳐야 한다.
② 사람을 나타내는 명사를 수식할 때는 '관계대명사 who'를 사용하고 사물을 나타내는 명사를 수식할 때는 '관계대명사 which'를 사용한다. 주어진 문장에서 사람을 수식하고 있으므로 who가 올바르게 쓰였다.
③ 관계대명사 앞에, 꾸밈(수식)을 받는 명사가 있으면 'that'을 쓰고, 없으면 'what'을 쓴다. 주어진 문장에서 수식을 받는 명사가 없으므로 what이 올바르게 쓰였다.
④ 'hard'는 형용사로는 '단단한, 어려운, 열심히 하는, 세게 하는'의 뜻이 있고, 부사로는 '열심히, 세게, 심하게, 힘들게'라는 뜻이 있다. 그리고 'hardly'는 부사로 '거의 ~아니다'라는 부정 의미로 사용된다. 주어진 문장의 해석에 부정의 의미가 들어가 있으므로 hardly가 올바르게 쓰였다.

132 ②

해설

② 'hard'는 형용사로는 '단단한, 어려운, 열심히 하는 세게 하는'의 뜻이 있고, 부사로는 '열심히, 세게, 심하게, 힘들게'라는 뜻이 있다. 그리고 'hardly'의 부사로 쓰일 때는 '거의 ~아니다'라는 부정 의미로 사용된다. 주어진 문장에서 '세게'라는 우리말 영작이 주어져 있으므로 'hardly'를 'hard'로 고쳐야 한다.
① 사람을 나타내는 명사를 수식할 때는 '관계대명사 who'를 사용하고 사물을 나타내는 명사를 수식할 때는 '관계대명사 which'를 사용한다. 주어진 문장에서 사물을 수식하고 있으므로 which가 올바르게 쓰였다.
③ 관계대명사 앞에, 꾸밈(수식)을 받는 명사가 있으면 'that'을 쓰고, 없으면 'what'을 쓴다. 주어진 문장에서 수식을 받는 명사가 없으므로 what이 올바르게 쓰였다.
④ 비교를 나타내는 표현에서 than 뒤에 있는 명사가 앞에 있는 명사와 같을 때, 단수 명사는 'that'으로 복수 명사는 'those'로 대신한다. 주어진 문장에서는 복수 명사 eyes가 나와 있으므로 those로 대신하여 올바르게 쓰였다.

133 ②

해설

② and를 기준으로 to부정사에서 to를 제외한 원형 부정사가 병치되고 있으므로 현재분사나 동명사를 의미하는 using을 원형 부정사인 use로 고쳐야 한다.
① 전치사 for은 '~동안'이라는 뜻으로 기간을 나타내는 명사와 함께 쓰일 수 있으므로 올바르게 쓰였다.
③ 선진국은 'developed world'라고 하므로 올바르게 쓰였다.
④ less는 열등 비교급을 만들 수 있는 부사로 쓰일 수 있고 이때 '더 적게, 덜하게'라는 뜻으로 형용사와 부사를 수식하므로 뒤에 나온 형용사 secure를 올바르게 수식하고 있다.

해석

20세기의 상당 기간 동안, 서방 국가 사람들에게 있던 전염병의 전파가 감소해 왔다. 조직적인 질병 관리의 개념과 함께, 우리는 도시를 위생 관리하고, 상수도를 깨끗이 하고, 가정 위생을 향상시키고, 항생제를 사용하며, 예방 접종을 하기 시작했다. 결과적으로, 선진국은 전염병으로부터 대부분 해방되는 삶을 누리게 될 것이라고 잘못 생각하면서 어느 정도 만족하게 되었다. 하지만 1980년대 이후, 상황은 훨씬 덜 안전해 보이게 되었다. 이전에 알려지지 않았던 많은 전염병들이 나타났고, 통제하에 있는 것으로 여겨지던 전염병들이 때때로 재출현해 다시 만연했다.

어휘

- ☐ **infectious** 전염성의
- ☐ **sanitize** 위생적으로 하다, ~에 위생 설비를 하다
- ☐ **water supply** 상수도, 물 공급
- ☐ **domestic** 가정의; 국내의
- ☐ **hygiene** 위생

☐ vaccinate 예방 주사를 접종하다
☐ secure 안진한
☐ unrecognized 인식되지 않은
☐ reemerge 재출현하다

134 ③

해설

③ not only A but also B 구조에서 also는 생략 가능하지만 but은 생략할 수 없다. 따라서 also를 but으로 고치거나 also를 but also로 고쳐야 한다.

① 동사를 강조할 때 조동사 do를 활용할 수 있다. 주어진 문장에서 동사 share를 강조하기 위해 조동사 do가 올바르게 쓰였다.

② take in은 '~을 흡수하다'라는 의미의 타동사구로 주어진 문장에서 주어 we와 수 일치가 올바르게 되어있다.

④ help는 to부정사나 원형부정사(동사원형)구조를 목적보어로 취할 수 있으므로 주어진 문장에서 원형 부정사가 목적보어로 올바르게 쓰였다.

해석

현대의 삶의 속도가 우리를 서로 떼어 놓는 데 기여하면서, 우리가 함께 나누는 접촉은 엄청나게 더 중요해지고 있다. 우리는 무의식적으로 서로의 에너지를 흡수하며, 가장 짧은 만남 후에도 우리들 자신이 변화된 것을 발견한다. 우리가 행하거나 말하는 모든 것은 우리가 함께 살고, 일하고, 노는 개인들뿐만 아니라 우리가 방금 만났던 사람들에게도 영향을 미칠 잠재력을 가지고 있다. 비록 우리가 미친 영향이나 그 영향력의 범위를 결코 알지 못할지라도, 우리의 태도와 판단이 다른 사람들에게 영향을 줄 것이라는 사실을 인정하고 이해하는 것은, 우리가 항상 우아하게 처신할 것을 기억하는 데 도움을 줄 수 있다. 우리가 항상 협조적이고 관심을 보이면, 우리는 힘들이지 않고 우리들 주위에 희망을 주고 격려하는 분위기를 만들게 된다.

어휘

☐ pace 속도, 보조
☐ separate 떼어 놓다, 분리시키다
☐ contact 접촉
☐ take in 흡수하다, 받아들이다
☐ consciousness 의식함, 자각
☐ encounter 만남
☐ potential 잠재력
☐ range 범위
☐ impact 영향, 충격
☐ conduct oneself 행동하다
☐ gracefully 우아하게
☐ cooperative 협력하는
☐ responsive 관심을 보이는, 호응하는
☐ uplifting 희망을 주는
☐ inspiring 격려하는

135 ③

해설

③ 'if 주어 were/과거동사 ~'는 가정법 과거를 나타내는 표현으로 주어진 문장에서 올바르게 쓰였다.

① 'being p.p.'는 수동을 의미하는 표현이다. 뒤에 목적어가 있는 경우에는 'Ving'인 능동으로 표현해야 한다. 따라서 being enhanced를 enhancing으로 고쳐야 한다.

② 부분을 나타내는 명사는 of 뒤의 명사에 동사가 수 일치한다. the majority of teams에서 복수 명사 teams에 수 일치해야 하므로 doesn't를 don't로 고쳐야 한다.

④ many는 복수 명사를 취한다. advantage를 advantages로 고쳐야 한다.

해석

때때로 우리가 무언가를 하고 싶지 않으면 않을수록, 우리는 더욱 그것을 해야 한다고 느낀다. 특히 프로 운동선수들은 이와 같은 좌절감을 느끼게 하는 통제력의 상실을 잘 알고 있다. 예를 들어 야구선수가 슬럼프에 빠져 있다면, 그는 자신이 공을 칠 수 있는 능력이 없다는 것에 대해 고민할 것이다. 매번 타석에 설 때마다, 자신이 공을 칠 수 있을지에 대해 걱정하게 된다. 그리고 걱정하면 걱정할수록 그가 공을 칠 확률은 더 떨어진다. 또는 프로 골프 선수가 한 토너먼트에서 특정 홀에 대해 안 좋은 기억이 있으면 다시 그 홀에 공을 쳐야 할 때가 됐을 때 자주 겁을 먹는다. 그녀는 지난번에 저질렀던 실수를 모두 기억해 낸다. 그리고는 그런 실수를 반복할 것이라는 떨칠 수 없는 강박증과 같은 것을 느끼며 괴로워한다.

어휘

☐ compel 강요(강제)하다, ~하게 만들다
☐ obsess 사로잡다, ~에 집착하게 하다
☐ spooked 겁먹은; 안달이 난
☐ irresistible 억누를 수 없는, 저항할 수 없는
☐ compulsion 강요, 충동

예상문제 10회 (136번~150번) - 문법 전영역 예상문제

136 ③

해설

③ '~도 역시'라는 뜻을 나타낼 때 긍정문에는 'too'를 쓰고 부정문에는 'either'를 쓴다. 주어진 문장은 긍정문이므로 either가 아닌 too로 고쳐야 한다.

① 'It be동사+강조할 말+that+나머지 부분'의 문장 구조 형태는 강조 구문으로, 강조할 말에는 '사람, 사물, 시간 부사구, 장소 부사구'가 들어갈 수 있다. 주어진 문장에서는 부사구가 강조되어 있고 that절 이후에는 주어 동사 완전 구조가 나와 있으므로 올바르게 쓰였다.

② 동사의 주어나 목적어 또는 보어 역할을 하는 의문사절(간접의문문)은 '의문사+주어+동사'의 어순으로 써야 한다. 따라서 주어진 문장에서 'Where she went'가 주어로 올바르게 쓰였다.

④ '(a) few+셀 수 있는 복수 명사'와 '(a) little+셀 수 없는 명사'로 활용하는데 few와 little에 'a'가 붙으면 긍정의 표현이고 없으면 부정의 표현이다.

해석

① 치즈가 익는 동안 치즈는 자신만의 맛을 발전시킨다.
② 그녀가 어디로 갔는지는 당신이 상관할 일이 아니다.
③ 잭은 축구를 하고 있고 제니도 축구를 하고 있다.
④ 톰이 몇 마디 논평과 함께 시작할 거예요.

137 ①

해설

① 학문명, 질병, 게임, 국가명 등과 같이 복수형이지만 단수로 취급하는 명사들이 있다. 주어진 문장에서는 학문명인 'Mathematics'가 나왔는데 복수 동사로 수 일치되어 있으므로 are를 is로 고쳐야 한다.

② 부정의 등위절 뒤에서 and, or, nor와 호응하여, 또는 부정의 종속절 뒤에서 either는 '~도 또한(~이 아니다)'라는 의미로 쓰이므로 올바르게 쓰였다.

③ 주절의 시제와 같은 시점에 일어나는 것을 나타낼 때는 단순형 분사인 'Ving/ Being p.p.' 분사구를 사용하고, 주절의 시제보다 한 시제 이전에 일어난 일을 나타낼 때는 'having p.p. / having been p.p.' 분사구를 사용한다.

④ 주어가 동작을 하면 능동형 동명사인 'Ving/having p.p.'로 사용하고, 동작의 대상이 되면 수동형 동명사인 'being p.p./ having been p.p.'를 쓴다. 강아지가 털 손질을 당하는 것이므로 being groomed는 올바르게 쓰였다.

해석

① 입학 시험에서는 수학의 비중이 매우 크다
② 그는 파티를 좋아하지 않고 나 또한 마찬가지다.
③ 두 번 실패했었기 때문에, 그는 다시 도전해 보고 싶지 않았다.
④ 내 강아지는 털 손질하는 걸 싫어한다.

138 ②

해설

② make 뒤에 오는 목적어가 능동적으로 어떤 동작을 하면 목적보어 자리에 동사원형을 사용하고, make 뒤에 오는 목적어가 수동적으로 어떤 동작의 대상이 되면 목적보어 자리에 P.P.를 사용한다. 주어진 문장에서는 목적보어 자리에 자동사 wait가 나왔고 자동사는 수동의 의미로는 쓰이지 않고 능동의 의미로 쓰이므로 waited를 wait로 고쳐야 한다.

① 재귀대명사의 관용적 표현으로 beside oneself는 '제정신이 아닌'이라는 의미로 주어진 문장에서 올바르게 쓰였다.

③ 소유격 관계대명사 whose는 앞에 나온 명사를 수식하고 뒤에 완전한 구조를 취하므로 주어진 문장을 올바르게 쓰였다.

④ 4형식 동사가 수동태가 될 경우 간접목적어가 문장의 주어 자리로 가고 뒤에 직접목적어가 그대로 남아 있다. 주어진 문장은 올바르게 쓰였다.

해석

① 그녀가 그 소식을 들었을 때 제정신이 아니었다.
② 그는 나를 잠시 기다리게 했다.
③ 이건은 창문히 깨진 호텔이다.
④ 그의 남편은 시카고에 있는 직장에서 제의를 받았다.

139 ③

해설

③ 소유격 관계대명사 whose는 앞에 나온 명사를 수식하고 뒤에 완전한 구조를 취한다. 주어진 문장에는 주어가 없는 불완전 구조이므로 whose를 which나 that으로 고쳐야 한다.

① 4형식 동사가 수동태가 될 경우 간접목적어가 문장의 주어 자리로 가고 뒤에 직접목적어가 그대로 남아 있다. 주어진 문장은 올바르게 쓰였다.

② 4형식 동사가 수동태가 될 경우 간접목적어가 문장의 주어 자리로 가고 뒤에 직접목적어가 그대로 남아 있다. 주어진 문장은 올바르게 쓰였다.

④ have 뒤에 오는 목적어가 능동적으로 어떤 동작을 하면 목적보어 자리에 동사원형을 사용하고, have 뒤에 오는 목적어가 수동적으로 어떤 동작의 대상이 되면 목적보어 자리에 P.P.를 사용한다. 주어진 문장에서는 학생들이 쓰는 행동을 하는 능동의 의미이므로 동사원형이 올바르게 쓰였다.

해석

① 그는 훌륭한 실적으로 금메달을 수여받았다.
② 수당은 특정 조건을 충족하는 직원들에게 제공될 것이다.
③ 나는 검은색에 갈색 눈을 가진 고양이를 샀다.
④ 그녀는 학생들이 부모님께 편지를 쓰도록 했다.

140 ①

해설

① to 부정사의 행동이 주어의 행동과 동시에 일어나면 'to-V'를 쓰고, 주어 행동보다 먼저 일어났으면 'to have p.p.'를 쓴다. 특정 시제가 주어지지 않은 경우에는 to부정사와 완료형 to부정사 모두 잘 쓸 수 있으므로 올바르게 쓰인 문장이다.
② see/hear과 같은 지각동사 다음에 오는 목적어가 능동의 뜻이면 목적보어 자리에 동사원형이나 현재분사를 쓰고, 수동적인 뜻이면 목적보어 자리에 P.P.를 쓴다. 눈송이가 떨어지는 능동의 의미이므로 동사원형 fall이 쓰여야 한다.
③ '시간, 거리, 가격, 중량' 등의 단위명사는 '기수+복수 명사'의 복수형이라도 단수 취급을 한다. 따라서 'are'를 'is'로 고쳐야 한다.
④ 대명사에 대한 문제로 '그녀의 차'를 의미하므로 her을 'her car' 혹은 'hers'로 고쳐야 문법적으로 옳다.

해석

① 화재는 부엌에서 시작되었던 것으로 보였다.
② 그들은 하늘에서 눈송이가 내리는 것을 보았다.
③ 6개월은 직업 없이 지내기에 긴 시간이 아니다.
④ 저기 내 차 옆에 주차된 차는 그녀의 것이다.

141 ①

해설

① as절 내에서의 수식어를 강조한 구문이다. 'As like him very much'에서 수식어를 강조하면 '(Very) Much as like him'으로 표현하므로 주어진 문장은 올바르게 쓰였다.
② half는 부분을 나타내는 명사로 of 뒤에 나온 명사와 동사가 수 일치를 이룬다. 따라서 'has'를 'have'로 고쳐야 한다.
③ Each는 단수 명사를 수식하고 따라서 단수 동사와 수 일치하는 것이 문법적으로 옳다. 따라서 'persons'를 'person'으로 'have'를 'has'로 고쳐야 한다.
④ '관사 A and B'는 단일한 사람으로 단수 취급을 한다. 따라서 'visit'를 'visits'로 고쳐야 한다.

해석

① 나는 그를 좋아하지만, 그의 글은 좋아하지 않는다.
② 그들 중 절반은 다른 나라에 가본 적이 없는 것 같다.
③ 사람들은 그 자신의 독특한 지문이 있다
④ 그 유명한 가수이자 활동가는 아프리카를 자주 방문한다.

142 ②

해설

② 비교 구문의 대동사에 대한 문제이다. 'no more ~ than'은 '양자부정(전부 부정)' 구문으로 대동사는 반드시 긍정으로 표현해야 한다. 따라서 isn't를 is로 고쳐야 한다.
① '~한 지 시간이 ~지났다'라는 표현은 'It has been 시간 since 주어 과거동사'로 표현할 수 있으므로 주어진 문장은 올바르게 쓰였다.
③ 5형식 동사 make의 수동태가 구조가 올바르게 쓰였다. be made 뒤에 명사나 형용사 목적보어가 남아 있을 수 있다.
④ 지각동사의 수동태는 'be heard to부정사' 혹은 'be heard 현재분사/과거분사'로 표현한다.

143 ①

해설

① '고대하다, 기대하다'라는 뜻의 구동사 'look forward to'는 수동태로 'be looked forward to'로 표현하므로 'has been looked forward to'로 수정해야 문법적으로 옳다.
② 의문사 to부정사'에서 'to do'의 목적어의 역할을 할 수 있는 의문대명사가 나와야 하므로 'how'가 아닌 'what'이 올바르게 쓰였다.
③ 등위접속사 nor는 뒤에 도치된 구조의 절을 이끈다. 따라서 'nor am I'는 올바르게 쓰였다.
④ '~에 의해 설립된'은 수동의 과거분사구 'founded by ~'으로 표현한다.

144 ③

해설

③ '~하기를 간절히 열망'하면 'anxious to-v',로 사용하고 '~를 걱정'하면 'anxious about N(v-ing)'로 사용한다. 주어진 문장에서는 해석에 맞게 to be를 about being로 고쳐야 한다.
① 배수사 표현에서 배수사의 위치는 (1)의 원급 비교에서는 첫 번째 as 앞에, (2)의 비교급 비교에서는 비교급 앞에, (3)의 명사 비교에서는 명사 앞에 써야 한다. 해석 방법은 모두 원급, 비교급, 명사의 배수에 대한 표현이므로 '~보다[의] 몇 배'로 한다. 주어진 문장에서는 'three times as much as last years'로 올바르게 쓰였다.
② 부분부정을 표현할 때 'all, both, every, always' 등과 같이 전체를 나타내는 말과 'not'을 같이 쓰면 '모두가 ~인 것은 아니다', '둘 다 ~인 것은 아니다.' 등으로 해석된다. '모든 사람이 다 ~ 한 것은 아니다'라는 해석에 맞게 'Not everybody'가 올바르게 쓰였다.
④ to부정사의 의미상 주어는 to부정사 앞에 'for 명사'로 쓴다. 다만, 사람의 성품을 나타내는 형용사가 나오면 'of 명사'로 사용한다. 주어진 문장에서 natural은 사람의 성품을 나타내는 형용사가 아니므로 'for 명사' 구조가 올바르게 쓰였다.

145 ①

해설

① '~하기를 간절히 열망하면' 'anxious to-v',로 사용하고 '~를 걱정'하면 'anxious about N(v-ing)'로 사용한다. 주어진 문장에서는 해석에 맞게 about improving을 to improve로 고쳐야 한다.
② 배수사 표현에서 half나 twice는 '비교급+than' 앞에서는 사용할 수 없다. 따라서 longer than을 as long as로 고쳐야 한다.
③ 배수사 표현에서 배수사의 위치는 (1)의 원급 비교에서는 첫 번째 as 앞에, (2)의 비교급 비교에서는 비교급 앞에, (3)의 명사 비교에서는 명사 앞에 써야 한다. 해석방법은 모두 원급, 비교급, 명사의 배수에 대한 표현이므로 '~보다[의] 몇 배'로 한다.
④ 부분부정을 표현할 때 'all, both, every, always' 등과 같이 전체를 나타내는 말과 'not'을 같이 쓰면 '모두가 ~인 것은 아니다', '둘 다 ~인 것은 아니다.' 등으로 해석된다.

146 ②

해설

② '만약 ~하면'이란 뜻으로 'if'를 쓰고, '만약 ~하지 않으면'이란 뜻으로 'unless'를 쓴다. '주어진 문장은 만약 ~하면'이라는 뜻으로 if가 올바르게 쓰였다.
① 'all, both, every, always' 등과 같이 전체를 나타내는 말과 'not'을 같이 쓰면 '모두가 ~인 것은 아니다', '둘 다 ~인 것은 아니다'라는 부분부정을 의미하는 표현이 된다. 따라서 전체 부정을 의미하는 표현이 들어 있는 우리말 해석과 일치하지 않는다. 따라서 해석에 맞게 both 대신 either로 표현한다.
* 부정어가 any, any-, either와 함께 쓰이거나, neither, no, no-, none, never 등의 어구가 있으면 '모두 ~가 아니다'라는 뜻이다.
③ to 부정사의 행동이 주어의 행동과 동시에 일어나면 'to-V'를 쓰고, 주어 행동보다 먼저 일어났으면 'to have p.p.'를 쓴다. 따라서 주어진 문장에서 무슨 일이 일어난 것이 먼저이므로 to happen을 to have happened로 고쳐야 한다.
④ 'spend 시간/돈/노력 (in) 동명사' 구문이다. 따라서 to observe를 observing으로 고쳐야 한다.

147 ④

해설

④ '만약 ~하면'이란 뜻으로 'if'를 쓰고, '만약 ~하지 않으면'이란 뜻으로 'unless'를 쓴다. 주어진 문장은 '~하지 않으면'이라는 의미로 unless가 올바르게 쓰였다.
① 가주어 구문에서 사람의 성격(인성)을 나타내는 형용사가 있을 경우 to부정사의 의미상의 주어는 'of 사람'으로 표현한다. 따라서 'for you'를 'of you'로 고쳐야 한다.
② 미래시점(By next month)기준에 기간부사(for 10 years)가 있으므로 미래완료시제로 표현해야 한다. 따라서 'will be'를 'will have been'으로 고쳐야 한다.
③ '~로 알려진'은 'known for~'로 표현해야 한다. 따라서 knowing을 known로 고쳐야 한다.

148 ①

해설

① 비교 구문에서 비교 대상의 일치 원칙에 따라 as much heat as 뒤에 나온 warming up을 to warm up으로 고쳐야 한다.
② 주어인 the rocks and the sand에 수 일치해서 복수동사 are이 올바르게 쓰였다.
③ 양을 나타낼 때 쓰는 the amount가 올바르게 쓰였다.
④ 의문사절을 이끄는 의문사 why 뒤에 '주어+동사~'의 완전구조가 나오므로 why는 올바르게 쓰였다.

해석

특정한 양의 물을 1도 따뜻하게 하는 것은 동일한 양의 땅을 따뜻하게 하는 것의 약 4배만큼 많은 열이 필요하다. 여름에, 물에 존재하는 열의 양이 땅에 존재하는 열의 양만큼 많음에도 불구하고, 해변을 따라서 있는 바위와 모래가 매우 뜨거울 때 대양과 호수는 서늘하다. 겨울에, 바위와 모래가 그것들의 열을 방출하고 차가워진지 오랜 후에도 물은 여름 동안에 축적된 거대한 비축량의 열을 계속해서 방출한다. 이것은 큰 수역이나 그 근처에 위치하고 있는 지역이 보통 내륙 지역보다 온도에 있어서 변화가 덜한 이유를 설명해 준다.

어휘

- ☐ **given** 특정한, 주어진
- ☐ **quantity** 양
- ☐ **existent** 존재하는
- ☐ **release** 방출하다, 내보내다
- ☐ **massive** 거대한, 막대한
- ☐ **store** 비축량, 저장량
- ☐ **save up** 모으다

149 ①

해설

① cause는 5형식 구조로 사용될 경우 목적보어로 to부정사를 취한다. participate를 to participate로 고쳐야 한다.
② There be동사 또는 1형식 자동사 구조에서는 뒤에 나온 명사 주어와 동사의 수 일치에 주의한다. a great need라는 단수 명사 주어와 수 일치하여 단수 동사 remains가 올바르게 쓰였다.
③ homework는 대표적인 불가산 명사로 단수나 복수를 표시하지 않고 쓴다. 주어진 문장에서 올바르게 homework가 쓰였다.
④ 비교급 접속사 than 뒤에는 조동사 주어로 도치 구조로 선택적 도치가 가능하다.

해석

이런 압력은 부모가 자녀의 삶에 덜 참여하게 하는 원인이 될 수 있는 한편, 자녀 교육에 많이 관여해야 할 필요를 남긴다.—최근의 연구에서는 가족들이 자녀 교육에 긍정적인 방식으로 관여할 때, 아이들은 더 높은 점수를 받고, 출석을 더 잘 하며, 숙제를 더 잘 완성하고, 더 긍정적인 태도를 갖는 것으로 나타났다. 또한 보고서에 따르면 교사로부터 메시지를 자주 받는 가족이 이런 종류의 의견교환을 하지 않는 부모들보다 자녀 교육에 더 많이 관여하게 되는 경향이 있는 것으로 나타났다.

어휘

☐ **pressure** 압력, 압박
☐ **participate** 참여하다, 참석하다
☐ **attendance** 출석, 참석
☐ **demonstrate** 증명하다, 보여주다

150 ④

해설

④ '~에 대한 의견'을 의미할 때 전치사 on이 쓰일 수 있으므로 주어진 문장에서 올바르게 쓰였다.
① 소유격 관계대명사는 a나 the가 없는 명사를 수식하므로 the를 삭제하고 backgrounds로 고쳐야 한다.
② 비교 대상이 background이므로 비교 대상 일치 원칙에 의해 our가 아닌 ours로 고쳐야 한다.
③ 명사를 수식하는 목적격 관계대명사는 뒤에 목적어가 없는 불완전 구조를 쓴다. 따라서 agree는 자동사로 목적어를 취할 수 없기 때문에 agree를 agree on으로 고쳐야 한다.

해석

우리는 같은 학교에 다니고 같은 지역에 사는 사람들하고만 살거나 일할 수 없다. 우리는 배경이 우리와 아주 다른 사람들과 함께 일해야 한다. 물론 다른 사람들은 다른 생활방식, 사고, 의견을 가지고 있다. 단지 의견상 몇몇 차이가 있다는 이유로 그들과 이야기하는 것을 멈추고 그들과 싸우기 시작하는 것은 어리석다. 우리는 동의할 수 있는 공통점이나 생각을 찾으려고 노력해야 한다. 공통점을 찾거나 합의에 도달하기는 쉽지 않지만, 여러분의 어머니와 아버지조차 가족 문제에 이견이 있음을 항상 명심하라.

어휘

☐ **common ground** 공통점, 공통되는 기반
☐ **agreement** 합의, 동의
☐ **tolerant** 관대한, 아량 있는

예상문제 1회 (01번~10번)
- 대의 파악 유형(주제/제목/요지/주장)

01 ④

해설

서양문화와 동양문화에서 감정을 표현하는 것이 서로 다르다고 이야기 한 글이므로 ④ '감정표현에서의 문화차이'가 글의 주제로 가장 적절하다.

해석

당신은 이번 주에 몇 번이나 화를 냈는가? 한 번? 두 번? 여러 번? 만일 한 번 이상이었다면 당신은 특이한 것이 아니다. 화는 서양의 문화에서 아주 흔한 감정이다. 이것은 서양의 문화가 개인의 독립성과 개인의 권리의 자유로운 표현을 강조하기 때문일 가능성이 아주 많다. 북아메리카에서 화는 당신이 부당하게 취급을 받았다는 감정에 대한 '자연스러운' 반응으로 널리 간주된다. 이와는 대조적으로, 동양의 문화는 단체의 조화를 높이 평가한다. 아시아에서는 사람들 앞에서 화를 표현하는 것이 덜 흔하고 화는 덜 '자연스러운' 것으로 간주된다. 이것에 대한 이유는 화가 사람들을 분리시키는 경향이 있기 때문이다. 따라서 화를 내는 것은 협동을 중히 여기는 문화와 어울리지 않는다. 서양 사람들은 자기 자신의 감정을 다른 사람들에게 투사하는 반면에 동양 사람들은 주어진 상황에서 다른 일반 사람이 느낄 것이라고 예상될 수 있다고 믿는 감정을 투사하는 경향이 있다.

어휘

- ☐ be at odds with ~와 사이가 나쁘다
- ☐ project 투영[투사]하다

02 ①

해설

우리의 뇌가 위험을 감지하고 경계 통제하는 메커니즘을 갖고 있지만, 그런 안정성을 지키려는 뇌의 욕구를 넘어서서 일할 수 있는 사람들이 도전에 대응하고 목표를 성취한다고 기술하고, 뇌가 "멈춰"라고 외침에도 불구하고 비행기에서 뛰어내리는 불안전한 행위가 우리가 할 필요가 있는 일이라고 했으므로, 글의 제목으로 ① '당신의 안전지대로부터 나와라'가 가장 적절하다.

해석

우리는 위협을 경고하고 불안정에 대해 지키려는 메커니즘을 갖고 있다. 어떤 정신이 온전한 사람은 비행기에서 뛰어내리는 것에 관해서 불안을 느끼는 방식과 똑같이, 우리의 뇌는 위험이 닥칠 것 같을 때 자신이 통제하는 유기체를 경계시킨다. 그러나 우리는 어쨌든 이따금씩 경보를 무시하고 덜 편안한 길을 택할 필요가 있다는 것을 알아야 한다. 심리학자들에 의해 실행된 연구는 확실성에 관한 뇌의 욕망 — 안정성을 지키려고 문을 닫으려는 뇌의 욕구 — 을 넘어서서 일할 수 있는 사람들이 도전에 대응하여 자신들의 목표를 달성할 가능성이 더 많이 있다는 것을 발견했다. 우리의 뇌가 "멈춰!"를 외치는 때조차도 비행기에서 뛰어내리는 것은 때때로 정확하게 우리가 할 필요가 있는 것이다. 그것은 과학의 발견, 기술의 진보와 인간의 다른 추구의 범위에 연료를 공급하는 에너지이다.

어휘

- ☐ mechanism 매커니즘
- ☐ instability 불안(정성)
- ☐ sane 제 정신의, 정신이 온전한
- ☐ apprehension 염려, 불안
- ☐ organism 유기체, 생물
- ☐ on alert (방심 않고) 경계하여
- ☐ appetite 욕구, 욕망
- ☐ advance 진보
- ☐ pursuit 추구

03 ④

해설

커피는 다른 어떤 작물보다 더 많은 수익을 낼 수 있는 작물임에도 불구하고 커피에서 나오는 수익이 당사자가 아닌 다른 일부에게 국한되어 돌아가고, 오히려 당사자인 커피 재배 농민들은 점점 가난해진다는 내용의 글로, 글의 주제로 ④ '커피로부터 나오는 수익의 부당한 불공평한 분배'가 가장 적절하다.

해석

음식이나 음료로부터 돈을 버는 것에 관한 한, 커피가 최고의 것이다. 다른 어떤 영역도 그것(커피)만큼 이윤을 창출하는 것은 없다. 커피 제조 회사는 돈이 결코 고갈되지 않는 것처럼 보이는 고수익 상품이다. 사다리의 끝(정점)에서 상황은 더 좋을 수는 없다. 그러나 그 기저에서 2천 5백만 명의 농부들은 점점 더 깊은 가난에 빠져들고 있다. 지난 3년 동안, 국제 시장에서 커피 가격은 (지난) 100년 넘게 최저점으로까지 하락했다. 공급망의 정점에서 보면 이것은 수익이 훨씬 더 좋다는 것을 의미하는 반면, 그 기저에서는 농부들이 강탈당하고 있는 것이다. 그들에게 커피는 수익을 못 내는 작물로 빠르게 변해 가고 있으며 생존하기 위해서 아프리카와 라틴 아메리카의 커피 (재배) 농민들은 더 많은 돈을 벌어 줄 수 있는 다른 작물을 재배하도록 강요받고 있지만, 그들은 여전히 가난에 허덕인다.

어휘
- ☐ when it comes to ~에 관한 한
- ☐ run out of ~이 떨어지다[고갈되다]
- ☐ sink 가라앉다
- ☐ unprofitable 수익을 못 내는
- ☐ survive 생존하다

04 ③

해설

호주의 탐험가들이 덤불이 우거진 미개간지에서, 경험했던 어려움에 관한 글이므로, 글의 주제로는 ③ '탐험가들이 호주 덤불에서 직면한 장애물들'이 가장 적절하다.

해석

호주의 탐험가들에게는 덤불로 빽빽한 미개간지가 탁 트이고 모래가 많은 지역보다 훨씬 더 나빴다. 호주 원주민들은 길이 계속 트여 있을 수 있도록 충분히 자주 그들의 길을 따라 다녔지만, 길을 잃은 탐험가들은 누구나 온갖 종류의 어려움을 겪을 수 있었다. 나무와 가지들은 탐험가들이 잘라내며 나아가고 동물들이 뚫고 지나가야 하는 장벽을 만들었다. 나무들은 몇 미터마다 날카로운 조각들을 뻗쳤고, 자주 사람들의 가방, 옷과 몸, 그리고 동물들의 몸을 찢었다. 밀가루는 탐험가들이 (그것) 없이는 살 수 없다고 생각한 주된 종류의 음식 중 하나였다. 그들은 그것을 대량으로 자루에 담아서 운반했지만, 그 자루들이 잘 보호되지 않으면 바위나 나무에 의해 찢어져서 열리고 밀가루를 땅에 쏟았다.

어휘
- ☐ the bush 미개간지
- ☐ Aboriginal 호주 원주민의
- ☐ barrier 장벽
- ☐ cut through ~ 사이로 길을 내다
- ☐ force a way through ~을 뚫고 나아가다
- ☐ rip 찢다
- ☐ flour 밀가루
- ☐ quantity 양

05 ①

해설

'there can be no sure-fire list of rules or tips that will guarantee your success as a communicator'에 글의 요지가 잘 나타나 있으므로 ① '이상적인 의사소통 방법은 없다'가 글의 제목으로 가장 적절하다.

해석

일부 아주 성공한 의사 전달자들은 진지한 반면 다른 의사 전달자들은 유머를 사용한다. 일부는 사교적인 반면 다른 사람들은 조용하다. 그리고 일부는 솔직한 반면 다른 사람들은 외교적으로 넌지시 말한다. 많은 종류의 아름다운 음악과 미술이 있듯이 적당한 의사소통의 종류도 많이 있다. 그러나 한 상황에서 성공적인 의사소통의 유형은 다른 상황에서는 어마어마한 큰 실수가 될 수 있다. 당신이 친구와 일상적으로 나누는 농담으로 하는 모욕이 만일 그 사람이 개인적인 좌절로 고통 받았다면 무신경하고 낙담시키는 것이 될 수 있다. 당신이 동료들과 사용하는 언어가 가족 구성원의 기분을 상하게 할 수 있고 지난 토요일 밤의 낭만적 접근이 아마도 월요일 아침의 직장에서는 어울리지 않는 것이 될 수 있다. 이것은 의사소통을 하는 사람으로서 당신의 성공을 보장할 규칙이나 비결의 확실한 목록이 있을 수 없다는 것을 의미한다.

어휘
- ☐ solemn 진지한, 엄숙한
- ☐ gregarious 사교적인
- ☐ straightforward 솔직한
- ☐ diplomatically 외교적으로, 세련되게
- ☐ competent 적당한, 만족할 만한
- ☐ colossal 어마어마한
- ☐ blunder 큰 실수
- ☐ setback 좌절, 패배
- ☐ sure-fire 확실한, 틀림없는

06 ④

해설

이글은 스포츠 성향에 관한 글로, 스포츠에서 남성과 여성 모두 경쟁적이지만, Diane L. Gill 교수의 연구 결과에 따르면 경쟁양식과 동기가 다를 수 있다는 것이 글의 내용이므로, 주제로는 ④ '스포츠에서 경쟁의 양식과 동기에 있어서의 성별 차이'가 가장 적절하다.

해석

스포츠에서 남성이 여성보다 더 경쟁적이라고 흔히 추정된다. 그러나 Greensboro에 있는 North Carolina대학의 교수인 Diane L. Gill은 경쟁심이 남성과 여성을 구별하는 것이 아니라, 운동선수와 비운동선수를 구별한다는 것을 알아냈다. 남성과 여성 모두 경쟁적이지만, (경쟁) 양식과 동기가 다를 수 있다. Gill은 세 가지 영역들에서 성취에 대한 남성과 여성의 성향을 측정하는 데 도움이 되는 스포츠 성향 질문지를 개발했고, 이 세 가지 영역들은 '경쟁적인 스포츠에 참여하여 성공을 위해 노력하는 성취 성향'인 경쟁심, '경쟁적인 스포츠에서 이기고자 하고 지는 것을 피하고자 하는 열망'인 승리 성향, 그리고 '경쟁적인 스포츠에서 개인적인 목표를 달성하는 것에 대한 역점'인 목표 성향이다. 그녀는 남성이 여성보다 경쟁심과 승리 성향에서 더 높은 점수를 받았고, 여성이 남성보다 목표 성향에서 더 높은 점수를 받았다는 것을 알아냈다.

어휘
- ☐ assume 추정하다, 맡다
- ☐ competitiveness 경쟁심
- ☐ differentiate 구별[구분]하다
- ☐ athlete 운동선수

☐ motivation 동기, 자극, 유도
☐ differ 다르다, 동의하지 않다
☐ orientation 성향, 예비 교육
☐ questionnaire 질문지
☐ achievement 성취, 업적
☐ strive for ~을 위해 노력하다[힘쓰다]
☐ emphasis on ~에 대한 역점[강조]
☐ score 점수를 받다, 득점하다; 득점

07 ④

해설

첫 번째 문장이 주제문이 된다. 즉 반복적인 긍정적 경험이 자아를 바꿀 수 있다는 내용의 글이므로 이 글의 요지는 ④이다.

해석

긍정적인 경험의 빈번한 반복은 여러분의 자아개념을 극적이고 긍정적으로 변화시킬 수 있다. 자아존중이 약한 사람과 강한 사람의 주된 차이는, 그들이 선택적으로 회상하는 기억의 유형이다. 자아존중이 약한 사람들은 대개 부정적인 경험을 오래 생각하는 반면, 자아존중이 강한 사람들은 긍정적인 기억을 회상하고 즐기며 시간을 보낸다. 하루에 5~10분을 긍정적인 것과 여러분이 성취한 성공을 회상하는 데 할당해 보아라. 긍정적인 경험을 회상하면서, 여러분의 성공을 자화자찬해 보아라. 성공을 회상하는 것이 쉬워질 때까지, 또한 자화자찬에 대해 기분이 좋아질 때까지 이러한 연습을 계속해 보아라.

어휘

☐ repetition 반복
☐ self-concept 자아 개념
☐ recall회상하다, 기억하다
☐ think over 심사숙고하다
☐ set aside 떼어두다, 무시하다
☐ compliment 칭찬하다

08 ④

해설

한 사람의 행복을 결정지을 수 있는 여러 요인 중에서 그 사람의 사회적 관계망이 커다란 비중을 차지한다는 취지의 글이므로 ④ '행복은 사회적 관계가 없이는 좀처럼 찾아오지 않는다.'가 글의 요지로 가장 적절하다.

해석

충분한 돈을 가진 사람들이 돈을 많이 갖지 않은 사람들보다 더 행복하지만, 그 차이는 매우 작다. 명백히 돈은 행복을 살 수 있지만, 그것을 그다지 많이 살 수는 없다. 행복에 커다란 영향을 미치는 것으로 보여 온 단 하나의 객관적인 상황이 있는데, 그것은 사회적 관계와 관련이 있다. 이 세상에서 혼자인 사람들은 강력하고 풍부한 사회적 관계망을 가진 사람들보다 훨씬 덜 행복하다. 이 강력한 관련성은 내면의 과정이, 이 경우에는 행복이, 대인 관계와 연결되어 있고, 이 경우에는 다른 사람들과 좋은 관계를 형성하고 유지하는 것을 보여 준다. 인간의 감정 체계는 한 사람이 인생에서 혼자인 동안 행복하기가 지극히 어렵도록 설정되어 있다. 심지어 건강, 부상, 돈, 그리고 직업을 포함한 다른 모든 상황들에 대해서 그 차이는 작다.

어휘

☐ plenty of 충분한
☐ apparently 명백히
☐ objective 객관적인
☐ circumstance 상황
☐ interpersonal 대인 관계의
☐ set up 설정하다
☐ solitude 고독, 외로움
☐ variable 변수

09 ④

해설

수집은 좋아하는 것들로 자신을 둘러쌀 수 있는 방법이자 훌륭한 투자가 될 수도 있으며, 수집의 가치는 완성이 아니라 자신이 원하는 것을 끝없이 찾는 과정에 있다고 말하면서 수집을 시작할 것을 권유하고 있다. 따라서 이 글의 제목으로는 ④ '수집, 끊임없는 탐색을 시작하라'가 가장 적절하다.

해석

'수집가'라는 말이 집 안이 온통 낡은 전화번호부, 고전적인 고양이 장난감, 그리고 먼지 덩어리가 넘쳐 나는 길 저쪽의 기이한 할머니를 생각나게 하나? 그녀의 수집품이 너무 많이 쌓여 보기 흉한 물건 더미일 수 있지만, 그런 점이 여러분 자신의 것(수집)을 시작하는 것을 단념하게 만들지 마라. 수집품은 그것이 솜씨 있게 만들어지고 잘 간수된다면 사실 멋진 것일 수 있다. 그것은 정말로 여러분이 좋아하는 것들로 자신을 둘러쌀 수 있는 방법이다. 그리고 만일 그것들이 시간이 흐름에 따라 가치가 증가한다면, 그것들은 훌륭한 투자로 변할 수 있다. 80년대의 Natas의 스케이트보드 원형(原型) 널판은 현재 수천 달러에 팔리고, 고전적인 Barbie 인형들은 수백 달러를 벌어들인다. 여러분이 도시락 통이나 스노우글로브를 좋아하든, 혹은 펭귄이 위에 달려 있는 아무 물건이나 좋아하든, 수집을 하는 것은 결코 완결될 수 없는 보람 있는 탐구로 여러분을 이끌 것이다. 물론, 완결이 중요한 것은 아니다. 재미는 여러분 책상 위에 줄지어 놓인 수집품에서 빠져 있는 Buffy the Vampire Slayer의 마지막 세 개의 캐릭터 인형에 대한 끝없는 탐색에 있다.

어휘

☐ weird 기이한, 기묘한
☐ mess 엉망인 상태
☐ artful 솜씨 있는, 기교를 부리는
☐ sell for ~에 팔리다
☐ pull in 벌어들이다

☐ **snow globe** 스노우글로브
☐ **action figure** 인형, 전투 인형, 캐릭터 인형
☐ **lineup** 정렬, 정렬한 것

10 ①

해설

영양분 없는 음식을 먹으면 몸에 해롭듯이 마음에 해로운 내용을 계속 접하면 마음에도 해가 된다는 내용의 글이므로, 글의 제목으로는 ① '여러분의 정신 또한 좋은 음식이 필요하다'가 가장 적절하다.

해석

아이스크림, 막대 사탕, 도넛, 감자 칩, 그리고 쿠키만 먹고 오직 청량음료만 마신다면, 여러분의 신체는 얼마나 잘 기능을 하게 될까? 오해는 말라. 내가 그러한 모든 것을 금지하자고 제안하는 것은 아니다. 사실, 이러한 '재밌는 음식' 중 몇 가지를 나 자신도 즐기고 있다는 것을 남들도 알고 있다. 그러나, 몸이 필요로 하는 영양분이 없는 그러한 음식을 꾸준히 먹는 것은 누구에게나 해가 될 것이다. 마찬가지로, 여러분이 오로지 'National Enquirer'만 읽고, TV에서는 연속극과 레슬링 그리고 'Jerry Springer'만 시청하고, 영화는 'Scary Movie'와 'Dumb and Dumber'만 본다면, 정신이 얼마나 잘 기능을 하게 될까? 그것들 중 그 어느 것도 비판하는 것이 아니라, 그러한 것들이 여러분 머릿속으로 들어가는 전부라면 어떻게 될까? 여러분의 정신은 흐리멍덩해지고 둔해질 것이다. 뇌도 또한 영양분을 필요로 한다.

어휘

☐ **function** (제대로) 기능을 하다
☐ **get someone wrong** ~에 대해 오해하다
☐ **ban** 금지, 금지하다
☐ **steady** 지속적인, 꾸준한
☐ **nutrient** 영양분
☐ **soap opera** 연속극, 드라마
☐ **muddy** (머리가) 흐리멍덩한
☐ **dull** 둔한

예상문제 2회 (11번~20번)
– 세부정보 파악 유형(내용 일치와 불일치)

11 ④

해설

①은 주어진 지문 "A varied~all the nutrients you need."를 잘못 읽은 것으로 비타민이 아니라 영양분이다.
②, ③의 진술은 지문 내용에 어긋난다.

해석

비타민과 광물질은 건강을 위해 필수적이다. 다양하고 균형 있는 식사는 대체로 우리가 필요로 하는 모든 영양분을 충분히 보충해준다. 미국의 경우, 비타민 결핍증은 거의 발생하지 않는다. 그러나 아직도 어떤 사람들은 결핍증에 대해 걱정하고 있으며 자신들이 추가로 비타민을 섭취하면 더 건강할 것이라고 믿고 있다. 또 어떤 사람들은 추가의 비타민 섭취가 질병을 치료하고 예방하는 데 효과가 있다고 느낀다. 다량의 비타민을 섭취할 경우 어떤 일이 일어날 수 있는가? 대부분의 경우, 비타민은 정확한 비율로 흡수되고 나머지는 인체 밖으로 배설된다. 그러나 비타민 A와 D는 지방질 조직속에 남아, 비타민 중독증을 초래할 수 있다. 비타민의 인체에 대한 완전한 효과는 아직 확실히 밝혀지지 않았다. 일부 전문가들은 우리가 몸을 보강하기 위해 추가로 비타민을 섭취할 필요가 있는가 하는 의문을 품고 있다.

어휘

☐ **complement** 보충
☐ **nutrient** 영양소
☐ **deficiency** 결핍, 부족, 결여; 영양부족, 영양소 결핍
☐ **absorb** 흡수하다
☐ **proportion** 비율
☐ **result in** ~을 야기시키다, ~을 초래하다
☐ **fortify** 강하게 하다

12 ②

해설

본문의 'There were only 3 times that they were not held because of war: 1916, 1940 and 1944.'으로 볼 때, ②는 일치하는 내용이다.

해석

올림픽게임은 많은 스포츠들로 이루어진 행사다. 올림픽은 Zeus신에게 경의를 표하는 종교적 축제였다. 오직 그리스의 멋진 남자만이 올림픽 경기에 참여했다. 여자, 노예, 그리스인이 아닌 사람, 그리고 사회적 문제가 있는 사람은 참가할 수 없었다. 사실상, 여자는 올림픽 경기를 관전할 수도 없었다. 그 경기는 AD 393년까지 개최되었다. 1896년 프랑스의 Coubertin 남작이 그 게임을 또다시 시작했다. 첫 번째 근대적 올림픽은 그리스 아테네에서 개최되었다. 그때 이후로 올림픽게임은 1896년부터 4년마다 개최되었다. 세계 여러 다른 지역에서 온 사람들이 그 게임에 참가한다. 전쟁 때문에

개최되지 못했던 때는 1916년, 1940년, 1944년, 딱 3번이다. 게임 참가자들의 수는 늘어나고 있다. 첫 근대 올림픽경기에서는 15개국에서 거의 250명의 선수가 참여했다. 2004년 또다시 그리스에서 경기가 개최되었을 때 202개국에서 11,100명의 선수가 왔다. 1896년 올림픽에서는 오로지 남성만이 참여했었다. 오늘날 많은 여성들이 게임에 참가하고 있다. 뿐만 아니라 많은 스포츠경기가 올림픽 종목에 추가되고 있다.

어휘

☐ **religious** 종교적인
☐ **as a matter of fact** 사실

13 ①

해설

①은 'Exports to the United States are rising while exports to China are falling'을 통해 본문의 내용과 일치하지 않음을 알 수 있다.

해석

미국으로의 수출은 증가하고 있는 반면, 한국 제품의 가장 큰 해외시장인 중국으로의 수출은 다른 과정과 다른 조건에 직면하고, 한국이 미국에 가까워짐에 따라 감소하고 있다. 7월 1일부터 20일까지 미국으로의 수출은 19.7% 증가한 반면, 중국으로의 수출은 2.5% 감소했다. 상반기 중국으로의 수출은 전체 수출의 23.2%를 차지했다. 관세청 무역통계에 따르면 이는 전년 동기 대비 1.9%포인트 하락한 수치다. 중국에 대한 월간 수출은 꾸준히 감소하고 있으며, 중국과의 무역수지는 28년 만에 처음으로 월간 적자 규모인 11억 달러를 기록했다. 미국 하이테크 시장에서 한국의 시장 점유율은 지난 몇 년 동안 증가했다. 2017년 3.5%에서 2021년 4.2%로 증가하여 8위에서 6위 국가로 도약했다. 칩 수출 확대가 미국 시장 점유율 상승을 견인했다. 한·중 기술격차 해소 노력, 글로벌 공급망 차질, 코로나19 봉쇄, 중국 정부의 관여 등이 중국에 대한 수출 감소의 이유들이다. 정부는 중국으로의 수출을 회복하기 위한 조치를 마련하고 있다.

어휘

☐ **Customs Service** 관세청
☐ **steadily** 꾸준히
☐ **deficit** 적자
☐ **disruption** 방해, 혼란, 차질
☐ **supply chain** 공급망
☐ **lockdown** 감금, 봉쇄
☐ **drafting** 입안

14 ③

해설

본문의 "In divorce cases involving children, the children almost always went with the father, not the mother." 부분에서 언급되어 있듯이 자녀가 연관된 이혼의 경우, 자녀들은 거의 항상 어머니가 아닌 아버지에게 속함을 알 수 있으므로 정답은 ③이다.

해석

얼마 전까지만 해도, 서양 선진국에서 한국을 처음 방문하러 온 사람들은 종종 한국에서 여성의 낮은 지위에 놀라곤 했다. 한국인 스스로도 이곳의 여성들이 남자보다 열등한 사회적 지위에 있다는 것을 알지만, 그들이 서양에서 2~3년 동안 살아보지 않은 한, 그들은 무엇이 외국인들에게 그리도 두드러져 보이게 하는지 명확히 알지 못한다. 여성은 직업 기회가 거의 없었다. 대기업은 고위직에 여성을 거의 고용하지 않고 그 대신, 대부분의 여성들은 결혼을 하면, 사직할 것이라 여겨지는 "여사무원"으로 고용된다. 자녀가 연관된 이혼의 경우, 자녀들은 거의 항상 어머니가 아닌 아버지에게 속한다. 20세 후반 전에 결혼을 하지 않은 여성들은 종종 경멸적인 용어인 "올드미스"라 불리우나, 싱글로 남아있는 남성에 대한 유사한 명칭은 없다. 비록 한국 여성들에게 서양 여성들 스스로가 달성한 것과 같은 사회적 지위가 주어지기까지 시간이 잠시 걸릴지라도, 사회가 여성에 대한 태도를 바꾸기 시작했다는 몇몇 조짐이 있다.

어휘

☐ **not too long ago** 그리 오래되지 않은, 얼마 전
☐ **inferior to** ~보다 열등한
☐ **occupational** 직업적인
☐ **office girl** 여사무원
☐ **derogatory** 경멸적인
☐ **term** 용어, 말, 기간

15 ③

해설

'He wasn't drunk, but he didn't have his driver's license.'의 문장에서 술은 마시지 않았지만 면허가 없음을 알 수 있다.

해석

브라질에서는 운전면허 따는 것이 어른으로 향하는 중요한 한 단계다. 운전면허취득은 이젠 자유롭다는 인식과 독립된 개인이라는 인식을 느끼게 해준다. 면허취득 법정연령은 18세다. 필요한 수업을 받아야하고 기술테스트와 실제 주행테스트를 통과해야 면허를 취득한다. 브라질에서 운전한다는 것은, 어느 나라에서나 마찬가지로, 위험할 수가 있다. 음주로 인한 사고로 운전 면허가 취소될 수 있다. 어느 여름밤에, Rick은 데이트를 마치고 약간 빠르게 차를 몰며 집으로 가고 있었다. 그는 번쩍거리는 경찰차의 불빛을 백미러로 보았다. 그는 술은 취하지 않았지만, 그는 운전면허가 없었다. 그래서 그는 왼쪽으로 차를 급히 틀었다. 차는 길을 벗어나 나무를 들이받고 뒤집혔다. 그러고는 모든 것이 아득해졌다. 그가 정신을 차렸을 때, 누군가 그에게 물었다. "Rick, 내 말 들리면 발가락을 움직여 봐." 그는 병원에 누워 있었다. 그의 척수는 절단되었다. 그는 평생 전신마비 환자가 되었다. 그는 물리치료 재활센터로 보내졌다.

어휘

☐ **major** 중요한, 주요한, 다수의
☐ **individuality** 개체, 개인
☐ **revoke** 취소하다, 무효로 하다
☐ **swerve** 이탈하다, 벗어나다
☐ **flip over** 뒤집히다
☐ **come to** 정신이 들다
☐ **spinal cord** 척수
☐ **rehabilitation center** 재활센터

16 ④

해설

'she asked her brother Tom to check the numbers against the numbers on her tickets.'의 내용으로 ④가 일치함을 알 수 있다.

해석

"지역신문에 난 별자리 운세를 보니, 나는 매우 운이 좋은 주기를 겪고 있어. 그래서 복권 세 장을 샀어."라고 점성술을 굳게 믿고 있는 Mary가 말했다. 그녀는 복권당첨 번호가 TV로 방영될 때 밖에 나가야만 했기 때문에, 동생 Tom에게 그 번호를 복권에 있는 번호들과 대조해 달라고 부탁했다. Mary가 나가고, Tom은 소파에서 늘어져 빈둥거리며 TV채널을 돌렸고 조용히 잠에 빠졌다. 그는 한 시간 후에 일어나서, 그가 복권번호를 알리는 프로그램을 놓쳐버린 것을 알아챘다. 그때 그는 더 나쁜 문제를 발견했다. 그의 어린 동생이 그것들을 실수로 찢어버린 것이었다. Tom은 미칠 지경이었다. 혹시 찢겨진 것이 당첨된 복권이 아니었을까? 그때 마침, Mary가 들어오며 도대체 점성술을 믿을 수가 없다고 말했다. 왜냐하면, 그녀는 그녀가 복사한 번호로 직장에서 나오기 전에 그것들을 맞춰보았기 때문이다. Tom은 안심했고 그것들에 대해 아무 말도 하지 않았다.

어휘

☐ **horoscope** 별자리 운세
☐ **astrology** 점성술
☐ **loll** 빈둥대다
☐ **frantic** 미칠 것 같은

17 ④

해설

'After a while it puts up its head, the thin, long neck resembling a snake.'에서 ④가 글의 내용과 일치함을 알 수 있다.

해석

가마우지는 먼 내륙의 늪에서 흔하게 볼 수 있는 물새이다. 가마우지는 가늘고 긴 목과 꼬리, 그리고 가늘고 날카롭고 뾰족한 부리가 있는 날씬한 몸을 갖고 있다. 가마우지는 깃털에 계속 기름을 치고 방수가 되게 하기 위한 기름을 만들어 내는 선이 없어서, 날개를 말려야 한다. 기름이 없기 때문에, 가마우지는 쉽게 잠수할 수 있다. 가마우지는 몸이 물에 잠긴 채 수영을 할 수 있고, 먹이는 물속에서 수영하는 동안에 가미우지가 잡는 생선과 다른 수생 생물이다. 날아다닐 때, 가마우지는 다소 무겁게 날개를 퍼덕거리지만, 쭉 뻗은 목과 부채 모양의 긴 꼬리로 우아하게 활공한다. 그러나, 그 새가 자신의 진짜 영역을 찾는 곳은 바로 물속이며, 오랜 기간 동안 물속에 잠긴 채로 있으면서 강력하게 수영한다. 얼마 후에, 가마우지는 머리를 들어 올리는데 가늘고 긴 목이 뱀을 닮았다.

어휘

☐ **anhinga** 가마우지의 일종
☐ **gland** 선(腺), 분비 기관
☐ **swamp** 늪
☐ **submerge** 물속에 넣다, 물속에 잠기다
☐ **aquatic** 물속에 사는, 수생의
☐ **flap** 날개를 퍼덕거리다
☐ **element** (생물의) 고유 영역 (새・짐승・벌레・물고기가 각기 사는 곳)

18 ④

해설

'이탈리아어 철자법을 개혁하려고 노력한 시인이자, 아마추어 건축가인 Giovanni Giorgio Trissino는 아카데미를 갖고 있었고, 나폴리의 왕 Alfonso, 철학자 Marsilio Ficino, 그리고 귀족이며 예술 후원가였던 Isabella d'Este도 그러했다(Giovanni Giorgio Trissino ~ art patron Isabella d'Este.)'는 문장에서 ④가 글의 내용과 일치한다는 것을 알 수 있다.

해석

'academy'라는 단어는 플라톤이 가르쳤던 아테네의 지역(명)에서 비롯되었다. 르네상스 시대의 아카데미는 플라톤의 아카데미를 본뜬 것이었는데, 왜냐하면, 그것이 (아테네 외곽 공원에서의 플라톤의 강의처럼) 격식이 없었고, 플라톤의 철학을 부활시켰기 때문이다. 많은 아카데미는 가르침보다는, 동배간의 토론을 강조했기 때문에, 친구들의 집단에 더 가까웠다. 이탈리아어 철자법을 개혁하려고 노력한 시인이자 아마추어 건축가인 Giovanni Giorgio Trissino는 아카데미를 갖고 있었고, 나폴리의 왕 Alfonso, 철학자 Marsilio Ficino, 그리고 귀족이며 예술 후원가였던 Isabella d'Este도 그러했다. 르네상스 이후에, 스웨덴의 여왕 Christiana는 로마에 있던 자신의 아카데미가 적절하고, 고매한 태도로 말하고, 쓰고, 행동하는 것을 배우는 장소라고 묘사했다. 시가 낭독되고, 연극이 상연되고, 음악이 연주되었으며, 현재는 '스터디 그룹'이라고 불리는 사람들이 모여 그것들에 대해 토론을 벌였다.

어휘

☐ **revive** 부활시키다
☐ **equal** 동배, 동등한 사람[것]
☐ **reform** 개혁하다
☐ **aristocrat** 귀족
☐ **noble** 고결한, 웅장한; 귀족

19 ③

해설

'On the other hand, PLA can't hold hot foods and is much more expensive than traditional plastic.'을 통해, ③이 글의 내용과 일치함을 알 수 있다.

해석

플라스틱 물병이 썩는 데 시간이 얼마나 걸리는지 확실히 아는 사람은 아무도 없다. 일부 과학자들은 수천 년이 걸릴 수 있을 것이라고 말한다. 그러나, 옥수수로 만들어진 새로운 종류의 플라스틱은 분해되는 데 47일 밖에 걸리지 않는다. 그것은 polylactide(PLA)라고 불리며, 이미 일부 상점의 진열대에 나타나기 시작하고 있다. PLA는 보통의 플라스틱보다 제작하는 데, 화석 연료를 20~50% 덜 요구하며, 탈 때 유독가스를 배출하지 않는다. 반면에, PLA는 뜨거운 음식을 담으면 녹기 때문에 담을 수 없고, 전통적인 플라스틱보다 훨씬 더 비싸다. 또한, PLA는 정상적인 환경 조건에서는 분해되지 않는다. 그것은 특수 처리 공장에서 처리되어야 하는데, 거기에서 그것은 섭씨 140도까지 가열된다. 그 온도에서 47일이 지나면 그것은 생물 분해를 일으킨다.

어휘

☐ **biodegrade** 생물 분해를 일으키다

20 ③

해설

아크로 무용이 1800년대 전문 무용 공연장을 통해 명성과 주목을 받았다고 했으므로, ③이 글의 내용과 일치하지 않는다

해석

아크로 무용은 고전무용 형태와 곡예의 융합이다. 이러한 형태의 무용은 음악에 맞춰 행해지는 고유한 안무를 가지고 있고, 무용수가 곡예 운동 동작을 수행하면서, 감정을 연기하게 해 주는 것으로 자주 여겨진다. 아크로 무용은 재즈 무용, 현대무용과 같은 다른 무용 형태로부터 영감을 끌어낸다. 아크로 무용은 Cirque du Soleil과 같은 현대 서커스단을 통해서, 그리고, 1800년대의 전문 무용 공연장을 통해서 받을 만한 자격이 충분히 있는 명성과 주목을 받았다. 모든 무용에 무용수들이 공연하는 것을 도와주는 특별한 의상이 있는 것과 마찬가지로 아크로 무용도 그러하다. 무용수는 정해진 춤 동작을 하는 동안, 어떠한 사고와 집중력의 방해를 피하기 위해, 언제나 머리카락이 얼굴에서 떨어져서 벗어나 있도록 머리카락을 주로 말총머리 모양으로 묶어 올린다.

어휘

☐ **fusion** 융합
☐ **acrobatics** 곡예
☐ **portray** 연기하다, 묘사하다
☐ **inspiration** 영감
☐ **well-deserved** 충분한 자격이 있는
☐ **contemporary** 현대의, 동시대의
☐ **ponytail** 말총머리
☐ **distraction** 집중을 방해하는 것
☐ **routine** (공연의 일부로 정해진) 일련의 동작, 루틴

예상문제 3회 (21번~30번) - 빈칸 추론 1(연결어)

21 ①

해설

앞에 주어진 내용에 대한 구체적인 사례가 (A) 뒤에 이어지고 있으므로, (A)에는 For example이 적절하다. 앞에 주어진 내용을 (B) 뒤에서 정리하여 결론을 맺고 있으므로, (B)에는 Thus가 적절하다.

해석

여러분이 연구 아이디어를 만들어 내는 데 어려움을 겪는 사람들 중 하나라면, 다른 사람들이 이미 해 놓은 것에서 시작하는 것이 최선이다. 완전히 새로운 스스로의 아이디어를 갖고 불쑥 뛰어들기보다는 한 주제에 대한 지난 연구를 참고하는 것이 하나의 시작 지점이다. 예를 들어, 우울증 치료에 관심이 있다면, 현재 이용 가능한 치료법 중 몇 개를 연구하는 것으로 시작해야 한다. 이러한 치료법에 대해 읽는 동안 여러분이 읽은 학술 논문 중 몇 개가 아직 다루어지지 않은 의문을 제기하고 있음을 발견할 것이다. 따라서, 한 분야에서 이미 완성된 연구를 살펴보는 것은 스스로의 연구를 시작하는 견고한 기초를 여러분에게 제공한다.

어휘

- □ **generate** 만들어 내다
- □ **treatment** 치료법
- □ **depression** 우울증
- □ **foundation** 기초

22 ④

해설

(A) 앞뒤의 내용은 역접관계를 나타내므로 (A) 에는 On the other hand가 적절하고 (B) 뒤의 내용은 앞의 내용에 대한 예에 해당되므로 (B)에는 For example이 적절하다.

해석

연구는 자기 충족적인 예언의 힘을 증명해 왔다. 한 연구에서 자신이 무능하다고 믿는 사람들은 다른 사람들보다 보람 있는 관계를 추구할 가능성이 더 적고 스스로에게 덜 비판적인 사람들보다 그들의 기존의 관계를 손상시킬 가능성이 더 많다는 것이 판명되었다. 반면에 스스로를 유능하다고 인식하는 사람들이 더 좋은 관계를 성취했다. 다른 연구에서는 (자신이) 사회로부터 거부당하는 것에 민감했던 피실험자들이 거부를 예상하고 거부가 존재하지 않았을지도 모르는 곳에서도 그것을 인식하며 그들의 관계의 질을 위태롭게 하는 방식들로 그들의 과장된 인식에 과민하게 반응하는 경향이 있었다. 자기 충족적인 예언은 또한 직장에서도 작용한다. 예를 들어 각 집단의 구성원이 고객에게 사용하는 접근 방법에 있어서 차이가 없다는 사실에도 불구하고, 자신을 유능한 의사 전달자라고 판단하는 판매원들이 자신을 덜 유능하다고 판단하는 판매원들보다 더 성공적이다.

어휘

- □ **demonstrate** 증명하다
- □ **self-fulfilling** 자기 충족적인, 예언대로 성취되는
- □ **prophecy** 예언
- □ **incompetent** 무능한
- □ **rewarding** 보람 있는
- □ **subject** 피실험자
- □ **overreact** 과도하게 반응하다
- □ **exaggerate** 과장하다

23 ①

해설

(A)의 앞과 뒤에는 화석연료의 단점이 각각 언급되고 있으므로 Moreover가 적절하다.
(B)의 앞에는 재생 가능한 에너지 개발의 필요성, 뒤에는 재생 에너지 사용의 단점이 언급되므로 However가 적절하다.

해석

오늘날 조명과 전기기구는 전력의 엄청난 수요를 창출한다. 전력의 주요 공급원 중에 하나인 화석연료는 재생 불가능한 에너지 자원인데, 왜냐하면 화석연료는 일단 연소되면 대체하기 힘들기 때문이다. 게다가 화석연료 연소로부터 나온 이산화탄소 가스는 대기 중으로 배출되는데 이것이 지구온난화에 기여한다. 이 시점에서 풍력, 수력 그리고 태양력과 같은 재생 가능한 에너지 자원을 개발하는 것이 필요하다. 전 세계적으로 사람들은 이러한 전력자원을 사용할 방법을 개발하려고 노력하고 있다. 그러나 화석연료에 비해서 재생 가능한 에너지 자원을 사용하는 것은 여전히 비용이 많이 든다. 따라서 어떤 종류의 전력자원이 개발된다 할지라도 충분한 예산에 대한 주의 깊은 계획이 고려되어져야 한다.

어휘

- □ **appliance** 전기기구
- □ **fossil fuel** 화석연료
- □ **renewable** 재생 가능한
- □ **contribute to** ~을 야기하다
- □ **sufficient** 충분한
- □ **budget** 예산

24 ②

해설

(A)의 앞부분의 내용과 뒷부분의 내용이 서로 상반된 것이므로 역접을 나타내는 On the other hand나 On the contrary가 적절하다.
(B)의 앞에 있는 어구를 뒷부분에서 다시 설명하고 있으므로 동격의 의미인 In other words나 That is to say가 적절하다.

해석

사람들이 행동하는 방식이 사람들의 사고에 영향을 미친다는 것을 연구에서 보여주고 있다. 만일 땅을 쳐다보고, 몸을 굽히고, 일반적으로 풀이 죽은 사람을 신체적으로 따라한다면, 당신은 결국에는 우울한 기분을 느끼기 시작할 것이다. 반면에, 미소를 짓고 웃으면서 머리를 높이 세우고 똑바로 선다면, 비록 대단한 기분은 아니었을지라도 훨씬 더 기분이 좋다는 것을 곧 발견하게 될 것이다. 이런 정보를 사용해, '그것이 될 때까지 그것을 가장하기'를 시작할 수 있다. 다시 말하자면, 당신이 되기를 원하는 종류의 사람인 체 할 수 있다는 것이다. 일관되게 아주 열성적인 사람이 하는 것처럼 혹은 진정으로 자신감 있는 사람이 하는 것처럼 행동함으로써, 당신은 결국 이러한 개인적인 특성들을 지니게 될 것이다.

어휘

- ☐ **influence** 영향을 미치다
- ☐ **slouch** 몸을 구부리다, 고개를 숙이다
- ☐ **model oneself after** ~을 귀감으로 삼다
- ☐ **depressed** 의기소침한, 낙담한
- ☐ **mood** 기분, 감정
- ☐ **fake** 가장하다, 꾸며내다

25 ②

해설

(A)의 앞부분은 중국 황제들이 사자(使者)들로 하여금 흉포한 도적들에게 비단을 뇌물로 갖다 주도록 하였음에도 불구하고 그들 중의 몇몇이 종종 죽음을 당했다는 내용이다. 그리고 (A) 바로 뒤 문장은 그들의 목숨을 구하기 위해 협정서를 체결하게 되었다는 내용이므로 빈칸에는 인과 관계를 나타내는 연결사 therefore가 오는 것이 자연스럽다.
(B)의 앞부분에서는 중국 상인들이 북경에서 로마까지 6,200마일이나 되는 험난한 여정을 일 년에 걸쳐 왔다는 내용이다. 그리고 (B) 바로 뒤 문장에서는 중국 상인들이 서쪽에서 온 상인들을 만나 그들 간에 거래가 시작되었다는 내용이므로 빈칸에는 '그럼에도 불구하고(Nevertheless)'가 자연스럽다.

해석

비단은 중국을 벗어나 이동하기 시작했다. 중국의 서부 국경 지대에는 흉포한 도적들이 있었다. 황제들은 이 지역을 관통하는 통행로를 협상하기 위해 많은 사자(使者)들을 보냈다. 그들은 몇 두루마리의 우수한 비단을 뇌물로 가져갔지만, 이러한 사자들 중의 몇몇은 종종 죽음을 당했다. 그래서 그들의 목숨을 구하기 위해 점진적으로 협정서가 체결되었고, 지나다니던 그 길이 비단길로 되었다. 중국 상인들이 북경에서 로마까지의 여정을 마치는 데는 일 년이 걸렸다. 일직선으로 하면 4,200마일이었을 길이, 산과 사막을 모두 지나가는 구불구불한 길들로 인해 실제로는 6,200마일이었다. 그럼에도 불구하고, 중국 상인들이 서쪽에서 온 상인들을 만나게 되면 그들 사이에 비단이 펼쳐지고 손짓·몸짓 말로 거래가 시작되었다. 비단은 주인이 바뀌었고; 중국인들은 로마에서 온 금과 유리로 만든 화려한 장신구를 얻었다.

어휘

- ☐ **border** 국경 지방[지대]
- ☐ **force** 흉포한, 몹시 사나운
- ☐ **bandit** (무장한) 산적, 강도, 도적
- ☐ **negotiate** 협상[교섭]하다
- ☐ **passage** 통로
- ☐ **roll** 두루마리
- ☐ **bribe** 뇌물
- ☐ **trail** (황야 등의) 밟아 다져진 길
- ☐ **as the crow flies** 일직선으로
- ☐ **meandering** 구불구불한 길
- ☐ **place** 늘어놓다
- ☐ **bargaining** 거래, 교섭
- ☐ **sign language** 수화(手話)
- ☐ **change hands** 소유주가 바뀌다
- ☐ **glorious** 화려한
- ☐ **jewelry** 보석류, 장신구

26 ①

해설

(A)의 앞에는 경기장들이 더 이상 Candlestick Park나 Boston Park로 불리지 않았다는 내용이 있고, 뒤에는 현재 3Com Park와 Fleet Center로 불리고 있다는 내용이 있으므로 반대의 의미를 나타내는 Instead가 흐름상 적절하다.
(B)의 앞에는 선수들의 유니폼이 선수뿐만 아니라 팀이 가진 회사를 확인해주는 역할을 한다는 내용이 있고, 뒤에는 간단히 상표가 붙은 옷을 입던 사람들이 여러 회사의 광고판 역할을 한다는 내용이 있으므로 비슷한 내용을 첨가하는 기능의 In addition이 흐름상 적절하다.

해석

상표화는 현대 문화계의 흔한 특징 중 하나가 되었다. 요즘에 상표명은 포장지, 라벨, 상점, 광고와 같이 그것들이 항상 있는 곳에 나오기만 하지는 않는다. 우리가 사는 온 세상에 상표가 붙은 것처럼 보인다. 경기장에서는 더 이상 Candlestick park나 Boston Garden 같은 이름을 붙이지 않는다. 그 대신, 그것들은 지금 3Com Park와 Fleet Center라고 불린다. 대학과 프로 운동선수들의 유니폼은 등번호를 보여줌으로써 선수를 확인할 뿐만 아니라, 상표를 보임으로써 어떤 회사가 그 팀을 소유하고 있는가를 확인해준다. 게다가, 이전에는 단순히 상표가 붙은 옷을 입었던 사람들이 지금은 여러 회사의 걸어 다니는 광고판이고, 셔츠, 신발, 스웨터, 모자, 그리고 다른 의류에 그 이름과 상표가 찍혀 있다.

어휘

- ☐ **brand** 상표, 상표화하다
- ☐ **contemporary** 같은 시대의, 현대의
- ☐ **identify** ~를 확인하다
- ☐ **brand-name** 상표가 붙은
- ☐ **feature** 특징
- ☐ **landscape** 풍경, 분야, ~계
- ☐ **display** ~를 보여주다
- ☐ **logo** (상표 등의) 심벌 마크

27 ①

해설

(A) 앞은 피부색이 인종 차별을 할 수도 있다는 내용인 것에 반해 (A)의 뒤는 피부색은 중요하지 않다고 가르친다는 내용이므로 역접의 의미인 '대신에'를 의미하는 Instead가 적절하다.
(B)의 앞(직장을 구하는 문제)이나 뒤(주택을 구하는 문제) 모두 피부색에 따르는 부당한 대우의 경우이므로 같은 내용의 반복을 나타내는 '~와 마찬가지로'를 의미하는 Likewise가 적절하다.

해석

'인종을 다시 생각함'이라는 기사에서, 나는 피부색 때문에 대학이 나의 코카서스인 자식들을 차별할지도 모른다는 사실을 알고 충격을 받았다. 학교에서 열심히 공부하든 혹은 SAT에서 좋은 점수를 받든 받지 못하든 그것은 중요하지 않다고 그들에게 말을 해야 할까? 나는 그렇게 할 수 없다. 대신에 나는 그들에게 피부색은 중요하지 않다고 가르치려고 애써 왔고 결국 그들은 나중에 인생에서 그것이 중요하다는 것을 배운다. 우리나라가 역사의 흐름과 역행하는 방향으로 나아가고 있다니 얼마나 비극적인가! 최근 국가 공영 라디오 방송에서, 한 조사 결과에 대해 들었다. 그것은, 아프리카계 미국인처럼 여겨지는 이름이 적힌 똑같은 이력서가 답변을 듣기 위해서는 '유럽계' 이름에 비해서 평균 50% 더 많은 발신이 필요하다는 사실을 보여주었다. 마찬가지로, 똑같은 신용도와 수입을 가지고 주택을 구입할 때, 아프리카계 미국인은 훨씬 높은 비율로 거절을 당한다. 만일 당신이 단지 피부색 때문에 직장이나 주택을 얻는 데 어려움을 겪는다면, 당신은 그 현장이 동등해지기를 원하지 않는가?

어휘

- ☐ **discriminate** 구별하다; 차별 대우하다
- ☐ **survey** 바라다[내다]봄, 관찰, 측량, 조사, 검사
- ☐ **versus** ~대(對)(略: v., vs.)
- ☐ **transmission** 송달, 전달; 양도; 매개, 전염
- ☐ **have difficulty** ~ing ~하는 데 어려움을 겪다

28 ②

해설

(A)의 앞에는 대부분의 소재가 재활용되거나 가치가 없다는 내용이 있고, 뒤에는 영화나 스포츠같이 많은 관객을 보장하는 몇 가지 장르의 권리에 대한 경쟁이 치열하다는 내용이 나오기 때문에 결과를 의미하는 연결어인 Hence가 사용되는 것이 바람직하다.
(B)의 앞에는 신문 제작, 영화 발표, 방송 내용의 공급이 과거에 서로 다르게 이루어졌음을 말하고 있고, 뒤에서는 현재의 디지털 기술이 별개의 생산과 배급방식을 통합한다는 내용이 언급되므로 역접을 의미하는 However가 사용되는 것이 적절하다.

해석

오늘날의 매체와 정보산업에는 두 가지의 투쟁이 있다. 하나는 내용에 관한 것이다. 증가하는 채널과 새로운 매체는 항상 더 많은 소재를 원하고, 그 중 대부분은 오늘날 재활용되거나 가치가 없다. 그러므로, 많은 관중을 보증하는 몇몇 장르들, 특히 성공한 영화와 사람들의 이목을 많이 끄는 스포츠 경기의 권리에 대한 격렬한 경쟁이 있다. 다른 하나는 내용에의 접근방법에 관한 것이다. 여기에서 기술이 중요하다. 과거에는 매일 신문을 만들어 내는 것과, 충분한 히트 영화를 발표하는 것, 그리고 방송 내용을 안정적으로 제공하는 것이 전부 다른 유형의 노동력을 필요로 하였고, 다른 기술을 이용하였다. 그러나, 현재의 디지털 기술은 이전의 전혀 다른 생산과 배급 방식을 연결하는 통합에 이르고 있어서 전 세계에 미치는 기본적인 배급 수단을 공유하게 될 가능성이 있다.

어휘

- ☐ **struggle** 싸움, 투쟁
- ☐ **multiply** 증가하다
- ☐ **notably** 두드러지게, 특히
- ☐ **integration** 통합
- ☐ **content** 내용
- ☐ **fierce** 사나운, 격렬한
- ☐ **keep up** ~를 계속하다
- ☐ **distinct** 별개의

29 ④

해설

(A) 다음에 이어지는 내용이 구체적인 예시에 해당하므로, 'For example'이 적절하다. (B) 앞의 내용과 상반되는 내용이 이어지므로, 'On the other hand'가 적절하다.

해석

누군가가 거짓말을 할 때, 종종 얼굴에는 거짓말쟁이가 보여주고, 숨기고 싶어하는 두 가지 메시지가 나타난다. 대부분의 경우, 이런 숨기는 감정이 얼굴에서 진심을 보여주는 순간의 비자발적 미세 감정의 형태로 드러난다. 미세 표정들은 거짓말한다는 것을 보여주는 가장 효과적인 비언어적 행동의 하나이다. 대부분의 사람들은 누군가의 얼굴을 읽는 것으로부터 몇 가지를 알 수 있다고 생각한다. 그러나, 여러분의 추정은 사실일 수도 있고 사실이 아닐 수도 있다!

미소를 생각해 보라. 다행히도, 진심 어린 미소와 가짜 미소 사이에는 차이점이 하나 있다. 예를 들어, 두 명의 오랜 친구가 만날 때, 그들은 그들의 입술로 뿐만 아니라 그들의 눈으로 밝은 미소를 나눈다. 얼굴의 근육들은 수축하면서 입술을 위로 끌어당긴다. 동시에, 눈가의 근육들은 눈 가장자리의 피부를 주름지게 한다. 반면에, 식료품점 점원이 공손하게 미소 지을 때, 입술은 움직이지만 그 미소가 반드시 눈까지 도달하지는 않는다.

어휘

- ☐ **leak** 새어나오다
- ☐ **micro** 지극히 작은, 미세한
- ☐ **involuntary** 비자발적인
- ☐ **facial expression** 얼굴표정
- ☐ **assumption** 추측, 가정
- ☐ **sincere** 진심 어린, 진실한
- ☐ **at the same time** 동시에
- ☐ **wrinkle** 주름이 지게 하다
- ☐ **politely** 정중하게
- ☐ **not necessarily** 반드시 ~은 아닌
- ☐ **contract** 수축하다

30 ①

해설

개발도상국 출산율의 사회경제적 배경에 관한 글로, (A) 앞에서는 여성의 고용 기회가 높고 여성이 학교에 더 많이 다니는 것이 저출산과 관련되어 있다는 내용이 나오고, 뒤에서는 아이 사망률 감소와 저출산이 관련되어 있다는 내용이 나온다. 이처럼 (A)의 앞뒤에서 연구 결과들이 열거되고 있으므로 (A)에는 Moreover(게다가)가 가장 적절하다. (B)의 앞에서는 생존 자녀의 목표 숫자 및 더 낮은 사망률과 더 높은 생존 가능성이 언급되고, 뒤에서는 그런 상황의 결과로서 더 적은 출산율이 언급되어 있으므로 빈칸에는 As a result(결과적으로)가 가장 적절하다.

해석

개발도상국에 대한 넓은 범위의 통계 연구는 출산율에 대한 경제 이론을 강력하게 뒷받침해 왔다. 예를 들어, 집 밖에서 여성의 고용 기회가 높고 특히 초등과 중등 수준에서 여성이 학교에 더 많이 다니는 것은 상당히 더 낮은 수준의 출산율과 연관되어 있음이 밝혀졌다. 더 잘 교육받을수록 여성들은 가계 수입에서 더 큰 몫을 벌고 더 적은 수의 아이를 낳는 경향이 있다. 게다가, 이런 연구는 아동 사망률의 감소와 뒤이은 출산율 감소 사이에 강한 연관이 있음을 확인시켜 주었다. 가정에서 어떤 목표 숫자의 생존 자녀를 원한다면, 증진된 여성 교육과 더 높은 수입 수준은 아동 사망률을 줄이게 되고, 따라서, 첫째 아이가 살아남을 가능성을 증가시킬 수 있다. 결과적으로, 같은 숫자의 생존 자녀를 얻기 위해 더 적은 출생이 필요할지 모른다.

어휘

- ☐ **statistical** 통계적인
- ☐ **spectrum** 범위, (빛의) 스펙트럼
- ☐ **fertility** 출산율, 비옥함
- ☐ **attendance** 참석(률)
- ☐ **primary** 초등(교육)의, 첫째의
- ☐ **secondary** 중등(교육)의, 제2의
- ☐ **be associated with** ~와 연관되다
- ☐ **significantly** 상당히, 유의미하게
- ☐ **household income** 가계 소득
- ☐ **confirm** 확인해주다
- ☐ **mortality** 사망률, 사망자 수
- ☐ **subsequent** 뒤이은, 다음에 일어나는
- ☐ **firstborn** 첫째 아이
- ☐ **attain** 얻다, 도달하다
- ☐ **underline** 강조하다, (밑에) 선을 긋다
- ☐ **nutrition** 영양

예상문제 4회 (31번~40번) - 빈칸 추론 2(단어, 구, 절)

31 ②

해설

지나간 것을 회상하는 것보다 앞으로 할 것을 생각하는 것이 더 많은 기쁨을 준다고 했으므로, 빈칸에 들어갈 문장으로 ② '지금 지불하고 나중에 소비하라'가 가장 적절하다.

해석

쿠키를 사서 그것을 곧바로 먹는 사람은 그것으로부터 X 단위의 기쁨을 얻을지도 모르지만, 그 쿠키를 나중에 먹으려고 남겨 두는 사람은 그것을 결국 먹을 때의 X 단위의 기쁨과 사건을 기대하는 모든 추가적인 기쁨을 더한 것을 얻는다. 물론 추억도 행복의 강력한 원천이 될 수 있고, 만약 기대와 추억이 기쁨을 증진시키는 데 있어서 동등한 동반자라면, 그렇다면 매일 앞날을 생각하는 것이 단지 뒤를 되돌아보는 것의 하루와 교환될 수 있기 때문에 소비를 미룰 이유가 전혀 없을 것이다. 그러나 미래의 사건에 관하여 생각하는 것이 과거의 똑같은 사건에 관하여 생각하는 것보다 더 강한 감정을 유발한다는 것을 연구는 보여 준다. 따라서 당신은 다음의 원칙인 '지금 지불하고 나중에 소비하라.'를 따름으로써 당신의 돈에 대해 더 많은 행복을 얻을 것이다.

어휘

- ☐ unit 단위
- ☐ eventually 결국
- ☐ anticipation 기대
- ☐ consumption 소비
- ☐ provoke 유발하다

32 ④

해설

우유부단함이 야기하는 부정적 결과에 관한 글로, "No. But the decisions are killing me!"와 마지막의 "I believe that most procrastinations are due to the fear of making a decision."을 통해 빈칸에는 ④ indecision(우유부단함)이 적절하다.

해석

나는 다른 어떤 시간을 허비하는 습관에 의해서보다도 우유부단함에 의해서 더 많은 시간이 낭비되고, 더 많은 두통이 생겨나며, 더 많은 기회가 상실된다고 생각한다. 감자 수확물을 분류하도록 한 남자를 고용한 농부에 관한 일화가 있다. 할 일은 큰 감자들을 한 무더기에, 중간 크기를 다른 한 무더기에, 작은 것들을 세 번째 무더기에 놓는 것이었다. 몇 시간 후에, 고용된 남자는 그 일을 그만두기로 결정했다. 그는 마치 그 짧은 시간에 체중이 줄어든 것처럼 보였고, 마치 하루 종일 도랑을 파고 있었던 것처럼 그렇게 땀을 뻘뻘 흘리고 있었다. 농부는 그 일이 그에게 너무 힘든지 물었다. "아니오. 하지만 결정을 내려야 한다는 것이 나를 너무 힘들게 해요!" 나는 여러분에게 이것을 확실하게 말할 것이다. 여러분은 결정을 내리지 않는 것보다 실수를 하는 것이 훨씬 더 낫다. 나는 대부분의 미루는 버릇이 결정을 내리는 것의 두려움에 기인한다고 믿는다.

어휘

- ☐ time-consuming 시간을 낭비하는
- ☐ anecdote 일화
- ☐ sweat 땀을 흘리다
- ☐ ditch 도랑, 배수구
- ☐ better off 나은, 유복한
- ☐ procrastination 미루는 버릇, 지연

33 ①

해설

풍요로운 세상에 살고 있어서 우리는 무엇이든 무한히 쓸 수 있을 것처럼 생각한다는 내용이 첫 문장 다음에 이어지고 있으므로, 빈칸에는 ① '한계에 대한 느낌을 상실한다'가 가장 적절하다.

해석

풍요로운 사회에 살고 있는 우리가 직면한 문제는 우리가 한계에 대한 느낌을 상실한다는 것이다. 우리는 죽음으로부터 신중하게 보호되어 있으며 그것(죽음)에 대해 깊이 생각하지 않고 몇 달 심지어는 몇 년을 보낼 수 있다. 우리는 무한한 시간을 우리 마음대로 쓸 수 있다고 상상하며 현실로부터 서서히 더 멀리 표류해간다. 우리는 쓸 수 있는 에너지가 무한대라고 상상하며, 그저 더 열심히 노력함으로써 우리가 원하는 것을 얻을 수 있으리라 생각한다. 우리는 친구들의 선의, 부와 명성의 가능성과 같은 모든 것에 한계가 없다고 보기 시작한다. 수업을 몇 개 더 듣고 책을 몇 권 더 읽으면 우리는 우리가 다른 사람이 될 정도까지 우리의 재능과 기술을 확장할 수 있다. 기술은 어떤 것이든 성취 가능하게 할 수 있다. 풍요는 우리에게 꿈이 풍부하게 해주는데, 왜냐하면 꿈에는 한계가 없기 때문이다. 그러나 그것은 현실에서는 우리를 가난하게 한다.

어휘

- ☐ abundance 풍요
- ☐ at one's disposal 마음껏 쓸 수 있는
- ☐ drift 표류하다
- ☐ goodwill 선의
- ☐ extend 확장하다, 뻗다

34 ③

해설

빈칸이 있는 문장 뒤의 내용을 보면, 현대의 변화 속도는 개인들이 협동 능력을 빠르게 기를 것을 요구하고 있으며, 개인 간의 마찰을 잘 관리하고 다른 생각들이 교차되는 부분을 통해 생성되는 에너지를 이용하여 창의성을 추구한다고 이야기하고 있으므로 빈칸에는 ③ '개인들의 전문적 지식을 통합할 것'이 가장 적절하다.

해석

현대 경영의 역설적 사실 중 하나는 기술 변화와 사회 변화가 너무 빨리 확산되고 있어서 이런 변화가 자연의 리듬과 보조를 못 맞추고 있는 것처럼 보이는 중에, 인간의 본성은 역사가 기록된 시기 동안에는 변하지 않았다는 것이다. 사람들은 항상 문제 해결 접근법에 있어서 자신만의 독특하게 선호하는 방법을 가지고 있었다. 그렇다면 왜 지금에 와서 경영자들이 이러한 차이점들을 이해하는 것이 그렇게 필요하게 되었는가? 왜냐하면 오늘날의 복잡한 상품들은 천성적으로 서로를 이해하지 못하는 개인들의 전문적 지식을 통합할 것을 요구하기 때문이다. 오늘날의 변화 속도는 이런 개별 전문가들이 협동 능력을 빠르게 기를 것을 요구하고 있다. 개인 간의 마찰이 창의성으로 발전하도록 관리되지 않는다면 개인과 조직 모두의 건설적인 추진력이 위축될 것이다. 서로 다른 사고 과정이 만나서 합쳐지는 교차로가 발산해 주는 에너지가 올바르게 사용된다면, 혁신의 속도가 빨라질 것이다.

어휘

- ☐ **paradox** 역설
- ☐ **pervasive** 널리 퍼진
- ☐ **alter** 바꾸다
- ☐ **integrate** 통합하다
- ☐ **expertise** 전문 지식
- ☐ **innately** 선천적으로
- ☐ **constrict** 수축시키다
- ☐ **impulse** 추진력, 충동
- ☐ **abrasion** 마찰

35 ①

해설

빈칸 뒤에서 사람들은 자신이 좋아하는 것을 지켜내기 위해서 많은 위험을 무릅쓴다는 내용이 나오므로, 빈칸에 들어갈 말로 ① '손실을 막다'가 가장 적절하다.

해석

사람들은 손실을 막기 위해 많은 위험을 무릅쓸 것이다. 우리는 애완동물을 구하기 위해서 불타는 집에 뛰어드는 사람들에 관해서 꾸준히 듣는다. 우리는 강도가 지갑을 요구할 때 사납게 맞서 싸우는 사람들에 대해서 계속해서 듣는다. 이러한 것들은 둘 다 사람들이 자신이 좋아하는 어떤 것을 고수하기 위해서 반복적으로 하는 위험성이 높은 도박이다. 똑같은 사람들이 잠재적인 이득이 훨씬 더 높을 수 있음에도 불구하고 차 속에서 안전벨트를 매는 번거로움을 무릅쓰지 않을지도 모른다. 그들에게 수중의 새가 숲 속에 있는 두 마리 새보다 항상 더 매력적인 것처럼 보인다. 수중에 있는 한 마리를 고수하는 것에 더 높은 위험성이 따르고 숲 속에 있는 두 마리에 금이 입혀져 있다 하더라도 말이다.

어휘

- ☐ **risk** 위험을 무릅쓰다
- ☐ **fiercely** 사납게
- ☐ **gamble** 도박
- ☐ **fasten** 매다, 채우다
- ☐ **gold-plated** 금을 입힌

36 ①

해설

다른 환경에서 자라더라도 생물학적 요인이 같은 일란성 쌍둥이는 같은 성격 특성을 가진다는 연구 결과로 보면, 성격 특성은 유전적인 것이라는 의미가 되어야 하므로 정답은 ① congenital이다.

해석

과학자들은 무엇이 우리의 성격에 영향을 미치는지 알기 원한다. 그들은 Jim Springer와 Jim Lewis 같이 다른 환경에서 자란 일란성 쌍둥이들을 연구한다. 이런 쌍둥이들은 과학자들에게 환경과 생물학의 관계를 이해하는 데 도움이 된다. Minnesota 대학의 연구원들은 다른 환경에서 자란 350쌍의 일란성 쌍둥이를 연구했다. 그들은 쌍둥이들의 성격에서 많은 유사점을 발견했다. 과학자들은 친밀감, 수줍음, 그리고 공포와 같은 성격 특성은 환경의 결과가 아니라고 믿는다. 이러한 특성들은 아마 유전적일 것이다.

어휘

- ☐ **affect** 영향을 미치다
- ☐ **identical twins** 일란성 쌍둥이
- ☐ **connection** 관련성, 관계
- ☐ **personality** 성격
- ☐ **congenital** 타고난, 선천적인, 유전적인
- ☐ **conspicuous** 명백한; 현저한, 저명한
- ☐ **tenacious** 고집하는, 집요한, 완강한
- ☐ **inexorable** 냉혹한, 무정한

37 ②

해설

빈칸 앞의 내용이 '생활 방식의 다양한 차이는 사회적이고 습득한 것이며 신체적, 유전적 차이는 아니다'라고 하고 있고 빈칸 문장의 내용은 '따라서 환경에 사람이 적응하는 것은 관습과 제도에서 살펴볼 일이지 해부학과 신경 구조에서 살펴볼 일은 아니다.'라고 하고 있다. 다시 말해 빈칸 앞의 내용으로 인해 빈칸의 당연히 내용이 그러하다는 식으로 연결하는 것이 옳다.

해석

인간은 신체적 특성을 바꿈으로써가 아니라 그들의 사회를 조정함으로써 외부 세계에 적응해 왔다. 동물과 식물은 바로 그들 자체의 유기물질에 근본적인 변화를 생겨나게 함으로써 오랜 기간에 걸쳐 적응을 해왔다. 유전적 변화가 다양한 환경 변화에 부응한 것이다. 그러나 인

정답 및 해설

간들에게 있어 머리 형태나 다른 신체 모양의 변화가 대부분의 경우는 적응에 따른 것인지는 명확하지 않다. 또한 각 인종의 지적 능력의 차이가 다른지도 명확하지 않다. 우리가 아는 한 각 인종은 똑같이 지적 능력이 있고 똑같이 함께 사는 그들의 문제를 해결할 수 있는 능력이 있다. 다양한 생활 방식은 사회적인 것이며 그 차이는 살며 습득한 것이지 신체적 유전적 차이는 아닌 것으로 보인다. 따라서 인간의 환경에 대한 적응은 해부학이나 신경 구조의 측면이 아니라 관습과 관례의 측면에서 연구되어야 한다는 것은 당연한 것이다.

어휘

- ☐ adapt to ~에 적응하다
- ☐ adjustment 적응
- ☐ radical 근본적인, 과격한
- ☐ organism 유기체, 생물
- ☐ hereditary 유전의
- ☐ meet 부응하다, 충족시키다
- ☐ feature 생김새, 특징
- ☐ in most cases 대부분의 경우
- ☐ adaptive 적합한, 적응하는
- ☐ capacity 능력
- ☐ as far as S+V ~하는 한
- ☐ be capable of ~할 수 있다
- ☐ varying 다양한
- ☐ it stands to reason that S+V …하는 것은 당연하다
- ☐ institution 관례, 협회
- ☐ anatomy 해부학
- ☐ sociology 사회학
- ☐ archaeology 고고학
- ☐ biology 생물학

38 ②

해설

도시 계획 입안자들은 주변 지역의 거주민들을 참여시키지 않은 채 계획안을 발표하고, 경영진은 직원들과 상의하지 않은 채, 능률적인 작업 계획을 발표하고, 의원들을 불참시키고, 예산 책임자와 대통령의 수석 보좌관은 여섯 명의 의회 지도자들과 함께 밀실에서 예산안을 합의하는 것은 협상의 가장 흔한 실수 중 하나이다, 협상 상대들에게 협상에 참여하도록 하는 노력의 필요성을 말하고 있으므로, 정답은 ②가 적절하다.

해석

협상 중에 가장 흔한 실수 중 하나는 여러분이 문제에 대한 해결책을 찾아냈다고 발표하는 것이다. 도시 계획 입안자들은 주변 지역의 거주민들을 참여시키지 않은 채, 새로운 쓰레기 처리장에 대한 그들의 프로젝트를 발표한다. 이에 대응하여, 시민 단체가 그 프로젝트와 싸우기 위해 즉시 조직적으로 단결한다. 경영진은 직원들과 상의하지 않은 채, 능률적인 작업 계획을 발표한다. 노동자들은 암암리에 그 계획을 고의로 방해한다. 국가 예산 책임자와 대통령의 수석 보좌관은 여섯 명의 의회 지도자들과 함께 밀실로 들어가서, 합의된 일련의 예산 삭감안을 가지고 나온다. 참여하지 않은 의원들은 그 합의를 비판하고, 그 다음의 투표에서 그것을 거부한다. 그러므로, 또한 여러분의 협상 상대들도 그들이 여러분의 제안을 형성하는 데 역할을 갖지 않는다면 그 제안을 거부할 가능성이 있다.

어휘

- ☐ negotiate 협상하다
- ☐ announce 발표하다
- ☐ unveil 비밀을 밝히다, 발표하다
- ☐ waste-disposal site 쓰레기 처리장
- ☐ resident 주민
- ☐ sabotage 고의로 방해하다
- ☐ chief of staff 수석 보좌관
- ☐ closet 밀실에 들어앉히다
- ☐ agreed-upon 합의된
- ☐ subsequent 다음의
- ☐ counterpart 대응하는 사람

39 ③

해설

Rembrandt가 아프거나 비참한 많은 사람들을 그린 동기가 근본적으로 동정적인 것이었다고 언급한 것으로 보아 빈칸에는 ③ '민간의 상황에 대한 깊은 동정(공감)'이 적절하다.

해석

Rembrandt가 좋아했던 주제는 노동하는 가난한 사람들의 일상생활과 그 당시의 다른 종교 회화의 특징이었던 인격을 갖지 않은 신성과는 거리가 먼 그리스도의 인성이었다. 그러나 Rembrandt 작품의 가장 현저한 특징은 인간의 고통을 현실 그대로 그려 보려는 그의 의지였다. 그의 작품들 중 많은 것들이 아프거나 비참한 사람들의 모습을 포함했지만, 이러한 불편한 장면을 만들어 내는 동기는 근본적으로 동정적인 것이지 가학적인 것은 아니었다. 그의 작품, '돌아온 탕자'는 연민의 정을 강력하게 불러일으키기 때문에 가장 감동적인 종교 회화들 중 하나로 여겨진다. 그 그림 속에서 아들은 그를 용서하고 그가 집에 온 것을 환영하는 아버지의 발 아래서 무릎을 꿇고 운다. 요컨대, Rembrandt는 그의 작품을 인간의 상황에 대한 깊은 동정(공감)을 가지고 접근했다.

어휘

- ☐ humanity 인간성
- ☐ sadistic 가학적인
- ☐ prodigal 방탕한
- ☐ divinity 신성
- ☐ depict 그리다
- ☐ compassionate 동정하는
- ☐ evocation 불러일으킴
- ☐ impersonal 인격을 갖지 않은
- ☐ pathos 연민의 정

40 ①

해설

특정한 시간에 생물학적인 사이클이 생기는데, 이에 따라 경기 성적이 좌우된다고 했으므로, 빈칸에는 ① rhythms(리듬)이 가장 적절하다.

해석

올림픽 운동선수들은 그들 인생의 많은 부분을 메달에 대한 도전을 준비하는 데 보낸다. 유전적 특징과 훈련에서부터 식단과 자신감에 이르는 많은 요소들이 성과에 영향을 미친다. 최근에 운동선수, 코치 그리고 연구자들이 다른 요소를 자세히 지켜보기 시작했다. 운동선수의 신체 리듬이 또한 성과에 영향을 줄 수 있다는 것을 과학자들이 발견하고 있다. 사람들은 특정한 시간에 먹고, 자고 잠에서 깨도록 정확하게 조정되어 있다. 이 예측 가능한 패턴들이 매 24시간 마다 약 한 번씩 발생하는 생물학적인 사이클이다. 그것들은 신체의 내부 시계에 의해 정해졌으며, 대양의 조수처럼 자연적으로 흐른다. 예를 들어서, 체온은 새벽 4시경에 가장 낮으며, 저녁 7시경에 가장 높다. 흥미롭게도, 더 많은 세계 기록들이 아침보다는 저녁때 깨졌다. 그리고 연구는 많은 운동선수들이 체온이 가장 높은, 오후나 저녁때 가장 잘한다는 것을 보여주었다.

어휘

- ☐ **affect** 영향을 미치다
- ☐ **genetics** 유전적 특징
- ☐ **confidence** 자신감
- ☐ **internal** 내부의
- ☐ **tide** 조수
- ☐ **peak** 절정
- ☐ **disproportion** 불균형

예상문제 5회 (41번~50번) - 문장 제거 유형

41 ③

해설

적절한 악수를 하는 방법에 대해 이야기하는 글로, ③은 일반적인 신체 접촉을 통해 친밀감을 표현하는 방법을 표현하고 있으므로 전체 흐름과 거리가 멀다.

해석

비록 악수는 종종 소홀히 여겨지고 잊혀지지만, 악수는 중요하며 강렬한 악수가 관계에서 큰 변화를 가져올 수도 있다. 또한 올바르게 악수하는 것도 중요하다. 우선, 손을 완전히 펴서 악수가 손가락이나 손바닥이 아니라 손으로 흔드는 것이 되게 하라. 이것은 엄지의 접합 부분이 다른 사람의 엄지 접합 부분에 갖다 대게 하여 당신이 정말로 완전한 악수를 하게 되는 것을 의미한다. (사람들이 칭찬하거나, 맞이하거나, 또는 작별을 고할 때, 나는 빈번히 그 사람의 어깨를 두드리거나 그들의 팔을 부드럽게 어루만진다.) 어떤 문화에서는 적절하지 않을 수도 있으나 당신이 악수하는 사람들의 손의 반대편을 잡기 위해서 당신의 다른 손을 사용하는 것도 종종 고려할 만하다. 이러한 제스처는 악수를 더 친밀하고 더 개인적인 것으로 만들 수 있다.

어휘

- ☐ **overlook** 간과하다
- ☐ **above all** 우선, 무엇보다도
- ☐ **palm** 손바닥
- ☐ **joint** 접합 부분
- ☐ **nestle** 갖다 대다, 비비 대다
- ☐ **frequently** 빈번히
- ☐ **compliment** 칭찬하다
- ☐ **appropriate** 적절한

42 ②

해설

이 글의 주제는 집단 토론 상황에서 방해하는 사람의 긍정적인 역할이다. '일부러 반대 입장을 취하는 사람'이라는 뜻의 관용구 'devil's advocate'의 의미와 기원을 언급하면서, 논쟁에 균형을 잡아 주는 사람으로서의 역할을 강조하고 있다. ②는 devil's advocate의 직위를 누가 만들고, 누가 폐지했는가에 관한 사실을 언급하고 있으므로 이 글 전체의 내용과는 관련이 없다.

해석

집단 토론 상황에서, 방해하는 사람의 존재는 실제로 의사 결정 과정을 더욱 합리적으로 만들고 궤도에서 이탈할 가능성을 줄게 할 수 있다. 그것은 "악마의 옹호자"의 역할을 하는 경향이 있는 누군가에 대한 새로운 이해를 제공하는데, 그것은 교황 지명자에 대해 반대 의견을 말하는 역을 부여받은 사제를 지칭하기 위해 바티칸에서 비롯되었다. 악마의 입장을 대변하는 역을 부여받은 그 사제는 말하자면 논쟁에 균형을 잡아 주었다. (그 직위는 교황 Sixtus 5세의 치세인 1587년에 확립되었고, 1983년이 되어서야 교황 John Paul 2세에 의해 폐지되었다.) 악마의 옹호자의 역할을 함으로써 인기경쟁에서 승리할 자는 아무도 없을지라도, 사업체는 반대 의견을 존중하는 것이 좋을 것이다. 물론, 반대하는 자도 어느 누구만큼이나 틀릴 수 있겠지만, 그가 제시한 논점들의 토론은 논쟁에 균형을 더할 수 있다.

어휘

- ☐ presence 존재
- ☐ blocker 방해하는 사람
- ☐ rational 합리적인
- ☐ appreciation 이해, 인정
- ☐ devil's advocate 악마의 옹호자(일부러 반대 입장을 취하는 사람)
- ☐ originate 비롯하다, 생기다
- ☐ refer to 칭하다, 언급하다
- ☐ priest 사제, 성직자
- ☐ assign 부여하다
- ☐ nominearth currente 지명자
- ☐ represent 나타내다, 대표하다
- ☐ so to speak 말하자면
- ☐ abolish 폐지하다
- ☐ reign 치세, 통치
- ☐ popularity 인기, 대중성
- ☐ do well to ~하는 것이 좋다
- ☐ dissenting 반대하는
- ☐ dissenter 반대자
- ☐ perspective 균형, 전망, 시각

43 ②

해설

수백만의 어린이와 청소년들이 정신 건강 분야에서 적절한 도움을 받지 못하여, 당사자들뿐만 아니라 가족들도 비극적인 결과를 겪게 된다는 내용이므로, '아이의 최고 관심사를 알아내려고 하는 사람들은 신체 건강의 문제들에 관하여 대화를 하는 데 어려움을 겪을 수 있다'는 내용의 ②는 글 전체 흐름과 관계가 없다. 무관한 문장을 제거하고 나면, ①과 ③이 자연스럽게 연결된다.

해석

아동과 청소년의 정신 건강 분야에서의 발전에도 불구하고, 매년 수백만의 젊은이들이 적절한 도움을 받지 못한다. 심각한 정서적 장애를 지닌 아이 다섯 명 중 단지 한 명만이 실제로 전문화된 정신 건강 서비스를 이용한다. 비록 오늘날, 아동 복지 기관, 청소년 사법 제도와 우리 학교들은 종종 도움을 필요로 하는 아이들을 돌보아 주지만, 이 기관들 중 어느 것도 정신 건강 관리를 첫 번째 우선 사항으로 전달하지 않는다. (하지만 일부 연구들은 한 아이의 최고의 관심사를 찾아내고 있는 사람들은 신체 건강의 문제들에 관하여 효과적으로 대화하는 데 어려움을 겪을 수 있다는 것을 보여 왔다.) 게다가, 같은 아이를 담당하는 모든 전문가들이 속한 여러 기관들 사이에서 협력을 증진하는 것의 복잡성도 엄청나다. 협력이 없고, 돈이 충분하지 않으며 훈련받은 정신 건강 전문인들에게 접근이 제한되어 있다는 것이 너무도 흔하며, 그래서 아이들과 가족들은 비극적인 결과를 겪게 된다.

어휘

- ☐ adolescent 청년, 젊은이
- ☐ disturbance 장애; 방해, 교란
- ☐ welfare 복지, 후생
- ☐ juvenile 청소년의
- ☐ look out for ~을 찾아내다, 고르다
- ☐ priority 우선[중요] 사항
- ☐ complexity 복잡성, 복잡한 것
- ☐ collaboration 협력, 제휴
- ☐ daunting 엄청난, 기죽게 하는
- ☐ access 접근
- ☐ tragic 비극적인
- ☐ consequence 결과, 결말, 중요성

44 ③

해설

효과적인 의사소통의 가치에 관한 글로, 이 글은 '의료 행위에 있어서 의사와 환자 간의 효과적 의사소통이 의료 행위에 대한 환자의 만족에 기여한다'는 내용의 글이다. 따라서 ③ '의사들에 대한 대부분의 불만이 전문적 의학 지식의 부족 때문이다'라는 것은 전체 글의 흐름에 맞지 않다.

해석

효과적 의사소통은 건강관리의 질을 향상시킬 뿐만 아니라, 게다가 진찰로부터 의사와 그/그녀의 환자 둘 다에 의해 얻어지는 만족에 매우 긍정적인 영향력을 가진다. 의사소통의 붕괴는 대부분의 환자들에 있어 불만족의 근거가 된다. 조사들은 불만족한 환자들이 듣지 않는 것, 충분한 설명들을 제공하지 않는 것, 또는 무관심하게 보이는 것에 대해 그들의 의사를 비난한다는 것을 보여 준다. 만족한 환자들은 그들의 의사의 다정함, 이해, 그리고 그들의 관심사를 미리 고려하거나 경청하는 능력을 감지한다. (의사소통이라기보다는 전문적 의학 지식의 부족이 의사들에 대한 불평의 대부분을 이룬다.) 의사가 형편없는 의사 소통자이거나, 환자의 질문 또는 관심사에 가까이하지 못하거나, 기꺼이 응답하지 않을 때, 환자의 자율성은 손상된다.

어휘

- ☐ not only ~ but in addition ~뿐만 아니라 게다가 …도
- ☐ consultation 진찰
- ☐ adequate 충분한
- ☐ anticipate 미리 고려하다
- ☐ concerns 관심사

☐ underlie ~의 근저에 있다
☐ autonomy 자율
☐ undermine ~을 몰래 손상시키다
☐ respond to ~에 응답하다

45 ④

해설

침입자와 맞섰을 때의 대처법에 관한 글로, 침입자에게 도망갈 여지를 주는 것이 상황을 더욱 어렵게 만들지 않는다는 것을 설명하는 내용이다. 따라서 침입자의 집에 불이 나서 도망가는 상황을 나타내는 ④는 글의 문맥에 맞지 않다.

해석

당신이 침입자와 맞서 있다고 가정해 보자. 당신 마음에는 어떤 목표를 가지고 있는가? 나는 주인공이 악당에게 주먹을 날려 항복을 받아내는 영화들에서 당신이 보았던 것들을 잊으라고 말하고 싶다. 나는 침입자가 물러서거나 도망가도록 하여 내 가족과 내가 안전해지는 것을 택할 것이다. 대부분의 책들은 만일 당신이 연쇄 살인범이나 사이코패스와 같은 극소수의 침입자와 맞서는 일만 없다면 대부분의 범죄자는 그들이 다치는 것을 기대하지 않기 때문에 단호한 저항에 직면할 때 물러설 것이라고 당신에게 말할 것이다. 만일 당신이 침입자를 구석으로 몰아 붙여 도망갈 여지를 주지 않으면, 그는 싸우는 것 말고는 선택할 것이 없기 때문에 당신은 아마도 상황을 좋은 쪽이 아니라 더욱 어렵게 만들 것이다. (만일 침입자가 그의 집에 방금 불이 났다는 사실을 안다면, 그는 서둘러 그의 가정을 구하기 위해 돌아갈 것이다.)

어휘

☐ confront 직면하다
☐ objective 목적, 목표
☐ pummel 연타를 날리다, 주먹으로 치다
☐ back off 물러서다, 철회하다
☐ psychopath 정신병질자
☐ bargain for 기대하다, 받아들일 용의가 있다
☐ pushover 약자, 만만한 상대
☐ conquest 승리, 정복

46 ③

해설

라디오 방송국의 설립으로 콘서트 음악이 발전하고 방송국이 음악을 대중화시키는 데 후원을 했다는 내용을 영국의 BBC를 예로 들어 설명하고 있는 글이다. BBC가 관객을 더 증가시킬 수 없었던 이유를 설명하는 ③은 전체 글과 반대의 내용이므로 무관한 문장이지만 앞의 문장에서 사용한 단어 music policy와 change를 사용하여 글 전체의 흐름과 관련이 있어 보이도록 한 것에 유의해야 한다.

해석

1920년대 유럽과 미국 전역에 라디오 방송국의 설립은 콘서트 음악의 후원에 선례가 없는 기회를 제공했다. 예를 들어, BBC 방송국은 자체의 관현악단과 합창단을 설립하여, 음악 직업 안에서의 고용을 후원하는 데 도움을 주었다. 정부 기금에 의한 보조금을 받는 국가 단체로서, 그것은 영국에서 콘서트 생명의 바로 그 본성을 변화시킨, 아주 특별하고 영향력 있는 음악 정책을 전개했다. (그럼에도 불구하고 광고와 음악 정책의 변화에 대한 그들의 투자는 관객을 더 증가시킬 수 없었다.) 더욱이 BBC 방송국의 후원은 새로운 일들을 의뢰하는 데까지 확장되었으며, 그 일들 중 일부는 라디오의 특정한 소리에 필요한 것들을 위해 특별히 계획되었다. 하지만, 아마도 더욱 중요한 것은 BBC 방송국이 콘서트 음악을 이전보다 훨씬 더 폭넓은 대중에게 가져오는 데 기여를 했다는 점이다.

어휘

☐ establishment 설립, 창립; 확립
☐ unprecedented 선례[전례]가 없는
☐ patronage 후원, 장려
☐ choir 합창단
☐ subsidize 보조금[장려금]을 주다
☐ evolve 전개하다, 진화하다, 발전하다
☐ influential 영향을 미치는, 세력 있는
☐ investment 투자
☐ commission 의뢰하다, 위임하다
☐ sonic 소리의, 음(파)의
☐ requirement 필요물, 필요 조건

47 ②

해설

2007년 북극 만년설의 해빙에 관한 것이 글의 중심 내용이므로, 북극해에 관한 일반적 내용인 ②는 전체 흐름과 관계가 없다.

해석

얼음에 의해 뒤덮인 북극 주변의 해양 면적은 계절에 따라 변해서, 매년 9월에 최소에 이른다. 2007년 8월과 9월에 북극 만년설은 기록을 시작한 이래, 가장 작은 크기로 줄어들었다. 9월 16일 현재, 얼음의 크기가 159만 제곱 마일이고, 2005년 9월에 세운 이전 기록보다 약 1/5가량 더 작다고 미국 정부 과학자들이 발표했다. (북극해는 평균 깊이가 약 2마일이고, 자유롭게 순환하며 태평양과 대서양에 연결되고, 모두 차가운 소금물이다.) 북미의 북쪽 경계를 따라, 대서양에서 태평양에 이르는 해로인 북서 항로는 기록된 역사상 처음으로 얼지 않았다. 기후 과학자들은 2007년 해빙의 정도에 의해 놀라고 걱정하지만, 지구 기후 변화로 인해 얼음이 더 많이 녹을 것이라고 예측한다. 지금까지는, 북극 기온이 세계의 나머지 지역보다 2배 더 빠르게 따뜻해졌다.

정답 및 해설

어휘

- ☐ **ice cap** 만년설
- ☐ **shrink** 줄어들다
- ☐ **extent** 정도, 범위
- ☐ **melting** 해빙, 용해
- ☐ **due to** ~로 인해, ~ 때문에

48 ③

해설

인터넷에 이력서를 올려 구직하는 사람들의 사생활을 보호하기 위한 조치에 관한 글이므로, 이력서 작성의 목표에 대해 설명한 ③은 글의 흐름과 무관하다.

해석

구직을 위한 인터넷 사용의 한 가지 문제점은 웹사이트가 자주 매우 안전하지 않다는 것이다. 그러므로, 사이트에 접속하는 누구라도 이력서에 나와 있는 무엇이든 읽을 수 있다. 지원자의 사생활을 보호하기 위해, 몇몇 대학들은 현재 지원자가 자신의 이름 대신 비밀번호를 사용하고, 집 주소 대신 우체국 사서함 번호를 이용하도록 권장한다. 이러한 방식으로, 개인과 연락하기를 원하는 고용주는 그렇게 할 수 있지만, 지원자는 연락을 가려낼 수 있다. (이력서를 쓸 때, 여러분의 목표는 자신의 기술과 능력이 지원하려는 특정한 직위에 어떻게 맞아떨어지는지를 잠재적인 고용주에게 보여주는 것이다.) 게다가, 많은 대학들은 고용주에게 이력서를 검토할 권한에 대한 접속료를 청구하여, 결국 구직자를 찾는 사람들만이 그 이력서를 검토하는 유일한 사람들이 되도록 한다.

어휘

- ☐ **drawback** 문제점, 결점
- ☐ **secure** 안전한
- ☐ **confidential** 비밀의
- ☐ **post-office box** 우체국 사서함
- ☐ **screen** 가려내다, 차단하다
- ☐ **ensure** 반드시 ~이게 하다, 보장하다

49 ②

해설

경제적 목적을 위하여, 인종 집단을 받아들이는 전통이 변해 왔다는 것이 이 글의 주제이므로, 이민자들이 들어오면서 정착하는 장소에 관한 내용인 ②는 전체 글의 흐름과 무관하다. 앞의 문장과 연결성을 위장하기 위하여 앞 문장에서 사용한 어휘 immigrants와 장소에 대한 내용을 언급하고 있음에 주의한다.

해석

비잔틴 제국 이후, 경제적 목적을 위하여, 다양한 인종 집단을 한 나라에 초청하는 전통이 있었지만, 그 계층 구조는 변해 왔다. 유럽에는 많은 이민자들이 있는데, 처음에 그들은 "초청 이민 노동자들"이라고 불렸다. 그 이민자들은 멕시코와 중앙아메리카에서 미국으로 들어온 많은 이민자들과 같이, 일반적으로 숙련되어 있지 않다. (그 이민자들은 압도적으로 뉴욕과 로스앤젤레스와 같은, 일부 큰 "관문"도시에 정착할 뿐만 아니라, 그들은 또한 특히 도심지역 근처와 그리고, 점차 교외에 모여드는 경향이 있다.) 그러나, 그곳과 다른 곳에서, 특별한 기술을 지닌 많은 이민자들은 특히 환영받는다. 예를 들어, 1990년대와 21세기로 들어서면서, 미국의 컴퓨터와 생명 공학 산업은 다른 나라 출신의 훈련받은 공학자들과 과학자들을 고용해 왔다.

어휘

- ☐ **ethnic** 인종의, 민족의
- ☐ **scale** 계층 구조; 규모, 척도
- ☐ **initially** 처음에, 초기에
- ☐ **unskilled** 숙련되지 않은, 숙달되지 않은
- ☐ **overwhelmingly** 압도적으로
- ☐ **gateway** 관문, 대문
- ☐ **inner-city** 도심 지역; 대도시 중심부의 저소득층 거주 지역
- ☐ **suburban** 도시 주변의, 교외의
- ☐ **district** 구역
- ☐ **elsewhere** (어딘가) 다른 곳에(서)
- ☐ **recruit** 고용하다; 신병[새 회원]을 들이다[모집하다]

50 ②

해설

여성들이 경찰관이 된 이유에 관해 서술하는 글이다. 각기 다른 이유로 경찰관이 되었다는 문장들이 이어지는데, ②는 경찰관이 된 후의 어려움에 대해 말하고 있으므로, 글의 흐름에서 벗어난다.

해석

왜 여성들이 경찰관이 되는가? 답은 그 여성들만큼이나 다양하다. 각 경찰관들은 약간씩 다른 배경으로부터 자신의 직위에 이르렀고, 다양한 경력과 경찰서에 합류하게 된 다양한 이유를 가지고 왔다. 비록 그 여성들이 경찰관이 된 이유는 각양각색이었지만, 그 이유의 대부분은 남성들이 경찰관이 되는 이유와 같다. (많은 여성 경찰관들은 경찰서가 그들을 타자원이나 사무원과 마찬가지로 여긴다는 것을 곧 깨달았다.) 그들이 정확히 왜, 어떻게 여성에게 비전통적이었던 꿈을 갖게 되었는지에 대해 많은 이들이 확실히 알지는 못했지만, 어떤 이들은 경찰관이 되기를 꿈꿨다. 어떤 이들은 법 집행에 종사하는 가족이나 친구가 있어서 그들로부터 격려를 받았다.

어휘

- ☐ **varied** 다양한, 다채로운
- ☐ **be quick to** 재빨리 ~하다
- ☐ **nontraditional** 비전통적인, 비관습적인
- ☐ **law enforcement** 법 집행

예상문제 6회 (51번~60번) - 문장 삽입 유형

51 ②

해설

필자가 통제 전략의 장점과 단점을 자신의 사례를 들어 설명하고 있으므로, 주어진 문장은 ②에 오는 것이 가장 적절하다.

해석

가끔 우리는 통제 전략을 사용한다. 그것은 우리가 다른 무언가에 집중함으로써 몇몇 불쾌한 생각과 감정을 피하려고 시도한다는 의미이다. 예를 들어, 특별히 불안한 기분이 들 때, 나는 가끔 막대 초콜릿 하나 혹은 토피 사탕을 조금 먹는다. 그것들은 달콤함으로 내가 그 부정적인 감정으로부터 주의를 돌려서 조금씩 그 감정에서 벗어나게끔 도와준다. 요즘 나는 그것을 적당하게 하기 때문에 그것이 큰 문제를 일으키지 않으며, 나는 건강한 몸무게를 유지하고 있다. 그런데 내가 20대 초반이었을 때 그것은 다른 이야기였다. 그 당시에 나는 불안을 피하기 위한 시도로 트럭 한 대 분량의 케이크와 초콜릿을 먹었고, 그 결과 심각하게 체중이 초과되었고 고혈압이 생겼다. 그것은 정확하게 똑같은 통제 전략이었지만, 과도하게 사용하자 분명 심각한 결과를 가져 왔다.

어휘

- ☐ distract (주의를) 딴 데로 돌리다
- ☐ strategy 전략
- ☐ moderately 적당하게
- ☐ truckload 트럭 한 대 분량
- ☐ excessively 과도하게, 지나치게
- ☐ consequence 결과

52 ④

해설

자동차와 인간의 작동 유사성에 관한글로 ④ 앞에서는 자동차의 연료가 기술되고, ④ 뒤에는 인간의 에너지에 대한 해답으로 미토콘드리아가 기술되고 있으므로, 주어진 문장은 ④에 들어가는 것이 가장 적절하다.

해석

자동차가 적절하게 작동하기 위해서 그것은 그것의 모든 부속이 올바른 작동 상태에 있게 해야 한다. 그리고 그것은 그것의 원활한 작동을 위해서 그것의 모든 기계적인 부속들이 서로 밀접하게 작동되도록 하는 통합 시스템이 필요하다. 유사하게 인간 역시 자신이 작동하기 위해서 자신의 모든 부품이 밀접하게 작동해야 하는 시스템이다. 그러나 시스템만으로 인간의 삶과 생존의 비밀을 설명할 수는 없다. 자동차에 있어서는, 가스나 전기와 같은 연료가 그것이 달릴 수 있는 에너지를 제공한다. 그러면, 인간에게서는 생명의 점화를 시작하는 데 필요한 어떤 유사한 에너지가 발견되는가? 인간의 신체에 있어서 세포의 작용을 연구할 때 우리는 에너지 생산의 주된 장소로 작용하는 세포 안의 막대기 같은 구조물인 미토콘드리아에서 그 에너지에 대한 기본적인 해답을 찾는다.

어휘

- ☐ ignition 점화
- ☐ integrated 통합된
- ☐ inter-relatedly 밀접하게, 밀접한 관계로
- ☐ when it comes to ~에 있어서는
- ☐ mitochondrion 미토콘드리아

53 ②

해설

제시문의 but으로 보아 그 글 앞에는 반대되는 내용이 와야 하고 one과 the other를 통해 앞에 두 개의 어떤 개념이 나와야 한다. 여기서는 '대의제 민주주의와 자유 시장 경제원칙'을 가리키며, ① 뒤에 대표제 민주주의 원칙과 자유시장 경제 원칙의 공존이 가능했다는 내용이 나와 있으므로 ②가 답으로 가장 적합하다.

해석

대의 민주주의 원리들과 자유 시장 경제의 원리들은 18세기 미국의 소규모 도시에서는 공존할 수 있었다. 하지만 오늘날의 큰 것 콤플렉스들은 우리가 어느 하나를 희생시켜야 한다고 요구한다. 우리는 경제를 흔들리게 하면서 대기업을 긴급 구제하는 것을 거부할 수 있고 — 적지 않은 수의 미국인들을 극빈 속으로 끌어들이면서 — 국민의 이익을 돌본다는 우리의 서약을 지키지 못할 수 있다. 혹은 우리는 자유 시장 원리들을 희생시키고 긴급 구제 기금을 조성하고 기업 비대가 마구 날뛰게 할 수 있다 — 그것이 권력에 취한 채 다른 벽과 충돌할 때까지 — 그리고 그것은 그럴 것이고 그것은 언제나 그러하다. James Brock은 말한다, "아이러니한 것은 우리가 정반대의 경제 다원주의를 만들었고, 거기서 우리는 가장 적합한 것이 아니라 가장 살찐 것의 생존을, 가장 좋은 것이 아니라 가장 큰 것의 생존을 보장한다."

어휘

- ☐ representative democracy 대의 민주주의
- ☐ coexist 공존하다
- ☐ schematic 도시, 개념도
- ☐ bail out 구제하다
- ☐ falter 뒷걸음치다, 비틀거리다
- ☐ penury 극빈
- ☐ run riot 날뛰다

54 ②

해설

② 이전까지는 유산 이후의 임신 성공을 말하고 있으나 그 이후는 화제가 전환되면서 유산의 원인을 언급하므로 주어진 문장은 ②의 위치에 들어가는 것이 적절하다.

해석

대부분의 유산은 무작위로 일어나는 염색체의 혼선이 원인이 되는데, 이는 태아에게 심각한 영향을 주어 성장을 멈추게 한다. 이러한

자연적인 사고는 우연히 발생하게 되면 재발하지 않을 수도 있다. 처음 유산한 여성의 90% 이상이 대부분 다음 기회에 임신에 성공하게 된다. 세 번의 유산에도 불구하고 여성은 치료 없이 임신에 성공할 수 있는 가능성이 높다. 그러나 적은 비율의 초기 유산자들은 부모의 염색체 변이가 원인이 되어 발생한다. 이 경우는 염색체 검사에서 발견된다. 이 시점에서는 이와 같은 염색체 이상은 치료할 수 없다. 그러나 의사들은 현재 더 잘 진단하고, 잠재적인 위험이 있는 부부들에게 좀 더 나은 상담을 해주고 있다.

어휘

- ☐ **bulk** 크기, 부피, 용적, (the ~) 대부분
- ☐ **miscarriage** 자연유산, 실패
- ☐ **random** 닥치는 대로의, 임의의, 무작위의
- ☐ **scramble** 긁어모으다, 뒤섞다, 혼동하다
- ☐ **chromosome** 염색체
- ☐ **bring about ~** ~을 초래하다
- ☐ **gravely** 중대하게, 심각하게
- ☐ **embryo** 태아
- ☐ **stem from** ~에서 발생하다
- ☐ **genetic** 발생[유전, 기원]의; 발생[유전학]적인
- ☐ **abnormality** 이상, 변칙, 변태; 이상물(物), 기형, 불구
- ☐ **incurable** 낫지 않는, 불치의
- ☐ **diagnose** 진단하다, 조사 분석하다, (문제 따위의) 원인을 규명하다

55 ①

해설

주어진 문장의 less well known은 본문 맨 첫 문장에서의 All mammals begin their lives as fluid feeders와 비교했을 때 덜 알려졌다는 것이다. 주어진 문장의 a milk-like secretion이 ① 다음 문장의 this secretion으로 이어진다. 그러므로 주어진 문장의 가장 적절한 위치는 ①이다.

해석

모든 포유동물들이 어느 정도의 기간 동안, 전적으로 어미가 만들어 낸 젖만을 먹고 산다는 점을 생각하면, 그들은 유체 섭취 동물로서 삶을 시작한다. 일부의 조류가 새끼에게 젖과 비슷한 분비물을 먹인다는 것은 그리 잘 알려져 있지 않다. 비둘기의 경우 이 분비물은 모이주머니에서 형성된다. 그것은 모이주머니 젖으로 알려져 있는데, 새끼 새를 먹이기 위해 위(胃)로부터 다시 올려진다. 신기하게도 모이주머니 젖의 형성은 포유동물에게서 젖을 만들어내도록, 젖샘을 활성화시키는 것과 동일한 호르몬에 의해 활성화된다. 이런 방식으로 새끼를 먹이는 행위의 생물학적인 이점은, 그 때문에 부모는 자신의 먹이 섭취에 있어서 구할 수 있는 아무 먹이나 먹을 수 있고, 새끼에게 적합한 특별한 종류의 먹이(예를 들어, 곤충)를 찾을 필요로부터 자유로워진다는 것이다. 그것은 또한 먹이 공급의 변동과 부족으로부터 새끼를 보호한다.

어휘

- ☐ **mammal** 포유동물
- ☐ **fluid** 유체; 유동적인
- ☐ **feeder** 먹는 동물
- ☐ **live on** ~을 먹고 살다
- ☐ **exclusively** 전적으로, 배타적으로
- ☐ **stimulate** 활성화시키다, 자극하다
- ☐ **opportunistic** 구할 수 있는 아무 먹이나 먹는, 좋은 기회를 이용하는
- ☐ **e.g.** 예를 들어(= for example)
- ☐ **fluctuation** 변동, 오르내림

56 ④

해설

변화된 상황에 적응하는 힘에 관한 글로, 주어진 문장에서 배우자가 사라지면 오믈렛을 만드는 법을 빨리 알아낼 필요가 생긴다는 내용은 ④ 앞의 문장에서 배우자 중 어느 한쪽이 요리를 더 잘하게 마련이라는 내용 다음에 이어지는 것이 자연스럽고, 이전에는 할 줄 몰랐던 것을 새로 습득했다는 것을 인식하게 되면, 헤어짐이라는 불행한 사건의 긍정적인 결과를 인정하게 된다는 ④ 다음 문장과도 자연스럽게 이어지므로, 주어진 문장이 들어갈 가장 적절한 위치는 ④이다.

해석

정신은 단지 새로운 상황에 적응하는 것보다 더 잘한다. 완전히 적응하기 위해 정신은 상실된 능력들을 보상할 새로운 능력을 만들어 낸다. 예를 들어, 시력을 잃은 사람들은 흔히 더 나은 청력과 더 민감한 촉각을 발달시킨다. 이와 유사하게, 오랜 관계가 깨진 후 사람들은 자신이 혼자임을 알게 될 때, 빨리 예전에는 불필요해 보였던 새로운 기술들을 익힌다. 어느 커플이든, 둘 중 한 사람은 보통 요리를 더 잘하고, 다른 사람은 사교 활동을 조직하거나 (각종) 요금을 더 잘 내는 경향이 있다. 그래서, 여러분의 배우자가 아주 잘하는 기술을 개발할 필요가 없지만, 일단 그 사람이 없어지면 여러분은 오믈렛을 만드는 법과[이나] 사교 모임 일정을 짜는 법을 빨리 알아낼 필요가 있다. 여러분이 새로 습득한 능력들을 인식할 때, 불행한 사건의 긍정적인 결과를 인정하게 된다.

어휘

- ☐ **excel** 탁월하다, 뛰어나다
- ☐ **figure out** ~을 알아내다
- ☐ **adjust oneself to** ~에 적응하다
- ☐ **adapt** 적응하다
- ☐ **compensate for** ~을 보상하다, 보충하다
- ☐ **tactile** 촉각의
- ☐ **dissolution** (결혼, 계약 등의) 해소, 소멸
- ☐ **previously** 예전에
- ☐ **prone to** ~하는 경향이 있는, ~하기 쉬운
- ☐ **bill** 청구서

☐ **appreciate** 인정하다, 받아들이다
☐ **consequence** 결과
☐ **adverse** 불행한

57 ②

해설

② 다음에 This is a humbling lesson이 나와서 앞의 내용과 글의 흐름이 단절된다. 제시된 문장의 내용이 바로 필자가 깨닫게 된 a humbling lesson이므로 주어진 문장을 ②에 넣어주어야 글의 흐름이 자연스럽다.

해석

내 아이들은 내게 강요에 대한 몇 가지 매우 값진 교훈을 주었다. 어찌 된 일인지 나는 부모로서 내가 할 일은 강요하는 것이라는 생각을 내 머릿속에 넣어두고 있었다. 그러나 나는 내가 온갖 강요를 다 하더라도 여전히 내 아이들이 뭔가를 하도록 강제할 수는 없다는 것을 깨달았다. 이것은 우리가 부모, 교사, 혹은 관리자이기 때문에 우리의 일은 다른 사람을 변화시켜 그들이 (제대로) 행동하게 만드는 것이라고 믿는 그러한 사람들에게 있어 겸허함을 느끼게 해 주는 교훈이다. 여기 나로 하여금 내가 그들이 뭔가를 하도록 강제할 수 없다는 것을 알게 해준 이 아이들이 있었다. 내가 할 수 있는 모든 것은 그들이 제대로 행동하지 않으면 벌을 주는 것이었다. 그러고 나면 나는 후회스럽게도 내가 그렇게 하지 말았어야 했다는 것을 깨달았다!

어휘

☐ **invaluable** 매우 값진
☐ **humble** 겸허하게 하다
☐ **behave** (제대로) 행동하다
☐ **regretfully** 후회스럽게도

58 ②

해설

주어진 문장의 내용은 상대편에게 피해를 덜 주도록 포탄을 발사하거나 총을 쏜다는 것으로, 이것은 글의 앞부분에 언급된 부대 간 은밀한 휴전을 체결하기 위한 방법들이다. 또한 ② 다음 문장에서 그런 신호(such signals)를 관찰하면, 상대방이 자신을 공격하지 않을 것이라고 믿게 된다고 했는데, 그런 신호란 주어진 문장에서 언급된 내용을 가리킨다. 따라서 주어진 문장은 ②의 위치에 놓이는 것이 적절하다.

해석

신뢰는 심지어 서로 교전 중인 당사자들 간에도 달성될 수 있다. 군대가 수년간 꼼짝할 수 없는 참호 방어선 안에 갇혀 있었던, 제1차 세계 대전 시의 서부 전선에서 서로 마주하고 있던 부대들은 은밀한 휴전을 맺었다. 이것은 각 진영의 상급 사령부에게 숨겨져야 했고, 흔히 발포에 의해 맺어졌기 때문에 은밀했다. 포탄은 빈 땅에 또는 규칙적인 시간에 발사되곤 했으며, 소총수는 높거나 빗나가게 쏘곤 하였다. 그런 신호를 관찰하면, 병사는 진영 건너편에서 그를 마주하고 있는 남자가 '나쁜 녀석이 아닐 거라고' 믿을 수 있었다. 병사들은 상급 지휘관에게 그렇게 하라고 강요받지 않는 한, 반대편 무리가 그들을 공격하지 않을 거라 믿게 되었다. 이 비공식적인 합의는 비록 이것이 서로 간의 발포에 기반을 둔 관계이긴 하지만, 관계가 발전할 정도로 충분히 오랫동안 부대가 서로 대치하고 있을 때 가능하였다.

어휘

☐ **artillery** 대포
☐ **shell** 포탄, 껍데기
☐ **fire** 발사하다, 발포하다
☐ **regular** 규칙적인, 정기적인
☐ **rifleman** 소총수
☐ **immobile** 움직이지 않는, 부동의
☐ **trench** (전장의) 참호
☐ **negotiate** 협상하다, 교섭하다
☐ **covert** 비밀의, 은밀한
☐ **truce** 휴전
☐ **high command** 상급 사령부, 통수기관
☐ **gunfire** 발포, 총격
☐ **number** 무리, 집단
☐ **commander** 지휘관, 사령관
☐ **informal** 비공식적인, 격식에 얽매이지 않는
☐ **arrangement** 합의, 배열

59 ③

해설

주어진 문장에 나오는 Some of these sounds라는 부분에 있는 지시어 these로 미루어, 이 문장 앞에는 sounds에 대해 언급한 문장이 나오며, 뒤에 이어질 문장은 소리의 울림을 이용한 박쥐의 생태에 관한 내용이 나올 것으로 추론할 수 있다. 따라서 이것을 근거로 주어진 문장이 들어갈 곳을 찾아보면 ③의 위치가 가장 적절하다.

해석

북미에서 발견되는, 곤충을 잡아먹는 몸집이 작은 박쥐인 마이크로배트는 어둠 속에서, 방향을 잡아 날면서 먹이를 탐지하기에는 좋아 보이지 않는, 아주 작은 눈을 가지고 있다. 하지만, 실제로 마이크로배트는 쥐나 다른 포유동물만큼 잘 볼 수 있다. 박쥐의 야행성은 밤에 먹이를 잡는 일과, 날아다니는 일을 사람들이 생각하는 것보다, 훨씬 쉽게 해 주는 특별한 능력인 에코 로케이션(반향 청취)의 도움을 받는다. 어둠 속에서 방향을 잡기 위해서, 마이크로배트는 입을 벌리고 사람들이 들을 수 없는, 고음의 울음소리를 내며 날아다닌다. 이 소리들 가운데 일부는 앞에 있는 나뭇가지나 다른 장애물들뿐만 아니라, 날아다니는 곤충들에 부딪혀 반향된다. 마이크로배트는 그 반향되는 소리를 듣고, 자기 앞에 있는 물체의 즉각적인 그림을 머릿속에 그린다. 에코 로케이션은 고도의 정확성으로, 마이크로배트가 움직임, 거리, 속도, 운동, 그리고 모양을 지각하는 것을 가능하게 해준다.

어휘

- ☐ **echo** 반향하다, 울리다
- ☐ **obstacle** 장애물
- ☐ **navigate** 항해하다, 길을 찾아가다
- ☐ **spot** 발견해 내다, 탐지하다
- ☐ **prey** 먹이
- ☐ **mammal** 포유동물
- ☐ **nocturnal** 야행성의
- ☐ **echolocation** 반향 정위, 음파 탐지
- ☐ **emit** 방출하다
- ☐ **high-pitched** 가락은 높은
- ☐ **squeak** 찍찍 우는 소리
- ☐ **instantaneous** 즉시의, 순간적인
- ☐ **exactness** 정확성
- ☐ **perceive** 지각하다, 감지하다

60 ④

해설

주어진 문장은 기성세대에 관한 내용으로, 'On the other hand(반면에)'로 시작하고 있으므로, 젊은 세대들에 관한 내용이 나온 다음인 ④에 들어가는 것이 가장 적절하다.

해석

요즘 십대들은 집이나 운동장보다는 MySpace나 Facebook 같은 웹사이트에서 시간을 보낸다. 디지털 시대에 태어난 젊은 세대들은 사회화 과정에서 더 이상 친근한 신체 접촉을 필요로 하지 않는다. 미국 교육학자 Ellen Langer에 따르면, 오늘날의 젊은이들은 디지털 원주민들이고, 반면에, 기성세대는 디지털 이민자들이다. 오늘날의 아이들은 자연스럽게 과학 기술의 문화와 함께 자란다. 그들에게 컴퓨터 마우스는 가지고 놀던 첫 번째 장난감 중의 하나였다. 반면, 기성세대는 디지털 세계에 적응하기 위한 노력을 해야만 하는 낯선 땅에 도착했다. 그들이 아무리 열심히 노력을 해도, 새로운 과학 기술은 늘 그들의 제2외국어가 될 것이다.

어휘

- ☐ **unfamiliar** 낯선, 익숙하지 않은
- ☐ **hang out** ~에 자주 출입하다, 늘 ~에서 얼씬대다
- ☐ **adapt to** ~에 적응하다
- ☐ **intimacy** 친근함

예상문제 7회 (61번~70번) - 문장 순서 유형

61 ④

해설

주어진 글에서 생물학의 정의를 기술하고 생명공학의 정의에 관한 질문을 받았을 때의 대답에 대한 질문을 제기하고 있으므로, 생명공학의 정의와 이에 대해 설명하는 내용의 (B)가 먼저 나오고, 다음으로 그러한 설명이 애매하다는 점을 지적하면서 더 자세하게 설명하는 내용의 (C)가 나오며, 마지막으로 생명 공학 적용의 구체적인 예시에 해당되는 내용인 (A)가 나와야 한다. 따라서 전체 글의 흐름상 글의 순서로 ④ (B)-(C)-(A)가 가장 적절하다.

해석

우리는 모두 고등학교에서 생물을 공부했기 때문에 모든 사람은 생물학이 무엇인지 안다. 문자 그대로, 그것은 생명의 연구를 뜻한다. 그러나 만약 여러분이 생명 공학이 무엇이냐는 질문을 받는다면, 여러분은 어떤 대답을 줄 것인가?

(B) 가장 단순한 형태로서, 그것은 생물학을 기초로 하는 과학 기술이다. 그것은 우리가 우리의 생물학 공부로부터 얻는 지식을 취해서, 그 지식을 우리 자신의 필요와 우리 주변 땅의 필요에 활용하는 것이다.

(C) 위의 그러한 진술은 약간 애매한 것처럼 보일지도 모른다. 더 구체적으로 말하면, 생명 공학은 우리의 삶과 우리 지구의 건강을 향상시키는 것을 돕기 위해서 생물학적 기능들에 생물학적 전문 지식을 기술적으로 적용시키고 있다.

(A) 예를 들어, 우리는 채소를 취하여 더 많은 영양과 더 좋은 향을 가진 더 큰 채소로 재배하기 위해서 우리의 지식을 이용할 수 있다. 그것은 또한 쓰레기를 재활용하고 다루며 산업 활동들에 의해 오염된 부지들을 정화하기 위해서 사용될 수 있다.

어휘

- ☐ **biology** 생물학
- ☐ **biotechnology** 생명 공학
- ☐ **nutrition** 영양
- ☐ **contaminate** 오염시키다
- ☐ **industrial activity** 산업 활동
- ☐ **at its simplest** 가장 단순한 형태로서
- ☐ **adapt** 적응하다, 조정하다
- ☐ **knowhow** 노하우(일을 위한 지식), 전문 지식
- ☐ **statement** 진술
- ☐ **ambiguous** 애매한

62 ③

해설

Lucy가 에티오피아인인 남편의 친구들이 마련한 저녁 식사에 초대받았다는 내용의 주어진 문장 다음에, 그녀가 에티오피아 음식을 먹는 법을 잘 알고 있었다는 내용의 (B)가 온 다음, 친구 중 한명이

음식을 준비하여 직접 맛을 보고 Lucy에게도 맛을 보게 하자 그녀가 당황하였다는 내용의(C)가 온 다음, 그 친구의 행동은 손님에게 음식을 대접하기 전에 맛을 확인하고자 함이었다는 내용의 (A)가 맨 마지막에 오는 것이 적절하다. 따라서 정답은 ③ (B)-(C)-(A)이다.

해석

미국에서 태어난 Lucy와 그녀의 새로운 에티오피아인 남편인 Eskinder는 미국에 사는 남편의 에티오피아 친구들이 연 축하 만찬에 초대받았다.

(B) Lucy는 에티오피아의 음식을 잘 알았다. 그녀는 손가락으로 먹는 방법과 음식을 뜨기 위해 에티오피아 빵을 사용하는 방법을 알았다.

(C) 하지만, 그녀는 방금 만난 주인인 Isaac이 빵을 한 조각 뜯어낸 다음 스튜를 조금 떠서 맛을 보고, 다가와서 일부를 그녀의 입에 밀어 넣을 때 (이 점에 대한 마음의) 준비가 되어 있지 않았다.

(A) 사실, 그는 음식이 안전하고 맛있는지를 확인하기 위해 왕족들이 공식적인 맛보기 담당자를 고용하는 것과 같은 이유로 음식을 손님들에게 제공하기 전에 맛을 본 것이었다.

어휘

- ☐ **groom** 신랑
- ☐ **sample** (음식을) 맛보다, 시식[시음]하다
- ☐ **well-acquainted** 잘 알고 있는
- ☐ **scoop** 뜨다
- ☐ **thrust into** ~에 밀어 넣다

63 ④

해설

주어진 글은 사치품으로서 예술은 감상에서의 불균형을 낳는다는 내용이다. 이어서 예술 감상에 있어 아웃사이더들의 입장을 예로 들기 시작하는 (C)가 오고, 아웃사이더들의 상황을 보충 설명하는 (A)가 온 후, 아웃사이더와 반대로 예술을 감상할 여유가 있는 사람들에 대해 언급한 (B)가 온다. 따라서 정답은 ④ (C)-(A)-(B)이다.

해석

사치품으로서 예술은 일상생활의 필요로부터 분리되는 경향이 있다. 이런 경향은 예술 감상에 있어서의 불균형을 일부 설명한다.

(C) 예를 들어, 자금이나 정신적인 여유가 부족한 아웃사이더들은 미술관에 있는 인상적인 그림과 화려한 오페라 극장에서 공연되는 비싼 오페라를 그저 힐끗 볼 뿐이다.

(A) 그들에게는 이 기관들이 멀리 떨어져 있어서 접근하기 어렵다. 그들은 일상생활에 필요한 것들을 공급하느라 너무 꼼짝 못한다. 그래서 그들은 예술을 할 여유가 있는 사람들을 우러러본다.

(B) 이와는 반대로, 예술 작품에 접할 수 있는 사람들은 약간은 신과 비슷하며, 세속적인 걱정이 없다. 그들은 정말 그 사치품을 마음껏 즐기는 것 같아 보인다.

어휘

- ☐ **detach** 분리하다
- ☐ **appreciation** 감상, 이해, 평가
- ☐ **inaccessible** 접근하기 어려운
- ☐ **remoteness** 멀리 떨어져 있음
- ☐ **provision** 공급, 대비
- ☐ **earthly** 세속적인
- ☐ **to the fullest** 마음껏, 최대한
- ☐ **get a glimpse of** ~을 힐끗 보다
- ☐ **splendid** 화려한, 호사스러운

64 ④

해설

새로운 변화에 대한 반대 의견의 장점에 관한 글로, 주어진 글은 변화에 대한 반대는 변화의 장단점을 살피게 하므로 부정적인 것만은 아니라는 내용이며 (C)에서는 한 도서관 전산시스템 교체 문제를 예로 제시하며 반대의 의견이 있었다는 내용이며 (B)는 그래서 양쪽이 모여 회의를 하는 과정에서 찬반양론을 들어보는 기회를 갖게 되었고 (A)에서 결국 반대하던 사람도 상대방의 입장을 이해하게 되어 찬성하게 되었다는 것이다. 따라서 정답은 ④ (C)-(B)-(A)이다.

해석

변화에 대한 반대는 반드시 나쁜 것만은 아니다. 저항은 변화를 원하는 사람들에게 현재의 상황에 대조적인(왜 현재의 상황을 변화시켜야 하는지에 대한) 방안을 마련하도록 요구하며, 그렇게 함으로써 경영진에게 그 변화의 장단점을 평가할 기회를 제공한다.

(C) 최근에 시의회가 공공도서관에 있는 전산시스템 성능 향상에 필요한 자금 지출승인 투표를 했다. 일부 직원들이 그 소식을 듣고 기뻐했지만 다른 직원들은 실행하기가 어려우며 이미 과다한 업무가 더 늘어날 것이라고 하면서 새로운 시스템을 반대했다.

(B) 하지만 양쪽 모두 그들의 걱정을 털어놓는 기회를 가졌던 총회 이후에 모든 직원들이 새로운 전산시스템을 실행하는 데 협력하기로 동의했다.

(A) 회의가 끝난 뒤, 그 조치에 대해 처음에는 반대했던 직원 중 한 명은, "찬반양론을 듣고 난 후, 새 전산시스템이 우리의 업무량을 늘리거나 우리 일에 해가 되지 않을 것을 이제 알았어요. 그래서 전적으로 찬성해요."라고 말했다.

어휘

- ☐ **resistance** 저항, 반대, 거부
- ☐ **thereby** 그것에 의하여
- ☐ **weigh** 평가하다, 숙고하다
- ☐ **pros and cons** 장단점, 찬반양론
- ☐ **initially** 처음에, 초기에
- ☐ **workload** 작업량, 업무량
- ☐ **general meeting** 총회
- ☐ **air** (불평을)털어놓다, (의견을)발표하다

☐ **council** 협의회, 의회
☐ **appropriate** 지출을 승인하다, 알맞은
☐ **oppose** 반대하다, 방해하다
☐ **implement** 이행하다, 수행하다
☐ **status quo** 현상 (유지)

65 ①

해설 주어진 글에서 변종은 사멸하는 경향이 있지만, (A) 잘 적응하는 변종이 있는데 얼룩말이 그 사례이며, (C) 무늬가 있으면 포식자들이 포착하기 어려웠으며, (B) 그 결과로 줄무늬가 있는 말의 생존율이 높아졌다는 내용이다. 따라서 정답은 ① (A)–(C)–(B)이다.

해석

돌연변이는 식물과 동물에서 끊임없이 발생한다. 변종은 그들의 부모 혹은 동기와는 다른 특징들을 가지고 있는 개체들이다. 보통 변이가 일어난 유기체들은 그들의 동기들만큼 환경에 잘 적응되어 있지 않기 때문에 사멸한다.

(A) 그러나 때때로 변이가 일어난 후손들은 주변 환경에 더 잘 적응한다. 이런 일이 발생할 때 그 변종은 형제자매에 비해 경쟁상의 이점을 가지고 있으며 따라서 생존할 가능성이 더 크다. 그런 상황은 얼룩말의 진화에서 분명히 찾아 볼 수 있다.

(C) 원래 이 말들에게는 줄무늬가 없었다. 그러나 포식자들이 적응하여 그들을 사냥하는 기술이 더 나아짐에 따라 위장된 털가죽을 가진 동물들을 아프리카 대초원의 커다란 풀들 속에서 발견하기가 더 어려웠다.

(B) 우리가 얼룩말과 연관지어 생각하는 고전적인 줄무늬를 가지고 변종이 태어났을 때 그들은 사자나 하이에나가 더 쉽게 볼 수 있던 줄무늬가 없는 형제자매들에 비해 경쟁상의 이점을 가지고 있었다. 결과적으로 줄무늬가 있는 말들은 생존율이 더 높아지게 되었다.

어휘

☐ **mutation** 변이, 돌연변이
☐ **constantly** 끊임없이
☐ **mutant** 변종(의)
☐ **individual** 개체, 개인
☐ **characteristic** 특징
☐ **sibling** 동기, 형제, 자매
☐ **mutate** 변화시키다
☐ **organism** 유기체
☐ **predator** 포식자
☐ **camouflage** 위장하다
☐ **savanna** 아프리카의 대초원
☐ **associate** 연상시키다
☐ **competitive** 경쟁의
☐ **survival** 생존
☐ **offspring** 자손, 후손
☐ **surrounding** 환경
☐ **evolution** 진화

66 ②

해설

페이스트리를 보면 돌아가신 아버지가 생각난다고 언급한 주어진 글 다음에는, 아버지와의 추억을 다룬 (B)가 온다. 이어서 칠면조는 할머니와의 기억으로 연결되므로 칠면조를 요리해 먹던 오븐이 있는 할머니의 주방을 설명한 (A)가 이어지고, 오븐 이외의 나머지 것들이 있었겠지만 (음식과 관련이 없으므로) 그것들은 기억에 남아 있지 않다는 내용의 (C)가 이어진다. 따라서 정답은 ② (B)–(A)–(C)이다.

해석

나의 기억 중 얼마나 많은 것이 음식과 결합되어 있는지를 깨닫는 것은 나를 깜짝 놀라게 한다. 빵집 진열창에 있는 특정한 페이스트리(구워서 만든 과자)를 보면 난 돌아가신 아버지가 생각난다.

(B) 내가 하나를 사 달라고 조르면 아버지는 어떻게 해서든 그것을 사 주시곤 했다. 그리고 칠면조는 어떤가? 그것은 할머니에 대한 기억으로 나를 인도한다.

(A) 할머니의 주방에는 커다란 스테인리스 오븐이 있었다. 그 아름답고, 반짝거리는, 따뜻한 오븐을 제외하고는 기억나는 것이 없다.

(C) 할머니는 아마도 오븐 이외에도 토스터, 믹서기, 혹은 냉장고를 소유하고 있었을지도 모른다. 그렇다 하더라도, 그것들은 다른 수단으로 만들어진 걸작을 가진 예술가의 사소한 도구들처럼 나의 기억 속에서 사라진다.

어휘

☐ **amaze** 깜짝 놀라게 하다
☐ **remind A of B** A에게 B를 생각나게 하다
☐ **late** 고인이 된
☐ **stainless** 스테인리스의
☐ **beg** 조르다, 간청하다
☐ **blender** 믹서기
☐ **escape** (기억 따위가) 사라지다
☐ **masterpiece** 걸작
☐ **medium** 수단, 매개

67 ④

해설

운동 행동에 따르는 정신 작용에 관한 글로, 주어진 문장에서 글의 화제로 실생활에서의 운동 행동들의 지각적인 속성을 언급한 후, 수직 점프가 그 사례가 된다고 제시하고 있다. 이를 설명하기 위해 먼저 (C)에서 실제 상황이 아닌 실험실에서의 수직 점프의 물리적 특성을 언급한 후, (A)에서 실제 상황인 축구 경기에서의 수직 점프에 필요한 정신적 과정을 설명한 뒤, (B)에서 결론을 요약하고 있다. 따라서 정답은 ④ (C)–(A)–(B)이다.

해석

실생활에서 대부분의 운동 행동들은 본질적으로 지각적인 것이다. 스포츠, 운전, 그리고 혼잡한 거리를 걷는 것들은 모두 상당한 인지적 조절을 요구한다. 수직 점프는 좋은 사례가 된다.

(C) 실험실 내에서 수직 점프는 지각 운동 기술로 간주되지 않는다. 인지적 노력은 거의 없고, 자극에 대한 반응은 전혀 없으며, 최소한의 정확성과 최소한의 손재간이 필요하다.
(A) 반면, 축구 경기에서 헤딩 동작의 일부로서의 수직 점프는 정신 운동적인 것이다. 선수는 공의 궤적을 예측하고 점프 시간을 맞추고, 위치 선정을 위해 거칠게 밀치고, 공을 어디로 헤딩하여 보낼지를 생각해야 한다.
(B) 그러므로, 점프는 성공적으로 수행되기 위해 폭발적인 근육의 힘 이상의 것을 요구하는 복잡한 운동이다. 이는 운동 행동의 효율성과 적절성을 결정하는 것이 바로 이 지각적인 부분임을 보여 준다.

어휘

- ☐ **motor act** 운동 행동
- ☐ **perceptual** 지각적인, 지각 있는
- ☐ **cognitive** 인지적인, 인식의
- ☐ **vertical** 수직의
- ☐ **psychomotor** 정신 운동의
- ☐ **anticipate** 예측하다, 예상하다
- ☐ **time** ~의 시간을 맞추다
- ☐ **explosive** 폭발적인
- ☐ **efficiency** 효율성, 능률
- ☐ **appropriateness** 적절성
- ☐ **lab** 실험실
- ☐ **stimulus** 자극
- ☐ **minimal** 최소한의
- ☐ **precision** 정확성
- ☐ **manual** 손의, 손으로 하는
- ☐ **dexterity** 솜씨 좋음, 기민함

68 ④

해설

그림 그리는 방식에 대해 특별히 훈련받고 예술 세계에서 받아들여지는 화가들을 언급한 것에 대해, 그러한 전통이 격식을 중시하는 회화라는 사실과 그 화가들을 설명하는 (C)가 이어지고, 정식 예술적 훈련을 받지 않은 화가들을 설명하는 (B)가 나오며, 격식을 중시하는 화가들과 민속 화가들에 대한 기록 여부 차이를 보여주는 (A)가 연결되는 것이 자연스럽다. 따라서 정답은 ④ (C)-(B)-(A)이다.

해석

최근 역사를 통해서, 몇몇 예술가들은 특정한 방식으로 그림을 그리도록 특별히 훈련되었다. 그들은 그 당시의 유행하는 스타일을 배웠고, 그들의 작업은 그 예술 세계에 의해서 받아들여졌다.
(C) 이 전통은 격식을 중시하는 회화라고 불리어진다. 격식을 중시하는 화가들은 훈련된 예술가들과 공부할 뿐만 아니라, 또한 그들은 지역 예술 공동체의 일원이었다. 그들은 또한 그들의 작품을 화랑에서 보여주었다.
(B) 반면에, 대부분의 민속 그림들은 정식 예술 훈련을 거의 받지 않은 사람들에 의해 그려졌다. 그들은 그 당시의 '용인되는' 화풍에 대해 알지 못했을 수도 있고, 신경 쓰지 않았을 수도 있다.
(A) 이 사람들은 아마도 다른 화가들을 알지 못했을지도 모른다. 격식을 중시하는 화가들의 삶은 미술책에 잘 기록되어 있지만, 대부분의 민속 화가들의 삶은 기록되지 않고 있다.

어휘

- ☐ **popular** 유행하는, 인기있는
- ☐ **academic** 격식을 중시하는
- ☐ **folk painter** 민속화가
- ☐ **document** 기록하다
- ☐ **gallery** 화랑

69 ③

해설

주어진 글에 폭력 범죄에 대한 접근 방법의 변화가 필요하다는 의견이 나왔다. 우선 기존의 처벌과 교정이라는 방식보다, 범죄 예방이 목표가 되어야 한다는 (B)가 주어진 글 뒤에 연결되는 것이 적절하다. 이에 이어 (C)와 (A)는 (B)의 구체적인 내용이므로, (B)의 뒤에 연결되는 것이 자연스럽다. (C)는 어린 시절의 경험이 폭력 범죄자가 되는 원인일 수 있다는 내용을 제시하고, 그 뒤에 (A)에서 결과적으로 아이들을 방치하고 학대되는 일을 줄이는 것이 필요하다는 결론적 예시가 이어지는 것이 자연스럽다. 따라서 정답은 ③ (B)-(C)-(A)이다.

해석

가장 높은 평가를 받는 폭력 범죄 전문가들 중 일부는, 이 증가하는 사회 문제에 대한 우리의 접근 방법에 근본적인 변화를 가할 것을 제안하고 있다.
(B) 범죄 이후의 처벌과 교정에 초점을 두기보다는, 우선 사람들이 범죄자가 되는 것을 예방하는 것을 우리의 목표로 해야 한다고 그들은 말한다.
(C) 이 전문가들에 따르면, 대다수의 폭력 범죄자들이 어린 시절 권리를 가지고 있었던 특정한 것을 속아서 빼앗긴 적이 있다는 사실을 간과할 수 없다. 예를 들면, 그들은 잔인하고 폭력적으로 다루어진 적이 있다.
(A) 따라서, 몇 개의 감옥을 더 짓는 대신, 자녀를 방치하고 학대하는 일부 성인들의 경향을 줄이는 방법을 찾아야 한다.

어휘

- ☐ **well-respected** 높이 평가되는
- ☐ **violent crime** 폭력 범죄
- ☐ **fundamental** 근본적인, 기본적인
- ☐ **according to** ~에 따르면
- ☐ **abuse** 학대하다, 남용(오용)하다
- ☐ **instead of** ~대신에
- ☐ **prison** 감옥
- ☐ **criminal** 범죄자
- ☐ **in the first place** 우선, 첫째로

정답 및 해설

☐ ignore 무시하다
☐ cheat A of B A를 속여 B를 빼앗다

70 ③

해설

우수한 글을 쓰기 위한 마음가짐에 관한 글로, 글의 흐름은 다음과 같이 이어진다. (주어진 문장) 많은 교사들이 글의 우수성에 중점을 둔다. → (B) 이것 때문에 학생들은 조심해서 글을 쓰게 된다. 우리는 방어운전을 하라는 말을 종종 듣는다. → (C) 그것은 글쓰기에는 적합하지 않은 말이다. 방어적인 글쓰기를 하면 모험을 하지 않게 된다. → (A) 모험을 하지 않으면, 우수한 글을 쓸 가능성이 줄어든다. 따라서 정답은 ③ (B)-(C)-(A)이다.

해석

글의 품질에만 관심을 쏟는 교사들이 많은데, 그것은 항상 서툰 글을 배척하는 형태로 나타나게 된다.

(B) 교사들이 이러한 목표를 두고 열심히 노력하고, 용케 학생들을 실망시키지 않을 수 있다면, 그들은 성공할 수 있다. 하지만, 그로 인한 희생을 생각해 보라. 그들의 학생들은 결국 항상 조심하는 상태에서 글을 쓰게 될 것이다. 우리는 종종 방어적인 자세로 운전하라는 말을 듣는다. 즉, 부주의하거나 술에 취하여 우리를 죽일 수도 있는데, 우리가 미처 보지 못하는 운전자가 있다고 가정하라는 것이다.

(C) 이것은 운전에는 좋은 충고지만, 글쓰기에는 그렇지 않다. 자신이 쓰는 모든 문장들이 자신이 발견하지 못한 어떤 결점 때문에, 비판을 받게 될 가능성이 있는 것처럼 글을 쓰는 학생들이 너무 많다. 방어적인 글쓰기란 '모험'을 하지 않는 것이다. 즉, 복잡한 생각이나 언어에 대한 모험을 하지 않고, 어렴풋이 이해하는 개념에 대한 모험을 하지 않는 것이다.

(A) 학생들이 이러한 모험을 피하면, 서툰 글을 없앨 수 있지만, 모험을 하지 않으면, 진정으로 우수한 글을 쓸 가능성은 별로 많지 않다. 서툰 부분을 없앤다고 해서 우수해지지는 않는다.

어휘

☐ have a commitment to ~에 온 마음을 쏟다
☐ quality 우수성, 품질
☐ get rid of ~을 제거하다, 없애다
☐ excellence 탁월함, 뛰어남
☐ end up -ing 결국 ~하게 되다
☐ state 상태
☐ constant 계속적인, 변치 않는
☐ defensively 방어적으로
☐ drunk 술에 취한
☐ as though 마치 ~인 것처럼
☐ complicated 복잡한, 까다로운
☐ half-understood 불완전하게 이해한
☐ vigilance 조심, 경계

예상문제 8회 (71번~80번) - 독해 전영역 예상문제

71 ①

해설

경제 침체 속에서 해고된 사람들이 새로운 직업을 위한 소양을 갖추기 위해, 학교로 되돌아가고, 대학 등록이 증가하고 있다는 내용의 글이다. 따라서 주제는 ① '경제 불황 속에서 대학 등록 증가'이다.

해석

전 세계적인 경제적 어려움 속에서, 많은 사람들이 직업을 잃고 실업률을 높이고 있다. 하지만, 해고된 사람들 모두가 구인광고를 뒤지거나, 전화가 울리기를 기다리면서 집에 앉아 있는 것만은 아니다. 어떤 이들은 새로운 직업을 위한 소양을 갖추기 위해, 학교로 되돌아가고 있는데, 이는 공립 대학들을 경제적인 어려움 속에서도 경제 호황을 누리는 몇 안 되는 곳으로 만들고 있다. 사실상, 미국에 있는 몇몇 대학들은 올해 학생들의 등록이 두 자리 수로 증가했다고 보고하고 있다. 대학 입학 관리자들은 경제 침체기에 등록자 수의 증가를 보는 것이 예상치 못한 일이 아니라고 공통적으로 말한다.

어휘

☐ unemployment rate 실업률
☐ equip (장비나 실력을) 갖추다
☐ registration 등록

72 ④

해설

첫 번째 문장이 주제문이 된다. 선택된 과체중 동물들 중에서, 제일 많이 체중을 감량한 동물이 우승하는 동물 다이어트 경연대회를 설명하는 글이므로 제목으로 ④ '다이어트 대회에서 애완동물들이 경쟁하다'가 가장 적절하다.

해석

영국에서 가장 뚱뚱한 애완동물 여덟 마리가 올해의 애완동물 건강 클럽 챔피언의 영예를 얻기 위해, 100일간의 다이어트 및 운동 프로그램을 시작할 것이다. 모두 30퍼센트 이상 과체중인 상태로, 이들의 몸무게를 모두 합치면 191kg에 달하는, 이번 대회에 참가하는 개 일곱 마리와 고양이 한 마리는 이 살 빼기 경연대회를 주최하는 PDSA라는 동물 자선단체의 선택을 받았다. 이상적인 체중에 도달하기 위해, 총 74kg을 감량해야 하는 이 동물들은 특별히 짜여진, 다이어트와 운동 프로그램에 임하게 될 것이다. 새로운 프로그램을 잘 따르고, 가장 높은 비율의 체중을 감량한 동물이 우승의 영예를 차지하게 될 것이다. PDSA 통계 자료에 의하면, 영국 개의 30% 정도가 과체중, 또는 비만이며, 애완동물 주인들이 건강에 좋지 않은 음식들, 이를테면 치즈, 버터를 바른 토스트, 그리고 비스킷을 줌으로써, 자신의 애정을 보여 주고 있다고 한다. 애완동물 주인들은 실제로 친절함으로 인해, 애완동물들을 죽이고 있는 것이다.

어휘

- ☐ **embark on** ~을 시작하다
- ☐ **regime** 체제
- ☐ **in a bid to + V** ~하기 위하여
- ☐ **veterinary** 수의학의
- ☐ **obese** 지나치게 살찐

73 ③

해설

체중 조절을 위해 소모하는 것보다, 적은 칼로리를 섭취해야 한다고 말하면서 지방분을 줄이고 다양한 영양분을 섭취해야 하며 근육을 유지하기 위해서, 규칙적인 운동을 해야 한다는 것이 글의 요지인데, ③은 다양한 종류의 지방 중에서 선택하여 섭취해야 한다는 것으로 글의 흐름에서 벗어난다.

해석

체중을 줄이는 유일한 방법은 소모하는 것보다, 더 적은 칼로리를 섭취하는 것이다. 현재의 체중을 유지하는 데 필요한 것보다, 더 적은 칼로리를 제공하는 어떤 식사 계획도 여러분이 그것을 고수하게 되면, 여러분이 체중을 줄이는 데 도움을 주지만, 그렇다고 해서 그것이 반드시 건강에 도움이 되는 식단이라는 것을 의미하지는 않는다. 만약, 그 식단이 단지 특정한 음식에만 집중되어 있고, 다른 주요한 식품군을 배제하면, 그것은 충분한 영양을 제공하지 못할 가능성이 있고, 오래 사용하도록 권고되지 않는다. 여러분은 또한 줄이고 있는 것이, 주로 지방이지 근육이나 수분이 아니라는 것을 분명하게 해두고 싶어한다. (다양한 종류의 지방이 있는데, 여러분은 이러한 지방 중 어떤 것은 더 섭취해야 하고 다른 것들은 덜 섭취하려고 애써야 한다.) 여러분이 상당히 많은 양의 체중을 줄일 때마다, 줄어드는 것의 일부가 근육이겠지만, 이것은 규칙적인 운동, 충분한 탄수화물의 섭취, 그리고 지방분이 적은 살코기로부터 충분한 단백질을 섭취함으로써 최소화될 수 있다.

어휘

- ☐ **burn** 소모하다, 태우다
- ☐ **stick to** ~을 고수하다, 집착하다
- ☐ **leave out** ~을 배제하다, 제외시키다
- ☐ **adequate** 충분한, 적당한
- ☐ **significant** 상당한, 중요한
- ☐ **minimize** 최소화하다
- ☐ **consumption** 섭취, 소비, 소모
- ☐ **carbohydrate** 탄수화물
- ☐ **protein** 단백질
- ☐ **lean** (고기가) 지방분이 적은

74 ②

해설

주어진 문장이 전문 직업 분야에서의 '융합적'이라는 용어의 적용에 대한 일반적 소개이므로, 학문 분야의 설명이 끝나고 난 뒤에, 그리고 전문 직업 분야의 구체적 사례가 나오기 전인, ②에 들어가는 것이 가장 적절하다.

해석

요즈음 '융합적'이라는 용어는 매우 대중적이다. 두 가지 뚜렷이 다른 유형을 구별하는 것은 가치가 있다. 고등 교육 기관 내에서, '융합적'이라는 용어는 의도적으로 최소한 두 개의 학문적 교과에 의지하여, 상승적인 통합을 추구하는 연구에 적용된다. 생화학자들은 생물학 지식과 화학 지식을 결합하며, 과학 사학자들은 하나 이상의 과학 분야에 역사학의 도구를 적용한다. 전문 직종 생활에서 융합적은 상이한 전문 직업 훈련을 받은 근로자들로 구성된 팀에 일반적으로 적용된다. 의료 환경에서 융합적 팀은 한 명 이상의 외과의사, 마취과 의사, 방사선 전문의, 간호사, 치료사와 사회복지사로 구성될 수도 있다. 사업 환경에서 융합적, 즉 복합기능(다기능) 팀은 발명가, 디자이너, 마케팅 담당자, 판매 인력과 다양한 단계의 경영진에서 끌어온 대표자들을 특징으로 할 수도 있다. 최첨단 융합적 팀은 가끔 'Skunk Works'라고 별명이 붙는데, 구성원들은 평소의 사일로를 떠나서, 가장 대담한 형태의 연계를 이루는 데에 참여할 것이라는 가정 아래 상당한 자유를 부여받는다.

어휘

- ☐ **interdisciplinary** 융합적, 간학문적(間學問的)
- ☐ **differentiate** 구별하다
- ☐ **distinct** 뚜렷이 다른, 뚜렷한
- ☐ **draw on** ~에 의지하다, ~을 참고하다
- ☐ **deliberately** 의도적으로, 신중하게
- ☐ **scholarly** 학문적인, 학구적인
- ☐ **discipline** 교과, 규율
- ☐ **integration** 통합
- ☐ **biochemist** 생화학자
- ☐ **radiologist** 방사선 전문의
- ☐ **therapist** 치료사
- ☐ **social worker** 사회복지사
- ☐ **feature** 특징으로 하다
- ☐ **marketer** 마케팅 담당자
- ☐ **representative** 대표자; 대표하는
- ☐ **management** 경영진, 경영
- ☐ **cutting-edge** 최첨단의
- ☐ **dub** 별명을 붙이다, 재녹음하다
- ☐ **skunk works** 비밀 실험실, 신상품 개발 부서
- ☐ **grant** 부여하다, 허가하다
- ☐ **assumption** 가정, 추정, 상정
- ☐ **exit** 떠나다; 출구
- ☐ **engage in** ~에 참여하다, ~로 바쁘다

정답 및 해설

75 ①

해설

졸업하면, 고전 작품을 거의 읽지 않으므로, 아이들은 학교에 다닐 때, 그러한 책들을 읽도록 교육받아야 한다는 내용이므로 글의 요지로 ①이 가장 적절하다.

해석

아이들이 독서를 하고 있다면, 그들은 기억할 만한 가치가 있는 것을 읽는 편이 낫다. 일전에 어떤 어머니 한 분이 자신의 큰아들이 학교에 다닐 때, Fidditch 선생님의 엄격한 지도하에 'Silas Marner'와 'Lorna Doone'의 단어 하나 하나를 다 읽어야만 했던 것에 감사를 드렸는데, 이후로는 그가 단 한권의 책도 읽은 적이 없기 때문이다. 우리는 명작이 읽기에 어렵기 때문에, 아이들이 그것들을 좋아하지 않을 것이라고 생각한다. 그들이 그 책들을 좋아하건 안 하건, 그들은 진정한 독서가 무엇인지를 배울 필요가 있다. 그렇지 않으면, 그들은 자신들의 문화적 유산에 접하게 되지 않을 것인데, 고전이 학교에서 읽혀지지 않으면, 아마도 그것들은 결코 읽혀지지 않을 것이기 때문이다. 오늘날 'Silas Marner'와 'Lorna Doone'를 읽는 사람이 얼마나 적은지에 주목하라. 이 경험을 놓친 사람들은 아마 그것이 어떤 것인지를 절대로 알 수 없을 것이고, 따라서 평생을 충분한 교양을 갖추지 않은 채 보내게 될 것이다.

어휘

- ☐ **thank the good Lord** 감사하다
- ☐ **strict** 엄격한
- ☐ **expose** 경험시키다, 노출시키다
- ☐ **heritage** 유산
- ☐ **witness** 주목하다, 보다
- ☐ **be condemned to** ~할 운명이다
- ☐ **literate** 글을 읽고 쓸 수 있는

76 ③

해설

너무 가깝게 배치된 식당의 테이블에 대한 불평을 담고 있는 글이므로 빈칸에는 ③ '개인 공간'이 들어가야 적절하다.

해석

식당의 부동산 가격이 비싸다는 걸 알고는 있지만, 가까이 붙어 있는, 테이블 상황은 심각한 지경이다. 이것은 비행기 보통석이 아니다. 식당인 것이다! 사람들은 때때로 화장실에 가기도 한다. 화재 위험에 대해서는 아예 시작도 하지 말자. 어느 날 밤에, 식당에서 식사를 하게 됐다. 원래는 친구와 그간 못 나눴던 얘기를 나눌 생각이었지, 새 친구들을 사귈 생각은 아니었다. 우리는 최근 문자 메시지를 잘못 이해해서, 말다툼을 벌인 두 명의 대학생들 옆자리에 앉게 되었다. 확실히 Colby가 James보다 조금 더 예민하다. 내가 어쩌다 이 모든 걸 알게 됐냐고? 왜냐하면, 내가 거의 그들 무릎 위에 앉아 있던 것과 다름이 없었기 때문이다. 식당을 찾는 고객은 모두, 나 자신을 포함해, <u>개인 공간을</u> 가질 자격이 있다고 확신한다.

어휘

- ☐ **eal estate** 부동산
- ☐ **get out of control** 제어할 수 없게 되다
- ☐ **get started on** ~에 대해 시작하다
- ☐ **catch up with** 만회하다, ~를 따라잡다
- ☐ **lap** 무릎
- ☐ **space** 일정한 간격을 두다
- ☐ **economy class** 여객기의 일반석, 보통석
- ☐ **fire hazard** 화재위험 소지
- ☐ **text** 문자 메시지(text message)
- ☐ **deserve** ~을 받을 자격이 있다

77 ④

해설

에디슨이 발명한 축음기가 처음의 의도와는 달리 음악을 녹음하고 재생하는 데 사용되었다는 내용이다. 따라서 빈칸에는 ④ '자기 발명품이 결국 어떻게 사용될지 모른다는 것을'이 들어가야 적절하다.

해석

에디슨이 1877년에 그의 최초의 축음기를 만들었을 때, 그는 자신의 발명품이 죽어가는 이의 유언을 재생하거나, 맹인들이 들을 수 있게 책을 녹음하기 위해, 사용될 수 있다고 생각했다. 음악의 재생은 에디슨의 우선순위 목록에서 높지 않았다. 에디슨은 그의 발명품이 상업적인 가치가 없다고 생각하기도 했다. 몇 년 뒤에 에디슨은 축음기를 팔기 시작했지만, 그것들은 사무용 구술 녹음기로써 사용되었다. 다른 사업가들이 동전을 넣으면 축음기가 인기곡을 틀도록 해서 주크박스를 만들었을 때, 에디슨은 그것이 자신의 발명품이 가진 진정한 사무용 용도를 훼손시킨다는 이유로 이런 사용을 반대했다. 약 20년이 지난 후에야, 에디슨은 자신의 축음기의 주된 용도는 음악을 녹음하고 재생하는 것으로 마지못해 인정했다. 이런 사례는, 때로는 발명가가 <u>자기 발명품이 결국 어떻게 사용될지 모른다는 것을</u> 보여준다.

어휘

- ☐ **phonograph** 축음기
- ☐ **priority** 우선순위
- ☐ **enterpriser** 사업가
- ☐ **concede** 인정하다
- ☐ **dictating machine** 구술(口述) 녹음기
- ☐ **detract** (가치를) 떨어뜨리다

78 ④

해설

빈칸 (A)가 있는 문장에서 these changes는 원인이고 주절의 내용은 결과이므로, 빈칸 (A)에는 원인을 나타낼 수 있는 Due to나 Because of가 적절하다.
빈칸 (B)가 있는 문장은 앞 문장의 내용(책 내용이 달라진다.)에 대한 구체적인 예시이므로, 빈칸 (B)에는 For instance가 적절하다.

해석

교육은 시대에 따라 변화한다. 이러한 변화들 때문에, 오늘날 교육의 겉모습과 접근법이 달라졌다. 가장 분명한 변화는 가르칠 내용이 달라진 것이다. 사실, 가르칠 내용이 훨씬 더 많아졌다. 학습과 연구가 지난 세기에 엄청나게 증가했다. 과학의 엄청난 발전은 가르칠 지식이 훨씬 더 많다는 것을 의미한다. 과거의 몇몇 생각들은 잘못되었고, 그래서 책의 내용도 달라졌다. 예를 들어, 오늘날의 생물학 입문 수업에서, 학생들이 배우는 지식이 70% 이상은 20년 전에는 알려지지 않은 것들이었다. 과학자들의 더 많은 것을 알아냄에 따라, 학생들은 배워야 할 것이 더 많아지고 달라질 것이다. 그것이 변화를 가져오는 중요한 이유이다!

어휘

- ☐ **face** 외관, 외견, 겉모습; 형세, 국면
- ☐ **access** 접근, 출입
- ☐ **obvious** 분명한
- ☐ **advance** 진보, 발달
- ☐ **introductory biology** 생물학 입문

79 ③

해설

주어진 글에서, 종업원들이 손님들에게 서비스를 잘 할 경우, 식당 주인은 종업원들에게 기꺼이 더 많은 급여를 준다고 하였고, (B)에서 종업원들이 더 많은 급여를 받게 되면, 더 많이 노력을 할 것이라고 했으므로, 주어진 글 뒤에 (B)가 이어진다. 또한 (B)에서 지적한 문제점에 대해서 (C)에서 해결책이 제시되어 있으므로, (B) 뒤에 (C)가 이어진다. (C)의 마지막 부분에서 식당 손님이 서비스 질을 평가할 완벽한 위치에 있다고 하였고, (A)에서 식당 손님과 종업원의 서비스 질 간의 상호 관계가 다시 언급되어 있으므로, (C) 뒤에 (A)가 이어진다. 따라서 정답은 ③ (B)－(C)－(A)이다.

해석

식당에서의 팁은 더 나은 서비스를 장려하려는 수단으로 시작되었다고 여겨진다. 기분 좋은 경험을 한 손님들은 (식당을) 다시 찾아올 가능성이 더 많기 때문에, 식당 주인은 종업원들이 친절하고 공손한 서비스를 제공할 경우, 그들에게 더 많은 급여를 기꺼이 지불한다.

(B) 종업원의 입장에서, 그들은 더 많은 보수에 대한 대가로 기꺼이 더 많은 노력을 들일 것이다. 문제는 주인이 테이블 서비스의 질을 직접 점검하기가 어렵다는 것이다.

(C) 음식의 가격을 약간 내리고, 손님이 서비스에 만족하면 종업원에게 약간 추가되는 돈을 남겨 놓도록 공지하면, 이 문제를 해결하는 데에 도움이 된다. 어쨌든, 손님들은 서비스 질을 감시하기 위한 완벽한 위치에 있다.

(A) 그리고, 대부분의 손님들은 같은 식당을 반복해서 애용하기 때문에, 어느 한 경우에 좋은 서비스에 대해 후한 팁을 받은 종업원은 그 손님이 다음에 올 때, 훨씬 더 나은 서비스를 으레 제공하기 마련이다.

어휘

- ☐ **attentive** 친절한, 정중한
- ☐ **courteous** 공손한
- ☐ **diner** 식당 손님
- ☐ **patronize** 애용하다, 단골손님이 되다
- ☐ **generous** 후한
- ☐ **expend** (돈 · 시간 · 에너지를) 들이다, 쓰다
- ☐ **monitor** 감시하다

80 ④

해설

1970년대의 화평 이후에도, 씨족 집단은 큰 정치 동맹을 형성하기 위해 제휴를 한다는 내용이 명시적으로 제시되어 있으므로, ④는 글의 내용과 일치하지 않는다.

해석

외부 세계는 Baliem Valley에 대해 모르고 있었을지 모르지만, 사람들은 그곳에 정착해서 최소한 7,000년 동안 밭을 경작해 왔다. 현재, 부계 사회의 Dani족은 그 수가 약 6만에 달하고, New Guinea 고원의 모든 집단 중에서 가장 높은 수준의 문화적 강화와 정치적 통합을 보여 준다. 주식으로, Dani족은 약 300년 전에 들어온 고구마나, 여자들이 골짜기 바닥과 산비탈의 밭에 재배하는 토종 타로 토란과 같은 뿌리 작물에 의존한다. 또한, 여자들은 돼지를 키우는데, 남자들은 자신의 지위를 높이고 정치적 동맹을 강화하기 위해, 전략적으로 돼지를 서로 교환한다. 사람들은 어느 한 토템 부족의 일원이라는 사실에 의해 자신의 신원을 밝힌다. 과거에는 씨족이 다중 계층 정치 단위를 이루었고, 외부 세계와 접촉하기 이전의 대규모 전투가 정치적 활동의 주를 이루었다. 심지어, 1970년대 화평을 이룬 후에도 씨족 집단은 큰 정치 동맹을 형성하기 위해, 여전히 제휴를 한다. 지도력은 정치에 있어서의 용맹성과 물자 교환 관계를 통해 얻어진다.

어휘

- ☐ **intensification** 강화, 격화
- ☐ **integration** 통합
- ☐ **highland** 고원
- ☐ **staple** 주식, 주요 산물
- ☐ **indigenous** 토종인, 토착적인
- ☐ **alliance** 동맹
- ☐ **clan** 씨족
- ☐ **align** 제휴하다, 줄을 서다

정답 및 해설

예상문제 9회 (81번~90번) - 독해 전영역 예상문제

81 ③

해설

'remain active throughout the winter, ~ survive by eating the hay they harvested and stored during the summer'를 통해 겨울에는 보관해 놓은 건초를 먹으면서 활동을 유지함을 알 수 있으므로, ③은 글의 내용과 일치하지 않음을 알 수 있다.

해석

pika(새앙토끼)는 몸무게가 4온스에서 6온스 사이인 작은 동물이다. 그것은 짧은 다리, 귀, 꼬리를 지니고 있는데, 자신과 동족인 토끼와 산토끼보다는 기니피그와 더 닮았다. 하지만, 그것은 두 쌍의 위쪽 앞니를 갖고 있고, 이러한 특징이 바로 토끼와 산토끼와 함께 분류되게 한다. pika는 풀과 다른 먹이가 풍부한 지역 근처에 위치한 산의 높은 곳의 바위 더미에 산다. 이 작은 동물들은 겨울 동안 내내 활동을 유지하는데, 여름에 수확하여 저장한 건초를 먹음으로써 생존한다. 봄에 3~4마리의 새끼가 태어나는데, 풀을 수확할 시기가 되면 그것들은 다음 겨울 동안 먹게 될 건초를 수확하는 데 도움이 될 정도로 몸이 커진다. pika는 바위 속에 있는 집에서 밖으로 나와 있는 것을 운 좋게 발견하는 매, 독수리, 그 밖의 맹금들의 먹잇감이 된다.

어휘

- □ **relative** 동족, 친척
- □ **classification** 분류
- □ **abundant** 풍부한
- □ **prey upon** ~을 잡아먹다
- □ **hawk** 매
- □ **predatory bird** 맹금

82 ②

해설

병원에서 입원 환자를 신속하고 정확하게 치료하기 위해서는, 체계적인 정보 처리가 갖춰져야 한다는 내용의 글이므로, ② '환자 관리에 있어 체계적 정보 처리의 중요성'이 글의 주제로 가장 적절하다.

해석

환자가 병원에 입원하게 될 때, 의사나 간호사는 먼저 환자의 입원 이유와, 병력에 관한 정보를 필요로 한다. 나중에 그 사람은 가장 흔한 진단 절차 중 일부인 검사실과 방사선실과 같은 시설에서 나오는 결과를 필요로 한다. 일반적으로 환자와 관련된 임상 정보는 정확한 시간에 이용할 수 있어야 하고, 가장 최근의 유효한 것이어야 한다. 예를 들어, 최신 검사실 결과는 요청한 지 2시간 이내에 병동에서 이용할 수 있어야 한다. 이것이 실제로 그렇지 못하여, 너무 늦게 나오거나 오래된 것이거나, 심지어 잘못된 것이라면 의료의 질과 환자의 안전 모두 위험에 처하게 된다. 부정확한 검사실 보고는 잘못된, 그리고 해롭기까지 한 치료 결정을 초래할 수 있다. 뿐만 아니라, 검사가 되풀이되어야 하거나, 분실된 검사 결과물을 뒤져 찾아야 한다면, 의료비용은 증가할 것이다. 정보는 적절하게 기록되어서 의료 전문인들이 필요한 정보를 이용하여 올바른 결정을 내릴 수 있게 해야 한다.

어휘

- □ **be admitted to a hospital** 병원에 입원하다
- □ **physician** 의사, 내과의사
- □ **laboratory** 실험실, 검사실
- □ **radiology** 방사선학, 방사선실
- □ **diagnostic** 진단의
- □ **procedure** 절차
- □ **clinical** 임상의, 병상의
- □ **up-to-date** 최신의, 최신 정보에 근거한
- □ **valid** 유효한, 타당한
- □ **ward** 병실, 병동
- □ **at risk** 위험한, 위험에 처한
- □ **erroneous** 잘못된, 틀린
- □ **document** 기록하다
- □ **adequately** 적절하게
- □ **sound** 올바른, 믿을 만한

83 ②

해설

이 글은 쥐의 행동을 관찰한 사례 두 가지를 제시하고 있다. 첫 번째는 쥐 두 마리가 협력하여 달걀을 깨뜨리지 않고 영리하게 훔쳐간 방법에 관한 것이다. 두 번째는 갈고리에 매달린 고기를 얻기 위해, 쥐떼가 피라미드를 형성해서 한 마리가 고기 위로 뛰어 올라가 고기를 얻는 방법에 관한 것이다. 이를 통해 쥐들이 영리하고 목표 달성을 위해 협력한다는 것을 알 수 있으므로, 정답으로 가장 적절한 것은 ② '영리하고 자주 서로 협동한다.'이다.

해석

쥐들은 <u>영리하고 자주 서로 협동한다</u>. Greenwich Village에 있는 한 가금류 시장에서 해충방제당국은 어떻게 쥐들이 달걀을 깨뜨리지 않고, 훔치고 있는지 이해할 수 없었다. 그래서, 어느 날 밤에 한 해충 구제사가 살펴보기 위해, 숨어서 앉아 있었다. 그가 본 것은 쥐 한마리가 네다리로 달걀 하나를 감싸고, 그런 다음 뒹굴어 등을 아래로 반듯이 눕는다는 것이었다. 그러자 두 번째 쥐가 꼬리를 잡아당겨, 그 첫 번째 쥐를 굴 안으로 끌고 들어가는 것이었다. 그곳에서 그들은 그들의 상품을 나눌 수 있었다. 비슷한 방식으로, 한 통조림 공장의 노동자들은 어떻게 갈고리에 걸려 매달려 있는 반쪽 몸통 고기가 바닥에 떨어져서, 밤마다 먹어 치워지는지를 발견했다. Irving Billig라는 한 해충 구제사는 쥐떼가 반쪽 몸통 고기 아래에서 피라미드를 형성한 다음, 쥐 한 마리가 무더기로 모인 쥐떼 위로 기어 올라가서 고기 위로 뛰어올라가는 것을 지켜보다가 발견했다. 그 쥐는 그러고 나서는, 반쪽 몸통 고기의 꼭대기로 올라가서 갈고리 주변의 고기를 갉아 관통하여, 마침내 고기가 바닥에 떨어

지게 했다. 그리고 그 때, 기다리고 있던 수백 마리의 쥐들이 그 위로 덤벼들었던 것이다.

어휘

☐ **poultry** 가금류
☐ **pest control** 해충 구제
☐ **authorities** 당국
☐ **roll over on one's back** 뒹굴어 등을 아래로 눕다
☐ **packing plant** 통조림 공장
☐ **side of meat** 세로로 자른 몸통 절반 고기
☐ **devour** 게걸스레 먹어 치우다
☐ **scramble** 기어오르다
☐ **heap** 무더기
☐ **gnaw** 갉다, 갉아먹다
☐ **fall upon** ~에 덤벼들다
☐ **nasty** 더러운, 귀찮은

84 ②

해설

(A) 여성을 유혹하기 위해, 일반적으로 남성들이 생각하는 방법과 상반되는 연구 결과가 제시되고 있으므로, however가 적절하다.
(B) 앞에서 진술한 내용을 요약하여 명확히 하고 있으므로, in short가 적절하다.

해석

세상의 많은 남자들은 어떻게 여성들에게 감명을 줄까 공상하느라, 밤에 잠을 못 이룬다. 그들은 여성을 유혹하는 말들에 대해 꿈을 꾸고, 그들이 좋아 안달이 나도록 할 성격상의 묘책을 연습한다. 심지어, 어떤 이들은 세미나에 다니거나 온라인 강의를 듣기도 한다. 좋다, 그들 중 일부는 효과가 있다. 하지만, 여성들이 남성들에게서 찾는 가장 중요한 자질들 중의 하나는, 그가 특히 다른 남성들에 의해 존경을 받고 있는가라는 것을 무수한 연구들이 밝혔다. 다른 남성 친구가 당신이 흥미가 있는 여성에게 당신이 얼마나 훌륭한가를 말하도록 하는 것보다, 그 사실을 입증하는 더 나은 방법은 없다. 어떤 것이 가장 좋은 첫 말이 될 것인가? 어떤 남성 친구가 당신에 대한 긍정적인 것을 말하는 것이다. 요컨대, 다른 남성이 그녀에게 당신이 시작할 최고의 첫 대사를 제공하도록 하는 것이다.

어휘

☐ **fantasize** 공상하다
☐ **flatter** 아부하다, 유혹하다
☐ **personality** 성격
☐ **trick** 술수, 묘책
☐ **demonstrate** 보여주다, 입증하다
☐ **compliment** 칭찬

85 ③

해설

이 글의 내용은 전통 사회가 인간과 환경과의 끊임없는 대화의 산물이기 때문에, 이 사회가 사회적으로나 환경적으로나, 개발이 더욱 지속 가능한 사회였다는 내용이다. 따라서, 야생 자연의 보전과 자연의 개발이 동시에 필요하다는 ③이 글의 전체 흐름과 관계가 없다.

해석

전통 사회의 현실적인 문제와 개발이 가져온 똑같이 현실적인 개선에도 불구하고, 중요한 관계인 땅과의 관계, 다른 사람과의 관계 그리고 자신과의 관계를 검토할 때는, 상황이 다르게 보인다. 이런 더 광범위한 견지에서 보면, 신구의 차이는 거의 흑과 백과 같이 분명하고 충격적이다. 결점과 한계에도 불구하고, 전통적인 자연 기반 사회가 사회적으로, 그리고 환경적으로 더욱 지속 가능했다는 것이 분명해진다. 그것은 인간과 이들의 환경 간의 대화, 2,000년이 넘는 시행착오의 기간에 걸쳐, 문화가 계속 변화해 왔다는 것을 의미하는 지속적인 대화의 결과였다. (야생의 누구도 손대지 않은 자연에 대한 욕구와 자연과 환경을 설계하려는 욕구는 인간에 깊이 뿌리박혀 있고, 둘 다 가치 있게 여겨져야 한다.) 전통적인 티베트인의 세계관이 변화를 강조했지만, 그 변화는 연민과 모든 현상 간의 상호 연결성에 대한 깊은 이해의 틀 안에서의 변화였다.

어휘

☐ **examine** 검토[조사]하다
☐ **perspective** 견지, 관점, 시각
☐ **disturbing** 충격적인, 불안하게 하는
☐ **flaw** 결점[결함]
☐ **sustainable** (환경 파괴 없이)지속가능한
☐ **surroundings** 환경
☐ **trial and error** 시행착오
☐ **be rooted in** ~에 뿌리박고 있다, ~에 원인이 있다
☐ **emphasize** 강조하다
☐ **framework** 틀, 뼈대, 체제
☐ **compassion** 연민, 동정심
☐ **profound** 깊은, 심오한
☐ **interconnectedness** 상호 연결성

86 ③

해설

문화적 규범의 차이를 다룬 일화를 소개한 글이다. 처음에는 필자에게 친절했지만, 시간이 지나면서 필자를 대하는 방글라데시 사람들의 태도가 냉랭해졌다는 내용 뒤에 그 이유에 대한 설명을 담은 주어진 문장이 위치해야 한다. 주어진 문장을 ③에 넣어야 사람들의 초대가 없어서 방글라데시 사람들의 집을 방문하지 않았다고 필자가 항변하는 내용인 다음 문장에 매끄럽게 연결되어서 글의 흐름이 자연스럽다. 따라서 정답은 ③이다.

해석

어떤 문화를 외부에서 바라볼 때, 우리는 패러다임의 양상들을 인지할 가능성이 더 높다. 예를 들어, 1990년대 중반에 5개월 동안 방글라데시의 다카에 살면서, 나는 다른 한 문화의 규범을 보고, 또한 나 자신이 속한 문화의 규범을 새로운 관점에서 볼 수 있는 많은 기회를 갖게 되었다. 그곳에 있는 동안, 나는 방글라데시 사람들로 가득 찬 집에 살았고, 그 사람들로 이루어진 단체에서 일했는데, 주변에 다른 서양인은 없었다. 처음에는, 한 집에 사는 사람들과 직장 동료들이 따뜻하고 친절했지만, 약 일주일 후 그 사람들은 나에게 냉랭해졌다. 내가 기분 상하게 하는 어떤 일을 했는지 사람들에게 계속 물었지만, 아무런 응답도 얻지 못하다가, 마침내 미국에 산 적이 있었던 한 여성으로부터, 내가 저녁 식사를 하러 그 사람들의 집을 방문하지 않은 것이, 그 사람들을 모욕한 것이라는 설명을 들었다. "하지만 그 사람들은 저를 초대하지 않았어요."라고 나는 항변했다. 그녀는 내가 그냥 가서 저녁 식사 시간에 그들의 집에 모습을 보이고, 스스로를 초청해 들어가야 했다고 말했다.

어휘

- ☐ **offend** 기분 상하게 하다
- ☐ **response** 응답, 회신
- ☐ **insult** 모욕하다; 모욕
- ☐ **aspect** 양상, 측면
- ☐ **norm** 규범
- ☐ **perspective** 관점, 시각
- ☐ **organization** 단체, 조직
- ☐ **composed of** ~로 이루어진
- ☐ **cool** 냉랭해지다, 식다
- ☐ **protest** 항변하다, 주장하다
- ☐ **invite in** ~를 초청해 들이다

87 ③

해설

주어진 글은 시각적 표현이 선사 시대에도 있었으나, 예술이라는 용어의 의미는 근대의 서양의 가치에 의해 정의된다는 내용을 제시한다. 근대에 와서 예술 작품이 일상적으로 일어나는 일로부터 분리되어 특별한 것으로 여겨지는데, 이러한 예술의 특별한 의미는 미술관, 서적, 또는 강의에서 다루어진다는 내용의 (B)가 다음에 오는 것이 적절하며, 그 다음으로 많은 기관과 전문가가 예술을 일상에서 분리된 특별한 것으로 만든다는 내용의 (C)가 이어져야 한다. 마지막으로, (C)에서 언급된 기관과 전문가가 어떻게 구체적으로 예술적인 기준을 형성하는가에 대한 (A)가 오는 것이 적절하다. 따라서 정답은 ③ (B)−(C)−(A)이다.

해석

시각적 표현의 기원은 선사 시대까지 거슬러 올라갈 수 있지만, '예술'이라는 용어의 의미는 좀 더 근래의 그리고 주로 서양의 가치관에 의해 정의된다.

(B) 오늘날의 사회에서 예술 작품은 일상에서 생겨나는 일과는 별개의 특별한 것으로 생각된다. 그것(예술)은 미술관에 전시되고, 책에서 재현되고, 강연에서는 논하여진다. 그것(예술)은 감탄되어지고 보호받는다.

(C) 다양한 사람들, 기관들, 그리고 (예술품) 중개인들이 예술을 평범한 표현과 분리하는 기준을 설정하는 데 한몫을 한다. 미술관은 가장 권위 있고, 영향력 있고, 신임받는 (예술을 위한) 공간에 속한다.

(A) 이러한 기관의 예술적 기준은 미술사가, 이론가, 비평가, 수집가, 그리고 그 밖의 다른 전문가들의 견해, 연구, 해석에 의해 형성된다. 이러한 전문가들은 전시회, 서적, 기사, 카탈로그, 논평, 설명회를 통해 자신들의 견해를 동료와 대중에게 전달한다.

어휘

- ☐ **be traced back to** ~까지 거슬러 올라가다
- ☐ **prehistoric times** 선사 시대
- ☐ **distinct** 별개의, 뚜렷이 다른
- ☐ **occurrence** 생긴 일, 사건
- ☐ **a wide range of** 다양한
- ☐ **institution** 기관
- ☐ **manifestation** 표현, 현상
- ☐ **authoritative** 권위 있는, 권위적인
- ☐ **forum** 공공 광장, 포럼
- ☐ **standard** 기준, 수준
- ☐ **theorist** 이론가
- ☐ **critic** 비평가

88 ④

해설

1680년 성공적인 봉기를 일으킨 푸에블로 인디언 부족과는 달리, 아파치족은 조직적인 반란을 시작하지는 않았다 (the Apache did not mount an organized rebellion)고 언급하고 있으므로, ④가 글의 내용과 일치하지 않는다는 것을 알 수 있다.

해석

아파치족과 북미 원주민이 아닌 사람들의 초기 접촉은 우호적이었다. 스페인 탐험가 Francisco V squez de Coronado는 자신이 1540년에 만난 아파치 부족민을 Querechos라고 불렀다. 그러나, 1500년대 후반 즈음에는 아파치 무리가 남쪽으로 휩쓸고 나가 스페인 정착지를 급습했다. 1600년대에, 스페인 정착민은 아파치족의 공격으로부터 자신들의 정착지를 보호하기 위해, 북부 멕시코를 가로지르는 요새 방어선을 구축했다. 아파치족은 계속해서 급습했으며, 군사들이 효과적인 방어 체계를 결성하기 전에 황야로 사라졌다. 스페인 정착민은 아파치족을 기독교로 개종시키고, 그들을 구호 시설로 이동시키려 했지만, 거의 성과가 없었다. 그러나, 아파치족은 푸에블로 인디언 부족이 1680년의 성공적인 봉기에서 그랬던 것처럼, 조직적인 반란을 시작하지는 않았다. 대신, 아파치족은 약탈을 목적으로, 특히 말과 소를 얻기 위해 스페인 정착민을 급습

하는 것을 좋아했다. 아파치족은 1700년대 내내 그리고 1800년대 까지 스페인 정착민을 계속해서 급습했다.

어휘

☐ **contact** 접촉, 연락
☐ **encounter** 마주치다, 맞닥뜨리다
☐ **band** 무리
☐ **sweep** 휩쓸고 가다, 쓸다
☐ **southward** 남쪽으로, 남쪽에
☐ **settlement** 정착지, 정착
☐ **fort** 요새, 보루
☐ **wilderness** 황야, 황무지
☐ **rally** 결성하다, 결집하다
☐ **convert** 개종시키다, 개조하다
☐ **mission** 구호 시설, 임무
☐ **mount** 시작하다, 증가하다
☐ **rebellion** 반란
☐ **revolt** 반란, 봉기
☐ **plunder** 약탈; 약탈하다
☐ **keep up** ~을 계속하다

89 ④

해설

어떤 문제에 대한 대안들을 많이 준비해 둘수록, 우리는 인생의 더 자유로울 수 있다는 내용의 글이므로 정답은 ④이다.

해석

당신은 자유가 어디서 나오는지 아는가? 그것은 대체로 당신이 처음 선택한 것이 잘 되지 않을 경우에, 당신이 개발해 온 대안들의 수에 의해서 결정되는 것 같다. 더 많은 선택권과 대안들을 개발할수록, 당신은 더 많은 자유를 누리게 된다. 어떤 활동이 기대한 결과를 만들어 내지 못한다면, 당신이 준비되어 있을 때는, 지체하지 않고 다른 것으로 바꿀 수 있다. 그것이 당신이 가능한 한 많은 대안들을 개발해야 하는 이유이다. 선택권이 많으면 많을수록, 그들 중 하나가 잘 되어 당신이 목표를 달성하게 될 가능성이 더 많아지는 것 같다. 당신은 이용 가능한 잘 개발된 선택권들의 수 만큼 인생에서 자유로울 수 있다.

어휘

☐ **determine** 결정하다
☐ **the number of** ~의 수
☐ **alternative** 대안, 다른 방도
☐ **hesitation** 주저, 망설임
☐ **as many ~ as possible** 가능한 한 많은 ~

90 ①

해설

훌륭한 대중 연설자들이 전에는 형편없는 연설자들이었고, 불완전한 연습을 통해서도 완전해진다는 것이 이 글이 요지이므로 빈칸에 ① '배울 수 있는 기술'이 들어가야 적절하다.

해석

아마도 집단에게 말하는 것에 관한, 가장 좋은 소식은 그것이 배울 수 있는 기술이라는 것이다. 오늘날 유능한 연설자인 대부분의 사람들은, 한때는 공중 전화 박스에서 말없이 하는 기도만 할 수 있었다. 청중 앞에서 자신감 있고 분명하게 말할 수 있는 것처럼 보이는, 많은 사람들이 한때는 공개적으로 일어서서 말한다는 생각에 겁에 질렸다. 만약, 당신의 목표가 연설자의 상위 10 퍼센트에 드는 것이라면, 당신은 오늘날 상위 10 퍼센트에 드는 거의 모든 사람들이, 하위 10 퍼센트에서 시작했다는 것을 계속 상기해야 한다. 오늘날 잘하고 있는 모든 사람은 예전에는 형편 없게 행하고 있었다. Harv Eker가 말하는 것처럼, "모든 거장은 한때 쓸모 없는 사람이었다." 당신은 아마도 연습이 완전함을 만든다고 들었을 것이다. 어떤 사람들은 훨씬 더 나아가서 완전한 연습이 완전함을 만든다고 말한다. 그러나, 사실은 불완전한 연습이 완전함을 만든다.

어휘

☐ **competent** 유능한
☐ **confident** 자신감 있는
☐ **articulate** 분명하게 말할 수 있는
☐ **communicator** 전달자, 통보자
☐ **disaster** 쓸모없는 사람

예상문제 10회 (91번~100번) - 독해 전영역 예상문제

91 ①

해설

기분이 우울할 때, 쇼핑은 우리의 부정적인 감정을 없앨 수 있지만, 스스로 쇼핑에 의존하는 강박적인 구매를 부추길 수 있으니, 쇼핑보다는 산책하는 것이 낫다는 내용이므로, 정답은 ① '쇼핑을 고독의 치료법으로 사용하지 마라'가 적절하다.

해석

우리 모두는 쇼핑이 우리를 더 행복하게 한다는 것을 안다. 기분이 우울할 때, 쇼핑은 우리의 부정적인 감정을 없애 버린다. 최근에 소비자 연구 잡지는 고독과 쇼핑 사이의 악순환의 연결을 보여주는 논문을 발표했다. 6년의 연구 후에 연구의 저자인 Rick Pieters는 고독이 흔히 인간적 상호작용에 대한 우리의 욕구가 방해되었을 때, 생겨난다고 설명한다. 그러한 상태에서 쇼핑은 일시적인 해결책을 제공하면서, 말하자면 외로움의 순환로를 우회하게 할 수가 있다. 이러한 접근의 문제는 강박적인 구매가 사람을 점점 더 물질적으로 만든다는 것이다. 이러한 증가된 물질주의의 상태에서 구매자들은 그들이 구매하고 소유하는 상품의 가치에 의해 자기 가치를 판단하는 경향이 있다. 그러한 사람들은 흔히 쉽게 다른 사람들의 소유물에 질투하게 되고, 스스로를 다시 쇼핑에 의존하도록 강요한다. 그러므로, 신용카드를 집어 던지고, 공원에서 산보하는 것이 가장 좋다.

어휘

- ☐ **illuminate** 설명하다, 조명하다
- ☐ **stunt** 성장을 방해하다
- ☐ **bypass** 우회하다, 회피하다
- ☐ **circuit** 순환로

92 ②

해설

Bobby Gene Smith가 필자에게 준 교훈의 내용이 '인내를 갖고 기다리면, 더 많은 이익이 온다.'는 것임을 이해하면, 글의 요지로 ② '기다리는 자에게 반드시 때가 온다'가 적절하다.

해석

내가 가장 사랑하는 친구 중 한 사람인, Bobby Gene Smith 박사는 나에게 인생과 거래에 대한 많은 유용한 교훈을 가르쳐 주었다. 1980년대 초에, Smith 박사와 나는 Pre-Paid Legal이라는 이름의 회사 주식을 샀다. 우리는 그 주식 한 주에 1달러만을 지불했다. 우리가 구매한 후에 주식 가격이 상승하기 시작하여, 점점 더 높게 오르기만 했다. 많은 행사에서 나는 Smith 박사를 만났고, 모임 동안 우리는 항상 우리의 주식에 대해서, 그리고 그것을 가지고 우리가 뭘 하고 싶은지에 대해 이야기했다. 한결같이, 나는 팔고 싶어 했고, 그는 가지고 있고 싶어 했다. 우리의 이윤 폭이 두 배가 되었을 때, 나는 정말로 팔고 싶었고 그에게 그렇게 하자고 권했지만, 그에게는 다른 생각이 있었다. 그는 많은 수익을 얻는 데 서두르지 않았다. "인내심을 조금 더 가지게, Tom. 참고 조금만 더 기다리게." 그의 답변은 항상 그것이었다. 마침내, 주식 가격이 한 주당 20달러에 달했다. 그때, 오직 그때에서야, Smith 박사는 팔 것에 동의했다. 그의 인내심은 우리 둘에게 멋지게 이익이 되었다.

어휘

- ☐ **dearest** 가장 친한
- ☐ **lesson** 교훈
- ☐ **purchase** 구매
- ☐ **share** 주, 주식
- ☐ **occasion** 행사, 경우, 때
- ☐ **consistently** 한결같이, 일관성있게
- ☐ **handsomely** 멋지게

93 ①

해설

인터넷의 열풍 속에서도 잡지가 꾸준히 성장해 온 상황으로, 'magazine readership actually increased 11 percent' 등을 통해 사람들에게 잡지의 매력이 커졌다는 사실을 추론할 수 있다.

해석

인터넷은 당신을 움켜쥐고, 잡지는 당신을 껴안으며, 두 매체는 성장하고 있다. 인터넷 열풍 한가운데에서, 지난 5년에 걸쳐 잡지의 매력이 커졌다는 단순한 사실은 거의 주목되지 않는다. 그것을 다음 방식으로 생각해 보라. 가장 인기 있는 검색 엔진인 구글이 존재한 12년 동안, 잡지 구독은 실제적으로 11% 증가했다. 그것이 증명하는 바는 영화가 라디오를 없애지 못했듯이, 그리고 TV가 영화를 없애지 못했듯이, 새로운 매체가 반드시 기존의 것을 대체하는 것은 아니라는 것이다. 기존의 매체가 계속 독특한 경험을 제공하는 한, 그것은 계속 번성할 수 있다. 그리고, 독자의 충성과 지지가 설명하듯이, 잡지도 마찬가지다. 단지 파도타기를 즐길 수 있다는 이유로, 사람들이 수영을 포기하고 있지 않다는 사실을 기억하라.

어휘

- ☐ **grab** 움켜쥐다
- ☐ **embrace** 포옹하다
- ☐ **amid** ~의 한가운데
- ☐ **thunderous** 천둥칠 듯한, 우레 같은
- ☐ **clamor** 외치는 소리
- ☐ **displace** 대체하다
- ☐ **flourish** 번창하다

94 ①

해설

(A) 개발도상국의 시중 은행들이 농민들의 채무 불이행 가능성을 높게 보기 때문에, 농민들이 신용 대출을 받기 어려운 것이므로, 결과를 나타내는 Therefore가 적절하다.

(B) 정부가 농민들이 신용을 높이는 것을 재고해야 하는 이유로, 농민들의 개정 정보를 수집하는 데 있어 정부가 좋은 위치에 있지 않다는 내용에 이어, 정부의 신용 프로그램에서도 결함이 드러났다는 내용이 이어지고 있으므로, 첨가를 나타내는 Furthermore가 적절하다.

해석

개발도상국의 시중 은행들은 농민들의 재정 상태에 관한 완벽한 정보를 거의 갖고 있지 않음에도 불구하고, 농민들의 채무 불이행 가능성이 높다고 본다. 그 결과, 농민들은 신용 대출을 받지 못하거나, 아주 높은 이율로만 대출을 받을 수 있게 된다. 하지만, 때때로 정부가 임의로 농민들을 위한 신용을 높이는 정책들을 실행하는데, 그것은 재고되어야 한다. 그것은 정부가 농민들에 대한 재정 정보를 수집하는 데, 좋은 위치에 있지 않기 때문이다. 게다가, 최근에는 정부의 신용 프로그램에 결함이 드러나서, 때로 위험성이 큰 농민이 대출을 받고도, 또 정부로부터 쉽게 다른 재정적 지원을 받고 있다.

어휘

- ☐ **default** 채무 불이행
- ☐ **commercial bank** 시중[보통] 은행
- ☐ **probability** 가망성
- ☐ **boost** 높이다
- ☐ **at random** 임의로
- ☐ **loan** 대출[융자]

95 ④

해설

숙련 제빵사들 덕분에, 빵이 다양한 형태로 발전하게 되었다는 내용의 주어진 글 다음에, 좋은 빵을 만들기 위한 숙련 제빵사들의 노력을 기술하고 있는 (C)가 온 다음, 이어서 그들의 노력을 구체적으로 설명하는 (A)가 와야 하며, 과학 기술의 발달로 더 뛰어난 제빵 방법이 나왔지만, 제빵사들은 여전히 기존의 방식을 활용하고 있다는 내용의 (B)가 맨 마지막에 오는 것이 가장 적절하다. 따라서 정답은 ④ (C)-(A)-(B)이다.

해석

빵은 주요 식품이며, 오늘날 빵 제품을 만들어서 먹지 않는 나라는 거의 없다. 빵 제품은 숙련 제빵사들 덕분에 발전하여, 여러 가지의 형태를 취하게 되었다.

(C) 수 세기에 걸쳐서, 숙련 제빵사들은 원하는 빵의 품질을 얻어내기 위해서, 이용 가능한 원재료를 최대한 활용하는 방법에 관한 자신들의 지식을 사용하여, 전통적인 빵의 종류를 개발해 왔다.

(A) 그들은 최고의 빵을 만들기 위해, 심지어 이미 존재하던 처리 기술을 조정하고 바꿔 왔고, 때로는, 완전히 새로운 기술을 개발해 왔다.

(B) 오늘날, 과학 연구와 기술 개발이 더 빠르고, 더 비용 효율적인 제빵 방법을 제공해 주지만, 그렇다 하더라도 제빵사들은 여전히 자신들의 집단적 지식, 경험, 숙련된 기술을 사용하고 있다.

어휘

- ☐ **foodstuff** 식품
- ☐ **evolve** 발전하다
- ☐ **adapt** 조정하다
- ☐ **on occasions** 때때로
- ☐ **cost-effective** 비용 효율적인
- ☐ **make the best use of** ~을 최대한 활용하다
- ☐ **raw material** 원재료

96 ②

해설

'Flying lemurs never purposely descend to the ground'를 통해 '박쥐 원숭이가 목적을 갖고 땅으로 자주 내려간다'라는 ②가 글의 내용과 일치하지 않음을 알 수 있다.

해석

박쥐 원숭이는 날지 않으며, 여우 원숭이도 아니지만, 야행성 습관과 여우처럼 생긴 머리 모양 때문에 그 이름을 얻었다. 날다람쥐와 마찬가지로, 그것들은 실제로 날기보다는 활주한다. 박쥐 원숭이는 결코 목적을 갖고 땅으로 내려가지 않는데, 땅에서는 몸에 매달려 있는 피부의 커다란 조직 판 때문에 느리게, 그리고 어색하게 움직인다. 따라서, 그것들은 똑바로 걸으려고 시도할 때, 거의 어찌할 바를 모르게 된다. 박쥐 원숭이는 전 생을 나무 위에서 보내며, 더운 낮 동안에는, 나무 구멍에서 잠을 자거나, 가지에 거꾸로 매달려 있다. 박쥐 원숭이는 전적으로 나뭇잎, 과일과 꽃으로 이루어진 식사를 한다. 물은 젖은 나뭇잎으로부터, 물방울을 핥아서 얻는다. 박쥐 원숭이는 무리를 짓지 않는 동물이다. 만약 수컷 두 마리가 같은 나무에 있는 것을 서로 발견한다면, 그것들은 한 마리가 떠날 때까지, 서로에게 공격적으로 된다.

어휘

- ☐ **flying lemur** 박쥐 원숭이(필리핀 · 동남아산)
- ☐ **lemur** 여우 원숭이
- ☐ **nocturnal** 야행성의
- ☐ **flap** 축 늘어진 것, 조직판
- ☐ **solitary** 무리를 짓지 않는

97 ①

해설

인간이 더위에도 취약하고, 추위에도 취약하며, 살 수 있는 곳도 지구 전체 육지의 아주 적은 부분에 한정되어 있다고 한 점으로 미루어 볼 때, 인간은 적응성의 측면에서 취약하다고 할 수 있다.

해석

적응성의 관점에서, 인간은 매우 놀랍게도 쓸모가 없다. 대부분의 동물들처럼, 우리는 아주 뜨거운 곳을 별로 좋아하지 않는데, 우리는 쉽게 열사병에 걸리기 때문에, 특히 취약하다. 사막에서, 대부분의 사람들은 여섯 시간도 채 되지 않아서 쓰러지고, 아마도 다시는 일어나지 못할 것이다. 우리는 추위에 직면해서도, 이에 못지않게 무기력하다. 모든 포유동물처럼, 인간은 열을 생성해내는 데 능하다. 그러나, 우리는 털이 거의 없기 때문에, 열을 유지하는 데에는 능하지 않다. 꽤 온화한 날씨에서조차, 우리가 태우는 열량의 절반은 우리의 몸을 따뜻하게 유지하는 데 쓰인다. 물론, 우리는 이런 약점들에 대응하기 위해, 의복과 피난처를 이용할 수 있다. 그러나, 그렇더라도 우리가 살 수 있을 만큼 준비되거나 살 수 있는 지구의 부분은 실제로 많지 않다. 전체 육지의 단 12 퍼센트 밖에 되지 않는다.

어휘

- ☐ **vulnerable** 취약한, 상처받기 쉬운
- ☐ **counter** ~에 대항하다
- ☐ **generate** 생성하다
- ☐ **modest** (그다지) 크지 않은, 많지 않은

98 ④

해설

벌거벗어 있는 인간 피부의 특징은 다른 온혈 동물의 피부와는 다르다는 주어진 내용에, 그런 동물들의 조상들이 피부에 깃털과 털을 진화시켜 보호한다는 (C)가 오고, 그런 보호막이 없어, 인간의 피부는 구조적 변화를 겪어야 했다는 (B)가 온 다음에, (B)의 it does a remarkably good job의 구체적인 예를 드는 (A)가 이어지는 것이 적절하다. 따라서 정답은 ④ (C)－(B)－(A)이다.

해석

인간의 피부의 가장 두드러진 특징 중 하나는, 그것이 기본적으로 벌거벗어 있다는 것이다. 이런 식으로 인간의 피부는 조류와 포유류와 같은 우리의 온혈 동물들 중 대부분의 피부와는 다르다.

(C) 그런 동물들의 조상들은 자신의 피부에 섬세한, 실 같은 외피, 즉 깃털과 털을 진화시켰는데, 그것들은 열 교환을 조정하고 수분 손실과 마찰에 의한 부상을 방지하는 데 또한 도움이 된다.

(B) 그러한 보호막이 없어, 인간의 피부는 힘과 회복력과 민감함을 주는, 수많은 구조적 변화를 겪어야 했다. 우리의 피부는 완벽하지는 않으나, 놀랄 만큼 잘하고 있다.

(A) 예를 들면, 우리의 피부는 닳아 없어지거나 찢어지지 않고, 우리는 절대로 새는 곳이 생기지 않고, 우리가 욕조 안에 앉을 때, 물풍선처럼 팽창하지도 않는다.

어휘

- ☐ **feature** 특징
- ☐ **naked** 벌거벗은
- ☐ **spring a leak** 새는 곳이 생기다
- ☐ **expand** 팽창하다
- ☐ **undergo** 겪다
- ☐ **regulate** 조정하다
- ☐ **resilience** 회복력
- ☐ **trauma** 부상, 정신적인 외상

99 ③

해설

역접의 접속사 But과 친척의 콜레스테롤이 흡사하지 않을 수 있다는 내용으로 보아, 주어진 문장 앞에는 유전상의 같은 요소를 물려받을 수 있다는 내용이 있어야 하고, 뒤에는 유전적으로 콜레스테롤이 친척과 내가 다를 수 있다는 내용이 있어야 하므로, 주어진 문장이 들어가기에 가장 적절한 곳은 ③이다.

해석

여러분의 가족사는 여러분의 미래에 관하여 많은 것을 말한다. 여러분의 유전자는 가족의 특징이어서, 만약 일차 친척인, 아버지, 어머니, 그리고 형제자매가 콜레스테롤이 높으면, 여러분도 또한 그럴 수 있다. 만약, 여러분의 아버지나 형이 55세보다 젊었을 때, 심장마비를 일으켰거나 만약 여러분의 어머니와 누나가 65세가 되기 전에 심장마비를 일으켰다면, 여러분은 유전성의 위험요인들을 경계해야 한다. 그러나, 모든 것이 상대적이므로, 여러분 친척의 콜레스테롤 수준이 여러분의 것과 흡사하지 않을 수 있다. 내 가족에서, 내 어머니와 나는 콜레스테롤이 높지만, 내 동생은 그렇지 않다. 내 아버지는 콜레스테롤이 낮고, 내가 지적할 수도 있는 것처럼, 내 어머니의 좋은 손톱과 곱슬곱슬한 머리를 가진 내 누이도 그렇다. 인생은 너무 불공평할 수 있다!

어휘

- ☐ **relative** 상대적인; 친지, 친척
- ☐ **mirror** 흡사하다, 반영하다
- ☐ **first-degree relative** 일차 친척
- ☐ **hereditary** 유전성의, 유전에 의한, 상속의
- ☐ **point out** 지적하다

100 ③

해설

이글은 탐험가인 David Thompson의 업적에 관한 글로, 네 번째 문장의 'He was the first explorer to travel the Columbia River'에서 보듯 그는 Columbia River를 여행한 첫 번째 탐험가이므로 ③이 일치하지 않는다.

해석

David Thompson은 1800년에, 아내 Charlotte Small과 함께, North West Company의 (모피) 교역소인 Rocky Mountain House에 도착했고, 그들의 첫 아이가 여기서 태어났다. Thompson은 그 교역소를 다음 10년 동안 때때로 탐험 기지로 사용했다. 그의 일생 동안, Thompson은 서부 캐나다와 미국 북서부에 두루 걸친 그의 여행에 대한 자세한 기록을 남겼다. 그는 Columbia River를 여행한 첫 번째 탐험가였고, 육로를 통해 태평양에 도달한 세 번째 탐험가였다. 그의 지도 정보는 20세기에 한참 들어와서도 여전히 잘 사용되고 있었다. 그는 서부의 역사에서 참으로 놀라운 인물이다. 그의 삶에 경의를 표하기 위해, Confluence Heritage Society는 여름 내내 인형극 시리즈를 공연하고 그의 탐험과 업적을 기념하였다.

어휘

- ☐ **exploration** 탐험
- ☐ **off and on** 때때로
- ☐ **overland route** 육로
- ☐ **puppet show** 인형극

예상문제 1회 (01번~10번)

01 ③ [고난도]

해설

▶decimate (많은 수를) 죽이다, 파괴하다 = annihilate

해석

강을 변형시키게 되면 상당한 어족 자원이 파괴될 게 뻔하다.

어휘

☐ **measure** 측정하다
☐ **enlarge** 넓히다, 확대하다
☐ **annihilate** 전멸시키다; (법률 등을) 무효로 하다, 폐지하다; 완패시키다
☐ **enervate** 기력을 떨어뜨리다

02 ④ [기본]

해설

▶break in 침입하다 = trespass

해석

세 달 전에 그가 자는 동안 도둑들이 침입해서 모든 돈을 훔쳐갔다.

어휘

☐ **threaten** 위협하다
☐ **approach** 접근하다, 다가가다
☐ **altercate** 언쟁하다, 다투다, 격론하다
☐ **trespass** 무단 침입하다

03 ② [필수]

해설

▶lethargy 무기력 = ineritia

해석

증상으로는 눈이 따갑고, 무기력과 감정 기복, 그리고 피부 발진이 있다.

어휘

☐ **torment** (정신적인) 고통; 고문하다(torture)
☐ **inertia** 무기력, 타성; (물리)관성
☐ **vanity** 자만(심), 허영(심)
☐ **insomnia** 불면증

04 ① [기본]

해설

▶tighten (up) (정책, 규칙, 보안 등을) 강화하다, 엄격하게 하다 = beef up

해석

그들은 대통령이 방문하는 동안 광장 주변의 보안을 강화했다.

어휘

☐ **beef up** ~을 강화하다, ~을 보강하다
☐ **speed up** (속도를) 높이다
☐ **turn up** (소리, 온도 등을) 높이다, 올리다; 나타나다
☐ **show up** 눈에 띄다[나타나다], ~을 나타내다[드러내 보이다]

05 ① [필수]

해설

▶covetous (~을 갖기를) 몹시 원하는, 탐욕스러운 = envious

해석

가난과 비참함은 그 여자를 탐욕스럽고 (남을) 시샘하게 만들었다.

어휘

☐ **envious** 부러워하는
☐ **rebellious** 반항적인, 반대하는
☐ **hopeless** 절망적인
☐ **tedious** 지루한

06 ① [고난도]

해설

▶exonerate 무죄임[책임이 없음]을 밝혀 주다 = vindicate

해석

Mr. Page는 대배심에 의해 무죄임이 밝혀졌지만, 항의는 계속되었다.

어휘

☐ **vindicate** 무죄를 입증하다
☐ **discourage** 낙담시키다
☐ **swindle** 사기치다, 사취하다
☐ **compensate** 보상하다, 보상금을 주다

07 ④ [필수]

해설

▶arduous 몹시 힘든, 고된 = grueling

해석

오늘, Herman Bicknell은 그 산에서 가장 높은 봉우리 꼭대기로 힘든 등반을 이어갈 것이다.

어휘

☐ **negligent** 태만한, 부주의한
☐ **prodigal** (돈, 시간, 에너지를) 낭비하는
☐ **persistent** 집요한, 끈질긴
☐ **grueling** 대단히 힘든
☐ **grueling training schedules** 굉장히 힘든 훈련 스케줄

08 ④ [필수]

해설

detrimental 해로운 = pernicious

해석

무기농 고기에서 발견된 항생제 잔여물이 사람의 면역 체계에 해로운 영향을 끼친다는 의혹이 널리 일고 있다.

어휘

☐ **classified** 기밀의
☐ **latent** 잠재적인, 잠복해 있는
☐ **haphazard** 무계획적인, 되는 대로의
☐ **pernicious** 유해한, 치명적인

09 ① [고난도]

해설

▶negate 무효화하다, 효력이 없게 만들다 = nullify

해석

수익의 증가가 운영비의 상승으로 인해 전혀 무의미해졌다.

어휘

☐ **nullify** 무효화하다; ~의 효능[가치]을 없애다
☐ **emulate** 모방하다, 따라 하다; ~에 필적하다
☐ **augment** ~을 늘리다; ~을 증폭하다
☐ **neglect** 방치하다, 무시하다, 게을리하다

10 ④ [필수]

해설

▶censure 견책하다, 질책하다 = condemn

해석

그 상원 의원은 언론에 정보를 누설하여 의회의 질책을 받았다.

어휘

☐ **relegate** (~을 ~로) 좌천시키다
☐ **banish** 추방하다(exile), 제거하다(get rid of)
☐ **exclude** 배제[제외]하다
☐ **condemn** 비난하다

예상문제 2회 (11번~20번)

11 ② [필수]

해설

▶adamant 단호한, 완강한 = determined

해석

의사가 그에게 집에서 쉬라고 말했지만, 그는 단호하게 오겠다고 했다.

어휘

☐ **obvious** 명백한, 분명한
☐ **determined** 단단히 결심한, 단호한, 완강한
☐ **temperate** (기후가) 온화한; 차분한; 삼가는
☐ **irresolute** 결단력 없는(indecisive)

12 ③ [필수]

해설

▶undergo 〈변화 등을〉 겪다, 경험하다 = go through

해석

그들 업무의 복잡성은 교육 심리학자들이 혹독한 전문교육을 받아야 한다는 것을 의미한다.

어휘

☐ **stand for** ~을 상징하다, ~을 대표하다, ~을 옹호[찬성]하다
☐ **come down with** 병에 걸리다
☐ **go through** ~을 겪다, ~을 살펴보다[조사하다] / 검토[고려하다]
☐ **bring off** (어려운 일을)해내다

13 ④ [기본]

해설

▶end-stage 말기의 = terminal

해석

그 말기 암 환자는 호흡 곤란이 생기면 산소 호흡기를 다는 걸 원하지 않는다는 문서를 작성했다.

어휘

- ☐ **trivial** 사소한, 하찮은
- ☐ **diffident** 소심한, 수줍은(shy)
- ☐ **relentless** 끈질긴, 가차 없는
- ☐ **terminal** (질병이) 말기의, 불치의

14 ① [필수]

해설

▶unjust 부당한, 불공평한 = biased

해석

한 나라의 종교적, 정치적인 인물을 상업적인 제품에 사용하는 것은 부당하고 부적절하다.

어휘

- ☐ **biased** 편향된, 선입견이 있는
- ☐ **insolent** 버릇없는, 무례한
- ☐ **impetuous** 성급한, 충동적인
- ☐ **exorbitant** 과도한, 지나친

15 ② [필수]

해설

▶keep abreast of (소식이나 정보를) 계속 접하다, ~에 뒤지지 않게 하다 = be acquainted with

해석

컴퓨터와 관련된 최신 발전 동향을 빠짐없이 챙겨 알아 둔다는 것은 거의 불가능하다.

어휘

- ☐ **take up** (시간, 공간을) 차지하다
- ☐ **be acquainted with** (사실 따위)를 알다[알게 되다], ~와 아는 사이다[알게 되다]
- ☐ **drop by** (잠깐) 들르다
- ☐ **turn off** (전기 · 가스 · 수도 등을) 끄다

16 ③ [필수]

해설

▶make do with ~으로 임시변통하다, 때우다 = manage with

해석

그릇을 안 챙겨 와서 아쉽지만 그럭저럭 이것으로 때웁시다.

어휘

- ☐ **trade on** ~을 (부당하게) 이용하다
- ☐ **hit upon** ~을 (우연히) 생각해내다
- ☐ **manage with** ~으로 해나가다
- ☐ **delve into** ~을 (철저하게) 조사하다

17 ③ [필수]

해설

낡은 건물들을 고급 콘도로 대체할 계획을 하고 있으므로 낡은 건물을 어떻게 할지가 필요하다. 따라서 빈칸에는 '폭파시키다'라는 뜻의 ③ blow up이 들어가야 적절하다.

해석

그들은 그 낡은 건물들을 폭파시키고 그 자리를 고급 콘도로 대체할 계획을 하고 있다.

어휘

- ☐ **catch up** ~을 따라잡다
- ☐ **bring up** ~을 기르다, ~을 양육하다
- ☐ **blow up** ~을 폭파시키다; (입으로 불어서) ~을 부풀리다
- ☐ **hold up** 견디다; ~을 지연시키다, ~을 방해하다; ~을 들다, ~을 떠받치다

18 ① [필수]

해설

▶give rise to ~을 낳다, 일으키다 = bring about

해석

강제 분단은 우크라이나 국민들의 분열과 갈등을 야기시킬 것이다.

어휘

- ☐ **bring about** ~을 유발[초래]하다
- ☐ **cut back** 축소하다, 삭감하다
- ☐ **call off** 취소[철회]하다
- ☐ **live up to** ~에 부응하다

19 ① [필수]

해설

▶be engrossed in ~에 몰두하다, ~에 열중하다
= be preoccupied with, be absorbed in, be immersed in

해석

그는 너무 일에 빠져 결국에는 건강을 해쳤다.

어휘

- ☐ **be preoccupied with** ~에 몰두하다
- ☐ **pore over** ~을 조사하다
- ☐ **be cut out for** ~에 적임이다
- ☐ **come across** 이해되다, (특정한) 인상을 주다, ~을 우연히 발견하다

20 ④ [고난도]

해설

실업률 증가로 인한 물가 상승을 경제 위기로 표현하고 있으므로 문맥상 '한마디로'라는 뜻의 ④ in a nutshell이 들어가야 적절하다.

해석

실업률이 증가하고 물가가 오르고 있다. 한마디로, 경제가 위기에 처해 있다.

어휘

- ☐ **in dribs and drabs** 아주 조금씩, 찔끔찔끔
- ☐ **in the nick of time** (시간상으로) 아슬아슬하게, 직전에
- ☐ **in a pinch** 여차하면, 비상시에는
- ☐ **(to put something) in a nutshell** 한마디로, 간단명료하게 말해서

예상문제 3회 (21번~30번)

21 ④ [필수]

해설

▶encompass (많은 것을) 망라하다, 아우르다 = embrace

해석

그 연구는 그 혁명의 사회적, 정치적, 경제적인 면을 망라한다.

어휘

- ☐ **overemphasize** 지나치게 강조하다
- ☐ **overlook** 내려다보다; 감독하다; 간과하다
- ☐ **reveal** ~을 드러내다[폭로하다]
- ☐ **embrace** (주제, 논제 등으로) 포함하다; 껴안다

22 ③ [기본]

해설

▶collect 모으다, 수집하다 = glean

해석

더 많은 자료를 모을 때까지 보고서 작성을 미뤄 둬야 했다.

어휘

- ☐ **remind** 상기시키다, 생각나게 하다
- ☐ **cultivate** 경작하다, 재배하다
- ☐ **glean** 줍다, 수집하다
- ☐ **mediate** 중재하다, 조정하다

23 ① [고난도]

해설

▶contrived 억지로 꾸민 듯한, 부자연스러운 = artificial

해석

그 편지는 그의 거짓말을 숨긴 것에 대한 억지 변명으로 가득했다.

어휘

- ☐ **artificial** 가식적인; 인조의, 인공의
- ☐ **convincing** 설득력 있는
- ☐ **compulsive** 강박적인; 상습적인
- ☐ **unprecedented** 전례 없는

24 ① [고난도]

해설

▶devious 악랄한, 비열한, 교활한, 속임수의 = deceptive

해석

그 정치인은 표를 확보하기 위해 비열한 수단을 사용했다는 비난을 받았다.

어휘

- ☐ **deceptive** 현혹하는, 사기의, 믿지 못할
- ☐ **dexterous(=dextrous)** 솜씨 좋은, (긍정적인 뜻에서) 교묘한
- ☐ **unconventional** 관습에 얽매이지 않은, (태도, 복장 따위가) 판에 박히지 않은, 약식의
- ☐ **innovative** 혁신적인

25 ② [필수]

해설

▶crack down on ~에 단호한 조치를 취하다, ~을 엄히 단속하다
= clamp down on

해석

경찰은 음주 운전을 철저히 단속하기로 했다.

어휘

- ☐ **take after** ~을 닮다, ~을 쫓아가다[오다]
- ☐ **clamp down on** ~을 엄하게 단속하다
- ☐ **take ~ for granted** ~을 당연하게 여기다
- ☐ **sit in for** ~을 대신하다

26 ④ [기본]

해설

▶put off 미루다, 연기하다 = postpone, disclose

해석

크리스마스가 얼마 남지 않았으니까 선물 사는 걸 미루지 말자.

어휘

- ☐ **reciprocate** 교환하다, 보답하다
- ☐ **charge** 청구하다, 비난하다, 책임을 지다, 충전하다
- ☐ **convene** 모으다, 소집하다
- ☐ **postpone** 미루다, 연기하다

27 ③ [고난도]

해설

▶acerbic (표현 등이 웃기지만 사실은) 신랄한 = caustic

해석

그 희극인은 신랄한 농담과 말재간으로 환호를 받았다.

어휘

- ☐ **gentle** 온화한, 부드러운, 순한(mild)
- ☐ **pretentious** 허세 부리는
- ☐ **caustic** (풍자로) 비꼬는, 신랄한
- ☐ **reticent** 말이 없는, 과묵한

28 ② [필수]

해설

▶lukewarm (반응, 활동 등이) 미적지근한; (음식물, 액체 등이) 미지근한 = tepid

해석

그 제안은 중소기업들로부터 미적지근한 반응을 받을 것으로 예상된다.

어휘

- ☐ **rapturous** 열광적인(excited, ecstatic, elated)
- ☐ **tepid** (감정, 반응 등이) 미적지근한; (물, 음료 등)이 미지근한
- ☐ **friendly** 우호적인
- ☐ **hostile** 적대적인; 강하게 반대하는

29 ④ [기본]

해설

▶perfect 완벽한 = impeccable

해석

악기 반주도 없이, 그 합창단은 완벽한 음조와 앙상블을 뽐낼 수 있는 기회를 온전히 즐겼다.

어휘

- ☐ **desolate** 황량한, 적막한
- ☐ **lucrative** 수지가 맞는(profitable), 돈벌이가 되는
- ☐ **painstaking** 공들인
- ☐ **impeccable** 과실을 범하는 일이 없는; 결함[흠/나무랄 데] 없는, 완벽한

30 ① [기본]

해설

▶determined 결의가 굳은, 단호한 = resolved

해석

대부분의 성공한 정치인과 마찬가지로 그는 자신의 목표를 추구하는 데 있어 단호하고 외골수이다.

어휘

- ☐ **resolved** 결심한, 단호한
- ☐ **arrogant** 거만한, 오만한
- ☐ **dispassionate** 침착한, 냉정한
- ☐ **surpassing** 뛰어난, 빼어난, 우수한

예상문제 4회 (31번~40번)

31 ③ [필수]

해설

▶refutation 논박, 반박 = denial

해석

경험상, 반박의 위험이 없는 이론을 내세우는 것은 의사(擬似) 과학(사이비 과학)'이다.

어휘

- ☐ **constraint** 제약(restriction)
- ☐ **ambivalence** 양면성, 양가감정, (정서적) 이중성
- ☐ **denial** 부인, 부정, 거절
- ☐ **collapse** 붕괴, 와해; (가치나 효력 따위의) 소실; 붕괴하다, 무너지다; (의식을 잃고) 쓰러지다

32 ② [필수]

해설

▶extinguish 불을 끄다, 진화하다 = put out

해석

소방관들이 공단 지역의 불길을 진화하기 위해 소집되었다.

어휘

☐ **stir up** 선동하다
☐ **put out** 불을 끄다; (눈에 띄거나 이용할 수 있는 곳에) ~을 내다 놓다; ~을 생산하다
☐ **bring forth** ~을 낳다, ~을 생산하다
☐ **close off** ~을 차단[고립]시키다

33 ① [필수]

해설

▶throw out 기각하다; 버리다 = dismiss

해석

그 명예 훼손 소송 건은 증거 부족으로 법원에서 기각되었다.

어휘

☐ **dismiss** 기각하다, 각하하다; 해산시키다; 해고하다
☐ **fluctuate** 흔들리다, 변동하다; 동요하다
☐ **pledge** 맹세하다; 서약하다
☐ **rekindle** ~에 다시 불붙이다; 다시 불타다; 다시 기운을 돋우다, 기운이 나다

34 ② [기본]

해설

▶sociable 사교적인, 붙임성 있는 = gregarious

해석

대통령으로서 그는 사교적인 자신의 성격을 외교 수단으로 이용했다.

어휘

☐ **courageous** 용감한
☐ **gregarious** 남과 어울리기 좋아하는, 사교적인; 무리 지어 사는
☐ **dismal** 음울한, 우울한(gloomy); 솜씨 없는, 수준
☐ **perverse** 비뚤어진, 삐딱한

35 ① [고난도]

해설

▶keep on the right side of ~의 기분을 거슬리지 않게 하다, ~의 비위를 맞추다 = be careful not to annoy

해석

고등학교에 다닐 때 우리는 가정부의 비위를 맞추려고 노력했다. 그래야만 부모님이 안 계실 때 우리가 맥주를 사 와도 눈감아 줬기 때문이다.

어휘

☐ **be careful not to annoy** ~의 기분을 상하게 하지 않게 조심하다
☐ **make do with** 임시변통하다; 때우다
☐ **stay away from** ~을 멀리하다
☐ **steer clear of** (사람이나 장소를) 피하다; (~의 근처를) 얼씬거리지 않다

36 ③ [기본]

해설

▶strengthen 강화하다 = cement

해석

그 대학교의 교류 제도는 여러 다른 대학 기관과의 유대 관계를 강화했다.

어휘

☐ **distort** (얼굴, 형체 등을) 비틀다, 일그러뜨리다; (사실, 생각 등을) 왜곡하다
☐ **sever** 절단하다, 끊다(cut off; break off)
☐ **cement** 강화하다; 결속시키다
☐ **torment** (정신적, 육체적으로) ~을 괴롭히다

37 ④ [고난도]

해설

형제로 오해한다고 했으므로 '닮았다, 비슷하다'라는 뜻의 ④ like two peas in a pod가 들어가야 적절하다.

해석

Jacob과 Cater는 정말 비슷하게 생겨서 사람들이 가끔 형제라고 오해하는 건 놀랄 일도 아니다.

어휘

☐ **out of sorts** 건강을 해친, 기분이 언짢은
☐ **on edge** 초조하여, 불안하여
☐ **in succession** 연속하여, 연달아
☐ **like two peas in a pod** (외모, 행동, 생각 등이) 꼭 닮은, 매우 비슷한

38 ④ [고난도]

해설

빈칸 뒤에 계획이라는 말이 나오므로 '(계획을) 세웠다'라는 뜻의 ④ cook up이 들어가야 적절하다.

해석

관계 당국은 Austin이 그 조직의 우두머리이며 그가 은행을 털 계획을 세웠다고 주장했다.

어휘

☐ **brood over** ~에 대해 (심각하게) 곱씹다
☐ **keep abreast of** ~와 보조를 맞추다
☐ **ward off** ~을 막다
☐ **cook up** (이야기, 이유, 계획 등을) 만들어 내다

39 ② [필수]

해설

입원비와 약값으로 돈을 '잃었다'라는 말이 들어가야 적절하므로 정답은 ② wipe out이다.

해석

비싼 입원비와 약값으로 내가 평생 모은 돈을 날렸다.

어휘

☐ **sort out** ~을 선별하다, ~을 정리하다; ~을 해결하다
☐ **wipe out** ~을 완전히 잃다; 파괴하다
☐ **figure out** 이해하다, 생각하다, 계산하다
☐ **give out** (많은 사람에게) ~을 나눠 주다; (열, 빛 등을) 내다, 발하다; 바닥[동]이 나다

40 ① [필수]

해설

▶get cold feet 겁이 나다, 무서워하다 = become afraid

해석

투자가들은 소비자들이 겁을 먹어 지출을 멈추는 일이 생기는 경우만 아니면 경제회복이 임박했다고 예상한다.

어휘

☐ **aim at** 겨냥하다
☐ **go through** (1) 겪다, 경험하다 (2) ~을 살펴보다, 조사하다
☐ **become afraid** 두려워하다
☐ **wind up** 결국 ~ 되다/하다, 마무리 짓다

예상문제 5회 (41번~50번)

41 ② [고난도]

해설

▶portend (주로 불길한 일의) 전조[징조]가 되다 = presage

해석

그들은 그 자연 현상을 농민 봉기의 전조가 되는 신호로 봤다.

어휘

☐ **attest** ~을 (사실이라고) 증명하다(testify)
☐ **presage** (주로 불길한 일의) 전조[징조]가 되다;
☐ **propound** (생각, 이론 등을) 제의하다
☐ **surmount** 극복하다, 헤어나다

42 ② [필수]

해설

▶automatic (습관 때문에 행동이) 자동적인, 형식적인 = perfunctory

해석

고객을 만나자 George의 표정은 짜증에서 일부러 짓는 형식적인 미소로 바뀌었다.

어휘

☐ **mocking** 조롱하는, 비웃는 듯한
☐ **perfunctory** (행동이) 형식[의무]적인, 보여주기 식인
☐ **equivocal** 애매모호한(ambiguous)
☐ **enigmatic** 수수께끼 같은, 불가사의한

43 ① [필수]

해설

▶mull over 숙고하다 = brood over

해석

이 사태에 대해 도움이 되는 의견을 드릴 수 있도록 숙고할 시간을 주시겠습니까?

어휘

☐ **brood over** ~에 대해 곰곰이 생각하다
☐ **come by** 잠시 들르다, 얻다, 획득하다
☐ **let down** 실망시키다
☐ **carry out** 수행하다, 실행하다

44 ④ [기본]

해설

▶recover (잃은 것 등을) 되찾다, 회수하다; 회복하다 = recoup

해석

Mr. McGeary는 더 위험성이 큰 투자를 함으로써 손실을 만회하려고 노력했다.

어휘

☐ **incur** (비용, 요금, 벌금 등을) 부담하다; (손실 등을) 입다
☐ **reap** (특히 좋은 결과 등을) 거두다; (농작물을) 수확하다
☐ **magnify** (문제, 위험성 등을) 확대하다; (심각성 등을) 과장하다(exaggerate); (렌즈로) ~을 확대하다
☐ **recoup** (비용, 손실액 등을) 만회[회수]하다

45 ③ [필수]

해설

▶impoverished 빈곤한, 궁핍한 = deprived

해석

가족 단위의 붕괴는 빈곤한 사회로 이어질 것이다.

어휘

☐ **affluent** 부유한(wealthy)
☐ **garrulous** 수다스러운, 말이 많은
☐ **deprived** 궁핍한, 빈곤한(poor)
☐ **stratified** (조직 등이) 계층화된; (암석 등이) 여러 층으로 된

46 ② [고난도]

해설

▶unassuming 잘난 체하지 않는, 겸손한 = unpretentious

해석

Mrs. Dalloway는 점잖은 언행과 환자를 안심시키는 태도를 가진 겸손한 사람이었다.

어휘

☐ **unabashed** 창피한 줄 모르는, 거리낌 없는
☐ **unpretentious** 잘난 체하지 않는
☐ **uncanny** 이상한, 묘한
☐ **unbiased** 편견이 없는, 공정한

47 ① [필수]

해설

▶fritter away 낭비하다 = squander

해석

그는 아버지가 남겨 준 수백만 파운드[달러]를 탕진해 버렸다.

어휘

☐ **squander** 낭비[허비]하다
☐ **obtain** 얻다, 획득하다
☐ **exhort** 권하다, 권고[훈계]하다
☐ **exasperate** 몹시 화나게 하다

48 ④ [필수]

해설

▶spell out ~을 간결하게[자세히] 설명하다 = state clearly

해석

우리에게 왜 더 많은 돈이 필요한지 내가 설명할게요.

어휘

☐ **take into account** ~을 고려하다
☐ **read through** ~을 꼼꼼히 읽다
☐ **follow up on** ~을 끝까지 하다
☐ **state clearly** 확실히 말하다

49 ① [고난도]

해설

▶perfidy 배신 = treachery

해석

Emma는 분노와 충격에 휩싸여 입술과 손을 떨면서 Clan Eshin의 배신에 대해 이야기했다.

어휘

☐ **treachery** 배신
☐ **amnesty** 사면; (범행, 무기 등의) 자진 신고 기간
☐ **penchant** 취미, 취향, 기호
☐ **prerogative** 특권

50 ③ [고난도]

해설

▶contrite 깊이 뉘우치는 = penitent

해석

여자는 사과했다. 하지만 그녀가 거의 뉘우치지 않았다는 것은 분명했다.

어휘

☐ **ostensible** (실제로는 아닌) 표면적인
☐ **adverse** 부정적인, 불리한
☐ **penitent** 참회하는, 회개하는, 뉘우치는
☐ **spontaneous** 즉흥적인, 자발적인

예상문제 6회 (51번~60번)

51 ④ [필수]

해설

석방되었다는 말이 나오므로 문맥상 '감옥에 갇힌'이라는 뜻의 ④ behind bars가 들어가야 적절하다.

해석

이제 60대가 된 그 여자는 자신이 저지르지도 않은 살인죄로 25년간 감옥에 갇힌 후, 완전히 혐의를 벗고 목요일에 석방되었다.

어휘

☐ **unfettered** 제한받지 않는, 규제가 없는
☐ **confounded** 당혹스러운, 어리둥절한
☐ **depressed** 우울한, 침체된
☐ **behind bars** 투옥된, 감금된

52 ② [고난도]

해설

▶doggedly 완강하게, 끈질기게 = tenaciously

해석

그들은 그 아이들의 부모로서의 권리를 지키기 위해 끈질기게 싸울 것이다.

어휘

☐ **heedlessly** 부주의하게, 경솔하게
☐ **tenaciously** 완강하게, 끈질기게
☐ **abjectly** 참담하게
☐ **punctiliously** 격식에 치우쳐, 딱딱하게; 꼼꼼하게

53 ② [필수]

해설

▶dig up 발굴하다; 정보를 발견하다 = unearth

해석

대선 주자는 그녀의 당선 기회를 망치기 위해 그녀의 과거에서 뭔가를 캐냈다.

어휘

☐ **patronize** 보호하다(protect); 후원하다
☐ **unearth** (땅 속에서) 발굴하다, 파내다; 발견하다
☐ **underpin** (건물 등의) 약한 토대를 갈다, 보강하다; 지지하다(support)
☐ **upend** 뒤집다

54 ③ [고난도]

해설

▶cool one's heels 계속[하염없이] 기다리다, (진정될 때까지) 기다리다 = keep waiting

해석

마트에 갈 때마다 나는 계산대의 긴 줄에서 한참을 기다려야 했다.

어휘

☐ **keep in position** 지위를 유지하다, 자세를 유지하다
☐ **repent my fault** 나의 잘못을 반성하다
☐ **keep waiting** 계속 기다리다
☐ **lose heart** 용기를 잃다

55 ① [기본]

해설

▶carry on 계속하다 = keep up

해석

너는 일을 이런 식으로 계속하게 되면 망치게 된다는 그의 조언에 주의를 기울여야해.

어휘

☐ **keep up** 계속하다, 내려가지 않게 하다
☐ **resort to** 의지하다
☐ **use up** 고갈시키다, 다 쓰다
☐ **break down** 고장나다, 부수다

56 ③ [기본]

해설

▶vanish 사라지다, 자취를 감추다 = disappear

해석

하지만 이 변화하는 사회에서 직업이란 사라질 수도 있다는 사실에 대비해라.

어휘

☐ **profess** 공언하다, ~이라고 주장하다
☐ **commit** 저지르다, 맡기다, 전념하다, 약속하다
☐ **disappear** 사라지다
☐ **evoke** (감정·기억·이미지를) 떠올려 주다[환기시키다]

57 ④ [필수]

해설

문맥상 옷을 언니들에게 '물려받다'라는 뜻이 되어야 적절하므로 정답은 ④ hand down이다.

해석

그녀의 옷 대부분은 언니들에게서 물려받은 것이다.

어휘

☐ **hang up** 전화를 끊다
☐ **take down** 내리다, 무너뜨리다, 적어두다
☐ **let go of** 놓아주다
☐ **hand down** ~을 물려주다; (지식 기술 등을) 전수하다

58 ① [기본]

해설

▶catalyst 촉매, 기폭제 = trigger

해석

이번 의약품 지원은 또한, 고립되어 있는 북한에 대한 인도주의적 지원을 늘리는 촉매제가 될 것이다.

어휘

☐ **trigger** (유인, 자극, (총의) 방아쇠; 방아쇠를 당기다, 시작하다
☐ **deterrent** 억제하는 것, 억제책
☐ **juncture** 접합; (중대한) 때
☐ **emblem**는 상징, 표상, 휘장
☐ **provision** 공급, 제공, 지원

59 ② [고난도]

해설

쓰레기통에서 물건을 모은다고 했으므로 문맥상 '샅샅이 뒤지다'라는 뜻의 ② pick through가 들어가야 적절하다.

해석

내 딸아이는 쓰레기통을 샅샅이 뒤져 예쁜 라벨이 붙은 공병과 버려진 잡지를 모으는 걸 좋아한다.

어휘

☐ **poke through** (찔러서) ~에 구멍[틈새]을 내다
☐ **pick through** ~을 샅샅이 뒤지다
☐ **sail through** (순조롭게) ~을 통과하다, ~을 무사히 치르다
☐ **see through** ~을 꿰뚫어 보다; ~을 간파하다; (포기하지 않고) ~을 끝까지 해내다

60 ④ [기본]

해설

▶novice 초보자, 신참 = neophyte

해석

그가 글쓰기 기술에 있어서는 초보자가 아니라 경험이 있는 전문가이다.

어휘

☐ **specialist** 전문가
☐ **plunderer** 약탈자, 도적
☐ **proxy** 대리인
☐ **neophyte** 신개종자; 신참자, 초심자; 초보자

예상문제 7회 (61번~70번)

61 ③ [필수]

해설

▶astute 기민한, 약삭빠른 = shrewd

해석

대통령 영부인은 정치적으로 약삭빠르고 야심이 있으며, 백악관의 정책 결정에 큰 영향력을 행사한다.

어휘

☐ **craven** 겁 많은, 비겁한
☐ **nonchalant** 무심한, 관심을 두지 않는
☐ **shrewd** 판단이 빠른
☐ **concise** 간단명료한

62 ④ [필수]

해설

▶invalidate (의견 등이) 틀렸음을 입증하다; = debunk

해석

더 최근의 견해들 중 어느 것도 Albert의 최초의 발견이나 사상이 틀렸음을 입증하고 있지 않다.

어휘

☐ **conceive** (계획 등을) 품다, 생각해 내다; 임신하다
☐ **collaborates** 협력하다
☐ **deride** 비웃다, 조롱하다
☐ **debunk** (생각, 믿음 등이) 틀렸음을 입증하다

63 ② [필수]

해설

▶perpetually 끊임없이 = incessantly

해석

스파르타인들은 끊임없이 전쟁을 하고 있었고 따라서 일 년 내내 싸울 준비가 되어 있어야 했다.

어휘

☐ **provisionally** 잠정적으로; 일시적으로; 임시로
☐ **incessantly** 그칠 새 없이, 계속적으로
☐ **periodically** 정기적으로, 주기적으로
☐ **perilously** 위태하게, 위험하게

64 ② [필수]

해설

▶reproach 비난, 책망 = rebuke

해석

어떤 나라든 이 무기들을 거래한다면 국제 사회의 맹비난을 받을 것이다.

어휘

☐ **betrayal** 배반, 배신
☐ **rebuke** 비난, 책망; ~을 비난[책망]하다
☐ **upheaval** 대변동, 격변
☐ **conviction** 확신, 신념; 유죄선고

65 ③ [필수]

해설

▶capricious (사람, 행동 등이) 변덕스러운 = mercurial

해석

직원들은 고용주들의 변덕스럽고 부당한 행동에 대비하여 법적 보호가 필요하다.

어휘

☐ **stingy** 인색한, 구두쇠 같은
☐ **voracious** (식욕이) 왕성한; (욕구 등이) 탐욕스러운
☐ **mercurial** 변덕스러운
☐ **savage** (비난, 비평 등이) 신랄한; 잔인한; 가혹한

66 ④ [필수]

해설

▶spiteful (사람, 발언 등이) 악의적인, 심술궂은 = vicious

해석

신문 출판인 Ebby는 정치계의 악랄한 조종자로 전국적인 명성을 얻었다.

어휘

☐ **penetrating** 예리한, 통찰력 있는
☐ **versatile** 다재다능한, 다방면에 뛰어난
☐ **destitute** 극빈한, 궁핍한
☐ **vicious** (행동, 발언 등이) 악의가 있는, 악의에 찬

67 ④ [필수]

해설

▶ bossy 대장 행세하는, 독단적인 = peremptory

해석

그녀는 늘 그랬던 독단적인 방식으로 우리 모두 회의실로 오라고 명령했다.

어휘

☐ **cryptic** 수수께끼 같은, 아리송한
☐ **sequential** 순차적인
☐ **unsavory** 비도덕적인, 불미스러운
☐ **peremptory** 독단적인, 위압적인

68 ① [필수]

해설

▶equanimity 침착, 평정 = aplomb

해석

비극적인 사건이 일어난 지 5년이 지나서야 그는 겨우 평정을 되찾기 시작했다.

어휘

☐ **aplomb** 침착함
☐ **trepidation** (앞일에 대한) 공포, 불안
☐ **vigor** 활기, 활력, 원기
☐ **contentment** 만족(감)

69 ① [필수]

해설

▶sluggish (평소만큼) 활발하지 않은, 부진한; 느릿느릿한 = indolent

해석

그 여자는 자신의 일에 다소 태만한 태도로 임한다.

어휘

☐ **indolent** 게으른, 나태한, 빈둥빈둥하는
☐ **susceptible** 영향 받기 쉬운, 예민한, 민감한
☐ **vociferous** (의견 등을) 소리 높여 외치는
☐ **hilarious** 매우 유쾌한, 폭소를 자아내는

70 ③ [필수]

해설

▶stave off 피하다, 막다 = head off

해석

우리는 이 동물 종의 멸종을 막는 데 도움을 주어야 한다.

어휘

☐ **call it a day** 하루 일을 마치다
☐ **iron out** 해결하다
☐ **head off** ~을 막다, 저지하다; ~을 회피하다
☐ **hit the nail on the head** 핵심을 찌르다, 정확히 맞는 말을 하다

예상문제 8회 (71번~80번)

71 ② [필수]

해설

▶tarnish 변색시키다, 질을 저하시키다 = blemish

해석

종업원들은 회사 이미지를 손상시키는 행동은 못하게 되어 있다.

어휘

☐ **collaborate** 협력하다
☐ **blemish** 손상하다 흠, 결점
☐ **inflate** 부풀게 하다
☐ **seclude** 격리하다, 고립시키다; 은둔하다

72 ② [필수]

해설

▶permeate (감정, 생각 등이) 스며들다, 침투하다; = pervade

해석

정부에 대한 불만이 사회 각 부문에 퍼져 있는 것 같다.

어휘

☐ **amalgamate** (회사 등을) 합병[통합]하다
☐ **pervade** (분위기, 감정, 사상 등이) 널리 퍼지다, 만연하다; (빛, 냄새 등이) 가득하다
☐ **defy** 거역[저항]하다; 이해[설명]가 거의 불가능하다
☐ **demonstrate** 논증하다, 설명하다, 시위하다

73 ④ [고난도]

해설

▶rack up 달성하다, 획득하다, 축적하다 = attain

해석

나는 그가 어떻게 충분한 표를 획득했는지 모르겠다.

어휘

☐ **attract** 끌어 모으다
☐ **concede** 양보하다; 시인하다
☐ **restore** 회복시키다, 복원하다, 되찾게 하다
☐ **attain** 이루다, 획득하다

74 ④ [고난도]

해설

▶hit pay dirt 횡재를 하다, 노다지를 캐다 = strike gold

해석

그는 순식간에 베스트셀러가 된 자신의 세 번째 소설로 마침내 대박이 났다.

어휘

☐ **win a prize** 상을 받다
☐ **repay the debts** 빚을 갚다
☐ **take the cake** 최악이다, (나쁜 쪽으로) 제일 놀랍다
☐ **strike gold** 대성공을 거두다, 노다지를 캐다

75 ④ [고난도]

해설

▶come up against (어떤 문제에) 맞닥뜨리다 = encounter

해석

사람들은 종종 일터에서 노골적인 편견에 맞닥뜨리게 된다.

어휘

☐ **oppose** 반대하다, 대항하다; 겨루다
☐ **abridge** 요약하다, 축소하다
☐ **observe** 지키다, 준수하다, 관찰하다
☐ **encounter** (곤란, 반대, 위험 등에) 부딪히다;

76 ③ [고난도]

해설

사소한 실수였는데 심각해졌다고 했으므로 문맥상 '과장하다'라는 뜻의 ③ blow up이 들어가야 적절하다.

해석

그건 사소한 실수였을 뿐이었는데 훨씬 심각하게 과장되었다.

어휘

☐ **catch up** ~을 따라잡다
☐ **bring up** ~을 기르다, ~을 양육하다
☐ **blow up** ~을 과장하다; ~의 크기를 키우다; ~을 폭파시키다; (입으로 불어서) ~을 부풀리다
☐ **hold up** 견디다; ~을 지연시키다, ~을 방해하다; ~을 들다, ~을 떠받치다

77 ④ [필수]

해설

reluctant 마음이 내키지 않는, 싫어하는 = loath

해석

최근 저의 개인적인 문제들에 많은 시간이 요구되어 업무에 전적으로 집중하기 어려운 이유로, 아쉽지만 마지못해 이 결정을 내리게 되었습니다.

어휘

☐ **subsequent** 뒤의, 차후의
☐ **gratuitous** 무료의, 불필요한
☐ **prolific** 다산의, 비옥한
☐ **loath** 싫어하여; 꺼려하는

78 ④ [필수]

해설

▶stigma 치욕, 오명, 오점 오명, 낙인 = disgrace

해석

하지만, 가정들은 여전히 입양과 혼혈 또는 타민족 혈통에 따라오는 (사회적) 오명으로 인해 입양을 꺼리고 있다.

어휘

☐ **victim** 희생(자)
☐ **amalgamation** 합병, 합동
☐ **resume** 이력서(resume) 다시 시작하다, 되찾다
☐ **disgrace** 불명예, 치욕

79 ① [필수]

해설

문맥상 사실을 알아차렸다는 것이 적절하므로 정답은 ① catch on이다.

해석

Kristine은 자신이 Janice에게 이용당하고 있었다는 사실을 알아차리는 데 오랜 시간이 걸렸다.

어휘

☐ **catch on** 이해하다, 유행하다[인기를 얻다]
☐ **allow for** ~을 고려하다
☐ **close down** 영업을 중단하다
☐ **come through** 해내다, 완수하다

80 ④ [고난도]

해설

고된 통근보다 자전거를 타고 즐겁게 돌아다닌다고 하였으므로 문맥상 고된 통근과 '씨름하다'라는 뜻의 ④ contend with가 들어가야 적절하다.

해석

고된 통근과 씨름하는 대신 이제 Mark는 자신이 가치 있다고 생각하는 일을 하기 위해 자전거를 타고 즐겁게 돌아다닌다.

어휘

☐ **knock down** (건물을) 때려 부수다, ~을 철거하다
☐ **cut off** (도움, 전력, 공급품 등의 공급을) 중단하다
☐ **lay down** (규칙을) 정하다, 설정하다
☐ **contend with** (곤란한 문제나 상황과) 씨름하다

예상문제 9회 (81번~90번)

81 ③ [필수]

해설

▶zero in on 집중하다 = focus on

해석

그는 그 결과가 연구원들이 도롱뇽 세포가 어떻게 그렇게 놀라운 재생을 할 수 있는지에 대해 집중할 수 있도록 도와줄 것이라고 말했습니다.

어휘

☐ **play havoc with** ~을 혼란시키다, 엉망으로 만들다
☐ **dress down** ~를 나무라다[질책하다]
☐ **focus on** 집중하다
☐ **get somewhere** (하는 일이) 진전을 보다[진척되다]

82 ② [필수]

해설

▶deadlock (협상 등의) 교착 상태 = impasse

해석

그 회사는 노조와의 협상이 교착 상태에 이르렀다고 말했다.

어휘

☐ **reconcilation** 화해, 조화
☐ **impasse** (협상 등의) 교착 상태
☐ **impulse** 충동, (물리적인) 충격, 자극
☐ **vehemence** 격렬함

83 ④ [필수]

해설

▶bring down (정부, 정치인을) 실각시키다, ~을 무너뜨리다 = overthrow

해석

반군들은 이미 정부를 전복하려는 계획을 짜고 있었다.

어휘

☐ **interrogate** 심문하다, 취조하다
☐ **extol** 극찬[격찬]하다
☐ **captivate** ~의 마음을 사로잡다
☐ **overthrow** (정권 등을) 전복하다, 타도하다

84 ③ [필수]

해설

▶dexterity (손이나 머리를 쓰는) 훌륭한 솜씨 = proficiency

해석

판매 직책의 바람직한 자질에는 매력과 수려한 말솜씨, 그리고 카리스마가 있다.

어휘

☐ **animosity** 악감정, 반감
☐ **credence** 신빙성, 믿음
☐ **proficiency** 능숙, 숙달
☐ **abuse** 욕설, 악담; (약물 등의) 남용; 학대

85 ③ [고난도]

해설

▶massacre 대학살 = carnage

해석

그 대학살에 대한 공식 기록은 전혀 공개되지 않았고, 고작 경찰 두 명만이 기소되었다.

어휘

☐ **inspiration** 영감, 고무, 격려
☐ **hypocrisy** 위선
☐ **carnage** 대학살
☐ **clash** (두 집단 사이의) 충돌, 언쟁

86 ① [필수]

해설

▶fabricate 조작하다, 날조하다 = make up

해석

자신의 이념을 뒷받침하지 않는 증거는 무시하고 뒷받침하는 증거는 조작하기 때문에 그녀는 조롱의 대상이다.

어휘

- ☐ **make up** ~을 조작[날조]하다, 만들다
- ☐ **fill in for** 대신하다
- ☐ **set up** 세우다, 설립하다
- ☐ **put up with** 참다

87 ① [필수]

해설

▶outburst 폭발, 파열, (감정의) 격발 = eruption

해석

이러한 최근의 폭력 사태에 비하면 작년의 폭력의 발발(폭력사태)은 아무것도 아닐 정도이다.

어휘

- ☐ **eruption** 폭발, 분화
- ☐ **genealogy** 혈통, 계보
- ☐ **cuisine** 요리 솜씨, 요리
- ☐ **declivity** 경사, 내리받이

88 ④ [필수]

해설

▶noticeable (눈에 띌 정도로) 뚜렷한, 현저한 = palpable

해석

그 두 병원에서 제공하는 서비스에는 뚜렷한 차이점이 있다.

어휘

- ☐ **solvent** 상환[변제] 능력이 있는; 용해제
- ☐ **obdurate** (매우) 완고한
- ☐ **auspicious** 길조의, 상서로운
- ☐ **palpable** 감지할 수 있는, 뚜렷한

89 ④ [고난도]

해설

▶obliging 친절한, 기꺼이 남을 돕는 = accommodating

해석

점원들은 매우 친절했고, 내게 신어 볼 신발을 최소 열다섯 켤레는 가져다 주었다.

어휘

- ☐ **despondent** 낙담한, 의기소침한
- ☐ **parsimonious** 매우 인색한, 극도로 돈을 아끼는
- ☐ **raucous** 시끄러운, 귀에 거슬리는
- ☐ **accommodating** 친절한, 호의적인

90 ④ [필수]

해설

▶era (특정 성격이나 사건으로 구별되는) 시대 = epoch

해석

황제의 죽음은 그 나라 역사에서 한 시대의 종결을 알렸다.

어휘

- ☐ **pretext** 구실, 핑계
- ☐ **delusion** 망상, 현혹, 기만
- ☐ **provenance** 기원, 유래; 출처
- ☐ **epoch** (특정 성격이나 사건으로 구별되는) 시대

예상문제 10회 (91번~100번)

91 ③ [필수]

해설

▶pinnacle 정점, 절정; 작은 첨탑 = apex

해석

그녀는 20년이 넘도록 자기 경력에 있어서의 정점에 있었다.

어휘

- ☐ **delusion** 망상, 착각
- ☐ **infamy** 악명, 오명
- ☐ **apex** 정점
- ☐ **specimen** 견본, 샘플; 표본

92 ① [고난도]

해설

▶quaint 예스러운 = old-fashioned

해석

그 거대한 오크나무는 Thomas Street 모퉁이에서 시원한 그늘을 제공하고 그 예스러운 집에 온 방문객들을 반긴다.

어휘
- ☐ **old-fashioned** 옛날식의, 구식의
- ☐ **antiseptic** 소독[살균]이 되는
- ☐ **eloquent** 달변의, 유창한
- ☐ **rigorous** 엄격한, 가혹한

93 ② [필수]

해설

▶restrain ~가 ~하지 못하게 하다 = preclude

해석

그들은 그 회사가 그 제품을 팔지 못하게 하는 (법원의) 명령을 받아 냈다.

어휘
- ☐ **diffuse** 퍼지다, 확산되다
- ☐ **preclude** ~하지 못하게 하다
- ☐ **vacillate** 동요하다, 흔들리다
- ☐ **waive** 포기하다

94 ② [필수]

해설

▶jack of all trades 팔방미인, 뭐든 잘하는 사람
= well-rounded person

해석

O'conor는 배관 작업, 목공, 약간의 원예까지 할 줄 아는 팔방미인이다.

어휘
- ☐ **promising person** 촉망받는 사람
- ☐ **well-rounded person** 다재다능한 사람
- ☐ **ambitious man** 야심가
- ☐ **wheeler-dealer** 수완가, 권모술수에 능한 사람

95 ② [고난도]

해설

▶notch up ~을 획득하다, ~을 쟁취하다 = achieve

해석

그는 최근 주요 스키 대회에서 3승을 올렸다.

어휘
- ☐ **dispatch** 보내다, 파견하다
- ☐ **achieve** (일, 목적을) 이루다, 달성[성취]하다, (어려운 일을) 완수하다
- ☐ **abandon** (사람, 배, 나라, 장소, 지위 등을) 버리다, 버려두다; 버리고 떠나다; 그만두다
- ☐ **renounce** (권리 등을 정식으로) 포기하다(surrender), 단념하다

96 ④ [고난도]

해설

'내가 무시해야하는 이 단점들'의 진술과, '내가 그것들을 무시하지 못했다'의 문맥의 의미를 통해, '무시하다, 경과하다, 지나가다'라는 뜻의 ④ pass over가 정답임을 알 수 있다.

해석

그는 내 생각에 내가 무시해야 하는 이 단점들을 계속 설명했다, 그러나 나는 그 단점들을 무시할 수 없었다.

어휘
- ☐ **tamper with** 간섭[참견]하다, 손대다, 건드리다, 조작하다
- ☐ **sleep on** ~을 하룻밤 자고 생각하다, ~에 대해 즉답하지 않다, 심사숙고하다
- ☐ **run for** 출마하다, 입후보하다
- ☐ **pass over** 무시하다, 경과하다, 지나가다

97 ④ [고난도]

해설

▶estrangement 소원, 이간, 불화 = alienation

해석

부부 사이의 불화가 그들의 아이들을 불행하게 한다.

어휘
- ☐ **demeanor** 행실, 품행, 태도
- ☐ **resilience** 탄성, 회복력
- ☐ **classification** 분류 (법), 분류 (생물학)
- ☐ **alienation** 소외감

98 ③ [필수]

▶retaliate 보복하다, 앙갚음하다 = get even with, take revenge, avenge

해석

우리는 공격을 한 테러리스트들에게 보복할 것이다.

어휘
- ☐ **get the better of** ~을 이기다
- ☐ **get the hang of** ~을 이해하다
- ☐ **get even with** ~에게 보복하다
- ☐ **get across to** ~에게 전달[이해]되다

99 ④ [필수]

해설

▶abate (강도가) 약해지다, (강도를) 약화시키다[줄이다] = let up

해석

기상청은 금년 이맘때쯤 무더위가 누그러질 것이라고 예보했다.

어휘

☐ **get out** (~에서) 떠나다[나가다]
☐ **go south** (1) 남쪽으로 가다 (2) 하향하다, 나빠지다; 모습을 감추다
☐ **give off** (냄새, 열, 빛 등을) 내다[발하다]
☐ **let up** (강도가) 약해지다, 누그러지다

100 ④ [필수]

해설

▶make up to ~에게 아첨하다 = play up to

해석

제발 당신 상사에게 아첨하지 마세요.

어휘

☐ **come under fire** 비난을 받다
☐ **take it out on** ~에게 화풀이하다
☐ **make a pass at** ~에게 수작을 걸다
☐ **play up to** 아첨하다

예상문제 1회 (01번~05번)

01 ① [표현형]

해설

① That's a steal 완전 헐값이네
② Not on your life 절대로 안 돼. (결코 그럴 일 없어 내 삶에 있어서는 안 된다는 의미로, 강한 부정을 나타낸다.)
③ You got ripped off 너 바가지 쓴 거야
④ It's all Greek to me. 나는 뭐가 뭔지 하나도 모르겠다.

해석

A: 네 새 가방 정말 괜찮다. 얼마 주고 샀어?
B: 아마 10파운드 정도 준 것 같아.
A: 완전 헐값이네!
B: 우리가 거길 지나가면 그 가방 어디서 파는지 보여줄게.

어휘

☐ **rip off** ~에게 바가지를 씌우다

02 ② [표현형]

해설

② struck gold 떼돈을 벌었어
① made a splash 큰 인기를 끌었어
③ took a nosedive 망했어
④ hit the hay 잠자리에 들었어

해석

A: 너 우리 고등학교 때 과학 선생님 기억나?
B: 엄청 큰 안경에 곱슬머리였던 선생님?
A: 그래 맞아. 내가 들었는데, 그 선생님께서 떼돈을 버셔서 가르치는 거 그만 두셨대.
B: 잘됐네! 나도 그 선생님처럼 되고 싶다.

어휘

☐ **fizzy hair** 곱슬곱슬한 머리
☐ **end up** 결국 ~에 처하다
☐ **nosedive** 급락, 폭락
☐ **hay** 건초

03 ④ [표현형]

해설

④ Without a doubt 당연하지, 말하나 마나지
B가 그 영화를 함께 다시 볼 거냐고 물어봤고, A가 100번도 더 볼 수 있다고 대답하였으므로, '당연하지, 물론이지'를 의미하는 Without a doubt!가 정답이다.
① Fat chance 가망이 없어
② Have a heart 불쌍히 여겨줘
③ Don't mention it 천만에요

해석

A: 영화 정말 재밌었어. 이 배우가 거지 연기를 정말 감탄스럽게 잘했어.
B: 맞아. 캐스팅이 잘 된 영화였어. 내일 다시 볼래?
A: 당연하지. 나 이 영화 100번 넘게 볼 수 있어.
B: 나도. 내일도 똑같은 시간에 어때?

어휘

☐ **phenomenal** 경이적인
☐ **beggar** 거지

04 ② [맥락형]

해설

② make it quick 빨리 하자
① it's up to you 당신에게 달려있어요
③ don't wander off 헤매지 마
④ leave it to me 저한테 맡기세요, 제가 할게요

해석

A: 우리 파멜라와 같이 가면 안 될까? 그녀가 가방을 드는 데 도움이 필요할 것 같아.
B: 그녀가 우리보고 돌아올 때까지 꼼짝 말고 앉아 있으랬어. 그 사이에 우리는 이 서점을 둘러보자.
A: 좋아, 근데 빨리 하자. 그녀가 당장이라도 돌아올지 몰라.

어휘

☐ **sit tight** (자리를 옮기지 않고) 있는 자리에 그대로 있다
☐ **get back** 돌아오다
☐ **in the meantime** 그동안에
☐ **wander off** 헤매다

05 ④ [맥락형]

해설

④ You'd better get a move on 서둘러야 할 겁니다
① You can't miss it (길이나 건물) 쉽게 찾을 수 있을거야
② I recommend taking a hike 나가는 게 나을 거야
③ You ought to go the extra mile 너는 좀 더 노력해야 해

해석

A: 리버풀로 가는 버스를 어디서 타는지 알려주실 수 있나요?
B: 동관의 2층에 있습니다.
A: 여기서 먼가요? 제가 처음 지나는 길이어서요.
B: 거기까지 가는 데 5분 정도 걸릴 거예요. 서둘러야 할 겁니다; 버스가 10분 뒤에 출발할 거예요.

어휘

☐ **pass through** 지나가다
☐ **go the extra mile** 특별히 애쓰다

예상문제 2회 (06번~10번)

06 ② [표현형]

해설

② I have to start from scratch 처음부터 다시 시작해야 해
① it's no big deal 별일 아니다
③ your opinion doesn't stand 당신의 의견은 유효하지 않다
④ those were the days 옛날이 좋았다

해석

A: 어, 개비, 지금 뭐해?
B: 내가 제이크에게 생일 선물을 만들어주겠다고 했는데 그걸 다 망쳐버렸어. 처음부터 다시 시작해야 해.
A: 진짜 절망스러웠겠다. 난 처음부터 다시 시작해야 하는 게 정말 싫어.

어휘

☐ **mess up** 엉망으로 만들다
☐ **start over** 다시 시작하다
☐ **frustrating** 불만스러운, 좌절감을 주는
☐ **clean slate** 흠잡을 데 없는 깨끗한 경력

07 ① [표현형]

해설

① Let's call it a night 오늘은 그만 하자 (= Let's call it a day.)
② suit yourself. 원하는대로 하세요. 마음대로 하세요.
③ Have you been served? 주문하셨습니까?
④ I'm sick and tired of this 이것 때문에 진절머리가 나

해석

A: 내가 수 시간동안 이 보고서를 붙잡고 있었는데, 전혀 진척이 보이지 않는 것 같아.
B: 오늘은 그만하자. 지치면 아무것도 할 수 없어.
A: 그래 네 말이 맞아. 그냥 내일 다시 시작 하는 게 더 나아.

어휘

☐ **make progress** 진행하다
☐ **exhausted** 기진맥진한, 탈진한
☐ **call it a night** 끝내다, 활동을 중지하다
☐ **sick and tired** 아주 싫어진

08 ① [표현형]

해설

① He's a bit under the weather 그는 몸이 좀 안 좋아

〈몸이 살짝 안 좋을 때 쓰는 표현〉

- feeling a bit off colour 몸이 좀 좋지 않다
- green around/about the gills 안색이 나쁜
- have got a frog in my throat 목이 잠기다

〈몸이 무척 아플 때 쓰는 표현〉

- sick as a dog 몸이 극도로 안 좋은
- feel like death warmed up 곧 죽을 것 같다
- at death's door 죽음의 문턱에서

② He just tied the knot 그는 막 결혼했어
③ They're twisting his arm 그들이 그에게 강요하고 있어
④ It was a close call 위기일발이었다

해석

A: 빅터를 하루 종일 못 봤어. 너는 봤니?
B: 그가 몸이 좀 안 좋아, 그래서 집에서 쉬고 있어.
A: 내가 가서 괜찮은지 살펴봐야겠다.
B: 같이 가줄까? 오늘 시간이 좀 괜찮은데.

어휘

☐ **make sure** 확실하게 하다
☐ **under the weather** 몸이 안 좋은
☐ **tie the knot** 결혼하다
☐ **twist my arm** 나에게 강요하다
☐ **go bust** 파산하다

09 ② [표현형]

해설

② Be my guest. 얼마든지 그렇게 해.
① All set. 준비 다 됐어.
③ What's the deal? 그래서 무슨 일인데?(= what is happening?)
④ Don't give me that. 그런 식으로 말하지 마.

해석

A: 네 골프채 좀 빌릴 수 있을까? 오늘 오후에 골프치러 갈 건데.
B: 얼마든지. 몇 년째 묵혀두고 있는 중이야.
A: 왜? 너 골프 좋아했잖아. 이제는 아예 안 가더라.
B: 일에 치여서 시간 내기가 힘들었어.
A: 조만간 몇 게임 치러 가자.
B: 좋아. 그러자고.

어휘

☐ **in years** 수년 간
☐ **hardly ever** 거의 ~하지 않다
☐ **one of these days** 조만간

10 ① [표현형]

해설

① blow my own horn 자기 자랑을 하다(=Blow your own trumpet)
② bring down the house 호평을 받다
③ shake a leg 서두르다
④ pull my leg 놀리다

해석

A: 오늘 수업 시간에 발표는 어땠어? 밤새 준비했다고 들었어.
B: 내 자랑하려는 건 아닌데, 대성공인 것 같아! 선생님께서 기뻐하는 것 같았고 학생들은 발표에 관심을 보였어.
A: 대단하구나! 언제 성적 받니?
B: 다음주에. 아직 발표해야 할 학생들이 좀 있어서.
A: 그래, 그래도 난 네가 잘했다고 확신해.

어휘

☐ **be interested in** 관심있다, 흥미있다

예상문제 3회 (11번~15번)

11 ① [표현형]

해설

① squeeze you in 너를 (예약 등에) 끼워 넣다
② count you out 너를 제외시키다
③ give you a shot 너에게 기회를 줄게
④ spare you the details 너에게 자세한 얘기는 안 할게

해석

A: 요즘 제 차가 소리가 이상합니다. 언제 점검받을 수 있을까요?
B: 죄송하지만 오늘하고 내일은 예약이 꽉 찼네요.
A: 오늘 좀 멀리 갈 일이 있는데 가다가 설까봐 걱정이네요.
B: 음, 그러시다면 2시 30분경으로 시간을 잡아드려 볼게요. 괜찮으시겠어요?
A: 아, 좋습니다. 감사해요.
B: 아닙니다. 그때 뵐게요.

어휘

☐ **be booked solid** 예약이 꽉 차다
☐ **make a road trip** 여행 가다
☐ **break down** 고장나다

12 ① [표현형]

해설

① I can't make head nor tails of it 도무지 이해가 안 돼요
② It takes two to tango 탱고를 추려면 두 명이 필요하다 = 손뼉도 마주쳐야 소리가 난다.
③ You know what's best for me 당신은 나에게 필요한 게 무엇인지 항상 알아요
④ It serves you right 쌤통이다

해석

A: 여기 메모가 있네요. 당신이 쓰셨어요?
B: 아니요. 저는 온종일 밖에 있었어요. 뭐라고 써 있어요?
A: 그러게 말이에요. 도무지 이해가 안 돼요.
B: 이게 당신에게 쓰여진 게 확실해요? 여기 보세요. 다른 사람의 이름이 적혀져 있는 것 같은데.
A: 그럼 설명이 되네요.

어휘

☐ **all day** 온종일
☐ **can't make head nor tail of something** 도무지 종잡을 수 없다
☐ **nosy parker** 참견하기 좋아하는 사람

13 ② [표현형]

해설

② Make sure you bundle up 단단히 껴입어
① I couldn't bear the responsibility 내가 책임질 수 없었어
③ Don't be a wet blanket 찬물 끼얹지 마
④ You're telling me 네말이 맞아

해석

A: 어디 가니?
B: 커피가 다 떨어졌어. 커피 좀 사러 가게에 가려고 했지.
A: 단단히 껴입어. 엄청 추워.
B: 그래? 날씨 확인을 못 해 봤어.
A: 말도 못하게 추워.
B: 가서 재킷이랑 스카프 가져와야겠다.
A: 좋은 생각이야. 밖에서 있다가 감기 걸리면 안 되지.

어휘

- ☐ **off to** ~로 가다
- ☐ **bear the responsibility** 책임을 지다
- ☐ **wet blanket** 흥을 깨는 사람

14 ① [표현형]

해설

① It's on me 내가 살게
② Maybe we should just stay in 아마 우리 여기 있어야 할 것 같아
③ I don't mean to crash the party 파티를 망치려는 건 아냐
④ I'll play devil's advocate 난 일부러 반대 의견을 말할 거야

해석

A: 산드라, 너 정말 멋지게 치장했다. 오늘 밤에 약속 있어?
B: 없어. 친구들과 약속이 있었는데, 걔들이 취소했어.
A: 안됐다. 그럼 나랑 한잔하러 갈래? 내가 살게.
B: 정말? 그럼 가야지! 가서 겉옷 좀 입고 올게.
A: 천천히 해. 나도 나갈 준비 해야지.

어휘

- ☐ **doll up** 치장하다, 빼입었다
- ☐ **bail (on)** 어기다, 바람맞히다
- ☐ **take your time** 천천히 하다
- ☐ **stay in** 머무르다
- ☐ **play devil's advocate** (의론 따위를 활발하게 하기 위해) 일부러 반대 의견을 말하다

15 ① [표현형]

해설

① Something is eating at you. 뭔가 고민거리가 있구나. (어떤 고민거리가 너를 먹어 삼키고 있다.)
② I'll keep my fingers crossed. 행운을 빌어.
③ Everthing is up in the air. 모든 것이 결정되지 않았어.
④ It's going down in flames. 허사가 될 거야.

해석

A: 무슨 일 있니? 무슨 걱정이 있구나. 다 보여. 말해 봐.
B: 알았어. 나 기말고사에서 낙제해서 다시 수업 들어야 해.
A: 근데 너 시험 잘 봤다고 했잖아.
B: 그랬다고 생각했지, 그런데 도대체 무슨 일이 벌어진 건지 모르겠어.
A: 교수님한테 얘기해 보지 그래? 무슨 방법이 있을 거야.
B: 벌써 했어. 친구들한테 어떻게 얘기하지?

어휘

- ☐ **retake the class** 수업을 다시 듣다
- ☐ **have ants in your pants** 걱정되거나 들떠서 가만있지를 못하다
- ☐ **go down in flames** 허사가 되다

예상문제 4회 (16번~20번)

16 ① [표현형]

해설

① You improved leaps and bounds! 급속히 발전했네!
② I'm so flattered. 과찬이세요.
③ I was tied up at work. 일하느라 바빴어.
④ Let bygones be bygones. 지나간 일은 잊어버려라.

해석

A: 마지막 시험 잘 쳤어?
B: 나쁘지 않아. 나 B+ 받았어.
A: 우와! 급속히 발전했네.
B: 다 네 도움 덕분이지.
A: 천만에. 네가 또 불합격하도록 둘 순 없었어.

어휘

- ☐ **don't mention it** 천만에
- ☐ **leaps and bounds** 급속히
- ☐ **put my food down** 단호히 반대하다
- ☐ **come full circle** 원점으로 돌아오다

17 ③ [표현형]

해설

③ I have everything sorted out already 이미 다 정리했거든
① I will see you off 내가 배웅해 줄게
② You are completely full of yourself 넌 정말 완전히 너밖에 몰라
④ The whole plan went bust 모든 계획이 실패했어

해석

A: 나 나만의 사업을 하는 것을 생각 중이야.
B: 그러지 마. 요새 시장 상황이 최악이야.
A: 내 마음은 이미 정해졌어. 이미 다 정리했거든.
B: 뭐 네가 정 그렇다면 어쩔 수 없지. 그렇지만 나중에 왜 내가 너를 막지 않았냐고 딴소리 하지 마.

어휘

☐ **take the plunge** 단행하다
☐ **make up one's mind** 결심하다
☐ **sort out** 정리하다, 치우다
☐ **go bust** 망하다

18 ① [표현형]

해설

① Keep it down. 목소리 낮춰.
② Over my dead body. 내 눈에 흙이 들어가기 전에는 안 돼.
③ Watch your mouth. 말조심해.
④ Have a blast! 좋은 시간 보내!

해석

A: 이번 주 토요일에 콘서트 한다는데, 너 가니?
B: 목소리 낮춰. 메리가 자고 있잖아.
A: 미안. 걔가 거기 있는 줄 몰랐네.
B: 메리를 알아채는 게 쉽지 않긴 해. 그래도 자게 둬야지.
A: 그래. 걔가 짜증이 났을 때 무슨 일이 일어나는지 우린 참 잘 알지.

어휘

☐ **spot** 알아차리다, 발견하다
☐ **cranky** 짓궂은, 성미가 까다로운
☐ **over my dead body** 내 눈에 흙이 들어가기 전에는[내가 죽기 전에는] 안 된다
☐ **watch your mouth** 말 조심해
☐ **have a blast** 아주 즐거운 한때를 보내다

19 ① [맥락형]

해설

① What do I get in return? 내가 대신 뭘 얻는데?
② You can have your cake and eat it too. 넌 두 마리 토끼를 잡을 수 있어.
③ Are you with me? 내 말 무슨 의미인지 알겠어?
④ You need to start pulling your weight. 넌 네 임무에 최선을 다해 착수할 필요가 있어.

해석

A: 제 부탁 좀 들어주실래요? 당신의 가게에서 이 새로운 LP판을 가져다주실 수 있나요?
B: 그건 무리한 부탁이야. 무슨 일인데?
A: 여동생 생일이거든요. 생일 선물로 그걸 정말 원했거든요.
B: 그 대신 내가 뭘 얻는데?
A: 원하시는 건 무엇이든지요. 말만 하세요.

어휘

☐ **tall order** 어려운 부탁, 무리한 요구
☐ **in return** 답례로, 보답으로
☐ **have cake and eat it** 가능한 것을 둘 다 취하다[두 마리 토끼를 잡다]
☐ **have one's fill** 잔뜩 먹다
☐ **pull one's weight** 자기 임무를 다하다

20 ① [표현형]

해설

① I need to strike while the iron is hot 기회를 놓치지 말아야지
② You should get off your soapbox 너는 네 주장을 내세우지 말아야 해
③ First come, first served 선착순입니다
④ I'm fishing for compliments 엎드려 절받기야

해석

A: 너 요즘 바쁘네. 좀처럼 보기 힘들다. 무슨 일이야?
B: 나 빵을 대량으로 구워내느라 바빠.
A: 와! 네 제빵 사업이 정말 인기 있나 봐.
B: 응. 기회를 놓치지 말아야지.
A: 그런 이유가 있었구나. 조만간 너 더 큰 주방을 갖는 것에 대해 고려하고 싶어질지도 모르겠다.

어휘

☐ **bake up a storm** (빵이나 음식 등을) 대량으로 구워내다
☐ **take off** 급격히 인기를 얻다[유행하다]
☐ **strike while the iron is hot** 쇠가 열에 달았을 때 두드려라[기회를 놓치지 마라]
☐ **get off one's soapbox** 자기주장을 내세우지 않다
☐ **first come, first served** 먼저 오면 먼저 대접 받는다(선착순)
☐ **fish for compliments** 칭찬을 받고 싶어 하다, 칭찬을 유도하다

예상문제 5회 (21번~25번)

21 ① [맥락형]

해설

① Nobody mentioned that to me. 누구도 그것을 저에게 말하지 않았어요.
② Where is the price tag? 가격표가 어디 있나요?
③ What's the problem with it? 무슨 문제인가요?
④ I got a good deal on it. 싸게 샀어.
'get a good deal'은 '좋은 물건을 싸게 잘 사다'이다.

해석

A: 저는 어제 이곳에서 산 식탁보를 환불하고 싶어요.
B: 식탁보에 문제가 있나요?
A: 우리 집 식탁에 맞지 않아서 환불하고 싶어요. 여기 영수증이요.
B: 죄송합니다만, 이 식탁보는 파이널 세일 제품이라서 환불이 안 됩니다.
A: 누구도 그것을 저에게 말하지 않았어요.
B: 그건 영수증 아래쪽에 적혀 있어요.

어휘

- ☐ **get a refund** 환불받다
- ☐ **tablecloth** 식탁보
- ☐ **receipt** 영수증
- ☐ **final sale item** 파이널 세일 제품
- ☐ **at the bottom** 아래쪽에
- ☐ **price tag** 가격표

22 ① [맥락형]

해설

① My phone has really bad reception here 내 전화가 여기서 정말 수신 상태가 좋지 않아
'bad/poor reception'은 '수신 상태가 나쁜'이라는 뜻이고, 반대로 'good reception'은 '수신 상태가 좋은'이라는 뜻이다.
② I couldn't pick up more paper 더 많은 종이를 살 수 없을 것 같아
③ I think I've dialed the wrong number 내가 잘못 전화한 것 같아요
④ I'll buy each item separately this time 내가 이번에 각각의 상품을 구분해서 살 거야

해석

A: 여보세요? 안녕, 스테파니. 나 사무실에 가는 중인데. 너 필요한 것 있어?
B: 안녕, 루크. 프린터용 추가 종이 좀 사다 줄 수 있어?
A: 뭐라고 말했어? 프린터용 잉크 사 달라고? 미안, 내 전화가 여기서 정말 수신 상태가 좋지 않아.
B: 지금 들려? 프린터용 종이가 필요하다고 말했어.
A: 부탁인데, 다시 말해줄 수 있어?
B: 신경 쓰지 마. 내가 문자를 보낼게.
A: 좋아. 고마워, 스테파니, 좀 이따 봐.

어휘

- ☐ **on one's way to** 가는 도중에
- ☐ **extra paper** 추가 종이
- ☐ **never mind** 신경 쓰지 마
- ☐ **bad reception** 좋지 못한 수신 상태

23 ④ [맥락형]

해설

④ Not exactly. You need to go down two more blocks 정확하게는 아니에요. 두 블록을 더 내려가야 합니다
① That's right. You have to take a bus over there to the market 맞습니다. 그곳에서 시장으로 가는 버스를 타세요
② You can usually get good deals at traditional markets 당신은 전통시장에서 (물건을) 싸게 살 수 있을 것입니다
③ I don't really know. Please ask a taxi driver 저는 잘 모르겠어요. 택시 기사에게 물어보세요

해석

John: 실례합니다. 남대문시장이 어디에 있는지 말씀해 주실 수 있으세요?
Mira: 물론이죠. 앞으로 쭉 가셔서 거기 있는 택시승강장 앞에서 오른쪽으로 도세요.
John: 오, 알겠습니다. 그곳이 그 시장인가요?
Mira: 정확하게는 아니에요. 두 블록을 더 내려가야 합니다.

어휘

- ☐ **go straight** 직진하다
- ☐ **take a bus** 버스를 타다
- ☐ **traditional market** 전통 시장

24 ④ [맥락형]

해설

④ 4번의 대화는 A가 '도와드릴까요?'라고 질문했는데, 나도 그렇게 하고 싶다는 것은 적절한 응답이 되지 못한다. 만약에 B가 'I appreciate it.'이나 'That's very kind of you.'라고 답했으면 적절한 대답이 된다.

해석

① A: 이번 주에 저와 함께 저녁 식사 하실래요?
B: 좋습니다. 그런데, 무슨 일이에요?
② A: 우리 가끔씩 농구게임 보러 가지 않을래요?
B: 좋아요. 말씀만 하세요.

③ A: 당신은 여가 시간에 무엇을 하십니까?
B: 집에서 그냥 편하게 쉽니다. 때때로 티비를 보구요.
④ A: 제가 도울 일이 있나요?
B: 네, 저는 그렇게 하고 싶어요. 그게 좋은 거 같아요

어휘

- ☐ **occasion** 때, 일
- ☐ **spare time** 여가 시간

25 ① [맥락형]

해설

① That's not a bad idea 나쁘지 않네요
② I prefer a domestic airline 나는 국내선을 선호해요
③ You need to work at home too 집에서도 일할 필요가 있어요
④ My family leaves for Seoul tomorrow 우리 가족은 내일 서울로 떠날 거예요

해석

A: 마침내 내일 긴 휴가가 시작되는군요. 당신의 계획은 무엇인가요?
B: 글쎄요. 여행이나 갈까 해요.
A: 어디로 가실 건데요?
B: 좋은 질문이에요. 그냥 버스 타고 아무데나 갈 거예요. 그러다 정말 좋은 장소를 발견할 수 있을지 누가 알겠어요?
A: 맞아요. 여행은 항상 상쾌하죠. 하지만 저는 집에서 아무것도 하지 않고 쉴 생각이에요.
B: 나쁘지 않네요. 집에서 쉬는 것이 재충전의 기회가 될 수 있으니까요.

어휘

- ☐ **go on a trip** 여행가다
- ☐ **relax at home** 집에서 쉬다
- ☐ **recharge** 재충전하다
- ☐ **domestic airline** 국내선
- ☐ **leave for** ~로 떠나다

예상문제 6회 (26번~30번)

26 ④ [맥락형]

해설

④ 짐을 들어 달라는 말에 대한 응답으로 그것을 넘겨주겠다는 대답은 어울리지 않는다. 따라서 ④가 정답이다.

해석

① A: 마감일까지 이 프로젝트를 끝낼 수 없을 것 같아요.
B: 천천히 하세요. 당신이 해낼 수 있을 거라고 확신해요.
② A: 엄마, 생일날 뭘 받고 싶으세요?
B: 아무것도 필요 없어. 너 같은 아들이 있다는 게 행복할 뿐이야.
③ A: 이 케이크는 뭔가 잘못된 것 같아요. 전혀 달지가 않아요.
B: 그러게요. 소금 덩어리 같은 맛만 나요.
④ A: 이것 좀 들어 주실래요? 손이 부족하네요.
B: 물론이죠. 제가 지금 즉시 그것을 넘겨드릴게요.

어휘

- ☐ **by the deadline** 마감일까지
- ☐ **take your time** 천천히 하다
- ☐ **feel blessed** 축복받은 느낌이다
- ☐ **not at all** 결코 ~하지 않는
- ☐ **a chunk of salt** 소금 덩어리
- ☐ **hand over** 넘겨주다

27 ② [맥락형]

해설

② Every five minutes or so 5분 정도마다 있습니다
① It is too far to walk 걸어가기엔 너무 멀어요
③ You should wait in line 줄을 서서 기다리셔야 합니다
④ It takes about half an hour 30분 정도 걸립니다

해석

M: 실례합니다. 서울역에 어떻게 가면 되나요?
W: 지하철을 타시면 됩니다.
M: 얼마나 걸리죠?
W: 약 한 시간 정도 걸립니다.
M: 지하철이 얼마나 자주 다닙니까?
W: 5분 정도마다 있습니다.

어휘

- ☐ **take the subway** 지하철을 타다
- ☐ **approximately** 대략
- ☐ **or so** ~정도
- ☐ **half an hour** 30분

28 ③ [맥락형]

해설

③ I'm ready to start with what I have and take a chance 내가 가진 거로 시작하고 한번 해 볼 준비가 되어 있어

① I plan to go to the hospital tomorrow 전 내일 병원에 갈 계획이에요

② I can't be like that! I must strive to get a job 전 그렇게는 못 해요! 전 꼭 일자리를 구하기 위해 노력해야 해요

④ I don't want to think about starting my own business 전 제 사업을 시작하는 것에 대해 생각하고 싶지 않아요

해석

A: 어떤 사업을 할까 생각중이니?

B: 요즘 꽃가게를 운영하는 게 전망이 좋다고 생각해?

A: 그럴지도. 근데 심적으로나 경제적으로 준비된 거야?

B: 내가 가진 거로 시작하고 한번 해 볼 준비가 되어 있어.

A: 좋아! 이제 최적의 장소와 적절한 분야를 선택해야 해. 좋은 결과를 내기 위해서는 철저한 조사를 꼭 해야 하지.

B: 알고 있어. 사업을 시작하는 건 잘 운영하는 것보다 훨씬 쉬우니까.

어휘

- ☐ **on one's mind** 머릿속에 박혀
- ☐ **own** 소유하다
- ☐ **prospect** 전망
- ☐ **nowadays** 요즈음
- ☐ **strategic place** 최적의 장소
- ☐ **segment** 구획, 부문
- ☐ **thorough** 철저한
- ☐ **strive** 분투하다
- ☐ **take a chance** (모험삼아) 해보다

29 ② [맥락형]

해설

② Maybe air is escaping from the tire 아마도 타이어에서 바람이 새나 봐

① I gave my customers sound advice 내가 내 고객에게 정당한 충고를 했어

③ I think the mechanic has an appointment 그 정비공은 약속이 있는 것 같은데

④ Oh! Your phone is ringing in vibration mode 오! 네 전화에서 진동이 울리고 있어

해석

M: 무슨 소리지?

W: 소리? 난 아무것도 안 들리는데.

M: 잘 들어봐. 난 소음이 들리는데. 아마도 타이어에서 바람이 새나 봐.

W: 어머! 차 세우고 한번 보자.

M: 봐! 오른쪽 앞바퀴에 유리 조각이 있네.

W: 정말? 음… 맞네. 이제 어떻게 하지?

M: 걱정하지 마. 내가 타이어를 교체해 본 경험이 있어.

어휘

- ☐ **noise** 소음
- ☐ **front wheel** 앞바퀴
- ☐ **sound advice** 지당한 충고
- ☐ **have an appointment** 약속을 하다, 약속이 있다

30 ④ [맥락형]

해설

④ book a table 테이블을 예약하다

① cancel the reservation 예약을 취소하다

② give you the check 네게 계산서를 주다

③ eat some breakfast 아침 식사를 하다

해석

M: 메리, 우리 외식할까?

W: 오, 좋지. 어디로 갈까?

M: 시내에 새로 생긴 피자집 어때?

W: 예약해야 할까?

M: 내 생각엔 그럴 필요 없을 것 같아.

W: 금요일 밤이라서 기다려야 할 것 같은데.

M: 네 말이 맞네. 그러면 지금 바로 자리를 예약할게.

W: 좋아.

어휘

- ☐ **need a reservation** 예약이 필요하다
- ☐ **necessary** 필요한

예상문제 7회 (31번~35번)

31 ② [맥락형]

해설

② We're completely booked. 저희는 모두 예약된 상태입니다.
① How many people are there in your company? 당신의 회사에는 사람이 몇 명 있습니까?
③ We have plenty of rooms. 저희는 방이 많이 있습니다.
④ What kind of room would you like? 어떤 방을 원하십니까?

해석

A: 빈자리가 있습니까?
B: 죄송합니다. 저희는 모두 예약된 상태입니다.
A: 예약을 했었어야 했네요.
B: 그랬으면 도움이 되었을 텐데요.

어휘

☐ **vacancy** 빈자리
☐ **make a reservation** 예약하다
☐ **completely** 완전히
☐ **plenty of** 많은

32 ① [맥락형]

해설

① Me neither 나도 그래
② You shouldn't blame me 넌 나를 탓해선 안 돼
③ It is up to your parents 그건 너희 부모님에게 달려 있어
④ You'd better hang about with her 넌 그녀와 교제하는 게 좋겠어

해석

A: 어제 신문에서 네 부모님의 25번째 결혼기념일 소식을 봤어. 정말 멋지더라. 너 너희 부모님이 어떻게 만나셨는지 알아?
B: 응. 정말이지 믿기 힘들 정도로 몹시 낭만적이야. 대학교 때 만나 서로 잘 맞는다는 걸 알고 사귀기 시작하셨어. 학교 다니는 내내 교제를 하셨지.
A: 장난 아니군! 정말 멋지다. 우리 반에는 사랑에 빠질 만한 애가 없단 말이야.
B: 나도 그래. 야, 아마 다음 학기에는 있을 거야!

어휘

☐ **anniversary** 기념일
☐ **incredible** 믿을 수 없는
☐ **compatible** 양립할 수 있는
☐ **It is up to** ~에게 달려있다
☐ **hang about with** ~와 어울리다

33 ④ [표현형]

해설

④ Lightning never strikes twice in the same place 같은 곳에 두 번 번개 치지 않는다(똑같은 사람에게 똑같은 일이 두 번 벌어지지 않는다)
① A squeaky wheel gets the oil 삐걱 거리는 바퀴에 기름칠하는 거지(우는 아이에게 젖 준다)
② It is better to be safe than sorry 유감스러운 일 생기는 것보다는 안전한 게 더 낫다
③ The grass is always greener on the other side 옆집 잔디가 늘 더 푸르른 법이다(남의 떡이 더 커 보인다)

해석

A: 안녕, 거스. 몸이 건강해진 걸 보니 기쁘다.
B: 고마워, 지난달에 트럭이 내 차로 들이박고 난 후 나는 죽었다고 생각했었지. 운이 좋아서 살았어.
A: 그럼, 정말 트라우마를 주는 경험이었겠다. 네 차 수리는 했니?
B: 응, 하지만 이제 운전은 안 할 거야. 다시 차에 치이는 경험은 하고 싶지 않아.
A: 그러지 마. 불행한 사건 한 번 났다고 다시는 운전을 안 할 순 없지. 같은 곳에 두 번 번개 치지 않아.
B: 사람들은 그렇게 얘기하는데 당분간은 대중교통을 이용할래.

어휘

☐ **be up and about** 침상에서 일어나 걸어 다닐 수 있게 되다
☐ **plow into** ~와 부딪치다
☐ **traumatic experience** 대단히 충격적인 경험
☐ **public transportation** 대중교통수단

34 ② [맥락형]

해설

② That sounds good 그거 좋겠다
① Okay, let's keep working 그래, 계속 일하자
③ I'm already broke 난 이미 빈털터리야
④ It will take one hour 한 시간 걸릴 거야

해석

A: 지금 잠깐 쉬는 게 어때?
B: 그거 좋겠다.
A: 좋아! 5분 뒤 로비에서 만나자.

어휘

☐ **take a break** 휴식을 취하다
☐ **keep working** 계속 일하다

35 ① [표현형]

해설

① have such a long face 우울해하다, 시무룩한 표정을 하다
② step into my shoes 내 후임자가 되다
③ jump on the bandwagon 시류에 편승하다
④ play a good hand 멋진 수를 쓰다, 능숙하다

해석

A: 오늘 아침에 스티브 봤어?
B: 응. 그런데 왜 그가 시무룩한 표정을 하고 있는거야?
A: 전혀 모르겠어.
B: 나는 그가 행복해할 거라고 생각했는데.
A: 나도 그렇게 생각했어. 특히 지난주에 영업부장으로 승진을 했으니까.
B: 그는 아마도 여자 친구와 문제가 있는 것 같아.

어휘

☐ **don't have the slightest idea** ~을 조금도 생각해 본 적이 없다
☐ **get promoted** 승진하다

예상문제 8회 (36번~40번)

36 ③ [맥락형]

해설

③ paid me a compliment 나에게 칭찬을 해주다
① made some headway 나아가다, 진전하다
② made a splash 깜짝 놀라게 하다, 크게 평판이 나다
④ passed a wrong judgment 잘못된 판단을 내리다

해석

A: 오늘 학교에서의 하루는 어땠니, 벤?
B: 불평할 정도는 아니야. 사실, 내가 심리학 수업에서 약물 남용에 관한 발표를 했는데, 교수님이 칭찬을 해주셨어.
A: 교수님이 정확히 뭐라고 하셨어?
B: 그는 나의 발표가 다른 학생들보다 우수하다고 말씀하셨어.
A: 잘했어!

어휘

☐ **give a presentation** 발표를 하다
☐ **drug abuse** 약물 남용
☐ **psychology** 심리학
☐ **pay somebody a compliment** ~을 칭찬하다, ~에게 경의를 표하다
☐ **be head and shoulders above somebody/something** ~보다 월등히 낫다

37 ① [맥락형]

해설

① Could you be more specific 좀 더 자세히 말해주실래요
② Do you think I am punctual 제가 시간에 맞게 도착했나요
③ Will you run right into it 바로 그 안으로 들어가실래요
④ How long will it take from here by car 여기서 차로 얼마나 걸릴까요

해석

A: 실례합니다. 제가 남부 버스 터미널을 찾고 있는데요.
B: 아, 바로 저쪽에 있어요.
A: 어디요? 좀 더 구체적으로 알려주실 수 있나요?
B: 네, 그냥 이 길을 걸어가시다가 첫 번째 교차로에서 우회전하세요. 터미널은 당신의 왼쪽에 있어요. 찾기 쉬워요.

어휘

☐ **turn right** 오른쪽으로 돌다
☐ **intersection** 교차로, 교차 지점
☐ **specific** 구체적인
☐ **punctual** 시간을 지키는

38 ① [맥락형]

해설

① You should've moved out a long time ago 오래 전에 이사했어야 했는데 'shold have p.p'는 '~해야 했는데 못 했어'를 의미한다.
② You should've turned it on 네가 그것을 켜놨어야 했는데
③ You should've bought another one 다른 걸 샀어야 했는데
④ You should've asked the landlord to buy one 주인에게 하나 사달라고 부탁했어야 했는데

해석

A: 여긴 너무 덥네요! 당신 아파트에 에어컨이 있어요?
B: 저기에 에어컨 보이죠? 그런데 문제는 그게 강하지 않다는 거예요.
A: 그렇군요.
B: 그런데 어쨌든 이사 갈 것이니까 신경 안 써요.
A: 당신은 오래 전에 이사를 했어야 했는데.
B: 임대 기간이 끝나기를 기다릴 수밖에 없었어요.

어휘

☐ **I don't care** 신경 안 써요
☐ **move out** 이사가다 **landlord** 주인

39 ③ [표현형]

해설

③ I'll keep it to myself 비밀로 할게요
① I'll spell it 철자 불러 드릴게요
② I can't share that with you 당신과 공유할 수 없어요
④ I heard it through the grapevine 소문으로 들었어요

해석

A: 당신에게 비밀 하나 알려줄게요.
B: 그게 뭔데요?
A: 당신 상사가 곧 해임된대요.
B: 그럴 리가요. 어떻게 그런 일이 있죠?
A: 사실이에요. 이건 우리만의 비밀이에요. 알았죠?
B: 알았어요. 비밀로 할게요.

어휘

☐ **I'll let you into a secret** 당신에게 비밀 하나 알려줄게요
☐ **between us** 우리만의 비밀
☐ **I'll spell it** 철자 불러 드릴게요
☐ **keep to oneself** 혼자 간직하다, 비밀로 하다
☐ **hear through the grapevine** 풍문으로 듣다

40 ④ [맥락형]

해설

④ Because I was photographed by one of speed cameras 속도 감시 카메라 중 하나에 찍혔거든
① Because the spot was too busy to be fined 그 현장이 너무 분주해서 과태료를 물지 않았어
② Because I could not find any camera to take it 내가 그것을 받을 수 있는 어떤 카메라도 발견할 수 없었기 때문이야
③ Because I already paid for it when I was fined 내가 과태료를 받았을 때 이미 그것을 지불했기 때문이야

해석

A: 이 편지 온 것 좀 봐.
B: 아, 그래. 공문서 같다고 생각했어. 과속으로 인해 과태료를 부과한다고 되어 있잖아. 왜 그 장소(현장)에서 부과되지 않은 거야?
A: 속도 감시 카메라 중 하나에 찍혔거든.
B: 이 근처에 점점 더 많은 카메라가 설치되고 있어. 앞으로는 더 조심해야 할 거야.
A: 장난 아냐. 과태료가 60달러야.

어휘

☐ **be fined** 벌금에 처해지다
☐ **exceed the speed limit** 제한 속도를 초과하다
☐ **on the spot** 현장에서, 즉시
☐ **install** 설치하다
☐ **kidding** 놀림
☐ **pay for** 지불하다

예상문제 9회 (41번~45번)

41 ① [표현형]

해설

① Speak of the devil 호랑이도 제 말 하면 온다더니
② I wish you good luck 행운을 빌어
③ Keep up the good work 지금처럼 계속 잘해
④ Money makes the mare go 돈은 고집 센 암탕나귀도 가게 만든다(돈이 있으면 귀신도 부린다)

해석

A: 솔직히, 내 새 상사가 일을 어떻게 해야할지 잘 모르는 것 같아.
B: 그는 어려 탐. 그에게 기회를 줘야 해.
A: 내가 그에게 얼마나 많은 기회를 줘야 하지? 그는 사실 일을 끔찍하게 못해.
B: 호랑이도 제 말 하면 온다더니.
A: 뭐? 어디?
B: 저쪽에. 너의 새 상사가 코앞에 있잖아.

어휘

☐ **frankly** 솔직히
☐ **give a chance** 기회를 주다
☐ **terribly** 몹시, 지독히, 너무
☐ **turn around the corner** 모퉁이를 돌다

42 ② [표현형]

해설

② don't bother 신경 쓰지 마세요
① help yourself 마음껏 드세요
③ if you insist 정 그렇다면
④ here they are 그것들이 여기 있어요

해석

A: 오, 멋진 저녁 식사였어요. 근래에 먹었던 것 중 최고의 식사였어요.
B: 감사합니다.
A: 설거지하는 것 좀 도와드릴까요?
B: 아, 신경 쓰지 마세요. 나중에 제가 할게요. 저, 커피 좀 드릴까요?
A: 정말 감사합니다. 좋아요. 제가 담배를 피워도 될까요?
B: 그럼요. 여기, 재떨이요.

어휘

☐ **wonderful dinner** 훌륭한 식사
☐ **give a hand** ~를 도와주다, 거들어주다
☐ **ashtray** 재떨이

43 ① [표현형]

해설

① I'm all thumbs 형편없어
② every minute counts 일분 일분이 중요해
③ failure is not an option 실패란 있을 수 없다
④ I jump on the bandwagon 남들이 하는 대로 하지

해석

A: 커피 다 마셨어? 쇼윈도에 상품 진열하러 가자.
B: 내가 먼저 해 봤어. 보러 가자.
A: 손님들 불러 놓고 겁주어 내쫓을 셈이야?
B: 그렇게 안 좋아? 알잖아, 색깔 맞추는 거에 대해서는 내가 형편없는 거.
A: 짙은 감색은 검은색과 절대 어울리지 않는다는 거 몰라?
B: 그래? 난 몰랐어.

어휘

☐ **all thumbs** 서툰, 형편없는
☐ **window display** 쇼윈도의 상품진열
☐ **when it comes to -ing** ~에 관한 한
☐ **jump on the bandwagon** 시류/유행에 편승하다
☐ **every minute counts** 매 순간이 중요하다

44 ③ [표현형]

해설

③ I can't think of it off hand 당장 생각이 안 나
① I'll not let you down 너를 실망시키지 않을 거야
② I've got to brush up on it 그걸 다시 공부해야겠다
④ Don't forget to drop me a line 내게 꼭 편지 해

해석

A: 너 허버트의 전화번호 알아?
B: 오, 허버트 전화번호? 지금 주소록이 없어. 당장 생각도 나지 않고.
A: 유감이다! 찾아야 하는데. 급하거든. 오늘 못 찾으면 문젠데.
B: 그럼 베아트리체에게 전화해 보는 게 어때? 걔가 그 사람 전화번호 가지고 있거든.
A: 전화해봤는데 전화를 안 받아.
B: 너, 이제 큰일났다!

어휘

☐ **in trouble** 곤경에 처한
☐ **let down** 실망시키다
☐ **brush up on** ~을 다시 공부하다
☐ **off hand** 즉시, 당장
☐ **drop a line** ~에게 짤막한 편지를 쓰다

45 ① [맥락형]

해설

① Count me out! 나는 빼줘!
② Why didn't I think of that? 내가 왜 그 생각을 못 했지?
③ I don't believe so. 나는 그렇게 생각하지 않아.
④ Look who is talking! 사돈 남 말 하는구나!

해석

A: 케이트, 나 너무 피곤해. 이제 겨우 아침 7시 30분밖에 안 됐어! 몇 분만 쉬자.
B: 아직 멈추면 안 돼. 조금만 더 힘을 내. 내가 조깅 시작했을 때, 나도 엄청 힘들었어.
A: 그러면 나 좀 봐줘. 이번이 첫 번째잖아.
B: 힘내, 메리. 3개월 정도 조깅하고 나면 마라톤에 나갈 준비가 될 거야.
A: 마라톤! 마라톤이 몇 마일이나 되지?
B: 대략 30마일 정도야. 만약 매일 조깅을 한다면, 두 달 후에는 마라톤에 참가할 수 있을 거야.
A: 나는 빼줘! 이제 반마일인데 이미 지쳤어. 그만할래.

어휘

☐ **take a rest** 쉬다
☐ **push oneself** ~하도록 채찍질하다, 분투하다
☐ **have pity on someone** ~을 불쌍히 여기다
☐ **count ~ out** (어떤 활동에서) ~을 빼다
☐ **look who's talking** 사돈 남 말 하다

예상문제 10회 (46번~50번)

46 ① [표현형]

해설

① What are friends for? 친구 좋다는 게 뭐야?
② Everything's up in the air. 아직 정해진 것이 없다.
③ What does it have to do with me? 그것이 나랑 무슨 상관이야?
④ You'd better call a spade a spade. 네 생각을 그대로 이야기하는 게 좋겠어.

해석

A: 어이, 불쌍한 친구! 무슨 일 있어?
B: 너도 알다시피 내가 갑자기 이 발표를 맡았잖아. 그리고 내일이 그 발표의 마감일이야. 그런데 아직 시작도 못 했어.
A: 이봐! 내가 있잖아. 친구 좋다는 게 뭐야?

어휘

☐ **take over** ~을 인계받다

☐ **all of a sudden** 갑자기
☐ **due date** 만기일, 완료일

47 ④ [맥락형]

해설

④ Is there anything else I should watch out for 그것 말고 또 주의해야 할 게 있어요
① How can you tell if it is a used one 그것이 중고인지 어떻게 알 수 있죠
② Do you know how long the engine will last 그 엔진이 얼마나 오래가는지 아세요
③ How much mileage do I need 얼마나 많은 마일리지가 필요한가요

해석

A: 중고차를 살 때 첫 번째로 생각해야 하는 것은 총 주행거리예요.
B: 나도 그렇게 들었어요. 그것 말고 또 주의해야 할 게 있어요?
A: 네, 어느 정도 부식되었는지도 확인해야 해요.
B: 좋은 정보네요.

어휘

☐ **consider** 고려하다
☐ **used car** 중고차
☐ **mileage** 주행 거리, 마일 수
☐ **watch out for** ~에 대해 주의하다
☐ **rust** 녹

48 ① [맥락형]

해설

① I'll be waiting for your call. 전화 기다릴게.
② You should have made it on time. 넌 정각에 와야 해.
③ Thank you for having me, David. 데이비드, 초대해 줘서 고마워요.
④ How could you stand me up like this? 네가 어떻게 날 바람 맞힐 수 있어?

해석

A: 안녕, 수잔.
B: 안녕, 데이비드. 너랑 메리랑 이번 주 토요일 날 한가해?
A: 토요일? 메리는 쇼핑가는 것 같은데, 확실히 모르겠어. 왜 물어보는 거야?
B: 너희를 저녁 식사에 초대하려고 생각했었어.
A: 음, 다시 확인해보고, 오늘 저녁에 전화할게.
B: 좋아. 전화 기다릴게.

어휘

☐ **give someone a ring** ~에게 전화를 하다
☐ **sounds good** 좋은 생각이야
☐ **on time** 정각에 **make it** 시간에 맞춰 가다

49 ② [맥락형]

해설

② Do you still want a refund? 그래도 환불을 받고 싶으세요?
① Here you are. 여기요.
③ Do you find anything interesting? 재미있는 거 찾았어요?
④ Could you visit us again later? 나중에 또 오실 건가요?

해석

A: 이 스웨터를 환불받을 수 있을까요?
B: 왜 그러시나요? 뭔가 문제가 있나요?
A: 저한테 너무 작아서요.
B: 더 큰 사이즈도 있습니다. 그래도 환불을 받고 싶으세요?
A: 네, 여기 영수증 있습니다.
B: 네, 처리해 드릴게요.

어휘

☐ **get a refund** 환불하다
☐ **receipt** 영수증

50 ④ [표현형]

해설

④ OK, it's a deal 좋아, 그렇게 하자
① All my fingers are thumbs 나는 솜씨가 없어
② Here you are (자) 여기 (있어)
③ You'd better call a spade a spade 솔직하게 말하는 것이 낫다

해석

A: 탐, 네 새 차 좀 빌려도 될까? 오늘 밤 데이트가 있어서.
B: 글쎄, 오늘 저녁에 남동생을 공항에 태워다 주기로 되어 있어서.
A: 그렇다면 내가 여자친구를 만나기 전에 너의 남동생을 공항에 태워다 줄게.
B: 좋아, 그렇게 하자.

어휘

☐ **borrow a car** 차를 빌리다
☐ **have a date** 데이트가 있다
☐ **give a ride** 데려다주다

최단기간 점수 수직 상승!

최상으로 가는 영역별 출제 예상

400

"뛰어나고 훌륭하게 시작할 필요는 없다.
그러나 훌륭하기 위해선 시작해야 한다."

— 지그 지글러

부록

01 공무원 필수 생활영어

번호	단어	해석
1	a chip off the old block	(부모와 아주 닮은) 판박이
2	a close call	위기일발(= a narrow escape)
3	a man of his word	약속을 지키는 사람
4	a pain in the neck	아주 귀찮은 사람[것], 골칫거리
5	a piece of cake	식은 죽 먹기
6	a pie in the sky	그림의 떡
7	a rip-off	바가지
8	That's a steal	공짜나 마찬가지다, 횡재다
9	a white lie	악의 없는 거짓말, 편의상 하는 거짓말
10	be all ears	온통 귀에 정신을 모으다 [열심히 귀를 기울이다]
11	all thumbs	몹시 서툴고 어색한 것
12	around the corner	목전에 있는, 코앞에 와 있는
13	around the clock	24시간 내내
14	as deep as a well	우물만큼 깊은(= 이해가 힘든)
15	as easy as pie	식은 죽 먹기
16	as is often the case	(…의 경우에) 흔히 있는 일이지만
17	ask for it	자업자득이다
18	at large	전체적인, 대체적인, 잡히지 않은[활개 치고 다니는]
19	at the eleventh hour	아슬아슬하게, 막판에
20	(to) back someone into a corner	궁지로 내몰다
21	bark up the wrong tree	헛다리를 짚다
22	be broke	무일푼이다, 파산하다
23	be cut out for	~에 적임이다
24	be my guest	(상대방의 부탁을 들어주며 하는 말로) 그러세요[그래라]
25	beat around the bush	돌려서 말하다, 변죽을 울리다
26	Beat me.	잘 모르겠다.
27	behind bars	철창 속에 갇힌[철창신세인]
28	bent on	열중하고 있는, 결심하고 있는
29	better left unsaid	말하지 않는 것이 낫다
30	bite the bullet	(하기는 싫지만 피할 수는 없는 일을) 이를 악물고 하다
31	black out	(잠시) 의식을 잃다

32	blow one's horn[trumpet]	제자랑하다, 허풍을 떨다
33	blow the whistle on	밀고하다, (~의 잘못 · 비행)을 일러바치다
34	brag about	~을 자랑하다
35	break a leg	행운을 빈다
36	break the ice	어색한 분위기를 깨다
37	butter up	아부하다
38	butterflies in one's stomach	가슴이 조마조마한, 떨리는
39	by[in] leaps and bounds	일사천리로, 급속하게
40	by the skin of one's teeth	간신히, 아슬아슬하게
41	by word of mouth	구전으로
42	call it a day	하루 일을 마치다, ~을 그만하기로 하다
43	call somebody names	욕하다
44	can't make heads or tails of something	전혀 이해하지 못하다
45	clear the air	(걱정 · 의심 등에 대해 이야기를 함으로써) 상황을 개선하다
46	come down with (a cold)	(감기 등에) 걸리다
47	come in handy	유용하다
48	come under fire	맹비난을 받다
49	cool as a cucumber	침착한, 냉정한
50	cost (someone) an arm and a leg	엄청난 대가를 요구하다, 굉장히 비싸다
51	count me out	난 빼 줘
52	crocodile tears	거짓 눈물
53	cross one's mind	(생각이) 문득 떠오르다
54	cut a fine figure	두각을 나타내다
55	cut corners	지름길로 가다; (일을 쉽게 하려고) 절차[원칙 등]를 무시[생략]하다; (수고 · 경비 등을) 절약하다
56	on the cutting edge	가장 최신 기술의
57	Don't be such a stranger	자주 연락하고 지내자. 좀 더 자주 들르세요
58	Don't get me wrong	오해하지 마세요
59	dos and don'ts	따라야 할 규칙들, 행동 수칙
60	down the drain	낭비된, 허사가 된, 수포로 돌아간
61	drag on and on	질질 끌다
62	drive a hard bargain	심하게 값을 깎다
63	drive someone up the wall	화나게 만들다
64	drop someone a line	편지를 보내다
65	dying to	몹시 하고 싶은
66	Easier said than done	행동하기보다 말하기가 쉽다
67	eat one's words	식언하다, (특히 부끄러움을 느끼면서) 한 말을 취소하다
68	face-to-face	직접 얼굴을 맞대고, 맞대면하여

69	far-fetched	믿기 어려운, 황당한
70	follow in one's footsteps	~의 자취를 따르다, ~의 전례를 따르다
71	follow suit	선례에 따르다
72	Freeze!	꼼짝 마!
73	from the cradle to the grave	요람에서 무덤까지, 일생 동안
74	frome scratch	무로부터, 혼자서 도움 없이
75	get[have] cold feet	겁먹다, 두려워지다
76	get a raw deal	부당한 대우를 받다, 푸대접받다
77	get carried away	매우 흥분하다, 넋을 잃다
78	get off the ground	출발하다, 성공적으로 시작하다
79	get off the hook	곤경에서 빠져 나오다
80	get on one's nerves	신경을 건드리다
81	get out of hand	수라장이 되다, 통제 불능이 되다
82	get the better of	이기다
83	get the hang of	~을 할[쓸] 줄 알게 되다, ~을 이해하다
84	get the picture	이해하다
85	get the upper hand	우위를 얻다
86	get to the bottom of	진상을 철저히 조사하다
87	get to the point	핵심에 이르다, 요점을 언급하다
88	give a lift[ride]	차에 태워주다
89	give one the go-ahead	승낙하다
90	give (someone) the cold shoulder	무시하다, 냉대하다
91	give the green light	허가하다, 청신호를 보내다
92	give[take] a rain check	다음을 기약하다(제의·초대 등을 거절하면서 다음번에는 받아들이겠다는 뜻으로 하는 말)
93	go Dutch	각자 지불하다
94	go fifty-fifty	절반으로 나누다
95	go for it	해보다, 힘내다
96	good-for-nothing	쓸모 없는
97	grab a bite	간단히 먹다
98	hands-on	(말만 하지 않고) 직접 해 보는[실천하는]
99	hang in there	견뎌내다, 버티다
100	hang out with	~와 시간을 보내다
101	hard-headed	완고한
102	have a big mouth	수다스럽다
103	have a sinking feeling	언짢은 기분이 들다.
104	have a word with	~와 잠깐 이야기를 하다 cf. have words with ~와 언쟁하다
105	have an ax to grind	불평불만이 있다, 딴 속셈이 있다

106	have one's hands full	굉장히 바쁘다
107	hit bottom	최저치를 기록하다, 바닥을 치다
108	hit home	(말 따위가) 급소[요점]를 찌르다, 감명시키다
109	hit the books	공부하다
110	hit the ceiling	노발대발하다
111	hit the hay	잠자리에 들다
112	hit the nail on the head	요점을 찌르다
113	hit the road	떠나다, 출발하다
114	hold one's horses	진정하다
115	hold one's tongue	닥치다, 잠자코 있다
116	Hold still!	꼼짝 마!
117	I couldn't ask for more.	더할 나위 없이 만족스럽다
118	icing[frosting] on the cake	금상첨화
119	I'll squeeze you in.	너를 위한 시간을 내볼게
120	I'm all for that.	전적으로 지지한다, 대찬성이다
121	If the shoe fits, wear it.	자신에게 해당된다고 생각되면 받아들여라
122	ifs, ands or buts	온갖 불평, 불만
123	if you insist	정 그러시다면
124	in a big way	대대적으로
125	in a fog	헤매는, 오리무중인
126	in a nutshell	요약해서, 간단히 말해서
127	in a similar vein	같은 맥락에서
128	in all likelihood	아마, 십중팔구는
129	in full swing	한창 진행 중인
130	in hot water	궁지에 몰린, 곤경에 처한
131	in nine cases out of ten	십중팔구
132	in season	제철을 만난, 한창인
133	in stock	재고가 있는, 판매할 수 있는
134	in store	곧 다가올, 임박한
135	in the dark	예측 불허의, 혼란스러운
136	in the making	발달 중인, 미완성 상태인
137	in the neighborhood of	대략, 근처
138	in the nick of time	아주 알맞은 때에, 때맞추어
139	in the same boat	운명을 같이 해서, 처지가 같아, 같은 상황에 있는
140	inside out	전부, 철저히
141	it pays to	~에 이익이 되다, ~에게 수지맞다
142	It remains to be seen.	앞으로 두고 볼 일이다
143	it stands to reason that	~은 사리에 맞다

144	OK, It's a deal.	좋아, 그렇게 하자
145	It's too good to be true.	너무 좋아서 실감이 안 나네
146	It's as simple as that.	이렇게 간단해, 그게 다야
147	jump to conclusions	성급히 결론짓다
148	jump on the bandwagon	시류에 편승하다
149	just the same	그럼에도 불구하고
150	keep a straight face	엄숙한 표정을 짓다
151	keep an eye on	주의 깊게 살펴보다
152	keep close tabs on	~를 엄중 감시하다
153	keep good[bad] time	(시계가) <시계가> 꼭 맞다[안 맞다], 정시를 가리키다[가리키지 않다]
154	keep one's fingers crossed	잘되기를 빌다
155	keep one's head	침착함을 지키다
156	keep one's shirt on	진정하다, 침착하다
157	keep one posted	~에게 통보하다
158	keep the ball rolling	하던 대로 계속 진행하다
159	keep track of	잘 알아두다, 상황을 잘 파악하다
160	keep up the good work	계속 잘 해봐, 수고하세요
161	keep[stay] in touch with someone	계속 연락하고 지내다, 소식을 주고받다
162	kick the bucket	죽다
163	Let bygones be bygones.	지난 일을 잊다, 지나간 일은 지나간 일이다
164	let down	~을 실망시키다
165	let sleeping dogs lie	잠자고 있는 개는 건드리지 말라(문제를 야기할 만한 주제나 과거 일은 들먹이지 말라는 뜻)
166	Let's wait and see.	두고 봅시다
167	like a fish out of water	뭍에 올라온 물고기처럼[같은], 장소[상황]에 어울리지 않아[않는]
168	live from hand to mouth	하루 벌어 하루 생활을 하다
169	look for a needle in a haystack	백사장에서 바늘 찾기, 가망 없는 짓을 하다
170	loosen up	긴장을 풀다
171	lose one's tongue	할 말을 잃다, 제대로 말하지 못하다
172	lose one's head	이성을 잃다
173	lose one's mind	미치다, 제정신을 잃다
174	lose face	체면을 잃다
175	made to order	안성맞춤인
176	make a clean breast of	고백하다
177	make both ends meet	수입과 지출을 맞추다
178	make a mountain out of a molehill	침소 봉대하다
179	make a scene	소란을 피우다
180	make one feel small	왜소하게 느끼게 하다, 열등감을 느끼게 하다

181	make peace	화해하다
182	make one's mouth water	입에 군침이 돌게 하다
183	Mind your own business!	당신 일에나 신경 쓰시오!
184	My ears are burning.	누가 내 얘기를 하고 있나봐 (귀가 간질간질해)
185	neck and neck	동등한, 백중세인, 막상막하인
186	never say die	결코 포기하지 않다
187	no laughing matter	웃을 일이 아니다
188	No sweat.	(땀도 나지 않을 정도로) 쉬운 일이다, 힘들지 않다, 어려운 일이 아니다!
189	Not on your life!	절대 안 돼!
190	not that I know of	내가 알기에는 그렇지 않다
191	nothing to write home about	언급할 가치가 없는
192	off the record	비공개로, 사적으로, 공표해서는 안 되는
193	off hand	즉흥적인, 즉석에서
194	on a shoestring	약간의 돈으로, 돈을 아주 적게 쓰는
195	on pins and needles	안달하는, 마음이 불안한
196	on the dot	정확히, 제시간에
197	on the side	게다가, 그밖에, 덧붙여
198	on the spur of the moment	즉석에서, 당장
199	on the tip of one's tongue	기억이 날 듯 말 듯, 말이 입에서 뱅뱅 돌고 안 나오는
200	once in a blue moon	매우 드물게
201	one at a time	따로따로, 한 번에 하나씩
202	out of the blue	갑자기, 느닷없이
203	out of stock	재고가 없는
204	out of the woods	곤란에서 벗어난
205	out-and-out	샅샅이, 철저히
206	Over my dead body!	내 눈에 흙이 들어가기 전에는 못한다, 절대로 안 돼!
207	pay lip sevice to	선심 공세를 펴다, 빈말만 하다
208	pay through the nose	엄청난 값을 치르다
209	pick up the tab for	~의 계산[값]을 치르다
210	pig-headed	완고한, 고집이 센
211	pitch in	협력하다, 기여하다
212	play it by ear	임기응변으로 대처하다, 무계획적으로 일을 하다
213	play it cool	냉정하게 행동하다
214	pry into	캐묻다
215	pull[make] a long face	침울한 얼굴을 하다
216	pull one's leg	농담하다, 이야기를 꾸며내다
217	put on airs	뽐내다, 젠체하다
218	put ~ on the back burner	뒤로 미루다, ~을 일시적으로 보류하다

부록

219	rack one's brains	머리를 쥐어 짜내다
220	rain cats and dogs	비가 엄청나게 내리다
221	rain or shine	날씨가 어떻든 간에, 무슨 일이 있더라도
222	rake in	잔뜩 긁어모으다
223	read between the lines	언외의 뜻을 읽다
224	ring a bell	들어본 적이 있는 것 같다[(들어보니) 낯이 익다]
225	roll up one's sleeves	본격적으로 일할 태세를 갖추다
226	scratch the surface	피상적으로 다루다
227	screw up (= mess up)	~을 엉망으로 만들다
228	see eye to eye	전적으로 동의하다
229	see red	몹시 화내다
230	see to it that	~확실히 하다
231	serve one right	당해도 싸다, 쌤통이다
232	shy of	조금 부족한
233	sick and tired of	진저리가 나는
234	sleep on	~에 대해 하룻밤 자면서 생각해 보다(그 다음날까지 결정을 미룬다는 뜻)
235	smell a rat	수상히 여기다, 잘못된 일을 알아차리다
236	Speak of the devil.	호랑이도 제 말 하면 온다
237	spill the beans	비밀을 누설하다
238	Spit it out!	털어 놓아라(자백하라)!
239	spruce up	정돈하다, 깨끗하다
240	stab someone in the back	배반하다, 중상모략하다
241	stand a chance of	~할 가능성이 있다
242	stand on one's own feet	독립하다
243	stand in a white sheet	참회, 회개하다
244	stand ~ up	~을 바람맞히다
245	steal the show	공로를 독차지하다
246	step on it (= step on the gas)	빨리 가다, 서두르다
247	stick to one's guns	자기의 믿음이나 가치관을 고수하다
248	stir up	선동하다
249	stock up on	엄청난 물량을 확보하다
250	stone's throw away	아주 가까운 거리 → 엎어지면 코 닿을 데
251	stuck in	곤경에 빠져, 꼼짝 못하는
252	suit oneself	자기 마음대로 하다
253	take it easy	진정해
254	take it on the chin	턱을 얻어 맞다, 패배를 맛보다
255	take one by surprise	놀라게 하다, 기습하다
256	take one's breath away	(놀라움, 기쁨 등으로) 깜짝 놀라게 하다, 탄복케 하다

257	take one's time	천천히 하다, 서두르지 않다
258	take the bull by the horns	위험을 무릅쓰고 용감히 행동하다
259	take the lead	(in) 선두에 서다, 주도하다
260	take the lion's share	제일 큰 몫을 차지하다
261	take something with a grain of salt	~을 에누리해서 듣다
262	talk down to	~를 깔보는[경멸하는] 투로 말하다
263	That doesn't seem likely.	그럴 것 같지는 않아
264	That's life.	사는 게 다 그런거죠.
265	That's news to one.	금시초문
266	That's the spirit.	바로 그거야
267	the apple of a person's eye	(눈에 넣어도 아프지 않을 정도로) 매우 소중한 것[사람]
268	the bottom line	가장 본질적인 내용
269	the cream of the crop	가장 좋은 것, 최우수의 사람
270	the Midas touch	돈 버는 재주
271	the name of the game	가장 중요한 것
272	the tip of the iceberg	빙산의 일각
273	the wear and tear	소모, 닳아 없어짐
274	throw cold water on	찬물을 끼얹다, 취소시키다
275	throw in the towel[sponge]	패배를 인정하다
276	throw light on (=shed light on)	~을 밝히다
277	throw up one's hands	두 손 들다, 단념하다, 굴복하다
278	tie the knot	결혼하다, 주례를 서다
279	tighten one's belt	긴축 생활을 하다
280	to boot	게다가, 덤으로
281	to put it mildly	쉽게 말하자면
282	touch up	마무리하다, 칠하다
283	turn a deaf ear	못들은 척 하다, 주의를 기울이지 않다
284	turn a blind eye to	~을 못 본 체하다, 눈감아 주다
285	turn over a new leaf	새로운 삶을 시작하다
286	under the counter	암거래로
287	under the table	몰래
288	under the weather	몸이 불편한
289	up in the air	미결의, 정해지지 않은
290	up to one's eyes[ears] in	매우 바쁜, ~에 몰두하여
291	watch one's language	말조심하다, 욕설을 삼가다
292	well-rounded	포괄적인, 균형 잡힌
293	wet behind the ears	경험이 없는, 미숙한
294	What are friends for?	친구 좋다는 게 뭐야?

295	What's eating you?	골치 아픈 문제가 뭐예요?
296	without a hitch	아무 문제없이
297	You said it!	정말이야! (상대방이 스스로에 대해 하는 말에 동조하며) 그건 맞는 말이야[그렇긴 해]!
298	You are telling me.	내 말이 바로 그 말이에요[전적으로 동의해요]!
299	You have gone too far.	너무했어.
300	You've got to be kidding!	농담이겠지!

02 공무원 필수 동사구 및 숙어

번호	단어	해석	유의어
1	abound in	~이 풍부하다	be plentiful in, be rich in
2	abstain from	~을 삼가다	refrain from
3	all at once	갑자기	suddenly, all of a sudden, abruptly, out of the blue
4	answer for	~에 책임지다	be responsible for
5	apply oneself to	~전념하다	give all one's energy to
6	at (the) best	잘해야, 기껏해야	
7	at stake	내기에 걸려, 위험에 처하여	at risk, in danger, in jeopardy, in hazard
8	all but	거의	almost, nearly, next to, ten to one
9	anything but	결코 ~이 아닌	far from, never, not at all
10	allow for	~을 고려하다	take into account [consideration], take account of
11	at one's wit's end	어찌할 바를 몰라, 당황하여	at a loss
12	at the expense of	~를 희생하면서	at the cost of, at the sacrifice of
13	at all times	항상, 언제나	always
14	back up	~을 후원하다	give support to
15	bail out	(곤경에서) ~을 구하다	
16	be absorbed in	~에 몰두하다, 열중하다	be engrossed in, be preoccupied with
17	bear ~ in mind	~을 명심하다	keep ~ in mind
18	between ourselves	우리끼리 이야긴데	
19	be[feel] at home[ease]	편안하다, 편안히 하다	be[feel] comfortable
20	be immune from	~을 면제받다	be exempt from
21	be eligible for[to]	~에 적격이다, ~할 자격이 있다	
22	be engaged in	~에 종사하고 있다	
23	be fed up with	~에 싫증 나다	be tired of, be sick of
24	be devoid of	~이 없다	
25	be accustomed to	~에 익숙하다	be used to 명사/동명사
26	break off	분리시키다, (갑자기) 중단하다	
27	break out	발발하다, 발생하다	
28	break in	길들이다, 훈련시키다, 끼어들다, 방해하다	

29	by and large	주로, 대체로	on the whole, in general, for the most part
30	bring up	제기하다, 기르다, 교육하다	nurse, rear, breed
31	behind the times	구식의, 시대에 뒤떨어진	old-fashioned, out-of-date, out of fashion, outmoded, outdated, obsolete
32	beside[off] the point	요점을 벗어난	wide of the mark
33	by no means	결코 ~ 아닌	not ~ at all, not ~ in the least, on no account
34	by all means	아무렴, 좋고 말고	
35	bring forth	~을 낳다, ~을 생산하다	
36	bring about	~을 유발하다, 초래하다	cause, trigger, result in, lead to, give rise to
37	call down	꾸짖다, 야단치다	scold, reprimand
38	call for	요구하다	require
39	call off	취소하다	cancel
40	call on	방문하다(=stop by, drop by), 요구하다	
41	care for	돌보다, 좋아하다	look after
42	catch on	유행하다, 인기를 얻다	become popular
43	catch up with	따라잡다	overtake
44	carry out	완성, 성취하다, 실행하다	accomplish, fulfill, achieve, complete
45	catch sight of	~을 힐끗 보다	catch [get] a glimpse of
46	check in	수속을 밟다	
47	clear away	치우다, 제거하다	remove
48	come to	의식을 회복하다	recover one's sense
49	consist of	~로 구성되다	be made up of
50	coincide with	일치하다, 동시에 일어나다	correspond with, synchronize with
51	cut off	중단하다, 끊다	discontinue, cease
52	come by	획득하다(=obtain, gain, acquire, procure), 잠시 들르다(=stop by, drop by, swing by)	
53	come about	발생하다	happen
54	come home to	절실히 느끼다	reach one's heart
55	count on	의존하다, ~에 달려있다	depend on, rely on, fall back on, hinge on
56	count for much	중요하다	be important
57	come up with	내놓다, 제시하다	suggest, propose, bring up, bring forward
58	cope with	대처하다, 처리하다	manage, deal with, carry on
59	crop up	갑자기 발생하다	happen, occur take place
60	cut down	~을 줄이다	reduce, cut back on
61	deal with	다루다	treat

62	deal in	사고 팔다	buy and sell
63	dispose of	처리, 제거하다	get rid of, throw away
64	distinguish oneself	유명해지다	
65	down-to-earth	현실적인	practical
66	do away with	없애다, 폐지하다	abolish, get rid of, remove, discard, eliminate
67	do without	~없이 지내다	go without, dispense with
68	drop in	잠시(불쑥) 들르다	drop by, stop by, come by
69	dwell on	숙고하다	brood over, think over, ponder on
70	earn[make] a living	생활비를 벌다, 생계를 꾸리다	
71	enter into	시작하다, ~에 참가·관여하다	
72	every inch	어느 모로 보나, 완전히	every bit, in every respect, completely
73	fall back on	~을 의존하다	depend on
74	fall (a) prey	~의 희생(물)이 되다	become the victim
75	fall short of	~이 부족하다	run out of, be insufficient
76	find fault with	비평하다	criticize
77	for good	영원히, 이것을 마지막으로	for ever, permanently
78	feel for	동정하다	sympathize with
79	for nothing	무료로, 헛되이, 쓸모없이	free of charge, on the house
80	figure out	계산하다, 이해하다	calculate, reckon, make out, get the point
81	gain ground	진보하다, 우세해지다, 기반을 잡다, 퍼지다, 유행하다	
82	get ahead	출세하다	go far, rise in the world
83	get along[on] with	사이좋게 지내다	get off with, be chummy[thick] with
84	get even with	보복, 앙갚음하다	take revenge on, retaliate on, pay back
85	get[keep] in touch with	~와 연락하다	
86	get on	타다, 탑승하다, 성공하다	get in to, board, embark
87	get on good terms with	~와 사이가 좋다	get along with
88	get over	회복하다, 극복하다	recover, pick up, get well, overcomes, surmount
89	get through	끝내다, 마무리하다	go through with, wrap up, round off
90	get the better of	이기다, 꺾다	defeat
91	get rid of	~을 제거하다	remove
92	get tired of	~이 싫증나다	become weary of
93	give away	무료로 주다	give freely
94	give birth to	~을 낳다, 생기게 하다	bring forth, bear
95	give in	제출하다, 굴복하다, 항복하다	hand in, submit, succumb
96	give rise to	~을 야기하다, ~의 원인이 되다	trigger
97	give off	방출하다, 내뿜다	emit

98	go back on	약속을 어기다, 의무를 버리다, 철회, 취소하다	revoke
99	go off	폭발하다	blow up, explode
100	go over	조사, 검토하다, 반복, 복습하다	examine, check, review
101	go through	겪다, 경험하다, 살펴보다, 조사하다	undergo, experience, search
102	give over	양도하다	
103	give up	포기하다, 넘겨주다, 항복하다	abandon, relinquish, deliver, surrender
104	hammer out	풀다, 해결하다	iron out, work out
105	hang up	전화를 끊다, 지체시키다	
106	hang about	배회하다, ~와 시간을 보내다	hang about with
107	hand out	분배하다	distribute
108	have an eye for	~에 대한 안목, 감식안이 있다, ~을 잘 알다	
109	have nothing to do with	~와 관계없다	be irrelevant to, be foreign to
110	have something to do with	~과 (약간의) 관계가 있다	be related to
111	head off	피하다, 방해하다	ward off, stave off, avoid, avert, intercept, forestall
112	hit on[upon]	우연히 마주치다, ~을 우연히 생각해내다	run across, run into
113	hold back	억제하다	restrain, restrict
114	hold good	유효하다	remain valid
115	hold fast to	단단히 붙들다, 집착, 고수하다	stick[cling/attach/keep] to
116	hold water	물이 새지 않다, 빈틈이 없다	be consistent[reasonable]
117	hot air	열기, 허풍	heated air, tall talk, big talk, exaggerated talk
118	hand down	전수하다, 유산으로 남기다	bequeath, transmit, pass on
119	hand in	제출하다	turn[send] in, submit
120	hand out	나누어주다, 배포하다, 분배하다	distribute, dispense, give [pass] out
121	hand over	넘겨주다, 양도하다	make over, turn over, take over
122	hold on	계속하다, 전화를 끊지않고 기다리다	persist, hang on
123	hold out	견디다, 버티다, 지속하다, 계속하다	resist, withstand, endure, last
124	hold over	계속하다, 유임하다, 보류하다, 연기하다	postpone, delay, defer
125	hold up	강탈하다	rob
126	impose ~ on	부과하다	levy, place
127	in advance	미리, 먼저	beforehand
128	in no time	바로, 곧	at once, immediately, on the spot, instantly
129	inasmuch as	~하는 한	to the extent that, insofar as, as[so] far as

130	in charge of	~에 책임이 있는	responsible for
131	in full accord	만장일치의, 이의 없는	unanimous
132	in person	몸소, 본인이 직접	personally
133	in succession	연속하여, 연달아	one after another
134	in terms of	~의 견지, 관점에서	from the standpoint of, in the light of
135	in token of	~의 표시, 증거로	as a token[sign] of
136	in behalf of	~을 대신하여, ~을 위하여	in one's behalf, on behalf of
137	in the [one's] way	방해되는	be a hindrance
138	keep an eye on	~을 계속 지켜보다	
139	keep abreast of	~와 보조를 맞추다	keep up with, keep pace with
140	know better than toV	~할 만큼 어리석지 않다	
141	keep down	억누르다, 진압하다	repress, put down
142	lay aside	저축, 저장하다, 따로 제쳐 두다	lay by, save up
143	lay off	일시 해고시키다	dismiss, fire, discharge
144	lay out	계획을 세우다	
145	lay behind	뒤쳐지다	
146	learn ~ by heart	암기하다	memorize
147	leave off	멈추다	
148	leave out	생략하다, 제외하다	omit, exclude, eliminate
149	let alone	~은 말할 것도 없이	not to mention, not to speak of
150	let down	낮추다, 실망시키다	lower, disappoint
151	let go of	해방하다, 쥐고 있던 것을 놓다	release
152	let up	그치다, 멎다, 폭풍우가 가라앉다	pause, slacken, relax
153	live up to	기대에 부응하다, ~에 따라 행동하다	come up to, act up to
154	look after	돌보다	take care of
155	look back on	뒤돌아보다, 회고하다	retrospect
156	look down on	낮추어 보다, 경멸하다	despise, belittle
157	look into	조사하다	investigate
158	look on[upon] .. as~	간주하다	regard[consider/think] of .. as ~
159	look out	조심하다	
160	look over	조사하다, 눈감아주다	examine, pardon
161	look up to	존경하다	admire, revere, venerate
162	look up	사전을 찾다	consult a dictionary
163	look to A for B	B에 대해서 A에게 의지하다	resort to, turn to
164	lose heart	용기를 잃다	be discouraged
165	lose track of	시야에서 놓치다, 연락이 끊기다	lose contact with
166	lose one's temper	화내다, 냉정을 잃다	get out of temper, hit the ceiling

167	make believe	~인 체하다	pretend
168	make do (with)	~으로 때우다, 임시변통하다	manage with
169	make good	성공하다, 이행하다, 지키다	succeed in, fulfill, accomplish
170	make for	향해 가다	
171	make fun of	~을 놀리다	ridicule, scoff
172	make no difference	중요하지 않다	be of no importance
173	make off with	~을 가지고 도망가다	run away with
174	make out	이해하다	understand, figure out
175	make sense	뜻이 통하다, 이치가 닿다	add up, hold water
176	make the point	주장하다, 중시 여기다	regard as important
177	make up	구성하다, 꾸며내다, 화장	compose, fake
178	make up for	~에게 보상하다	compensate for
179	make up one's mind	결심하다	decide, resolve
180	make up to	아첨하다	play up to, flatter, pay court to
181	make use of	~을 이용하다	
182	mess up	엉망으로 만들다, 망치다	
183	no more than	~에 지나지 않는	only
184	not more than	기껏해야	at most, at best
185	no less than	~만큼이나	as much[many] as
186	not less than	적어도	at least
187	of moment	중요한	of consequence[account]
188	of one's own accord	자진하여, 자발적으로	voluntarily, spontaneously
189	off hand	준비 없이, 즉각	extemporaneously, impromptu, at once
190	old hand	노련가	craftsman, artisan, veteran
191	on account of	~때문에	owing to
192	on the dot	제시간에, 정각에	on time, punctually
193	on the spot	현장에, 즉석에서	
194	out of one's wits	제정신을 잃어(잃은)	
195	on edge	초조하여, 불안하여	irritable, ill at ease
196	out of date	구식의	outdated, obsolete
197	out of order	고장난	broken-down
198	out of place	어울리지 않는	uncomfortable, unsuitable
199	out of reach	손이 닿지 않는	
200	out of season	제철이 아닌	
201	out of sorts	건강을 해친, 기분이 언짢은	run-down
202	out of stock	재고가 없는, 다 팔린	sold out
203	out of the world	월등히 좋은, 탁월한	exceptional

204	out of the question	문제가 안 되는, 전혀 불가능한	
205	out of question	의심의 여지가 없는	without a doubt, without fail
206	out of work	실직한	out of job, unemployed
207	part with	처분하다	dispose of
208	pass away	가버리다, 죽다, 쇠퇴하다	pass out, decease
209	pass for	~로 통하다	be accepted as
210	pick up	차에 태우다, 집어 올리다, 고르다, 회복하다	take up, recuperate
211	picture to oneself	상상하다	
212	plead for	탄원, 간청하다, 변호, 항변하다	
213	provide for	준비, 대비하다, 부양하다, 규정하다	set[lay] down
214	pull over	길가로 차를 대다	
215	pull together	협력하다	cooperate
216	put an end to	~을 끝장내다	
217	put down	아래로 내려놓다, 가격을 내리다, 진압하다	take down, jot down
218	put in for	신청하다	apply for
219	put off	늦추다, 연기하다, 벗다	hold over, suspend
220	put on	입다, ~인 체하다	pretend
221	put up with	참다, 견디다, 인내하다	bear, tolerate, endure
222	put out	불을 끄다	extinguish
223	refer to (as)	가리키다, 참조하다	
224	regardless of	~에 상관없이, ~에 개의치 않고	without regard to[for]
225	rely on	의존하다	depend on, rest on, count on, hinge on, fall back on
226	resort to	자주 들르다, 호소하다	go often to
227	result from	~에서 발생하다	happen from
228	result in	초래하다	bring about, give rise to, lead to, trigger
229	root out	뿌리째 뽑다, 근절시키다	eradicate, exterminate, root up, get rid of
230	round up	검거, 체포하다	arrest, capture, apprehend
231	run across	~을 우연히 만나다	happen to meet, run into, come across
232	run away	도망치다, 달아나다	get away, flee, escape
233	run down	쇠약해지다, 황폐시키다, 멈추다	
234	run on	이야기를 끊지 않고 계속하다, 화내다	
235	run out of	~이 부족하다, ~을 다 써버리다	fall short of, be out of, use up
236	run[take] the risk (of)	~의 위험을 무릅쓰다	
237	rule out	제외하다, 제거하다	exclude, reject, dismiss, eliminate
238	search for	~을 찾다	search, look for, look up

239	second to none	누구에게도 뒤지지 않는, 최고의	next to none
240	send for	부르러 보내다	
241	set about	시작하다, 착수하다, 공격하다	
242	set back	좌절시키다, 저지하다, 방해하다	hold back
243	set free	해방시키다, 석방하다	
244	set forth	보이다, 진열하다	exhibit, set out
245	set off	(여행 등을) 출발하다	set out, set forth, start, depart, get started
246	set up	세우다, 똑바로 놓다	put up, erect
247	settle down	진정하다, 가라앉다, 정착하다	
248	shed light on	~을 분명히 하다	illuminate, explain, clarify
249	show off	자랑하다, 과시하다	boast, put on airs
250	show up	나타나다, 출석하다, 도착하다	turn up
251	shrink from	회피하다, ~하기를 꺼려하다, 싫어하다	
252	side with	~를 편들다, 찬성하다	take part with, take one's side
253	sit on	~의 일원이다	
254	sit up	자세를 바로 앉다, 밤늦게까지 일어나 있다	sit erect, stay out of bed
255	slack (off)	느슨하게 하다, 속도가 떨어지다	let up, slacken
256	speak ill of	나쁘게 말하다, 험담하다	
257	speak well of	칭찬하다	
258	stand a chance of	~의 가망이 있다	be likely to
259	stand by	곁에 있다, 대기하다, 돕다	look on, stand (up) for
260	stand for	나타내다, 상징하다, 지지하다	represent, symbolize, stand up for
261	stand up for	옹호하다, 지지하다	stand for, stand by, support
262	stand up to	용감히 맞서다	take the bull by the horns, square up to
263	stand out	눈에 띄다, 두드러지다	cut a fine figure
264	stand to reason	이치에 맞다, 당연한 이치다	hold water
265	steer clear of	~을 피하다	
266	stem from	~에서 생겨나다, 발생하다	be derived from
267	stick out	두드러지다	stand out
268	stick to	~에 달라붙다, 고수하다	adhere to, cling to, hold fast to
269	take A for B	A를 B로 생각하다	mistake A for B, confuse A with B
270	take a break	휴식하다	
271	take advantage of	~를 이용하다	exploit, make use of
272	take after	닮다	look like, bear a resemblance to
273	take A for granted	A를 당연하게 생각하다	
274	take hold of	붙잡다	seize

275	take in	숙박시키다, 구독하다, 속이다, 이해하다, 흡수하다	put up, subscribe
276	take into account	고려하다, 참작하다	take account of, consider
277	take (one's) leave of	작별을 고하다, 헤어지다	part from, say good-bye to
278	take notice of	주목하다, 주의하다, 염두에 두다	pay attention to
279	take off	이륙하다, 떠나다	depart, go away, get off
280	take offence (at)	기분 상하다, 화내다	be annoyed, feel upset
281	take out	꺼내다, 인출하다	withdraw, remove
282	take on[upon]	떠맡다, 가장하다, 흉내내다, 드러내다, 띠다	assume
283	take over	(사업·직무 등을) 이어받다, 양도받다	succeed to, assume, undertake
284	take part in	참가하다, 참석하다, 출석하다	participate in, attend
285	take place	일어나다, 발생하다	come about, happen, occur, be held
286	take pride in	~을 자랑으로 여기다	be proud of, pride oneself on
287	take someone unawares	불시에 습격하다, 깜짝 놀라게 하다	surprise, astonish
288	take something at face value	액면 그대로 받아들이다	
289	take steps	조취를 취하다, 수단을 강구하다	take measures[moves/action]
290	take the consequences	(행위 등의) 결과에 책임을 지다, 결과를 감수하다	
291	take the place of	~를 대신하다	supersede, supplant
292	take to	~의 뒤를 보살피다, ~에 전념하다, ~에 정들다, ~을 좋아하다	
293	take to one's heels	부리나케 달아나다, 줄행랑치다	
294	take turns	번갈아 하다, 교대하다	alternate, take turns ~ing
295	take up	착수하다, 시작하다	undertake
296	temper with	참견하다, 간섭하다	
297	tear down	헐다, 해체하다	pull down, raze, dismantle
298	tell ~ apart[from]	구별하다	know[differentiate] ~ from
299	ten to one	십중팔구(는), 거의 모두, 대개	certainly, almost, for the most part
300	think over	숙고하다, 곰곰이 생각하다	ponder on
301	throw away	팽개치다, 버리다	discard, throw out
302	tie up	단단히 묶다	
303	to the letter	글자 그대로	literally, faithfully
304	turn aside	옆으로 비키다	divert, deviate, deflect, avert
305	turn down	거절하다	reject, refuse, veto
306	turn in	(서류 등을) 제출하다	submit, hand in, send in
307	turn into	~으로 변하다, ~으로 되다	convert into
308	turn off	끄다	

부록

309	turn out	(밖으로) 내쫓다, 해고하다, 생산하다, 제조하다	produce, manufacture
310	turn over	전복하다, 뒤집다	
311	turn to	(사전 등을) 참고하다, ~에 의지하다	recourse to, depend on, rely on
312	turn up	나타나다, 도착하다	show up, appear
313	to one's heart's content	흡족하게, 실컷	heartily
314	traffic congestion	교통 정체(혼잡)	traffic jam, heavy traffic
315	under cover of	~을 가장하여, 빙자하여	under pretence of
316	up to	~에 까지, 나름인, ~의 의무인, ~에 종사하는	one's duty, occupied with
317	up-to-date	최근의, 최신의	up-to-the-minute, letest, current
318	vie for	경쟁하다	compete for
319	walk out on	(남을) 저버리다	desert, leave a person in the lurch
320	walk on air	기뻐 날뛰다, 황홀하다	
321	wait on[upon]	시중들다, 서비스하다	attend (on)
322	water down	약화시키다	weaken
323	wear away	닳아 없애다(닳다), 마멸시키다	erode, deface, abrade
324	wear out	써서 낡게하다, 닳게 되다, 지치게 하다	wear away[off], tire out
325	well off	유복한	well-to-do, rich, wealthy
326	wind up	시계를 감다, 결론짓다, 끝내다	bring[come] to an end
327	wipe out	없애다, 지우다	remove, exterminate, eradicate, destroy
328	without fall	틀림없이, 확실히, 반드시	for certain
329	work out	찾아내다, 풀다, 계획을 세우다	
330	write off	빚을 탕감하다, 가치 없는 것으로 보다	

MEMO

진가영

약력

現 박문각 공무원 영어 온라인, 오프라인 대표강사
- 서강대학교 영미어문 우수 졸업
- 서강대학교 영미어문 심화 전공
- 중등학교 정교사 2급 자격증
- 단기 공무원 영어 전문 강의(개인 운영)

저서

- 진가영 단기합격 영어문법
- 진가영 단기합격 영어독해
- 진가영 단기합격 영어어휘
- 진가영 단기합격 영어 기출문제집
- 진가영 영어문법 이론적용 200제
- 진가영 영어독해 이론적용 200제
- 진가영 영어 하프모의고사
- 진가영 영어 하프모의고사 시즌2
- 진가영 영어 최상으로 가는 영역별 출제 예상 400제

초판 인쇄 | 2023. 1. 16. **초판 발행** | 2023. 1. 20.
편저 | 진가영 **발행인** | 박 용 **발행처** | (주)박문각출판
등록 | 2015년 4월 29일 제2015-000104호
주소 | 06654 서울시 서초구 효령로 283 서경 B/D 4층
팩스 | (02)584-2927 **전화** | 교재 주문·내용 문의 (02)6466-7202

저자와의 협의하에 인지생략

정가 18,000원 ISBN 979-11-6987-126-6